주제별
중국문학

허 근 배 엮음

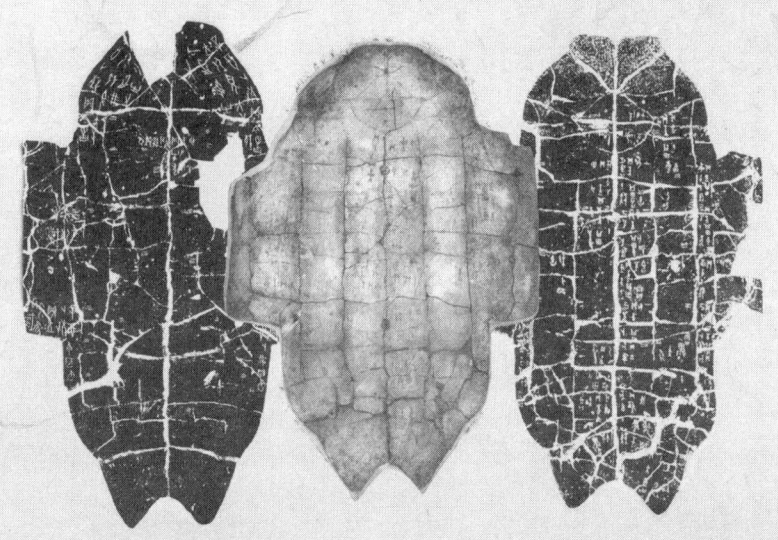

머리말

　중국문학은 황하 유역의 북방과 장강 이남의 남방 지역에서 한자로 기록된 시, 산문, 소설, 희곡 등의 글을 총칭하는 용어이다. 지리적으로는, 현실적이고 산문적인 북방적 기질과 환상적이고 시적인 남방적 기질이 반영되었다. 중국문학은 역사적 연속성을 띠고 있으며, 이중적인 계층 구조를 갖고 있다. 사대부 문학으로 불리는 상류층 문학과 민간문학이라고 불리는 하류층 문학으로 나뉘어 발전하였다.

　이 책은 중국문학을 대표하는 문학 장르의 기원, 대표적인 작가와 작품을 주제별로 나누어 서술하였다. 그래서 책 제목을 ≪주제별 중국문학≫이라고 했다. 수많은 작가와 작품을 전부 서술할 수 없는 제한 때문에 익히 우리에게 알려진 작가와 작품을 우선순위로 선정하였다. 중국문학을 대표하는 장르와 작가, 작품을 먼저 이해함으로써 전체적인 중국문학의 흐름을 파악하는 데 도움을 주고자 함이다. 그리고 중국문학 전체를 조망하기 위한 방편으로, 책의 앞부분에 <중국문학의 갈래와 그 특징>과 뒷부분에 왕조 순서에 따른 <중국문학개설>을 부록으로 실었다.

　필자는 ≪중국문학사≫, ≪중국문학개론≫ 등의 강의를 맡아 오면서, 학생들에게 방대한 분량의 중국문학 세계를 어떻게 하면 쉽게 이해시킬 수 있을까 고심해왔다. 수천 년 동안 이어져 온 유구한 역사와 더불어 중국문학은 수많은 작가와 엄청난 작품 수를 가지고 있다. 이러한 점이 중국문학을 처음 접하는 학생들에게는 부담스럽고 난해한 세계로 느껴질 수밖에 없다. 학생들은 섭렵해야 할 중국문학 작품의 방대함에 놀라고 작품 이해의 선결 조건인 한자 이해의 어려움에 힘들어한다. 게다가 예전에 비해 요즘 학생들의 중국 고전문학에 대한 관심도가 현저히 낮아지고 있다. 이러한 어려운 점을 극복해 보기 위해 여러 가지 교수 방법을 적용해 보고 교재도 정기적으로 다양하게 바꾸어 보았지만, 한자나 한문 독해 능력이 미숙한 학생들을 대상으로 관련 작가와 작품들을 이해시키기에는 한계를 느낄 수밖에 없었다.

그래서 한자 읽기에 익숙하지 않은 학생들이 어떻게 하면 쉽게 읽을 수 있을까 하는 고민 끝에 한자를 앞에 쓰고 그 오른쪽에 한자의 한글 음을 병기하였다. 이즈음의 출판물 한자 표기와는 달라 처음에는 읽어내기가 힘들겠지만 한자를 먼저 보고 눈에 익히는 습관을 통해 많은 한자를 습득하게 하기 위함이다.

작품의 원문과 번역문은 시가나 산문을 중심으로 실었고, 분량이 많은 소설과 희곡은 싣지 못한 아쉬움이 남는다. 수정 증보판을 내면서 이 책의 교정을 위해 소중한 시간을 내어 살펴봐 주신 최지영 박사님께 진심으로 감사드린다.

2022년 9월
허근배 엮음

목 차

◆ 중국문학의 갈래와 그 특징 ································· 9
1. 中國의 神話傳說 ··· 17
2. ≪詩經≫ ·· 22
3. 歷史散文 ·· 34
4. 諸子散文 ·· 41
5. 屈原과 ≪楚辭≫ ·· 54
6. 漢代 樂府詩의 起源과 影響 ······························ 63
7. 五言古詩의 發生과 <古詩十九首> ······················ 73
8. 七言古詩의 發生 ··· 79
9. 賦의 發展段階(古賦, 俳賦, 律賦, 文賦) ·············· 84
10. 漢代의 政論散文 ·· 91
11. 漢代의 史傳散文(≪史記≫, ≪漢書≫) ················ 97
12. 建安文學 ··· 107
13. 魏晉南北朝 時代의 文學批評 ··························· 124
14. 竹林七賢 ··· 133
15. 叙事詩(<孔雀東南飛>, <木蘭辭>) ······················ 142
16. 陶淵明의 詩와 散文 ······································· 148
17. 南北朝의 民歌 ··· 162
18. 南北朝의 詩 ·· 168
19. 南北朝 時代의 駢儷文과 明代의 八股文 ············ 173

20. 志怪小說 ··· 177
21. 近體詩의 形成 過程과 近體詩 作法 ·································· 182
22. 陳子昂 ··· 188
23. 初唐四傑 ··· 190
24. 山水田園詩派(王維, 孟浩然) ··· 193
25. 邊塞詩派(王昌齡, 崔顥) ··· 198
26. 李白 詩의 特色 ·· 201
27. 杜甫 詩의 特色 ·· 207
28. 邊塞詩派(岑參, 高適) ·· 213
29. 白居易 詩의 特色과 新樂府運動 ·· 217
30. 怪誕派(孟郊, 賈島, 李賀, 盧仝) ·· 223
31. 韓愈와 柳宗元의 詩 ·· 231
32. 李商隱의 詩 ··· 236
33. 唐代의 古文運動 ··· 239
34. 唐代 傳奇小說 ·· 244
35. 唐代 變文 ·· 253
36. 民間詞와 ≪花間集≫ ·· 257
37. 歐陽脩의 詩 ··· 261
38. 蘇軾의 詩 ·· 267
39. 黃庭堅과 江西詩派 ·· 270
40. 唐宋八大家 ··· 276
41. 宋代의 講唱 ··· 308
42. 宋代의 話本小說 ··· 311
43. 宋代의 詞 ·· 314

44. 格律詞派 ··· 326
45. 南宋詩 四大家 ·· 335
46. 元代 雜劇 ··· 343
47. 元代 散曲 ··· 355
48. 明代 前七子, 後七子 ·· 364
49. 明代 長篇小說 四大奇書(≪三國志演義≫,
    ≪水滸傳≫, ≪西遊記≫, ≪金甁梅≫) ····················· 366
50. 明代 短篇小說(≪三言≫, ≪二拍≫, ≪今古奇觀≫) ·········· 371
51. 公安派와 竟陵派 ·· 376
52. 明代 傳奇 ··· 382
53. 淸代의 戱曲(≪長生殿≫, ≪桃花扇≫) ····················· 387
54. 彈詞와 鼓詞 ··· 390
55. 桐城派 ·· 392
56. 淸代의 文言小說 ·· 395
57. 淸代의 白話小說(≪紅樓夢≫, ≪儒林外史≫) ············ 399
58. 淸末 四大 譴責小說 ··· 411

◆ 중국문학개설 ·· 415
  【참고문헌】 ·· 431

◈ 중국문학의 갈래와 그 특징 ◈

중국문학의 갈래를 나누는 일반적인 방법은 바로 韻文과 散文으로 구분하는 방법이다. 이 경우 韻文에는 詩, 詞, 賦, 散曲이 포함되며, 散文에는 神話와 傳說, 일반 散文, 小說 등이 포함된다. 그러나 중국문학에는 變文, 講唱文學, 戱曲처럼 韻散混用 文學이 있기에, 韻文과 散文으로 나누는 것이 합당하지 않을 수도 있다. 敍事詩는 韻律이 있지만 구조는 오히려 韻律이 없는 小說에 가깝고, 漢代의 賦와 魏晉時代의 騈儷文(변려문)은 散文처럼 서술적이지만 韻律을 가지고 있다.

중국의 詩歌文學은 民歌로부터 시작되었으며, 4·5·7言詩 외에 辭賦, 樂府, 詞, 散曲 등의 양식을 모두 포괄한다. 詩歌文學은 시작은 ≪詩經≫인데, 305篇의 詩들은 몇 편의 史詩를 제외하고는 모두가 抒情詩이다. 이것이 후대 중국시의 抒情的 傳統을 형성하는 데 결정적인 역할을 하였다. 西漢 말에는 劉向이 屈原과 宋玉의 작품 및 漢나라 사람들의 모방작을 모아 ≪楚辭≫라는 책으로 묶었다. 屈原의 <離騷(이소)>는 楚辭의 대표작이다. 楚辭라는 명칭은 이후 戰國時代 屈原이 창작한 새로운 詩體를 가리키는 명칭이 되었다.

楚辭는 漢나라 때 賦로 변화되어 유행하였다. 한편, ≪詩經≫의 詩들이 漢나라에 와서 音樂에 맞추어 부르던 형태로 변화되었는데, 이것을 魏晉 이후에 '樂府'라고 불렀다. '樂府'란 본래 음악을 관장하던 기구였는데, 후에 詩歌의 형식을 지칭하는 명칭이 되었다.

≪詩經≫의 4言은 東漢부터 5言으로 변화되기 시작하였는데, 4言에서 5言으로의 변화는 審美意識의 발전을 의미한다. 7言詩는 西漢 後期

와 東漢 前期에 완전하지는 않지만 기본적인 형식이 등장하기 시작하였다. 5言과 7言은 唐나라에 들어 완전한 형식을 갖추었다. 5·7言으로 字數를 맞추고, 韻律과 平仄, 그리고 對偶를 강구하는 詩歌體가 완성되었는데, 이것을 '近體詩'라고 부른다. 近體詩는 字句와 形式이 자유로운 '古體詩'와 구분된다. 近體詩는 絶句와 律詩로 나누어지는데, 絶句는 4句, 律詩는 8句로 이루어져 있다. 詩歌는 唐나라 이후에도 그 定型性을 유지하면서 宋代 이후에는 기본적인 형식의 변화 없이 근대 이전까지 지속되었고, 近代文學 이후에는 白話詩로 전환되었다.

唐나라 중엽에 近體詩는 새로운 노래 형식인 詞로 변한다. 詞를 '長短句' 혹은 '詩餘(시여)' 등으로 부르는 것을 보면, 詞는 詩와 불가분의 관계가 있음을 짐작할 수 있다. 詞는 민간 가곡에서 발달하여 唐나라 이후 五代를 거쳐 宋나라에서 크게 성행하였다. 일정한 平仄으로 長短句를 만들고 각 句에 적당한 문자를 채워 넣어 짓는 詩로, 唐나라 李白의 <憶秦娥(억진아)>, <菩薩蠻(보살만)>이 그 시초이다. '詩餘'는 詩의 변형이라는 점에서 붙은 이름이다. 詞가 詩와 근본적으로 다른 점은 形式에 있다. 詩에는 樂譜(악보)가 존재하지 않지만, 詞는 이미 존재하는 樂譜에 붙여진 노래의 歌詞를 의미한다. 그 樂譜를 '詞牌(사패)'라고 한다. 예를 들어 <菩薩蠻(보살만)>이라는 詞牌가 있으면, 여기에 여러 사람이 歌詞를 붙일 수 있다. 詩가 대체로 5·7言으로 字數가 제한되는데, 詞는 歌詞의 길이에 따라 '小令(소령)'과 '大令(대령)'으로 나누어질 뿐 字數는 한정하지 않는다.

散曲은, 음악적인 차원에서 元代에 유행하던 歌曲인데, 문학적 의미에서는 일종의 抒情詩에 해당한다. 散曲은 詞와 밀접한 관계가 있다. 體裁面에서 상당히 가까운데, 모두 고정된 格律을 가진 長短句 형식에 속한다. 그래서 散曲을 '詞餘(사여)'라고 부르기도 한다. 그러나 散曲의 언어는 詞와 다르다. 詞는 전체적으로 精雅(정아)한 반면에 散曲은 通俗的인 경향이 짙다. 散曲은 俗語와 口語를 많이 사용하였고 '哎喲(āiyō, 아야! 어머나! 어이구!)'와 같은 襯字(친자)를 사용하는 면에서 詞와 다르다.

散曲은 金代의 諸宮調에서 크게 영향을 받아 이미 있는 가락에 맞추어 作詞되어 연회장에서 악기의 반주와 함께 불려졌다. 십수 종의 樂調(宮調)에 가락 하나로 한 작품을 구성하는 '小令'과, 같은 樂調의 다른 가락을 조합시킨 몇 곡에서 20~30곡의 組曲인 '套數(투수)'라는 長篇 형식이 있다. 散曲에서는 자연이나 규방 정경의 묘사 외에, 사회생활에서 한층 넓은 題材를 취하였다. 그래서 詩·詞文學에서는 볼 수 없는 솔직한 喜怒(희로)의 표현이나 諷刺(풍자)를 갖춘 작품이 많이 탄생하였다.

元代에 雜劇(잡극)이 획기적인 성행을 보인 것과 같이, 散曲도 科擧 폐지로 官路에 대한 희망을 잃은 元代 지식인에 의해 많은 작품이 만들어졌다. 상층 귀족층 작가도 적지 않으나, 散曲 특유의 청신함과 활발함을 풍기는 작품은 하층 문인들의 것에 많다. 그중에서도 뛰어난 작품을 남긴 것은 關漢卿(관한경)·白樸(백박)·馬致遠(마치원) 등 초기의 雜劇 작가들이다.

'中國古典散文'은 중국문화를 반영하는 문학양식으로서, 詩와 더불어 병칭된다. 散文은 언제나 中國文化史의 주류적 지위를 누려왔으며, 중국 지배계층의 전유물이었다.

초기 散文은 諸子百家書와 ≪尙書(상서)≫·≪春秋(춘추)≫·≪戰國策(전국책)≫ 등 역사서가 주류를 이루었다. 초기 散文의 이러한 발생 배경의 영향으로, 후대 中國散文은 '立言(입언)'과 '紀事(기사)'의 전통을 가지게 되었다. 春秋戰國時代 百花齊放(백화제방)의 핵심이 諸子散文이고, 漢代에는 史傳散文이 나왔다. 또한 소박한 풍격과 풍부한 내용을 부여했던 것은 唐·宋代 古文運動이었다. 古文運動을 통해 궁극적으로 추구하려고 했던 '文道合一'은 단순히 騈文(변문)을 반대한 것이 아니라, 새로운 文人層의 형성과 그들이 문화 핵심집단으로 부상하는 일련의 과정으로 볼 수 있다.

明代 이후, 散文은 문화적 굴곡에 따라 復古와 模倣(모방) 논쟁을 벌였다. 중세사회로부터 근대로 전환되는 과정에서, 散文은 淸末 桐城派(동성파)와 만나 화려하게 마지막 꽃을 피우게 된다.

敍事는 이야기 자체의 흐름에 따라 줄거리가 전개되는 장르를 말한다. 중국의 神話는 이야기 구조가 완정하지는 못하지만, 단편적인 이야기 조각 속에도 원시인들의 노동의 즐거움과 괴로움, 우주의 창조, 자연에 대한 도전과 경외, 인간의 희망을 충분하게 반영하였다. 春秋戰國時代에 이르러 神話는 '寓言' 형식으로 변화하였다. 敍事文學은 漢代에 이르러서도 여전히 神仙의 이야기 형식으로 유행하였다. 唐代에 오면, 奇異한 것을 기록하던 '志怪小說'로부터 벗어나 人間의 形像을 意識的으로 묘사하는 방향으로 발전하였는데, 이것을 '傳奇小說'이라고 부른다. 또한 唐代에는 새로운 문학 형식이 나타났는데, 이것을 '變文(변문)'이라고 한다.

講唱文學(강창문학)의 선구적 형태는 인도의 설화 양식이 전래되어 唐代에 이루어진 變文이다. 變文은 韻文과 散文이 섞여 있다. 變文은 본래 佛敎의 교리를 민중의 눈높이에 맞춰 설법할 때, 이야기나 노래로 불러 표현하던 것이다. 變文은 저잣거리에서 僧侶(승려)들에 의해 연출되다가, 俗人들이 그 틀을 이용하여 세속적인 이야기를 연출하면서 그 성격이 바뀌기 시작하였다. 이러한 형식의 문학양식을 '講唱'이라고 한다. 講唱은 문자 그대로 講(이야기)과 唱(노래)을 섞어서 연출하는 연예 양식적 성격이 강하다.

變文으로부터 시작된 講唱文學은 宋代에 이르러 한층 다양하게 발전하여 여러 가지 형태로 분화되었다. 당시의 기록들을 보면 도시마다 瓦舍(와사), 勾欄(구란)이라고 부르던 연예장들이 있었고, 그곳에서 說話(설화), 鼓子詞(고자사), 轉踏(전답), 涯詞(애사), 陶眞(도진), 諸宮調(제궁조) 등의 다양한 講唱이 상연되었다. 그러나 당시의 講唱들은 대부분 說話人의 기억에 의해 상연되었으며, 청중들도 일회적인 감상으로 만족하는 단계에 머물렀기 때문에 세련미는 없었다.

明·淸代에도 여전히 성행하였으며 오늘날 鼓詞(고사), 彈詞(탄사) 같은 양식은 상당한 대중적 인기를 끌고 있다. 전체적으로 講唱文學에 대해서는 그 자체의 문학적 의미도 크지만, 후대의 白話小說과 戱曲 같은 문학양식들이 이루어질 수 있는 전단계의 역할을 했다는 역사적 의미도 중요시된다.

敍事文學은 宋·元의 話本小說과 文言小說을 거쳐 明代에는 ≪水滸傳(수호전)≫·≪三國志演義(삼국지연의)≫·≪西遊記(서유기)≫·≪金瓶梅(금병매)≫ 등의 통속 장편소설 형태로 변화되었다. 明代 後期에는, 도시의 상업 자본이 점점 발전함에 따라 市井 장사치들의 생활을 반영한 文言短篇小說이 등장하였다. 明末 이후 通俗文學의 유행은 淸나라까지 지속되었다. 淸初에는 ≪聊齋志異(요재지이)≫와 같은 단편소설이 유행하였지만, 이후 두드러진 작품이 나오지 않았다. 그러다가 淸 中期에 吳敬梓(오경재)의 ≪儒林外史≫와 曹雪芹(조설근)의 ≪紅樓

夢≫과 같은 대작이 출현하였다. 淸 後期에는 ≪兒女英雄傳≫·≪三俠五義≫ 등의 俠義小說(협의소설)과 ≪官場現形記≫와 같은 譴責小說(견책소설)이 유행하였다.

辭賦는 韻을 맞추는 美文으로 楚나라의 屈原이 지은 ≪楚辭≫에서 비롯되어 漢나라와 魏晉南北朝 時代에 걸쳐 성행하였다. '賦'는 원래 '敷(부, 펴다)'와 같은 의미여서 사물을 늘어놓고 直敍하는 글을 말한다. 敍情을 주로 하는 것을 '辭', 敍事를 주로 하는 것을 '賦'라고 하나 뚜렷한 구별은 없다.

漢나라의 司馬相如는 天子의 덕을 찬양하는 <上林賦>·<子虛賦> 등을 지었으며, 美辭麗句를 써서 文才를 자랑하였다. 또 揚雄은 <甘泉賦> 등에서 賦로써 諷諭(풍유)를 시도하였다. 魏代에 들어와서는 曹丕(조비)의 <寡婦賦>, 曹植의 <神女賦>, 王粲(왕찬)의 <登樓賦> 등 개인적인 감정을 넣은 작품이 나왔다.

晉나라에서는 潘岳(반악)이 <秋興賦>에서 장식을 배제한 새로운 경지를 개척하였고, 陸機(육기)는 ≪文賦≫에서 내용과 형식의 並重論(병중론)을 주장하면서 어느 한쪽에 치우칠 수 없음을 역설하였다. 그러나 陸機는 문장의 '韻律'과 '修飾'에 대하여 매우 높이 평가하고 형식미를 중요시하고 있다. 陶淵明(도연명)의 <歸去來辭>는 楚辭의 抒情性을 이어받은 독특한 작품이다. 陶淵明의 대표작으로 당시 벼슬에서 물러나 고향으로 돌아오며 쓴 산문시이다. 세상과 타협하기를 거부하고 자연을 벗 삼아 즐기는 삶을 노래한 田園詩의 白眉(백미)이다.

그후 賦는 형식미를 추구하는 경향이 강해져서 '四六騈儷文(사륙변려문)'을 형성한다. 唐代에는 이 경향이 현저하여 '律賦(율부)'라는 내용이 공소한 것으로 변하였다. 律賦의 格律은 漢字가 가진 형식미의 범주를 넘어서서 문자적 유희에 가까운 것이 되고 말았다. 唐宋時代에는 문인들이 관리로 진출하기 위한 수단에 불과했을 뿐, 문학적 가치는 지니지 못했다. 이후 古文運動의 영향을 받아 산문화된 賦가 나오게 된다. 宋나라 때 歐陽脩(구양수)의 <秋聲賦>, 蘇軾(소식)의 <赤壁賦(적벽부)> 등이 나왔는데, 이것을 '文賦(문부)'라고 한다. 宋代 이후 賦는 점차 쇠퇴하였다.

騈儷文(변려문)은 '騈儷體(변려체)'·'騈文'·'四六文'·'四六騈儷文'이라고도 한다. 문장이 4字와 6字를 기본으로 한 對句로 이루어져 修辭的으로 美感을 주는 문체로, '騈(변)'은 한 쌍의 말이 마차를 끈다는 뜻이고, '儷(여)'는 부부라는 뜻이다.

後漢 中末期에 시작되어 魏·晉·南北朝를 거쳐 唐나라 중기까지 유행한 문체로, 騈儷文이라는 명칭은 唐宋八大家의 한 사람인 柳宗元의 ≪乞巧文(걸교문)≫ 중 "騈四儷六錦心繡口(변사려륙금심수구)"라는 구절에서 유래한다.

騈儷文의 필수적인 조건은 다음과 같다. ① 개념과 문법적인 기능이 서로 대응하는 2개의 句로써 對句를 만들어 문장을 구성한다. ② 문장의 全篇이 四字句를 주로 하고, 六字句를 이에 따르도록 구성한다. '四六文'이라는 호칭은 여기서 나왔다. ③ 句末 및 句中에서 일정한 규칙에 따라 平仄을 按排(안배)하고 문장의 韻律을 알맞게 다듬는다. ④ 典故를 교묘하게 활용하여 문장에 세련미를 갖게 한다.

騈儷文의 귀족적인 문체는 과도한 修辭主義 경향으로 말미암아 中唐 때 韓愈 등이 일으킨 古文運動에 의하여 서서히 쇠퇴의 길을 걸었다.

중국의 戲曲은 원시 가무에서 기원하였지만, 후대 궁정과 민간에서 행해졌던 오락적인 행사와 직접적인 관련이 있다. 戲曲은 宋·金 시대의

說唱 예술인 諸宮調와, 宋 雜劇 및 金 院本에서 직접 기원한 것이다. 이처럼 설창 예술은 오랜 성숙 기간을 통하여 元代에 꽃을 피웠다. 우리는 이것을 '元曲'이라고 부른다. 元曲은 元나라의 雜劇과 散曲을 통칭하는 말이다. '戱曲'이란 명칭이 중국의 전통 戲劇(희극)을 지칭하게 된 것은, 王國維의 ≪宋元戲曲史≫로부터이다.

　元代에 戲曲이 발전하게 된 이유는, 도시 상업 경제의 발전과 대중들의 오락적인 요구를 들 수 있다. 戲曲에 대한 경시 풍조 때문에 현존하는 戲曲 자료는 매우 적으며 그나마 전해지는 것도 정리가 되어 있지 않기 때문에, 작가와 작품의 수를 추정하기가 쉽지 않다. 元 雜劇은 大德年間(1297~1307)을 기준으로 前期와 後期로 나누어진다. 前期는 雜劇이 극도로 번성한 시기인데, 元曲 四大家인 關漢卿(관한경)·鄭光祖(정광조)·白樸(백박)·馬致遠(마치원) 중, 鄭光祖를 제외하고 대가들이 모두 이 시기에 활약하였다. 後期의 雜劇은 長江 동남부 연해 도시로 집중되었는데, 이는 元代 後期에 그 지역으로 경제의 무대가 옮겨졌기 때문이라고 할 수 있다.

① 中國의 神話傳說

고대 신화전설은 문학작품의 원시적인 형식으로서 선조들의 집체적인 구두 창작이다. 일반적으로 오랜 옛날부터 전해 내려온 人格化된 神을 중심으로 한 故事를 神話라고 하며, 神格化된 인간을 중심으로 하는 故事를 傳說이라 한다. 초기의 神話와 傳說은 늦어도 周나라(BC 1046~BC 771)가 개국 될 당시 유행하던 종교적인 상황에서 형성된 것으로 본다.

중국의 神話는 현실 지향적인 면이 基底(기저)에 흐르고 있지만, 현실과는 엄연히 다른 幻想(환상)과 상상력의 소산이므로 낭만주의적인 분위기를 가지고 있다. 이러한 낭만적 경향은 중국 고전문학에서 두드러진 사실주의적 경향에 청량제 역할을 하게 된다. 屈原(굴원)의 ≪楚辭(초사)≫에 보이는 기이한 상상력과 화려한 용어, 莊子(장자)의 기상천외한 문장, 그리고 李白(이백), 李賀(이하), 蘇軾(소식) 등 시인의 창작 등에 무궁한 素材와 문학적 상상력을 제공했다.

고대의 神話와 傳說은 주로 ≪山海經(산해경)≫, ≪楚辭(초사)≫, ≪淮南子(회남자)≫, ≪穆天子傳(목천자전)≫, ≪左傳(좌전)≫, ≪國語(국어)≫, ≪列子(열자)≫ 등에 실려 전해지는데, 대표적인 것으로는 <夸父逐日(과보축일)>, <女媧補天(여와보천)>, <羿射十日(예사십일)>, <共工怒觸不周山(공공노촉부주산)>, <鯀禹治水(곤우치수)>, <嫦娥奔月(항아분월)>, <精衛塡海(정위전해)>, <黃帝擒蚩尤(황제금치우)>, <刑天舞干戚(형천무간척)>, <愚公移山(우공이산)> 등을 들 수 있다.

<夸父逐日(과보축일)>

夸父與日逐走, 入日. 渴, 欲得飲, 飲於河渭, 河渭不足, 北飲大澤. 未至, 道渴而死. 棄其杖, 化爲鄧林[1]. (≪山海經≫ <海外北經>)

과보가 태양과 경주하다 태양빛 속으로 들어갔다. 목이 말라 물을 마시고 싶어서 황하(黃河)와 위수(渭水)를 마셨다. 황하와 위수가 부족하자 북쪽으로 가서 큰 호숫물을 마셨지만, 도착하기 전에 도중에 목이 말라 죽었다. 그의 지팡이가 버려져 복숭아 숲이 되었다.

<女媧補天(여와보천)>

往古之時, 四極廢, 九州裂, 天不兼覆, 地不周載. 火爁焱而不滅, 水浩洋而不息. 猛獸食顓民, 鷙鳥攫老弱. 於是女媧鍊五色石以補蒼天, 斷鰲足以立四極, 殺黑龍以濟冀州, 積蘆灰以止淫水. 蒼天補, 四極正, 淫水涸, 冀州平, 狡虫死, 顓民生. (≪淮南子≫ <覽冥訓>)

먼 옛날에 사방의 하늘이 무너지고 땅의 구주가 갈라져, 하늘은 대지를 완전히 덮을 수 없었고 땅은 만물을 모두 실을 수 없었다. 불길이 널름거리며 번져나가 꺼지지 않았고 물이 넘실대며 퍼져나가 그치지 않았다. 맹수가 선량한 사람을 잡아먹고 사나운 새가 노약자를 채갔다. 그래서 여와가 오색석을 주물러서 하늘을 보수하고, 큰 자라의 다리를 잘라 사방의 기둥을 세웠으며, 검은 용을 죽여 기주를 구제하고, 갈대 재를 쌓아 홍수를 막았다. 창천이 기워지고 사방 기둥이 똑바로 서자 홍수가 마르고 기주가 평안해졌으며, 흉악한 해충이 죽자 선량한 사람들이 살 수

---

[1] ≪山海經≫의 <中山經>에는 "夸父之山, 北有桃林矣."이라고 되어 있는데, 이것으로 보아 '鄧林(등림)'은 바로 '桃林(도림)'이다.

있게 되었다.

<羿射十日(예사십일)>

逮至堯之時, 十日幷出. 焦禾稼, 殺草木, 而民無所食. 猰貐・鑿齒・九嬰・大風・封豨・脩蛇, 皆爲民害. 堯乃使羿誅鑿齒於疇華之野, 殺九嬰於凶水之上, 繳大風於靑邱之澤, 上射十日而下殺猰貐, 斷修蛇於洞庭, 擒封豨於桑林. 萬民皆喜, 置堯以爲天子. (≪淮南子≫ <本經訓>)

요임금 때에 이르러 열 개의 태양이 한꺼번에 떠서 곡식을 태우고 초목을 죽이는 바람에 사람들이 먹을 게 없었다. 알유, 착치, 구영, 대풍, 봉희, 수사가 모두 사람을 해쳤다. 그래서 요는 예가 주화의 들에서 착치를 주살하고, 흉수 가에서 구영을 죽이고, 청구의 연못에서 대풍을 쏘고, 위로 열 개의 태양을 쏘고 아래로는 알유를 죽이고, 동정에서 수사를 베어 버리고, 상림에서 봉희를 사로잡게 했다. 만민이 모두 기뻐하여 요를 천자로 추대했다.

<共工怒觸不周山(공공노촉부주산)>

昔者共工與顓頊爭爲帝, 怒而觸不周之山, 天柱折, 地維絶. 天傾西北, 故日月星辰移焉, 地不滿東南, 故水潦塵埃歸焉. (≪淮南子≫ <天文訓>)

옛날에 공공이 전욱과 제위를 놓고 전쟁을 하다가, 격분하여 부주산을 들이받는 바람에 하늘 기둥이 부러지고 땅 줄이 끊어졌다. 하늘이 서북쪽으로 기울어졌기 때문에 해・달・별들이 그쪽으로 이동하고, 땅이 동남쪽으로 덜 찼기 때문에 물과 티끌이 그쪽으로 돌아가게 된 것이다.

<鯀禹治水(곤우치수)>

洪水滔天. 鯀竊帝之息壤以堙洪水, 不待帝命, 帝令祝融殺鯀於羽郊. 鯀腹生禹, 帝乃命禹卒布土以定九州. (≪山海經≫ <海內經>)

큰물이 하늘을 삼킬 듯하였다. 곤은 상제의 명을 기다리지 않고 상제의 식양토를 훔쳐 내어 물을 막았다. 그래서 상제는 축융에게 명하여 우산(羽山)의 교외에서 곤을 죽이도록 하였다. 그랬더니 곤의 뱃속에서 우가 나왔다. 상제가 우에게 9주의 땅을 나눠 이를 다스리게 했다.

<姮娥奔月(항아분월)>2)

羿請不死藥於西王母, 姮竊以奔月. (≪淮南子≫ <覽冥訓>)

예가 서왕모에게 불사약을 청하였는데 항아가 그것을 몰래 훔쳐 먹고 달로 달아나 버렸다.

<精衛塡海(정위전해)>

曰發鳩之山, 其上多柘木, 有鳥焉, 其狀如烏, 文首, 白喙, 赤足, 名曰精衛, 其鳴自詨. 是炎帝之少女, 名曰女娃. 女娃游于東海, 溺而不返, 故爲精衛, 常銜西山之木石, 以堙於東海. (≪山海經≫ <北次三經>)

---

2) 항아(姮娥)는 중국 신화에 나오는 달의 여신이다. '상아(嫦娥)'라고도 부르는데, 이는 전한 시대 항아의 '항(姮)'자가 문제(文帝)의 이름인 '항(恒)'자와 발음이 같아 피휘(避諱)하여 '상(嫦)'자로 쓰게 되었기 때문이다. 동아시아 문화권에서는 대부분 '상아'로 부른다. 달의 궁전에서 지낸다 하여 '월궁항아(月宮姮娥)'라고도 부른다.

발구산은 그 위에 산뽕나무가 많다. 새가 사는데, 그 모습이 까마귀 같고 머리에는 무늬가 있으며 부리는 희고 다리는 붉은 색이다. 이 새를 정위라 하며 그 우는 소리가 자기의 이름을 부르는 것과 같았다. 이 새는 염제의 딸이었는데 이름이 여와다. 여와가 동해에서 놀다가 물에 빠져 돌아오지 못하여 정위가 되었다. 항상 서쪽 산의 나무와 돌을 입에 물어다 동해를 메웠다.

<黃帝擒蚩尤(황제금치우)>

蚩尤作兵伐黃帝, 黃帝乃令應龍攻之冀州之野. 應龍畜水, 蚩尤請風伯・雨師, 從大風雨. 黃帝乃下天女曰魃, 雨止, 遂殺蚩尤. (≪山海經≫ <大荒北經>)

치우가 전쟁을 일으켜 황제를 쳤다. 황제는 곧 응룡에게 명하여 기주의 들판에서 그를 공격하게 하였다. 응룡이 물을 모아두자, 치우가 풍백과 우사에게 청하여 큰 비바람을 일으키게 하였다. 황제가 곧 발이라고 하는 천녀를 내려 보내서 비를 그치게 하고 드디어 치우를 죽였다.

<刑天舞干戚(형천무간척)>

刑天至此與帝爭神, 帝斷其首, 葬之常羊之山, 乃以乳爲目, 以臍爲口, 操干戚以舞. (≪山海經≫ <海外西經>)

형천이 이곳에 이르러 황제와 함께 천제의 자리를 놓고 다투는데, 황제가 그의 머리를 잘라 상양산에 묻었다. 그는 곧 젖으로 눈을 삼고, 배꼽으로 입을 삼아, 방패와 도끼를 잡고 춤추었다.

2 ≪詩經≫

　≪詩經(시경)≫은 중국에서 가장 오래된 詩歌總集이다. 중국에서 詩歌가 처음 지어진 시기는 이보다 훨씬 더 빨랐을 것으로 추측되지만, 현재 전해지고 있는 시가총집으로서는 ≪詩經≫이 최초이다. 이는 대략 東周의 景王(경왕, BC 544~BC 521 재위) 이전 즉 기원전 6세기경에 편집되었다. 여기에 수록된 시가들이 당시 민간에서 유행되던 시가의 전부는 아니며, 수집된 시가들이 모두 다 실려 있는 것도 아니다. 그 명칭을 처음에는 '詩' 또는 '詩三百'이라고 부르다가, 戰國時代에 이르러 儒家들이 매우 중시하여 經典으로 받들게 되면서 ≪詩經≫이란 이름으로 불리게 되었다.

1) ≪詩經≫의 淵源

(1) 采詩說

　≪詩經≫의 작품 대다수는 樂官(악관)의 손을 거쳐 편집되었을 것으로 여겨진다. 孔子(공자)의 손을 거쳐 정리되었다 하여 이를 높여 '經(경)'자를 붙였다고도 한다. ≪詩經≫은 대체로 采詩(채시)·陳詩(진시)·獻詩(헌시)의 방법으로 채집되었다.
　漢代 班固(반고)의 ≪漢書(한서)≫ <藝文志(예문지)>에, "옛날 시를 채집하는 벼슬아치가 있었고, 왕은 이를 통하여 풍속을 관찰하고 자신의 잘잘못을 알아서 스스로 고쳤다.(古有采詩之官, 王者成以觀風俗, 知得失, 自考正也.)"라고 하였다. 또 ≪漢書≫ <食貨志(식화지)>에

는, "행인이 목탁을 두드려 가며 길을 돌며 시를 채집해서, 이것을 태사에게 바치고, 태사는 그것을 음률에 맞추어서 천자에게 들려주었다.(行人振木鐸徇於路以采詩, 獻之太師, 比其音律, 以聞於天子.)"라고 하였다. 이밖에 후한 말기 사람인 何休(하휴)의 ≪春秋公羊傳解詁(춘추공양전해고)≫, ≪禮記(예기)≫ <王制篇(왕제편)>, ≪國語(국어)≫ <周語(주어)>와 <晉語(진어)>, ≪詩經≫ <卷阿(권아)> 등의 기록으로 미루어 보면 ≪詩經≫ 3백여 편은 곧 采詩 등의 방법에 의하여 수집되었음을 알 수 있다. 또 그 수집 의도는 여러 가지 있으나 民意를 파악하기 위한 것이었음을 짐작할 수 있다.

(2) 刪詩說

刪詩說(산시설)의 출발은 본래 채집된 시가 수천 편이었으나 孔子에 의해 모두 刪去(산거)되고, 300여 편만이 남았다는 설이다. 이 설은 漢代 司馬遷(사마천)의 ≪史記≫에서 비롯되었다.

> 古者詩三千餘篇, 乃至孔子, 去其重, 取可施於禮義……三百五篇. (≪史記≫ <孔子世家>)
>
> 옛날에 시가 3천여 편이었는데, 공자에 이르러 중복된 것은 버리고 예의에 사용할 수 있는 것만 골라……305편으로 하였다.

孔子의 刪詩說을 부정하는 학자들의 의견을 종합해보면, 孔子는 음악을 좋아했고 또 음악에 통달한 사람이라는 것이다. 그래서 孔子의 시에 대한 관심과 공부가 후인으로부터 刪詩의 오인을 받게 된 원인이 되었다고 주장한다.

2) ≪詩經≫의 內容

≪詩經≫에는 모두 305篇의 詩가 실려 있는데, 시의 본질인 風(풍)·雅(아)·頌(송)의 세 부분으로 나눈다.

'風(풍)'에는 15개 제후국 民謠(민요)들이 실려 있어서 국풍이라고 한다. 이 지역은 黃河와 渭水를 중심으로 한 북방이지만, 남방의 漢水와 長江 근처의 민요까지도 약간 섞여 있다. 春秋 시기 이전 周王室(주왕실)의 세력이 미치고 있던 지역이기 때문이다.

'風'의 내용은 남녀 간의 사랑을 노래한 것을 비롯하여 농촌 생활을 묘사한 것, 전쟁을 증오하고 저주한 것, 武를 숭상한 것, 수렵에 관한 것, 군사를 찬미한 것, 자식의 효성을 그린 것, 정치인을 풍자한 것, 불평을 토로한 것, 신세타령한 것, 이상 세계를 동경한 것, 인생무상의 한탄 등 다양하다. 이들 중 <鄭風(정풍)>·<齊風(제풍)>·<衛風(위풍)> 등에는 연정을 내용으로 한 詩가 특히 많다.

'風'의 뜻에 대하여 <毛詩序(모시서)>를 비롯한 옛날 사람들은 거의 모두 諷刺(풍자) 또는 諷諫(풍간)의 뜻을 지닌 '諷'자와 통하는 것으로 풀이하였다. 이는 詩가 社會의 實情을 잘 대표하고 있고, 또 詩를 통하여 社會의 敎化를 이룰 수 있다고 주장한 고인들의 입장에서 나온 것이다.

'雅(아)'는 小雅(소아)와 大雅(대아)로 분류되나 그 구별은 분명하지 않다. 그 내용으로 보아 이것들은 모두 王政과 관계있는 것들인데 政治에 大小의 구별이 있어 그렇게 나누어진 것이라고도 하고(<毛詩序>),

그 음악의 쓰임으로 보아 小雅는 饗宴(향연) 때 쓰던 음악이고, 大雅는 會朝(회조) 때 쓰던 음악이라고 한다.

'雅'에는 公卿大夫(공경대부)들의 祭祀(제사)·飮宴(음연)에 관한 시가 많다. 그래서 朝廷之樂歌(조정지악가)라고 하기도 한다. 그 내용을 좀 더 자세히 살펴보면, 祭祀·飮宴 외에 개인의 전기를 서술한 것, 위정자를 풍자한 것, 母子나 남녀의 애정을 그린 것 등이 있다. 그 중에서 개국을 칭송하는 사시(史詩)로는 <生民(생민)>, <公劉(공유)>, <縣(면)>, <皇矣(황의)>, <大明(대명)> 등을 들 수 있고, 周(주) 宣王(선왕)을 칭송하는 시로는 <常武(상무)>를 들 수 있다.

'頌(송)'은 본시 祭祀를 지낼 때 신에게 바치거나 조상을 칭송하던 樂歌이다. '頌'이란 頌讚(송찬)의 뜻이며 '宗廟之樂(종묘지악)'이라 하였다. 내용은 모두 舞歌나 樂歌 혹은 祭歌들로 천지신명의 공덕을 찬송하는 것을 비롯하여 신에게 축복을 비는 것, 祭祀할 때의 정경을 묘사한 것, 祭物을 서술한 것 등이 많다. 그 밖에 농가 생활을 묘사한 것, 史實을 기술한 것 등도 있다. 특히 '頌' 가운데 敍事詩(서사시)는 小雅·大雅와 더불어 중국 서사시의 嚆矢(효시)라고 할 수 있다.

頌은 다시 周頌(주송)·魯頌(노송)·商頌(상송)으로 나뉜다. 周頌은 천자의 직을 올바로 감당치 못할까 두려워하여 조상에게 도움을 요청하는 내용이 한두 편 있고, 全篇(전편)이 기쁨과 존경, 풍년이나 승리를 노래하는 내용들이다. 用韻이 일정치 않고, 押韻을 하지 않은 작품도 있는 것으로 보아 周頌은 ≪詩經≫ 중에서 가장 오래된 周初의 작품인 듯하다. 魯頌 4편은 모두 살아 있던 僖公(희공)을 讚美(찬미)하는 내용이다. 商頌은 殷(은)나라 후손인 宋나라의 노래인데 당시 宋나라 임금에게 아부하는 내용을 담은 <殷武(은무)> 같은 作品이 실려 있다.

≪詩經≫에는 '風' 160篇, '小雅' 74篇, '大雅' 31篇, '頌' 40篇의 詩가 실려 있다. 편수나 다양한 내용으로 보아 가장 중요한 것은 '風'이다.

3) ≪詩經≫의 形式

≪詩經≫의 형식은 字數에 있어 3·4·5·6·7언까지 각종 詩體를 구비하고 있고 각종 작법을 모두 갖추고 있어, 한마디로 그 형식을 규정할 수는 없다. 그러나 대체적으로 ≪詩經≫ 305篇의 형식은 四言詩가 기준이 된다. ≪詩經≫에 4언이 많은 것으로 보아 당시 周나라 음악에 맞추어 부르기에 4언이 가장 적합하였던 듯하다. 또 押韻(압운)도 일정치 않아 1·2·4句 마지막 글자에 압운을 한 것이 있는가 하면, 2·4句 마지막 글자에 압운한 것도 있고, 또 2·3·4句 마지막 글자에 압운한 것도 있다. 每句韻(매구운)도 있고, 隔句韻(격구운)도 있는데, 이들의 末句에는 반드시 韻을 사용하였다.

4) ≪詩經≫의 技巧

≪詩經≫에는 '風(풍)'·'雅(아)'·'頌(송)'·'賦(부)'·'比(비)'·'興(흥)'의 '六義(육의)'라는 것이 있다. 이 중에서 風·雅·頌은 ≪詩經≫의 본질이요, '賦'·'比'·'興'은 ≪詩經≫의 作法이고 형식이라 할 수 있다. '六義'에 대한 많은 학자들의 의견이 있지만, 朱熹(주희)의 해석을 인용하면 다음과 같다.

'風'은 민요이다.

'雅'는 바른 것이며, 음악을 바르게 하는 노래이다.

'頌'은 성덕을 찬미하고 그 성공을 신명에 알리는 것이다.

'賦'는 직접 그 일을 진술하는 것이다. 예를 들면 <葛覃(갈담)>·<卷耳(권이)> 같은 것이다.

'比'는 사물을 인용하여 설명하고 비유로써 형용하는 것이다. 예를 들면 <螽斯(종사)>·<綠衣(녹의)> 같은 것이다.

'興'은 사물에 寄託(기탁)하여 생각을 돋우는 것으로, 어느 한 가지 일을 표현하기 위하여 다른 사물을 끌어다가 접목해 나가는 것이다. 예를 들면 <關雎(관저)>·<兎罝(토저)>·<桃夭(도요)> 같은 작품이다.

'賦'는 '比'나 '興'보다 근본적이고 일차적인 수사기법이다. '比'는 '興'보다 단순하고 한정적인 비유이고, '興'은 그 수법이 더 높고 광범위하다. 興의 작법은 거듭 암시함에 있다. 바로 암시법으로 어떤 사물을 의탁하여 흥을 일으키는 것이다. 먼저 경물을 묘사하고 다음에 정감, 사물을 말하는 것이다.

5) ≪詩經≫의 영향

≪詩經≫ 305篇은 北方文學의 대표일 뿐만 아니라, 中國文學의 원천이다. ≪詩經≫은 그 당시 의지할 곳 없는 민간인들에게 采詩官(채시관)의 직책을 주어서 의식을 제공하고 그들에게 천하를 周遊(주유)하면서 각 地方의 民謠를 수집하게 함으로써 이루어진 詩集이다. 채집된 詩는 天子에게 바쳐졌고, 天子는 이를 통해 각 地方의 풍속과 백성들의

苦樂(고락)·怨聲(원성) 등을 파악하는 정치적인 자료로 삼았다.

≪詩經≫의 내용은 사회·경제·외교·문화·군사 등 모든 방면에 걸쳐 있다. 그러므로 孔子 역시 "시를 배우지 않으면 말을 할 수 없다.(不學詩無以言)"고 하였으며, "시 삼백 편은 간사함이 없다(詩三百思無邪)"라고 극찬했다. 후세의 4言·5言·7言詩나 賦 등에는 ≪詩經≫으로부터 직접 또는 간접적으로 받은 영향이 다분하다.

6) 대표작품

<周南·關雎(주남·관저)>

關關雎鳩, 在河之洲.
窈窕淑女, 君子好逑.

參差荇菜, 左右流之.
窈窕淑女, 寤寐求之.
求之不得, 寤寐思服.
悠哉悠哉, 輾轉反側.

參差荇菜, 左右采之.
窈窕淑女, 琴瑟友之.
參差荇菜, 左右芼之.
窈窕淑女, 鐘鼓樂之.

구욱구욱 물수리는 강가 숲속에서 우는데,

대장부의 좋은 배필 아리따운 아가씨는 어디 있는고?

올망졸망 마름풀을 이리저리 헤치며 찾노라니,
자나 깨나 그리는 아리따운 아가씨 생각.
그리워도 얻지 못해 자나 깨나 생각노니,
그리움은 가이없어 이리 뒤척 저리 뒤척.

올망졸망 마름풀을 이리저리 헤치며 따노라니,
금슬 좋게 벗하고픈 아리따운 아가씨 생각.
올망졸망 마름풀을 이리저리 헤치며 고르노니,
풍악 울리며 즐기고픈 아리따운 아가씨 생각.

<周頌・豊年(주송・풍년)>

豊年多黍多稌, 亦有高廩, 萬億及秭.
爲酒爲醴, 烝畀祖妣, 以洽百禮, 降福孔皆.

풍년이라 기장도 많고 찰벼도 많아,
높은 곳간을 지으니,
그 수는 십만 백만이 되네.
술과 단술을 빚어,
조상에게 바치고,
모든 예를 갖추니,
신령님께서 복을 두루 내리시네.

<鄭風・褰裳(정풍・건상)>

子惠思我, 褰裳涉溱.
子不我思, 豈無他人. 狂童之狂也且.

子惠思我, 褰裳涉洧.
子不我思, 豈無他思. 狂童之狂也且.

그대가 나를 사랑하고 그리워한다면,
치마 걷고 진수라도 건너련만.
그대가 나를 그리워하지 않으니,
어찌 다른 사람 없으리?
바보 멍청이 같은 남자여.

그대가 나를 사랑하고 그리워한다면,
치마 걷고 유수라도 건너련만.
그대가 나를 그리워하지 않으니,
어찌 다른 사람 생각하지 않으리?
바보 멍청이 같은 남자여.

<魏風・碩鼠(위풍・석서)>

碩鼠碩鼠, 無食我黍.
三歲貫女, 莫我肯顧.
逝將去女, 適彼樂土.
樂土樂土, 爰得我所.

碩鼠碩鼠, 無食我麥.
三歲貫女, 莫我肯德.
逝將去女, 適彼樂國.
樂國樂國, 爰得我直.

碩鼠碩鼠, 無食我苗.
三歲貫女, 莫我肯勞.
逝將去女, 適彼樂郊.
樂郊樂郊, 誰之永號.

큰 쥐야 큰 쥐야,
우리 기장 먹지 마라.
삼 년 너를 섬겼는데,
나를 돌아봐 주지 않는구나.
이제는 너를 떠나,
저 편안한 땅으로 가련다.
편안한 땅 편안한 땅이여,
거기 가면, 내 편히 살 수 있겠지.

큰 쥐야 큰 쥐야,
우리 보리 먹지 마라.
삼 년 너를 섬겼는데,
나를 봐주지 않는구나.
이제는 너를 떠나,
저 편안한 나라로 가련다.
편안한 나라, 편안한 나라여,
거기 가면, 내 바르게 살 수 있겠지.

큰 쥐야 큰 쥐야,
우리 곡식 먹지 마라.
삼 년 너를 섬겼는데,
나를 위로하지 않는구나.

이제는 너를 떠나,
저 편안한 곳으로 가련다.
편안한 곳 편안한 곳,
거기엔 긴 한숨 없으리라.

<小雅·鹿鳴(소아·녹명)>

呦呦鹿鳴, 食野之苹.
我有嘉賓, 鼓瑟吹笙.
吹笙鼓簧, 承筐是將.
人之好我, 示我周行.

呦呦鹿鳴, 食野之蒿.
我有嘉賓, 德音孔昭.
視民不恌, 君子是則是效.
我有旨酒, 嘉賓式燕以敖.

呦呦鹿鳴, 食野之芩.
我有嘉賓, 鼓瑟鼓琴.
鼓瑟鼓琴, 和樂且湛.
我有旨酒, 以燕樂嘉賓之心.

매애 매애 사슴들이 울며,
들의 쑥 뜯네.
내게 좋은 손님 오셔서,
비파 뜯고 생황 불며 즐기네.
생황 불며, 폐백 광주리 받들어 올리네.
그분이 나를 좋아하시어,
내게 위대한 도를 보여 주시네.

매애 매애 사슴들이 울며,
들의 다북쑥 뜯네.
내게 좋은 손님 오셔서,
덕이 넘치는 그분 말씀 매우 밝네.
백성들에게 잘 베푸시니,
군자들이 본받고 따르네.
내게 맛있는 술 있어,
좋은 손님이 잔치하며 즐기시네.

매애 매애 사슴들이 울며,
들의 금풀 뜯네.
내게 좋은 손님 오셔서,
비파 뜯고 거문고 타며 즐기네.
비파 뜯고 거문고 타니,
화락함이 끝이 없네.
내게 맛있는 술 있어,
잔치 벌여 좋은 손님의 마음 즐겁게 하네.

3 歷史散文

先秦(선진)의 散文은 내용에 따라 대략 두 가지로 나뉜다. 하나는 ≪書經(서경)≫, ≪春秋(춘추)≫, ≪左傳(좌전)≫, ≪國語(국어)≫, ≪戰國策(전국책)≫ 등과 같이 각국의 정치, 경제, 외교, 군사 활동을 기록한 歷史散文(역사산문)이고, 다른 하나는 ≪老子(노자)≫, ≪論語(논어)≫, ≪孟子(맹자)≫, ≪莊子(장자)≫, ≪墨子(묵자)≫, ≪韓非子(한비자)≫ 등과 같이 儒家(유가), 道家(도가), 墨家(묵가), 法家(법가) 등 先秦諸子(선진제자)들의 정치적 관점을 담은 諸子散文(제자산문)이다.

中國의 詩가 ≪詩經(시경)≫에서 출발한다면 중국의 散文은 ≪書經(서경)≫에서 출발한다고 할 수 있다. ≪書經≫은 五經 중의 하나로, 上古時代의 정치를 기록한 책이다. 그 내용은 商(상)나라와 西周(서주) 초년의 왕실 공문서와 誓詞(서사, 맹세하는 말) 및 왕공 대신들의 言辭(언사)·訓示(훈시) 등을 포함하고 있다.

≪書經≫은 흔히 ≪尙書(상서)≫3)라고도 불린다. ≪尙書≫란 명칭은 漢 文帝 때 상고(上古) 시대의 글이란 뜻에서 伏生(복생)에 의하여 붙여졌다. 伏生 이후로 司馬遷(사마천)의 ≪史記≫ 등에서도 사용하였으니 ≪尙書≫란 명칭이 일반화되었음을 알 수 있다.

우리에게 전해지는 ≪書經≫은 ≪十三經注疏(십삼경주소)≫4) 속에

---

3) 漢代 이전까지는 '書'라고 불렸는데, 이후 유가사상의 지위가 상승됨에 따라 소중한 經傳이라는 뜻을 포함시켜 漢代에는 ≪尙書≫라 하였으며, 宋代에 와서 ≪서경(書經)≫이라 부르게 되었다. 복생(伏生)에 의하면 '上古 시대의 글'이란 뜻이다. '尙'은 '上天'의 뜻으로 '天書의 뜻'이고, '尙'이 '上'과 통해 '임금의 행위를 신하가 기록한 것'이라고도 한다. 현재는 ≪尙書≫와 ≪書經≫ 두 명칭이 혼용되고 있다.

들어있는 ≪尙書正義(상서정의)≫인데, 漢나라 景帝 때 魯나라 恭王(공왕)이 孔子의 옛집을 허물자 벽 속에서 나온 ≪古文尙書(고문상서)≫는 僞書(위서)이다. 하지만 이 가짜 ≪書經≫은 진짜인 伏生의 ≪今文尙書(금문상서)≫ 29편을 근거로 한 것이기 때문에 가짜 속에 진짜가 섞여 전해지고 있는 셈이다. 지금 우리에게 전해져 오는 ≪書經≫은 총 58篇인데 伏生의 29篇을 33篇으로 늘린 다음 25篇이 덧붙여진 것이라 할 수 있다.5)

　　曰若稽古, 帝堯曰放勳, 欽明文思, 安安. 允恭克讓, 光被四表, 格於上下. 克明俊德, 以親九族, 九族旣睦, 平章百姓. 百姓昭明, 協和萬邦, 黎民於變時雍. (≪書經≫ <堯典>)

　　옛날을 상고해 보건대, 요 임금은 방훈이라 불렸으며, 공경스럽고 뛰어

---

4) 중국 유가(儒家)의 13경전의 고주(古注)에 다시 주석을 붙인 책. 416권. 그 가운데 당(唐)나라의 공영달(孔穎達)이 칙명으로 찬한 것이 ≪오경정의(五經正義)≫인데 ≪주역정의(周易正義)≫ 10권(魏의 王弼 注, 晉의 韓康伯 注), ≪상서정의(尙書正義)≫ 20권(漢의 孔安國 傳), ≪모시정의(毛詩正義)≫ 70권(漢의 毛亨 傳·鄭玄 箋), ≪예기정의(禮記正義)≫ 63권(漢의 鄭玄 注), ≪춘추좌씨전(春秋左氏傳)≫ 60권(晉의 杜預 集解)이다. 다음에 가공언(賈公彦)이 ≪주례정의(周禮正義)≫ 42권(漢의 鄭玄 注), ≪의례주소(儀禮注疏)≫ 50권(漢의 鄭玄 注)을 찬(纂)하였고 제언(徐彦)은 ≪춘추공양전주소(春秋公羊傳注疏)≫ 28권(漢의 何休 解詁)을 찬하였으며, 양자훈(楊子勛)은 ≪춘추곡량전주소(春秋穀梁傳注疏)≫ 20권(晉의 范寗 集解)을 찬하였다. 송(宋)의 진종(眞宗) 함평(咸平) 3년(1000)에 형병(邢昺)은 ≪효경주소(孝經注疏)≫ 9권(唐 玄宗 御注), ≪논어주소(論語注疏)≫ 20권(魏의 何晏 등의 集解), ≪이아주소(爾雅注疏)≫ 10권(晉의 郭璞 注)을 찬하였으며, 손석(孫奭)이 ≪맹자정의(孟子正義)≫ 14권(漢의 趙岐 注)을 찬(纂)함으로써 13경의 주소가 완성되었다. 완원(阮元)이 제각본(諸刻本)을 참조 교정하여 ≪십삼경주소교감기(十三經注疏校勘記)≫를 만들었는데 이를 첨부한 각본은 신뢰할 수 있는 양서로 간주되었다.
5) '今文'과 '古文'의 구별: '今文'은 한대에 고대 경전을 복원하는 과정에서 생존한 고인들에 의해 漢代의 문자인 예서(隸書)로 복원한 것. '古文'은 한나라에 새롭게 발견된 고대 원본서로 '고문'으로 기록된 것.

나며 학문과 사려가 깊고 안온하셨다. 진실로 공손하고 겸손하여, 그 빛이 사방에 퍼져 하늘과 땅까지 뻗쳤다. 큰 덕을 잘 밝혀 온 집안을 친화하게 하셨고, 온 집안을 화목하게 한 다음에는 백성을 공평히 다스렸다. 백성이 밝게 다스려지자 만방을 평화롭게 하셨으며, 서민들도 이에 교화되어 화평을 누렸다.

≪書經≫에 뒤이어 周나라 말 春秋時代(춘추시대)에 編年體(편년체)인 ≪春秋≫가 孔子에 의하여 지어졌다. 그러나 실제로 ≪春秋≫의 문장을 보면 다만 어떤 임금이 즉위하고 죽고, 또 전쟁에 이기거나 지고, 어떤 일을 하였다는 것과 자연현상에 어떤 괴변이 있었다는 일만 간단히 기록한 일종의 역사 사실기록이다. ≪春秋≫는 유가사상의 발전에는 큰 영향을 주었지만 文學史에서의 의의는 크다고 볼 수 없다. 그런데 이런 ≪春秋≫가 후세에 널리 읽힌 것은 그것을 보충 해설한 ≪左傳(좌전)≫ 때문이라고 할 수 있다. ≪左傳≫은 左邱明(좌구명)이 ≪春秋≫를 해설하였기 때문에 ≪春秋左氏傳(춘추좌씨전)≫ 또는 ≪左氏春秋(좌씨춘추)≫라고도 불린다. 원래 ≪春秋≫와 독립된 춘추시대의 역사를 기록한 ≪左氏春秋≫인데 ≪春秋≫를 해설하는 자료로 전용되면서 ≪春秋左氏傳≫으로 불리게 되었다. ≪左傳≫과 ≪春秋≫의 기록을 대조해 보면 ≪春秋≫에 있는 것이 ≪左傳≫에 없고, ≪左傳≫에 있는 것이 ≪春秋≫에 없는 것이 많아 서로 기록이 어긋나 있다.

≪左傳≫은 ≪書經≫이나 이전의 散文에 비해 내용이나 문장에 있어서 뚜렷한 발전을 보여주고 있다. ≪書經≫이 고대 성현들의 언행을 바탕으로 한 이상세계 추구를 담고 있는데 비하여 ≪左傳≫은 유가사상에 관심을 두면서도 현실적 治國의 여러 가지 상황을 그리고 있다. 다

양한 인물과 사건들이 존재하고, 그것에 대한 묘사도 더욱 상세하며 세련되고 화사한 문장을 구사하고 있다. ≪左傳≫은 이전의 中國의 문장보다도 내용이나 형식에 있어서 획기적인 발전을 보여주고 있는 글로 후세 歷史書인 ≪史記≫와 ≪漢書≫ 문장의 규범이 되었고 중국 산문의 발전에도 지대한 영향을 끼치고 있다.

楚子登巢車以望晉軍, 子重使大宰伯州犁侍於王後. 王曰騁而左右, 何也. 曰召軍吏也. 皆聚於中軍矣. 曰合謀也. 張幕矣. 曰虔卜於先君也. 徹幕矣. 曰將發命也. 甚囂, 且塵上矣. 曰將塞井夷竈而爲行也. 皆乘矣, 左右執兵而下矣. 曰聽誓也. 戰乎. 曰未可知也. 乘而左右皆下矣. 曰戰禱也. (≪左傳≫ 成公 16年)

초나라 왕이 높은 수레에 올라가 진나라 군대의 진을 바라보는데, 자중이 태제(大宰) 백주리(伯州犁)에게 임금 뒤에서 모시도록 하였다. 임금이 백주리에게 말하였다. "좌우로 뛰어다니고 있는 건 무얼 하는 것이요?" "장교들을 불러 모으는 것입니다" "모두 군진 가운데로 모여들고 있는데?" "모여서 계책을 논의하는 것입니다." "장막을 치는데?" "공경히 선군 앞에서 점을 치려는 것입니다." "장막을 거두는데?" "명령을 내릴 채비를 하는 것입니다." "매우 시끄러워지고 또 먼지도 피어오르는데?" "우물을 메우고 취사장을 평평히 한 다음 진을 치려는 것입니다." "모두 수레에 탔군. 왼쪽 장수와 오른쪽 장교는 무기를 들고 내려오는데?" "훈시를 하려는 것입니다." "싸움을 걸어오겠소?" "아직 모르겠습니다." "모두 수레에 탔는데, 왼쪽 장수와 오른쪽 장교는 다시 내려오는데?" "전쟁을 앞두고 기도를 드리려는 것입니다."

春秋時代의 사실을 바탕으로 쓴 책으로는 ≪左傳≫ 이외에도 ≪國語≫

가 있다. ≪左傳≫이 魯나라 왕실을 중심으로 한 編年體의 기록인데 비하여 ≪國語≫는 周語(주어), 魯語(노어), 齊語(제어) 등 그 시대 나라별로 중요한 사건들을 기록해 놓은 것이다. 내용은 각 나라의 역사를 쓴 것이라기보다는 서로 연관도 없는 사건까지 되는대로 모아놓은 것이 많다. ≪國語≫의 서술방법을 보면 대부분 어떤 역사적 인물의 말이나 대화 또는 서로 토론하는 말을 직접 인용함으로써 모든 사건들을 기술하고 있다.

그런데 ≪國語≫와 ≪左傳≫은 비슷한 春秋時代의 이야기와 傳說을 기록한 것이지만 ≪左傳≫은 역사적인 일들을 겉으로 드러내고 治道와 윤리에 대한 설교는 속에 감춰 두고 있다. ≪國語≫에는 ≪左傳≫보다 논설을 전개하고 있는 것이 많고 논리의 전개에서 좀 더 발전한 모습을 보여주고 있다. 따라서 中國 古代 散文은 ≪國語≫에 이르러 한 단계 더 발전되었고 후세 中國 敍事文의 규범이 되었다.

> 公父文伯退朝, 朝其母, 其母方績. 文伯曰, 以歜之家而主猶績, 懼干季孫之怒也, 其以歜爲不能事主乎. 其母嘆曰, 魯其亡乎. 使僮子備官而未之聞邪. 居, 吾語女. 昔聖王之處民也, 擇瘠土而處之, 勞其民而用之, 故長王天下. 夫民勞則思, 思則善心生, 逸則淫, 淫則忘善, 忘善則惡心生. 沃土之民不材, 逸也. 瘠土之民莫不向義, 勞也. (≪國語≫ <魯語>)

공의 아버지 문백이 퇴조하여 어머니를 뵈었는데, 어머니가 실을 뽑고 있었다. 그러자 문백이 말했다. "저희 집안의 가장 높은 어른께서 어찌 실을 뽑고 계십니까? 당숙이신 계강자께서 노여워하시지 않을까 두렵습니다. 당숙께서 제가 가장 노릇을 잘못한다고 생각하시지 않겠습니까?" 그러자 어머니가 탄식하면서 말했다. "노나라가 기울겠구나! 철모르는 어린아이가 높은 관직을 맡은 것 같구나. 여기 앉거라. 내 너에게 할 말이 있다. 옛날 성왕께서 백성을 다스리실 때, 척박한 땅을 골라 살게 하시고 백성들에게 열심히 일해서 가꾸라 하셔서, 천하를 오래 잘 다스리셨느니라. 무릇 백성들은 열심히 일을 해야 미더운 마음이 생기고, 미더운 마음이 생겨야 착한 마음이 일어나는 법이다. 편안하면 제멋대로 하려하고, 제멋대로 하다 보면 착함을 잊어버리게 되며, 착함을 잊어버리면 나쁜 마음이 생겨나느니라. 비옥한 땅에서 사는 백성들은 인재가 되지 못하니, 그 이유는 제멋대로 하기 때문이다. 척박한 땅에서 사는 백성들은 의로움을 간직하고 있나니, 그 이유는 열심히 일하기 때문이다.

≪戰國策(전국책)≫은 東周 定王 16年으로부터 秦始皇이 天下를 統一하기까지 전국시대의 사건들을 12국 별로 나누어 기록해 놓았다. ≪戰國策≫은 漢代 劉向(유향)이 정리하여 ≪戰國策≫이라 이름 지은 것이다. 따라서 이것은 어느 때 누가 쓴 것인지 알 길이 없지만 그 내용으로 보아 한 時代 한 사람에 의하여 기록된 것은 아니다. ≪左傳≫과 ≪國語≫는 그 내용이 역사적인 인물이나 사건의 이야기를 빌려 윤리 도덕을 설교하는 성질의 것이었지만 ≪戰國策≫은 어지러운 戰國時代의 游士(유사)나 策士(책사)들이 전쟁에서 보여주는 활약상을 위주로 이루어져 있어 역사서와 더욱 멀어져 있다. 하지만 문학적으로 볼 때 ≪左傳≫이나 ≪國語≫보다 서술기능이나 수사에 있어서는 월등히 발전한 모습을 보여주고 있다. 이야기가 虛構的이고 形式的인 윤리기준을 무시하고 있으며 작가의 재치가 잘 표현되어 있다. 이처럼 歷史散文은 ≪戰國策≫에 이르러 유창한 세련미와 엄정하고 빈틈없는 표현능력, 여유 있는 문장의 구성 능력을 갖추게 되었다.

<漁父之利(어부지리)>6)

趙且伐燕. 蘇代爲燕謂惠王曰今者臣來, 過易水, 蚌方出曝, 而鷸啄其肉, 蚌合而鉗其喙. 鷸曰今日不雨, 明日不雨, 卽有死蚌. 蚌亦謂鷸曰今日不出, 明日不出, 卽有死鷸. 兩者不肯相舍, 漁者得而幷擒之. 今趙且伐燕, 燕趙久相支, 以弊大衆, 臣恐强秦之爲漁父也. 故願王熟計之也. 惠王曰善. 乃止.
(≪戰國策≫ <燕策>)

조(趙)나라가 장차 연(燕)나라를 치려 할 때, 소대가 연나라를 위하여 조나라 혜왕에게 말했다. "오늘 신이 오는 길에 역수를 건너다가 보았는데, 방합 조개가 막 나와서 햇볕을 쬐고 있을 때, 도요새가 그 속살을 쪼자, 방합 조개가 껍데기를 닫아 도요새의 부리를 물었습니다. 도요새가 '오늘도 비가 오지 않고 내일도 비가 오지 않으면 방합 조개 너는 죽을 것이다.'라고 말하자, 방합 조개 역시 도요새에게 '오늘도 빼내지 못하고 내일도 빼내지 못하면 도요새 너는 죽을 것이다.'라고 말했습니다. 둘이 서로 놓아주지 않으려고 할 때 어부가 둘 다 잡아가 버렸습니다. 지금 조나라가 장차 연나라를 치려 하는데, 연나라와 조나라가 오랫동안 서로 버텨서 많은 백성들을 피폐하게 한다면 신은 강한 진나라가 어부가 될까 두렵습니다. 따라서 원컨대 왕께서는 이를 심사숙고하십시오." 혜왕은 "그 말이 옳소!"라고 하면서 그만두었다.

---

6) '어부지리(漁父之利)'는 '둘이 쓸데없는 싸움을 벌이다 제3자가 이익을 차지하는 것'을 말한다. 이런 일은 기업이나 정치판에서 종종 일어난다. 두 기업이 경쟁하며 다투는 사이 엉뚱한 기업이 이익을 차지할 수도 있고 선거에 나선 두 후보가 팽팽한 접전을 벌이며 표가 나뉘는 바람에 제3의 후보가 당선되는 것이다. 방휼지쟁(蚌鷸之爭)이라고도 하며, 다만 어부의 입장이냐 방합 조개와 도요새의 입장이냐에 따라 다르게 표현될 뿐이다.

4. 諸子散文

　春秋時代 末期부터 戰國時代 初期까지 많은 諸子散文(제자산문)이 출현하였다. 春秋戰國時代는 긴 시간에 걸쳐 어지럽게 다투던 시대로 수많은 사람이 세상을 경영할 자기 나름의 생각을 체계화하여 이를 널리 알리기 위해 힘을 썼다. 그 예로 ≪老子(노자)≫·≪論語(논어)≫·≪孟子(맹자)≫·≪墨子(묵자)≫·≪莊子(장자)≫·≪荀子(순자)≫·≪韓非子(한비자)≫·≪呂氏春秋(여씨춘추)≫ 등을 들 수 있다. 中國의 散文이 史官의 손에서 學者들의 손으로 역할이 넘어가고, 事實을 기록하는 紀事의 글에서 思想을 기록하는 立言의 글로 내용이 바뀐 것이다. 그리하여 글에는 세상을 바르게 이끄는 데 도움이 되는 어떤 사상이 담겨 있어야 한다는 생각이 은연중에 생겨났다. 이런 글은 형식보다 내용이 문제가 되기 때문에, 사상을 서술하는 데 힘을 기울이게 되었다. 따라서 이들은 자기의 사상을 남들에게 바르게 이해시키고 선전하기 위하여 墨子의 경우처럼 尙賢(상현, 신분과 관계없이 현자를 천자로 모신다는 사상), 尙同(상동, 모든 사람을 평등하게 대하는 것), 兼愛(겸애, 똑같이 사랑하는 것)의 이론에 대해서도 연구 하였다. 莊子는 寓言(우언, 풍자적이거나 교훈적인 의미를 담고 있는 이야기)을 적극적으로 활용하여, 읽는 사람들에게 이해를 빠르게 하였고, 중국문학 발전에 크게 이바지하였다.

　여기서는 戰國時代 散文의 기반을 이루는 ≪老子≫·≪論語≫·≪孟子≫·≪墨子≫, 南方의 기질을 지니고 새롭게 등장한 ≪莊子≫, 전국시대의 산문을 완성한 ≪荀子≫·≪韓非子≫·≪呂氏春秋≫ 등을 살펴보고자 한다.

道家의 가장 오래된 서적은 ≪老子≫이다. ≪道德經(도덕경)≫이라고도 하며, 도교에서 핵심 경전으로 삼는다. ≪도덕경(道德經)≫이란 이름은 상편의 "도가도비상도(道可道, 非常道)"의 '道'와 하편의 "상덕부덕(上德不德, 최상의 덕은 덕이라 하지 않는다)"의 '德'을 합해 부른 이름이다. ≪老子≫는 孔子보다도 선배인 李耳(춘추시대 중기~전국시대 초기)가 지은 것으로, <道經>·<德經>으로 이루어진 81절의 글로 언어가 간결하고 뜻이 심오하다. 그리고 일부 문장에는 韻이 들어가 있다.

<體道(체도)>

道可道, 非常道. 名可名, 非常名. 無名, 天地之始. 有名, 萬物之母. 故常無欲以觀其妙, 常有欲以觀其徼. 此兩者同出而異名. 同謂之玄, 玄之又玄, 衆妙之門. (≪老子≫ <道經> 第一章)

"도를 도라고 말로 표현하면, 그 도는 항구 불변한 본연의 도가 아니고, 이름 지어 부를 수 있는 이름은 참다운 실재의 이름이 아니다. '무명'은 천지의 시작이며, '유명'은 만물의 어미이다. 그러므로 '상무'는 그 오묘함을 보고자 하며, '상유'는 그 귀결을 보고자 한다. 이 두 가지는 같은 데서 나왔지만 이름은 다르다. 똑같이 현묘하다고 이르니, 현묘하고 또 현묘하여 모든 오묘함의 문이다.

≪論語≫는 孔子(BC 551~BC 479)의 말, 孔子와 그의 弟子 및 당시 사람들의 대화나 그들의 행동에 관한 기록이다. 문자는 간결하고 형상적이며 哲理를 담고 있어 예부터 ≪論語≫는 孔子와 儒家의 思

想이나 성격을 연구하고 이해하는데 중요한 자료가 되어왔다. 班固(반고)는 ≪漢書≫ <藝文志>에서 ≪論語≫란 책 이름을 다음과 같이 풀이하고 있다.

　　論語者, 孔子應答弟子·時人·及弟子相與言, 而接聞於夫子之語也. 當時弟子各有所記, 夫子旣卒, 門人相與輯而論纂, 故謂之論語.

　　≪논어≫란 공자가 제자와 시인들에게 응답한 것과 제자들이 서로 말을 하되 공자에게서 직접 들은 것에 대한 말인 것이다. 당시 제자들은 제각기 기록해 놓은 것이 있었는데 공자께서 돌아가신 뒤 문인들이 서로 모아서 논찬을 한 것이기 때문에 ≪논어≫라고 하였다.

　　≪論語≫의 글은 대부분 직접화법으로 이루어져 있는데 ≪書經≫이나 ≪左傳≫의 경우보다 말이나 대화들이 더욱 생동감 넘치게 표현되어, 짧은 한마디 말 속에도 그 사람의 성격이 잘 드러나고 있다.

　　學而時習之, 不亦說乎. 有朋自遠方來, 不亦樂乎. 人不知而不慍, 不亦君子乎. (≪論語≫ <學而>)

　　배우고 늘 그 배운 것을 익히면 또한 기쁘지 아니한가. 벗이 멀리서 찾아와 주면 또한 즐겁지 아니한가? 남이 자기를 알아주지 않아도 성내지 아니하면 또한 군자가 아니겠는가?

　　伯牛有疾, 子問之, 子牖執其手, 曰亡之, 命矣夫. 斯人也而有斯疾也. 斯人也而有斯疾也. (≪論語≫ <雍也>)

백우가 병이 나자 선생님께서 위문을 가셔서 창문을 통해 그의 손을 잡고 말씀하셨다. "절망적이다! 운명이지! 이런 사람한테 이런 병이 생기다니! 이런 사람한테 이런 병이 생기다니!"

≪孟子≫는 작자가 孟軻(맹가, BC 372?~BC 289?)이며 어지러운 사회 속에서 仁義에 대한 강한 신념을 가지고 儒家의 倫理를 실천하려는 내용으로 문장이 웅변적이고 격정적이며 선동적인 성격을 띠고 있다. ≪論語≫처럼 자연스럽고 유창한 대화의 형식을 빌려 기록되어 있는데 다만 ≪論語≫의 간결하고 소박한 형식보다 좀 더 거창한 형식으로 발전하였다. 문장의 논리에는 약간의 문제가 있으나 글 자체에는 무리가 없고 깨끗하여 알기 쉬우며, 여러 가지 비유와 해학이 들어간 내용은 재미있기까지 하다. 이런 ≪孟子≫의 散文은 후세 중국 산문의 발전에 큰 영향을 끼쳤다. ≪孟子≫의 문장은 ≪論語≫와 마찬가지로 儒家思想을 내세우고는 있지만 훨씬 논쟁적이다.

梁惠王曰寡人之於國也, 盡心焉耳矣. 河內凶, 則移其民於河東, 移其粟於河內. 河東凶亦然, 察鄰國之政, 無如寡人之用心者. 鄰國之民不加少, 寡人之民不加多, 何也. 孟子對曰, 王好戰, 請以戰喩. 塡然鼓之, 兵刃旣接, 棄甲曳兵而走. 或百步而後止, 或五十步而後止. 以五十步笑百步, 則何如. 曰不可, 直不百步耳, 是亦走也. 曰王如知此, 則無望民之多於鄰國也. (≪孟子≫ <梁惠王・上>)

양혜왕이 맹자에게 물었다. "과인은 백성들을 위해 정성을 다하고 있습니다. 하내 지방에 흉년이 들면 그곳 백성들을 하동 지방으로 옮기고, 또한 하동의 곡식을 하내로 옮겨 주었습니다. 또 하동 지방에 흉년이 들면 그와 똑같은 조치를 취해 주었습니다. 다른 나라에서 정치하는 것을 보면 나처럼 그렇게 하지 못합니다. 그런데도 여전히 이웃 나라 백성의 수가 줄지 않고, 또 우리나라 백성의 수가 늘지 않는 것은 무엇 때문입니까?" 그러자 맹자가 이렇게 대답했다. "왕께서 전쟁을 좋아하시니 전쟁에 비유하여 말씀드리겠습니다. 둥둥 북을 울리며 칼날을 맞부딪쳐 싸우게 되면 갑옷을 벗어 던지고 무기를 끌며 달아나는 병사가 생깁니다. 그 때 어떤 사람은 백 보쯤 달아나서 멈추고, 어떤 사람은 오십 보쯤 달아나 걸음을 멈추었습니다. 그런데 오십 보 달아난 사람이 백 보 달아난 사람을 비웃는다면 어떠하겠습니까?" "그건 잘못입니다. 백 보나 오십 보나 달아난 것은 마찬가지입니다." 맹자가 말했다. "그것을 아신다면 왕께서도 내 나라 백성이 이웃 나라 백성보다 많기를 바라지 않으셔야 합니다."

《墨子》는 墨家를 대표하는 유일한 저술로서 작자는 墨家(묵가)를 창시한 墨翟(묵적, BC 468?~BC 376?)으로 알려져 있다. 《漢書》 <藝文志>에는 《墨子》 71편이 수록되어 있는데 그 중 지금은 53篇만 전해진다. 53篇의 내용도 篇에 따라 성격상 큰 차이를 보여주고 있다. 대체로 墨翟의 제자들과 후세 사람들의 손에 의하여 이루어진 글인 듯하다. 《墨子》의 기록들을 종합하면 墨翟은 당시 사회의 모순이나 사치에 강한 반발을 보이는 실천적 서민계급을 대표하는 사상가이다. 당시 儒家의 禮敎思想에 정면으로 반대하여 모든 사람은 서로 사랑하며 도와야 한다는 兼愛를 주장하고 전쟁을 반대했다. 《墨子》의 문체는 질박하고 화려한 수식은 없다. 《墨子》의 두드러진 수식 없이 정확한 뜻을 전달하려는 노력은 中國 散文을 한 단계 더 발전시켰고, 논설의 전개와 표현 기능이 한층 발전할 수 있게 하였다.

聖人以治天下爲事者也, 必知亂之所自起, 焉能治之. 不知亂之所自起,則不能治. 譬之如医之攻人之疾者然, 必知疾之所自起, 焉能攻之. 不知疾之所自起, 則不能攻. 治亂者何獨不然. 必知亂之所自起, 焉能治之. 不知亂之所自起, 則弗能治. 聖人以治天下爲事者也, 不可不察亂之所自起. 當察亂何自起, 起不相愛. 臣子之不孝君父, 所謂亂也. 子自愛不愛父, 故亏父而自利. 弟自愛不愛兄, 故亏兄而自利. 臣自愛不愛君, 故亏君而自利. 此所謂亂也. 雖父之不慈子, 兄之不慈弟, 君之不慈臣, 此亦天下之所謂亂也. 父自愛也不愛子, 故亏子而自利. 兄自愛也不愛弟, 故亏弟而自利. 君自愛也不愛臣, 故亏臣而自利. 是何也. 皆起不相愛. (≪墨子≫ <兼愛・上>)

성인은 천하를 다스리는 것을 일로 삼는 자이니, 반드시 난이 어디에서 일어나는지를 알아야만 다스릴 수 있으며, 난이 어디에서 일어나는지를 알지 못하면 다스릴 수 없다. 비유하자면 의원이 사람의 질병을 치료하는 것과 같으니, 반드시 질병이 어디에서 일어나는지를 알아야만 치료할 수 있으며, 질병이 어디에서 일어나는지를 알지 못하면 치료할 수 없다. 다스리는 것과 혼란이라는 것도 어찌 그렇지 않을 수가 있겠는가? 반드시 혼란이 일어나는 원인을 알아야만 이에 천하를 다스릴 수 있을 것이다. 혼란이 일어나는 원인을 알지 못하면 다스릴 수가 없게 되는 것이다. 성인은 천하를 다스리는 것을 일로 삼는 자이니, 난이 어디에서 일어나는지를 살피지 않으면 안 된다. 난이 일어나는 곳을 살펴보니, 서로 사랑하지 않는 데서 일어나는 것이다. 신하와 자식이 임금과 아비에게 불효하는 것을 이른바 난이라고 한다. 자식이 자신만 사랑하고 아비를 사랑하지 않기 때문에 아비를 해치고 자신을 이롭게 하며, 동생이 자신만 사랑하고 형을 사랑하지 않기 때문에 형을 해치고 자신을 이롭게 하며, 신하가 자신만 사랑하고 임금을 사랑하지 않기 때문에 임금을 해치고 자신을 이롭게 하는 것, 이것을 이른바 난이라고 한다. 아비가 자식을 자애(慈愛, 아랫사람에게 베푸는 도타운 사랑)하지 않고, 형이 동생을 자애하지 않으며, 임금이 신하를 자애하지 않는 것, 이것도 역시 천하에서 이른바 난이라는 것이다. 아비가 자신만 사랑하고 자식을 사랑하지 않기 때문에 자식을 해치고 자신을 이롭게 하며, 형이 자신만 사랑하고 동생을 사랑하지 않기 때문에 동생을 해치고 자신을 이롭게 하며, 임금이 자신만 사랑하고 신하를 사랑하지 않기 때문에 신하를 해치고 자신을 이롭게 하는 것은 왜 그럴까? 모두 서로 사랑하지 않는 데서 일어나는 것이다.

≪莊子(장자)≫는 莊周(장주, BC 369?~BC 286?)의 저술로서 ≪老子≫와 함께 道家를 대표하는 책이다. ≪漢書≫ <藝文志>에는 ≪莊子≫ 52篇이 수록되어 있으나 지금은 33篇만 전한다. 이 33篇은 다시 內篇 7篇, 外篇 15篇, 雜篇 11篇으로 나뉘어져 있는데, 그 중 內篇이 비교적 오래되었고 莊子의 근본사상이 실려 있다. 外篇과 雜篇은 後學에 의해 저술된 것으로 추측된다. 莊子는 老子의 학문을 깊이 연구하였으며 그의 사상의 밑바탕에 동일한 흐름을 엿볼 수 있다. ≪莊子≫는 초현실적이고 신비주의적 경향을 사람들에게 이야기하여 깨우치려고 했는데, 중국문학에 현실적인 정치와 사회 문제를 떠나서 새로운 정신적·사상적 가치에 대해 눈을 뜨게 하였다.

≪莊子≫의 문장은 풍부한 상상력과 환상에 바탕을 두고 있으며 추상적이고 초현실적인 문제들을 자유롭고 다양한 방식으로 표현하고 있어 새로운 문학 영역을 개척하였다. ≪莊子≫는 갖가지 문장 형태와 논리 전개 방식을 포괄하고 있으며 함축적이고 심미적인 성격도 두드러진다. 특히 꾸며낸 이야기를 통해 자기의 생각을 은유적이고 우회적으로 표현하여 깨닫게 하는 이른바 寓言이라는 방식을 잘 활용한 것으로도 유명하다. 이런 점 때문에 ≪莊子≫는 어떤 저작보다도 小說的 性格이 두드러지며 실제로 이후의 古代小說 發展에 많은 영향을 끼쳤다.

北冥有魚, 其名爲鯤, 鯤之大, 不知其幾千里也. 化而爲鳥, 其名爲鵬. 鵬之背, 不知其幾千里也. 怒而飛, 其翼若垂天之雲. 是鳥也, 海運則將徙於南冥. 南冥者, 天池也. 齊諧者, 志怪者也. 諧之言曰鵬之徙于南冥也, 水擊三千里, 搏扶搖而上者九萬里, 去以六月息者也. 野馬也, 塵埃也, 生物之以息相吹也. 天之蒼蒼, 其正色邪. 其遠而無所至極邪. 其視下也, 亦若是則已矣.
(≪莊子≫ <內篇・逍遙遊>)

북명에 물고기가 있는데 그 이름을 '곤'이라 한다. 곤의 크기는 몇 천리가 되는지 알 수 없다. 변하여 새가 되는데 그 이름을 '붕'이라 한다. 붕의 등은 몇 천리가 되는지 알 수 없다. 이 새가 한 번 기운차게 날면 그 날개가 마치 하늘에 드리운 구름 같다. 이 새는 바다에 해일이 일면 장차 남명으로 옮겨가는데, '남명'은 하늘의 연못이다. '제해'는 괴이한 일을 기록한 것이다. 제해에서 말하길 "붕이 남명으로 옮겨 갈 때는 물에서 삼천리를 도약하여 회오리바람을 타고 구만리를 위로 올라가 6개월 동안 날아가서 쉰다."라고 했다. 아지랑이는 먼지와 티끌로 생물이 숨 쉬면서 내뿜는 것이다. 하늘이 푸르고 푸른 것은 본래 색일까? 아니면 너무 멀어서 끝닿는 데가 없어서일까? 그곳에서 아래를 내려다보면 또한 이와 같을 것이다.

≪荀子(순자)≫는 ≪孟子≫에 뒤이어 戰國時代에 나온 儒家의 대표적인 저서이다. ≪荀子≫는 ≪孟子≫에 비해 현실적인 경향이 짙다. ≪孟子≫의 性善說과 반대로 性惡說을 주장하였기에 사람의 본성을 올바르게 다스릴 예와 교육을 중시하였다. ≪孟子≫의 이상론만 고집하지 않고 현실적인 해결법을 내세웠다. 이런 ≪荀子≫의 사상은 냉정하고 現實的이어서 문장에 있어서도 수식이나 교묘한 표현을 하지 않았다. ≪墨子≫와 비슷하지만 ≪墨子≫처럼 庶民的인 감각이 아니라 학자의 입장에서 자기의 사상이나 주장을 현실적으로

표현하려고 했다. 이런 점에서 ≪荀子≫는 論說文을 이전보다 한 단계 더 발전시켰다. 특히 <天論(천론)>, <性惡(성악)>과 같은 글은 고대 논설문의 모범으로 꼽힌다. 그리고 민가의 형식을 빌려 쓴 <成相篇(성상편)>과 <賦篇(부편)>은 새로운 문체의 시도로 문학사에서 중요한 가치가 있다.

君子曰, 學不可以已. 靑取之於藍, 而靑於于藍. 冰水爲之, 而寒於水. 木直中繩, 輮以爲輪, 其曲中規. 雖有枯暴, 不復挺者, 輮使之然也. 故木受繩則直, 金就礪則利. 君子博學, 而日參省乎己, 則知明而行無過矣. 故不登高山, 不知天之高也. 不臨深谿, 不知地之厚也. 不聞先王之遺言, 不知學問之大也. 干越夷貉之子, 生而同聲, 長而異俗, 敎使之然也. (≪荀子≫ <勸學篇>)

군자가 말하길, 배움은 그만둘 수 없다고 한다. 파란색은 쪽 풀에서 나오지만 쪽 풀보다 더 파랗다. 얼음은 물이 얼어서 된 것이지만 물보다 더 차갑다. 나무가 곧으면 먹줄에 들어맞고, 굽혀서 바퀴를 만들면 그 휘어짐이 그림쇠(컴퍼스)에 들어맞는다. 비록 말리고 햇볕에 쪼인다 하더라도 다시 펴지지 않는 것은 굽힘이 그것을 그렇게 한 것이다. 그러므로 나무는 먹줄을 대면 곧아지고, 쇠는 숫돌에 갈면 날카로워진다. 군자가 널리 배우고 날마다 자신을 세 번씩 반성한다면, 아는 것이 명확해지고 행실에 잘못이 없게 된다. 그러므로 높은 산에 올라보지 않으면 하늘의 높음을 알지 못한다. 깊은 계곡에 다가가지 않으면 땅의 두터움을 알지 못하며, 선왕의 남기신 말씀을 듣지 않으면 학문의 위대함을 알지 못한다. 여러 오랑캐 땅(干越夷貉)[7]의 아이도 태어날 때는 같은 소리로 울지만

---

[7] '干'은 吳나라에 있던 나라 이름이다. 오월(吳越)은 중국 남부지방으로 옛날에는 미개한 지역이었다. '이맥(夷貉)'은 중국의 동북방에 살던 오랑캐 이름이다.

자라서 습속이 달라지는 것은 가르침이 그를 그렇게 한 것이다.

≪韓非子≫는 법가를 대표하는 韓非(한비, BC 280~BC 233?)의 저술이다. 韓非의 사상은 기본적으로 法治와 術治의 두 가지로 요약할 수 있다. 法이란 통치자가 백성에게 강요하는 규칙을 뜻하고, 術이란 통치자가 권세를 이용하여 백성을 다루는 방법을 뜻한다. 法家는 백성보다도 통치자 입장에서 정치론을 펴고 있다.

故王良愛馬, 越王勾踐愛人, 爲戰與馳. 医善吮人之傷, 含人之血, 非骨肉之親也, 利所加也. 故輿人成輿, 則欲人之富貴, 匠人成棺, 則欲人之夭死也, 非輿人仁而匠人賊也, 人不貴則輿不售, 人不死則棺不買, 情非憎人也, 利在人之死. 故后妃·夫人·太子之黨成而欲君之死也, 君不死則勢不重. 情非憎君也, 利在君之死也. 故人主不可以不加心於利己死者. 故日月暈圍於外, 其賊在內, 備其所憎, 禍在所愛. (≪韓非子≫ <備內> 第十七)

말을 잘 몰기로 유명한 왕양이 말을 사랑하고, 월왕 구천이 사람을 아낀 것은, 말을 잘 달리게 하고 사람을 잘 싸우게 하기 위함이었다. 의원이 환자의 상처에서 고름을 빨아내고, 나쁜 피를 입에 머금는 것은 형제의 정으로써 그러는 것이 아니라, 그렇게 하여 이익이 되기 때문이다. 그러므로 "수레 만드는 사람은 남들이 부자가 되기를 바라고, 관을 만드는 사람은 남들이 빨리 죽기를 바란다."라는 말이 있지만, 수레 만드는 사람이 착하고 관 만드는 사람이 악해서 그런 것이 아니다. 사람들이 부자가 되지 않으면 수레가 팔리지 않고, 사람들이 죽지 않으면 관이 팔리지 않기 때문이다. 관을 만드는 사람이 사람을 미워하는 마음을 가질 리 없으나 사람이 죽는 것이 자기의 이익이 된다. 후비와 부인, 왕자가 당파를 만들면 왕이 죽기를 바라게 되는데, 왕이 죽지 않으면 자기들이 권세를 부릴 수 없다. 특별히 왕을 미워해서가 아니라 왕이 죽는 것이 자기들의 이익이 되기 때문이다. 그러므로 임금 된 사람은 자기의 죽음을 이익으로 알고 있는 사람들을 잘 살피지 않으면 안 된다. 해와 달이 무리를 짓듯이 외부에 대한 수비를 단단히 하더라도 실상 도둑은 내부 사람들 가운데에 있다. 또 자기가 미워하는 사람에 대해 방비를 하지만 화근은 실상 내가 사랑하는 사람들 가운데서 생겨난다.

≪呂氏春秋(여씨춘추)≫는 秦나라가 천하 통일하기 전 呂不韋(여불위, ?~BC 235)[8]가 자기 문하의 여러 학자에게 공동으로 저술 편찬하게 한 책이다. ≪呂氏春秋≫는 전체가 12紀(기), 8覽(람), 6論(론)으로 이루어져 있는데 이는 각각 天·地·人을 대표하는 숫자로서 천지만물과 고금의 일에 관한 지식을 총괄하겠다는 포부 아래 세워진 체계이다. 책의 내용은 정치문제와 관계되는 것이 가장 많은데, 매 篇의 철학적인 관점이 서로 다르고 이전의 학파들의 이론을 모두 수합하였다. 사상뿐만 아니라 문장에서도 그 표현 기능은 이전의 문장들의 기능을 종합하고 있다. 이러한 체재는 ≪禮記(예기)≫, ≪淮南子(회남자)≫, ≪史記(사기)≫ 등의 편집에 직접 영향을 끼쳤고, 六朝時代에 나온 類書인

---

[8] 조(趙)나라 출신의 대상인이며, 세상의 흥망성쇠를 읽는 눈과 이해득실을 계산하는 판단력이 매우 비상했다. 일찍이 趙나라에 볼모로 와 있던 진(秦)나라의 왕손 자초(子楚)를 우연히 보고 나서 그가 기화(奇貨, 기묘한 보배)임을 첫눈에 간파하여 이후 물심양면으로 후원한 끝에, 마침내 그를 장양왕(莊襄王, B.C.249~247 재위)으로 즉위하도록 만들었다. 莊襄王이 즉위함과 동시에 승상(丞相)이 되고 문신후(文信侯)로 봉(封)해져 낙양(洛陽) 부근의 식읍(食邑) 10만 호를 받음으로써, 秦나라는 물론 천하 제일의 부귀와 권세를 누리게 된다. 이후 자신의 권세를 믿고 한없이 방자해져 자신이 이전에 莊襄王에게 헌납해 왕후로 삼게 했던 옛 애첩(秦始皇은 莊襄王의 아들이 아니라 呂不韋의 아들이라는 설도 있음)과 불륜 행각을 벌이는 한편, 군사권과 인사권을 농단하여 한때 秦나라를 영씨(嬴氏)가 아닌 여씨(呂氏)의 나라로 만든다는 비난까지 들었다.

≪修文御覽(수문어람)≫, ≪華林遍略(화림편략)≫과 같은 책은 편제까지도 ≪呂氏春秋≫를 본받았으므로 ≪呂氏春秋≫를 후세 유서의 기원으로 보고 있다.

<脣亡齒寒(순망치한)>9)

昔者晉獻公使荀息假道於虞以伐虢, 荀息曰請以垂棘之璧與屈産之乘, 以賂虞公, 而求假道焉, 必可得也. 獻公曰夫垂棘之璧, 吾先君之寶也, 屈産之乘, 寡人之駿也. 若受吾幣而不吾假道, 將奈何. 荀息曰不然. 彼若不吾假道, 必不吾受也. 若受我而假我道, 是猶取之內府而藏之外府也, 猶取之內皁而著之外皁也. 君奚患焉. 獻公許之. 乃使荀息以屈産之乘爲庭實, 而加以垂棘之璧, 以假道於虞而伐虢. 虞公濫於寶與馬而欲許之. 宮之奇諫曰不可許也. 虞之與虢也, 若車之有輔也, 車依輔, 輔亦依車, 虞·虢之勢是也. 先人有言曰脣竭而齒寒. 夫虢之不亡也恃虞, 虞之不亡也亦恃虢也. 若假之道, 則虢朝亡而虞夕從之矣. 奈何其假之道也. 虞公弗聽, 而假之道. 荀息伐虢, 克之. 還反伐虞, 又克之. 荀息操璧牽馬而報. 獻公喜曰璧則猶是也, 馬齒亦薄長矣. 故曰顧小利則大利之殘也. (≪呂氏春秋≫ <愼大覽·權勛(신대람·권훈)>)

옛날에 진(晉) 헌공(獻公)이 순식(荀息)을 시켜 우(虞)나라로부터 길을 빌려 괵(虢)나라를 정벌하게 했다. 순식이 말했다. "수극(垂棘) 땅에서 난 옥과 굴읍(屈邑)에서 난 명마로 우나라의 군주에게 예물을 주어 길 빌리는 것을 청하면 반드시 얻을 수 있을 것입니다." 헌공이 말했다. "그 수극 땅에서 난 옥은 내 선친의 보물이며, 굴읍에서 난 명마는 나의 준마인데,

---

9) '입술이 없으면 이가 시리다.'는 말로 서로 떨어질 수 없는 밀접한 관계라는 뜻. 가까운 사이의 한쪽이 망(亡)하면 다른 한쪽도 그 영향을 받아 온전(穩全)하기 어려움을 비유함. ≪春秋左氏傳≫ 희공(僖公) 5년(五年)조에 나오는 말이다.

만약 나의 예물만 받고 나에게 길을 빌려주지 않으면 어떻게 하시려 하오?" 순식이 말했다. "그렇지 않을 것입니다. 그가 만약 우리에게 길을 빌려주지 않는다면 반드시 우리의 예물을 받지 않을 것입니다. 만약 우리의 예물을 받는다면 우리에게 길을 빌려줄 것이니, 이는 궁정 안의 보물창고에서 꺼내어 바깥의 보물창고에 저장하는 것과 마찬가지요, 궁정 안의 마구간에서 끌어내어 바깥의 마구간에 저장하는 것과 마찬가지입니다. 임금께선 어찌 걱정하십니까?" 헌공이 허락하였다. 이에 순식은 굴읍 땅에서 난 준마를 예물로 삼고, 수극 땅에서 난 옥을 더하여, 우나라로부터 길을 빌려 괵나라를 정벌하고자 했다. 우의 군주는 보물과 말이 탐나서 길 빌려주는 것을 허락하고자 했는데, 궁지기(宮之奇)가 간언하였다. "허락해서는 안 됩니다. 우나라와 괵나라는 비유컨대 수레에 바퀴 덧방나무가 있는 것과 마찬가지입니다. 수레는 버팀목에 의지하고, 버팀목 역시 수레에 의지하니 우나라와 괵나라의 형세가 이러합니다. 선인들은 다음과 같은 말을 했습니다. '입술이 망하면 이가 시리다.' 저 괵나라가 망하지 않음은 우나라에 달려있음이요, 우가 망하지 않음 또한 괵나라에 달려있습니다. 만약 저들에게 길을 빌려주면 괵나라는 아침에 망하고 우나라는 저녁에 그 뒤를 따라 망할 것입니다. 어찌하여 저들에게 길을 빌려주려 합니까?" 우의 군주는 듣지 않고 진나라에 길을 빌려주었다. 순식이 괵나라를 정벌하여 이겼다. 돌아오면서 우나라를 정벌하여 역시 이겼다. 순식은 옥을 가지고 준마를 끌고서 헌공에게 보답했다. 헌공이 기뻐하며 말했다. "옥은 여전히 그대로인데, 말은 조금 나이 먹었구나." 그러므로 "작은 이익을 탐내다가 큰 이익을 잃는다."라고 말하는 것이다.

5. 屈原과 ≪楚辭≫

≪楚辭(초사)≫는 長江 유역을 중심으로 생겨난 '楚나라의 노래'이다. '초사'라는 명칭은 漢(한)나라의 ≪史記≫와 ≪漢書≫에 처음 보인다. 이것은 司馬遷(사마천)의 ≪史記≫가 완성된 기원전 91년에는 이미 초사가 유행했다는 것을 말한다. 그런데 이때의 '초사'는 글자 그대로 초나라의 노래라는 뜻이었다. 왜냐하면 ≪楚辭≫라는 책은 이보다 조금 뒤인 西漢 시기의 인물인 劉向(유향)의 손을 거쳐 처음으로 세상에 나오기 때문이다. 즉, 당시에는 楚나라 민요풍의 노래가 유행했었는데 후에 이것이 ≪楚辭≫라는 책으로 엮어진 것이다.

흔히 ≪楚辭≫는 ≪詩經≫에 비견된다. ≪詩經≫은 北方을 대표하는 문학이고 ≪楚辭≫는 南方을 대표하는 문학으로서 두 작품은 古代文學의 쌍벽을 이루는 詩歌集이다. 北方 사람들이 어려운 자연환경을 극복하기 위해 기질이 억세고 現實的이며 散文的이라면, 南方 사람들은 여유롭기 때문에 浪漫的이고 詩的이라 할 수 있다. 이러한 기질이 문학에도 반영되어 北方에서는 ≪詩經≫이 탄생되었고 南方에서는 ≪楚辭≫가 생겼다. 따라서 ≪楚辭≫는 개인사상과 감정을 바탕으로 초현실적이고 환상적인 생각을 화사한 언어로 노래한 극도의 수사를 추구한 문학이다. 다음은 ≪詩經≫과 ≪楚辭≫를 비교한 표이다.

구분	≪詩經≫	≪楚辭≫
지역	黃河 유역, 北方 중심	長江 유역, 南方(楚나라) 중심
시대	西周初 東周末 약 500년	戰國末 西漢初 약 200년

작자	民間의 창작 305편	文人의 창작 17편
구식	4言句 위주로 短詩, 短句, 疊字(첩자) 사용	6言句 위주로 長詩, 長句, '兮', '以', '之'字와 같은 虛辭(허사) 사용
내용	事實的이고 人事에 관한 내용	浪漫的이고 神話에 관한 내용
풍격	北方의 호방한 기질, 민간문학의 솔직한 정신	南方의 온화한 기질, 문인의 섬세한 감정

대표적 작가는 屈原(굴원, BC 340?~BC 278 추정)이다. 屈原은 楚나라 귀족으로 일찍부터 三閭大夫(삼려대부)와 左徒(좌도) 벼슬을 지냈다. 屈原은 20여 세 무렵 이미 뛰어난 재능으로 楚나라 懷王(회왕)의 신임을 받아 궁정 내 모든 법령의 초안을 작성하고 항시 국가 기밀회의에 참석 하였다. 궁정 밖에서는 법령을 선포하는 등 두터운 신임을 받음과 동시에 일부 대신에게는 질투의 대상이 되기도 하였다. 당시는 戰國時代 말기였는데, 屈原은 높은 식견으로 당시 제일 강했던 秦나라에 대항하기 위해 齊나라와 연합해야 한다는 '聯齊抗秦(연제항진)'을 주장하였다. 懷王은 이를 듣지 않고 오히려 屈原을 추방했고, 후에 다시 등용했으나 秦나라에 대항하자는 작전이 실패를 거두자 屈原은 汨羅江(멱라강)에 투신하였다.

屈原이 지었다는 楚辭는 漢나라 때 편찬된 ≪楚辭(초사)≫라는 책을 통해 전해지고 있는데, 이런 ≪楚辭≫는 西漢의 劉向(유향, BC 77~BC 6)이 편찬했다고 하나 실제로 우리에게 전해지는 ≪楚辭≫의 가장 오래된 책은 東漢의 王逸(왕일, 89?~158?)이 지은 ≪楚辭章句(초사장구)≫라는 책이다. ≪楚辭≫를 지금과 같은 높은 지위에 끌어 놓은 것도 王逸이다. 그런데 ≪楚辭≫라는 책에는 屈原의 작품뿐만 아니라 그의 제자 宋玉(송옥)과 景差(경차)의 작품을 비롯하여, 賦(부)의 작가인 漢代 賈誼(가의)의 작품도 실려 있다.

屈原은 '楚辭體'(초사체)라는 새로운 詩型을 창조하여, 屈原 이전에 유행하였던 '詩經體'의 4字句를 남방언어를 사용하여 3字句로 바꿔놓았다. ≪楚辭≫에서 屈原이 지었다고 전해지는 작품의 특색 중 하나는 '兮', '些' 등의 虛辭(허사)를 두 개의 3字句에 연결시켜 후세의 7言詩와 유사한 7言句를 만든 것이다.

≪楚辭≫에서 屈原의 작품이라 전하는 대표적인 작품들에 사용된 句法과 형식에는 다음 네 가지가 있다.

ⓐ □□兮□□ : 五音紛兮繁會
　　　　　　 : 君欣欣兮樂康(<九歌> 東皇太一)
　□□□兮□□□ : 悲莫悲兮生離別
　　　　　　 : 樂莫樂兮新相知(<九歌> 小司命)
ⓑ □□□○□□兮 : 長太息以掩涕兮
　□□□○□□　 : 哀民生之多艱(<離騷>)
ⓒ □□□□ □□□□ : 東西南北 其脩孰多?(<天問>)
ⓓ □□□□ □□□些 : 天地四方 多賊姦些(<招魂>)

ⓐ의 구법은 <九歌>에서만 볼 수 있는데, 3言을 바탕으로 한 楚나라 지방 민요의 원형을 답습한 형식이다.

ⓑ의 구법은 <離騷>와 <九章> 중의 7편에서 볼 수 있는데, ⓐ의 구법에서 변화한 듯 보인다. ⓐ의 구법에서 위 3言 아래 2言을 연결하는 '兮'字 대신 '以', '之', '而'字와 같은 虛辭를 사용하여 두 구를 연결하고 있다.

ⓒ의 구법은 북방 ≪詩經≫ 계열과 같은 형식으로 북방 가요의 영향

으로 보인다.

ⓓ의 구법은 북방의 4言 구조와 남방의 3言 구조를 합친 것이다. 句末의 虛辭로 <招魂(초혼)>은 '些(사)'를 쓰고, <大招(대초)>는 '只'를 쓰고, <橘頌(귤송)>에서는 '兮'를 쓴다.

屈原의 대표작 <離騷(이소)>는 그가 楚나라를 위해 충성스럽게 일하다가 간신들의 모함을 받아 懷王(회왕)에게 추방당한 뒤에 자신의 깊은 시름과 우국의 정을 노래한 작품으로 모두 373행 2,400여 자의 長篇詩이고 自傳的인 抒情詩이다. 우국시라고 표현하는 사람들도 있지만, 香草의 비유를 동원하여 자기의 깨끗한 修養(수양)을 노래하는 한편 세상이 더러워 자신 뜻대로 되지 않음을 한탄하고 원망하는 내용은 우국시라고 표현하기에 좀 억지스러운 점도 있다. 하지만 <離騷>가 지닌 풍부한 상상과 아름다운 문체는 ≪詩經≫에서 볼 수 없었던 새로운 것이었다. <離騷>는 허구적인 환상이나 비현실적인 문제를 다루면서 새로운 미를 창조해 냄으로써 이전의 문장보다 발전된 모습을 보여주고 있다.

≪楚辭≫에는 <離騷> 이외에도 <九歌>, <天門>, <九章> 등이 있다. 그 중 <九歌>는 楚나라 민간에서 제사 지낼 때의 노래 가사로 너무 비속하여 屈原이 수정하였다고 하는데, <九歌>는 옛 남방 민가의 색채를 가장 순수하게 표현한 작품인 동시에 다양한 민간의 고사를 포함하고 있어서, 神話學과 民俗學 연구에 중요한 자료가 되고 있다. 그 밖에 ≪楚辭≫에는 屈原의 작품뿐만 아니라, 그의 제자인 宋玉의 <九辯(구변)>과 <招魂(초혼)>이 있다. ≪楚辭≫는 <九辯>에 이르러 더욱 아름다운 음절을 표현하여 漢賦(한부)를 이루게 하였고, <招魂>에서는 漢賦의 鋪裝(포장) 수법을 발전시키고 있다. 漢初에는 屈

原의 이름으로 전해지는 작품과 함께 抒情賦(서정부)가 유행하였다. 그 중에 漢代 初期 賈誼(가의)의 <弔屈原賦(조굴원부)>나 <鵬鳥賦(복조부)> 등은 楚辭體의 글이다.

책으로서 전해지는 가장 오래된 ≪楚辭≫는 東漢時代 王逸(왕일)이 지은 ≪楚辭章句(초사장구)≫이다. 여기에는 屈原의 <離騷>, <九歌>, <天問>, <九章>, <遠遊>, <卜居(복거)>, <漁父>와 그의 제자 宋玉의 <九辯>, <招魂>, 屈原 또는 그의 제자 景差(경차)의 작품이라는 <大招(대초)>와 賈誼(가의)를 비롯하여 王逸 자신에 이르는 漢나라 7명의 작가 작품이 실려 있다. ≪楚辭≫ 속에는 오히려 漢代 작가들의 작품이 더 많다. 그리고 屈原의 존재를 긍정하는 사람들조차도 <離騷>, <九歌>, <天問> 이외의 작품들에 대하여는 후세의 위탁일 것이라 의심을 하고 있다. 屈原의 작품에는 憂國愛民(우국애민)의 열정, 懷才不遇(회재불우, 재능이 있으면서도 펼 기회를 만나지 못함)의 비분, 강렬한 정치성향, 불굴의 분투정신 등이 잘 나타나 있다.

≪楚辭≫는 직접적으로 漢代의 賦로 계승되었으며, 문장의 수사에 대한 추구는 후대 騈文(변문)의 발전을 촉진하였다. 또 ≪楚辭≫의 형식은 7言詩의 형성에 영향을 주었고, 중국문학사에 낭만주의 문학의 씨앗을 뿌렸다는 점도 중요한 의의이다.

<離騷>는 중국 고전문학 작품 가운데 가장 긴 敍事詩이자 浪漫主義의 걸작이라고 일컬어지는 작품으로서, 주로 屈原 자신의 생애, 사상과 행적을 소재로 하고 있다. <離騷>는 하늘과 땅 사이를 멋대로 돌아다니는 幻遊(환유)가 중심을 이루고 있어 내용이 초현실적이며 변화무쌍하다. 허구적인 환상이나 비현실적인 문제를 다루면서 수사와 어우러진 새로운 미를 창조했다.

<離騷(이소)> 節錄(절록)

朝發軔於天津兮, 夕余至乎西極.
鳳皇翼其承旂兮, 高翱翔之翼翼.
忽吾行此流沙兮, 遵赤水而容與.
麾蛟龍使津梁兮, 詔西皇使涉予.
路脩遠以多艱兮, 騰衆車使徑待.
路不周以左轉兮, 指西海以爲期.
屯余車其千乘兮, 齊玉軑而幷馳.
駕八龍之婉婉兮, 載雲旗之委蛇.
抑志而弭節兮, 神高馳之邈邈.
奏九歌而舞韶兮, 聊假日以媮樂.
陟陞皇之赫戲兮, 忽臨睨夫舊鄕.
僕夫悲余馬懷兮, 蜷局顧而不行.

아침에 천진(天津)에서 수레를 출발시켜,
저녁엔 내가 서극(西極)에 이른다.
봉황새 공손히 깃대 받쳐 들고,
높이 훨훨 날아 길을 인도한다.
문득 나는 이 사막을 지나,
적수(赤水)를 따라 노닐며 간다.
교룡(蛟龍)을 지휘하여 나루터에 다리를 놓게 하고,
서황(西皇)에게 명하여 나를 건너 주게 한다.
길은 멀고 험한 곳 많지만,
여러 수레 먼저 지름길로 가 기다리게 한다.
부주산(不周山)을 따라 왼편으로 돌아,
서해(西海)에서 만나기로 기약한다.

나 자신은 천 대의 수레를 모아,
옥 수레바퀴 통을 가지런히 하고 달린다.
수레 끄는 여덟 마리 용 꿈틀꿈틀하고,
수레에 꽂힌 구름 깃발 펄렁거린다.
마음을 억누르며 속도를 조절해도,
정신은 높이 아득한 곳으로 달려만 간다.
구가(九歌)를 연주하고 소무(韶舞)를 추며,
한가한 날 빌려 즐겨도 본다.
하늘 훤하게 밝은 곳으로 오르다가,
문득 고향을 내려다본다.
내 하인들 슬퍼하고 내 말도 고향 그리워,
우물쭈물 뒤돌아보며 나아가려 하지 않는구나!

　王逸은 <九歌>가 楚나라 민간에서 여러 神에게 제사 지낼 때 부르던 노래를 屈原이 듣고 개작한 것이라 하였고, 朱熹(주희)는 초나라 巫覡(무격, 무당과 박수를 아울러 이르는 말)들이 여러 神에게 제사지낼 때 부르던 노래를 屈原이 듣고 개작한 것이라 하였다.

<九歌·雲中君(구가·운중군)>

浴蘭湯兮沐芳, 華采衣兮若英.
靈連蜷兮旣留, 爛昭昭兮未央.
蹇將憺兮壽宮, 與日月兮齊光.
龍駕兮帝服, 聊翱遊兮周章.
靈皇皇兮旣降, 猋遠擧兮雲中.
覽冀州兮有餘, 橫四海兮焉窮.

思夫君兮太息, 極勞心兮燼燼.

난초 물에 몸을 씻고 향초 물로 머리 감고,
꽃무늬 옷 입은 무녀는 꽃부리 같네.
구름신 휘감듯 내려와 머물러 계시니,
밝고 휘황한 빛이 끝나지 않네.
아! 구름신을 편안히 수궁에 모셔,
해와 달과 나란히 빛을 비추네.
용 수레 타고 천제의 옷을 입고,
천천히 날아서 두루 돌아다니시네.
구름신 또 황망히 내려오시더니,
폭풍처럼 멀리 올라 구름 속에 계시네.
기주 땅을 내려다보며 머뭇거리다가,
사해를 가로질러 가니 어찌 다함 있으랴.
님을 그리워하며 깊은 탄식 내뱉고,
노심초사하며 괴로워하네.

<天問>은 유랑생활 중 믿음이 붕괴함에 따라 회의를 느껴 물음을 던지는 내용이다. '天問'은 '하늘에 묻는다.'는 뜻이며, 우주의 혼돈 상태에 대한 회의에서 시작하여 우주·신화·전설·역사 등 172종에 달하는 의문을 열거하고, 최후에 작자의 입장을 서술하여, 확실한 것은 오직 한 가지, 인생은 충성된 이름을 後世에 남기는 것이라고 하였다. 대체로 四言을 위주로 한 句型을 사용하여, 四句一節의 疑問文을 구성하고 있다. 내용이나 형식 모두 '楚辭' 중의 奇文으로 일컬어진다. <天問> 앞부분 한 대목을 보기로 든다.

<天問(천문)> 節錄(절록)

遂古之初, 誰傳道之.
上下未形, 何由考之.
冥昭瞢闇, 誰能極之.
馮翼惟像. 何以識之.
明明闇闇, 惟時何爲.
陰陽三合, 何本何化.

아득한 옛 시초의 일을,
누가 말하여 전했을까?
하늘과 땅이 이룩되기도 전의 일을,
어떻게 그것을 알 수 있을까?
어두움과 밝음이 나뉘기 전 일을,
누가 추궁할 수 있는가?
온 세상이 자욱한 기운뿐이었던 때 일을,
어떻게 알 수 있으랴?
밝은 것이 밝아지고 어두운 것이 어두워진 것은,
누가 한 일일까?
음양이 작용하여 만물이 생겼다지만,
무엇이 근본이 되었고 어떻게 변화한 것일까?

6. 漢代 樂府詩의 起源과 影響

　樂府(악부)에는 두 가지 뜻이 있다. 첫째는 漢 武帝가 설립한 음악을 관장하던 관청의 이름이다. 둘째는 관청인 樂府에서 채집한 각 지방의 民歌와 그곳에서 작곡하여 조정에서 祭祀(제사)나 宴會(연회) 등 각종 행사 때 부르던 노래들을 가리킨다. 樂府에서 수집하고 정리한 민간의 시가와 문인들이 민가를 모방하여 지은 이후에 생긴 樂歌의 노래 가사를 樂府詩(악부시)라고 부른다. 樂府(악부)에 대해 ≪漢書(한서)≫ <禮樂志(예악지)>에는 다음과 같이 설명하고 있다.

　　至武帝定郊祀之禮, 乃立樂府, 采詩夜誦, 有趙代秦楚之謳. 以李延年爲協律都尉, 多擧司馬相如等數十人造爲詩賦, 略論律呂, 以合八音之調, 作十九章之歌. (≪漢書≫ <禮樂志>)

　　무제(武帝)에 이르러 교사(郊祀)10)의 예를 정하고서, 악부를 세워 시를 채집하여 밤 새워 읊게 함으로써, 조(趙)·대(代)·진(秦)·초(楚) 지방의 민요가 있게 되었다. 이연년(李延年)을 협률도위(協律都尉)로 삼

---

10) 옛날 중국에서 지배자, 즉 주로 天子가 수도 100리 밖에서 행하던 제천의식(祭天儀式)으로 교제(郊祭)라고도 한다. 기원은 분명하지 않으나 ≪書經≫에 周나라 때에 이미 郊祀를 행하였다는 기록이 있다. 春秋時代에는 제후(諸侯)가 행한 경우도 있으나, 統一帝國이 형성된 이후에는 天子만이 행할 수 있는 의식이 되었다. 郊祀의 내용이나 시행시기에 관해서는 여러 說이 있으나, 漢나라 때의 郊祀는, 하늘의 명을 받고 지배자의 자리에 오른 天子가 서울의 남쪽 교외에 원구(圓丘)를 쌓고, 밤에 섶을 불태워, 거기서 일어나 하늘로 올라가는 연기에 의하여, 치정(治政)의 실적을 하늘에 보고한 의식인 것으로 추측된다. 그런데 이 경우 하늘뿐만 아니라 땅에 대해서도 아울러 제사를 지냈다는 설이 있다. 이같은 전통에 따라, 漢나라 이후의 역대 王朝의 天子는 그 자리에 오르게 되면 郊祀를 행하였다.

고 사마상여(司馬相如)¹¹⁾ 등 수십 명을 뽑아 시부(詩賦)를 짓게 하고, 율려(律呂)¹²⁾를 따져 여러 가지 악기의 가락에 맞추어 19장의 노래를 짓기도 하였다.

원래 漢나라 초기에 음악을 관장하던 太樂(태학)이 있었지만 이들은 조정의 의식에 쓰이는 음악을 제작하고 연주하는 데 그쳤다. ≪詩經≫의 뒤를 이어 또다시 민요를 채집하고 그것을 널리 보급시킨 것은 武帝의 樂府였다.

≪詩經≫의 '風'에도 각 地方의 民謠(민요)들이 수록되어 있지만, 지금까지 전해지고 있는 漢代의 民謠는 오히려 ≪詩經≫의 것보다 순수한 民謠의 냄새를 더 많이 지니고 있는 작품들이 많다. ≪詩經≫의 民謠들은 ≪詩經≫을 편집하고 전한 지식인들에 의하여 선택되고 또 수정이 가해졌기 때문이기도 하다. 漢代 樂府 중에 채집된 민간 시가는 정감이 있고 형식이 새로우며 生動感이 있어 문학적 가치가 뛰어나고

---

11) 사마상여(司馬相如)는 字가 장경(長卿)이며, 촉군(蜀郡) 성도(成都, 현재 四川 成都) 출신으로 말더듬이였으나 부작(賦作)이 뛰어났다. 경제(景帝) 때에는 무기상시(武騎常侍)가 되었으나, 漢 景帝가 辭賦를 좋아하지 않아 그는 병을 핑계로 양왕(梁王)의 문하가 되어, <자허부(子虛賦)>를 지었다. 梁王이 죽은 뒤 司馬相如는 蜀으로 돌아왔으나 집이 가난하여 할 일이 없었다. 평소에 임공령(臨邛令) 왕길(王吉)과 좋은 사이였는데, 그는 富商이었던 탁왕손(卓王孫)을 소개시켜 주었다. 卓王孫은 잔치를 베풀어 司馬相如를 초대해 거문고를 타도록 하였다. 그 때, 과부가 된 卓王孫의 딸 탁문군(卓文君)이 있었는데, 그녀는 음악을 좋아하였으며, 마침내 司馬相如를 사랑하게 되어 成都로 달아났다. 뒤에 卓王孫의 도움으로 成都에 집, 논밭을 장만하고 노비까지 두었다.
12) 율려(律呂)는 十二律呂라고도 하는데, 양률(陽律) 여섯과 음려(陰呂) 여섯으로 나뉜다. 律呂는 원래 聲音의 淸濁과 高下를 바르게 정할 목적으로 죽통(竹筒)의 길이를 각각 길고 짧게 해서 만든 12개의 악기를 말한다. 중국 黃帝 때에 악관인 영륜(伶倫)이 대나무를 잘라 통을 만들어서 통의 길이를 가지고 소리의 맑음과 탁함, 높낮이를 구분하였다고 한다.

인생에 대한 의미도 깊다. ≪詩經≫이 抒情 위주인 것과는 달리, 樂府詩는 敍事 위주로 故事의 성격이 강하고 구성이 치밀하다. 句式도 ≪詩經≫의 4言과 ≪楚辭≫의 6言에 '兮'를 첨가하는 격식을 탈피하여 자유롭고 다양한 長短句로, 복잡한 감정의 기복을 표현하기에 편리하였다. 이후에 점차 5言으로 정형화되면서 五言詩의 원류가 되었다.

≪漢書≫ <藝文志>에 의하면 樂府에서 채집한 민가 138篇의 가사는 거의 전하지 않지만, 이것들은 조정의 雅樂(아악)에 큰 영향을 미쳤다. 하지만 樂府는 100여 년 동안 존속하다가 점점 음란한 노래들이 늘어나자, 漢나라 哀帝 때에는 사회의 기강을 어지럽히는 음악을 정리하여 太樂(태악)에 통합하였다.

이러한 樂府를 宋의 郭茂倩(곽무천)이 편집한 100권의 ≪樂府詩集(악부시집)≫13)에는 12종류로 분류하였다. 그 가운데에는 제사

---

13) ≪악부시집(樂府詩集)≫ 100권은 北宋 곽무천(郭茂倩)이 편찬한 것으로, 당시 樂府詩가 보존되어 현재에까지 전할 수 있는 발판을 마련한 권위 있는 책이다. 詩選集이나 史書에 산발적으로 기록되어 전해지던 先秦에서 唐·五代까지의 악부 문학을 성격과 용도, 시대에 따라 분류하고 정리한 현존하는 最古의 樂府詩 총집(總集)이다. 이렇듯 수록 범위가 넓고 유형이 다양해, 宋 이전 중국 악부 문학의 전반적인 상황을 종합·정리한 악부 문학의 보고라 할 수 있다. 또한 郭茂倩이 ≪樂府詩集≫에서 사용한 12분류가 악장가사의 특징을 살려 비교적 개괄적이고 간략하게 구분한 것으로 평가된다. 현재에도 악부 분류는 대체로 郭茂倩의 것을 따른다. ≪樂府詩集≫이 인용한 각종 고대 악서(樂書)나 서적 대부분은 현재 전해지지 않아 고대 음악의 역사나 악부 변천 등을 연구하는 데 중요한 사료를 제공한다.
≪樂府詩集≫에는 총 5,290편이 수록되어 있는데 각 악부 가사의 내원, 용도, 음악적 특징에 따라 모두 12종류로 나뉘어 있다. <교묘가사(郊廟歌辭)>, <연사가사(燕射歌辭)>, <고취곡사(鼓吹曲辭)>, <횡취곡사(橫吹曲辭)>, <상화가사(相和歌辭)>, <청상곡사(淸商曲辭)>, <무곡가사(舞曲歌辭)>, <금곡가사(琴曲歌辭)>, <잡곡가사(雜曲歌辭)>, <근대곡사(近代曲辭)>, <잡가요사(雜歌謠辭)>, <신악부사(新樂府辭)> 등이다. 대분류마다 각각 총서(總序)를 두어 해당 가사의 성격과 역사적 변천을 개괄했다. 총서 아래에는 다시 곡조마다 題解를 두어 해당 곡조나 가사의 원류, 내용 및 특징 등을 설명했다. 가사의 수록은 古辭가 전해지는 경우는 고사를 먼저 수록하고 시대별로 문인들의 모의작(模擬作)을 수록해서, 각 시대별·

때 사용된 郊廟歌辭(교묘가사)가 있고, 북방 소수민족의 가곡으로 鼓吹曲辭(고취곡사)와 橫吹曲辭(횡취곡사)가 있으며, 또 각지의 민가인 相和歌辭(상화가사)가 있다. 이 밖에도 雜曲歌辭(잡곡가사) 등이 있다.

<上邪(상야)>

上邪.
我欲與君相知, 長命無絶衰.
山無陵, 江水爲竭,
冬雷震震, 夏雨雪, 天地合,
乃敢與君絶.

하늘이여!
내 님과 서로 사랑하여, 오래도록 끊임없기를!
산언덕 닳아 없어지고, 강물 말라붙고,
겨울에 벼락치고, 여름에 눈 내리고,
하늘 땅 합쳐진대도, 어찌 감히 님과 떨어지리!

이처럼 격렬한 사랑이나 슬픔, 기쁨 같은 감정은 평민들 사이에서 자연히 노래로 불린 것이다. 이러한 시가들은 절실한 감정을 직관적으로 솔직하게 노래한 것이어서 문학의 효용성 아니면 형식미만 추구하던 중국문학에서는 찾아보기 힘든 참되고 순수한 詩의 生命力을 느끼게 한다.

문인별 작품의 내용과 예술적 수용 및 변천 양상을 쉽게 알 수 있도록 했다.

<薤露(해로)>14)

薤上露, 何易晞.
露晞明朝更復落,
人死一去何時歸.

부추 잎의 이슬,
얼마나 쉽게 마르나?
이슬은 마르면 내일 아침 다시 내리는데,
사람은 죽어 한 번 가면 언제 돌아오는가?

<蒿里(호리)>15)

蒿里誰家地, 聚斂魂魄無賢愚.
鬼伯一何相催促, 人命不得少踟躕.

호리에는 누구네 집이 있나,
혼백을 모으는데 어질고 어리석고가 없네.
저승사자는 얼마나 그리 우리를 재촉하는지,
사람 목숨 잠시라도 머뭇거릴 수가 없네.

<婦病行(부병행)>16)

---

14) <해로(薤露)>는 서한 때 유행했던 만가(輓歌)이다. 최표(崔豹)의 ≪古今注≫에 의하면 왕공귀인(王公貴人)의 상여(喪輿)가 나갈 때 부르던 노래라고 한다.
15) <호리(蒿里)>는 사대부와 서민들의 상여를 멜 때 부르던 노래라고 한다. 묘지(墓地)를 달리 이르는 말.
16) <부병행(婦病行)>은 ≪악부시집(樂府詩集)≫ <相和歌辭>에 실려 있다. 오랫동안 병을 앓고 있는 부인을 둔 집안의 비참한 생활상을 그려 내어, 당시 극빈층 백성들의 처절한 모습을 보여주고 있다. 앞부분 아홉 구가 병든 부인이 임종 직전 남편에게 유언하는 모습이고, 나머지 구절은 부인이 사망한 후 남편이 아이들을 돌보는 모습이다. 주제가 '추위와 배고픔'인데, 이 주제는 시의 전반·중반·후반에도 반복적

婦病連年累歲, 傳呼丈人前一言.
當言未及得言, 不知淚下一何翩翩.
屬累君兩三孤子, 莫我兒飢且寒, 有過慎莫笪笞,
行當折搖, 思復念之.
亂曰17)抱時無衣, 襦復無裡.
閉門塞牖, 舍孤兒到市.
道逢親交, 泣坐不能起, 從乞求與孤買餌.
對交啼泣, 淚不可止.
我欲不傷悲不能已, 探懷中錢持授交.
入門見孤兒, 啼索其母抱, 徘徊空舍中.
行復爾耳, 棄置勿復道.

부인이 병든 지 여러 해 되어, 남편에게 말을 전하여 불러 한마디 하려 하네.
미처 말도 하지 않았는데, 자신도 모르게 하염없이 눈물만 흘러내리네.
"당신에게 어미 없는 아이 두셋을 맡기니, 내 아이들 배고프고 춥지 않게 해 주시고, 잘못 있더라도 조심해서 함부로 매질하지 마세요.
전 곧 죽게 되니, 이 아이들 생각해 주세요."
<후렴>
아이 안을 때 보니 외투도 없고, 속도 없는 저고리만 있구나.
문 닫아걸고 창문 막고, 아이들 떼어놓고 시장으로 가네.
길에서 친구를 만나, 울며 주저앉아 일어나지도 못한 채, 아이들을 먹을 걸 사려고 구걸하는구나.
친구를 대하고 우는데, 눈물은 하염없이 흐르네.
"아무리 슬픔을 참으려 해도 그럴 수가 없네."

으로 강조하고 있다.
17) 음악 또는 노래의 종장(終章)을 나타내는 말. 합창 부분이었을 가능성이 많음.

친구가 품속의 돈을 더듬어 쥐여 주네.
문으로 들어가 아이를 보니, 울면서 어미 품을 찾는구나.
빈집을 이리저리 배회하며 하는 말.
"앞으로도 이렇게 살아가겠지,
버려두고 다시는 말하지 않으리."

<孤兒行(고아행)>18)

孤兒生, 孤子遇生, 命獨當苦.
父母在時, 乘堅車, 駕駟馬.
父母已去, 兄嫂令我行賈.
南到九江, 東到齊與魯.
臘月來歸, 不敢自言苦.
頭多蟣蝨, 面目多塵.
大兄言辦飯, 大嫂言視馬.
上高堂, 行取殿下堂, 孤兒淚下如雨.
使我朝行汲, 暮得水來歸, 手爲錯, 足下無菲.
愴愴履霜, 中多蒺藜, 拔斷蒺藜腸肉中, 愴欲悲, 淚下渫渫, 清涕纍纍.
冬無複襦, 夏無單衣, 居生不樂, 不如早去, 下從地下黃泉.
春氣動, 草萌芽, 三月蠶桑, 六月收瓜.
將是瓜車, 來到還家.
瓜車反覆, 助我者少, 啗瓜者多.
願還我蔕, 兄與嫂嚴, 獨且急歸, 當興校計.
亂曰里中一何嶢嶢.

---

18) <고아행(孤兒行)>은 고아가 형과 형수에게 학대를 받는 비참함과 슬픔을 노래한 시이다. ≪樂府詩集≫ <相和歌辭>에 실려 있다. 고아의 행고(行賈), 행급(行汲), 수과(收瓜)를 통해 참혹한 삶과 서러운 심정을 서사적으로 나타내었다.

願欲寄尺書, 將與地下父母, 兄嫂難與久居.

고아가 태어났는데, 고아는 우연히 태어나,
타고난 팔자가 외롭고 괴로웠네.
부모 계실 때는, 좋은 수레 탔고, 말이 수레 끌었지.
부모 돌아가시자, 형수가 날 행상 길로 내보냈지.
남쪽으로는 구강까지 가고 동쪽으로는 제나라 노나라 땅까지 갔었지.
섣달에 돌아오니, 그 고생 말로 다할 수 있으랴.
머리카락 사이엔 이와 벼룩 들끓고,
얼굴엔 먼지 가득하네.
큰 형은 밥 지으라고 하고, 형수는 말을 돌보라고 하네.
(밥을 들고) 대청에 올라가니,
(말을 돌보라고) 다시 대청 아래로 가라고 하여,
고아는 빗물처럼 눈물 흘리네.
아침부터 물 길으러 나가,
해 저물어야 물을 긷고 돌아오는데,
손은 얼어 터지고, 발에는 짚신조차 신지 못하네.
종종걸음으로 서리 위를 걷다가, 길에서 가시에 자주 찔려,
장딴지에서 가시를 뽑다 끊어지니, 비참함에 설움이 북받쳐,
(눈에서는) 눈물이 줄줄 흘러내리고,
(코에서는) 콧물이 계속해서 흐르네.
겨울엔 겹옷이 없고, 여름엔 홑옷조차 없네.
차라리 일찍 죽어, 땅속 황천길로 (부모) 따라가리라.
봄기운이 살아나, 풀에 싹이 돋아나면, 삼월에 뽕 누에를 치고, 유월에는 참외 거두네.
이 참외 실은 수레 밀며, 집으로 돌아오네.
참외 수레 뒤집어졌는데, 나를 도와주는 사람은 적고, 참외 주워 먹는

자만 많았네.
　참외 꼭지라도 내게 돌려주오, 형과 형수는 엄하시어, 내 몸만 급히 집에 돌아가면, 틀림없이 따지고 들 것이오
　이러다 보니, 집안에서 날 꾸짖는 소리 시끄럽네.
　원컨대 편지라도 부치어, 지하에 계신 부모에게 주어야지, 형수와는 함께 오래 살 수 없구나.

<東門行(동문행)>

東門行, 不顧歸, 來入門, 悵欲悲.
盎中無斗米儲, 還視架上不懸衣.
拔劍東門去, 舍中兒母牽衣啼.
他家但願富貴, 賤妾與君共餔糜.
上用滄浪天故, 下當用此黃口兒. 今非.
咄. 行. 吾去爲遲. 白髮時下難久居.

동문을 나가서는 돌아오지 말자 작정했는데,
집으로 들어와서는 슬픔에 겹네.
독 안에는 남은 쌀 없고,
둘러봐도 횃대에는 걸려 있는 옷 없네.
칼 빼들고 동문으로 나서려니,
집의 아이어미 옷 부여잡고 우네.
"남들은 부귀만을 바란다지만,
저는 당신과 죽이라도 먹으며 살래요.
위로는 푸른 하늘 있으시고,
아래로는 이 어린것들 생각해야지요.
지금은 안 돼요!"

"닥쳐요! 가야지! 내 이미 나서는 게 늦었소!
흰 머리 되도록 이대로 살 순 없소!"

樂府詩를 대표하는 작품들은 거의 모두 <相和歌辭>, <淸商曲辭>, <雜曲歌辭>에 들어있는데 대부분이 東漢 때의 작품들이다. 東漢의 樂府詩는 西漢의 樂府詩보다는 세련된 모습을 보여준다. 東漢의 樂府詩에서 주목해야 할 한 가지 사실은 말엽으로 갈수록 대체로 五言으로 정형화되는 경향을 보여주지만, 西漢 武帝 때인 李延年의 <佳人歌>에도 五言으로 정형화되는 모습을 보여주나 東漢 때 이르러서 완전한 五言詩를 많이 볼 수 있다. 그 결과 樂府詩는 많은 경우 古詩와 혼동을 일으키게 되었다. 때문에 漢代 노래의 가사였다고 생각되는 것을 樂府詩, 이미 노래와 관계없게 된 시들을 古詩라 볼 수도 있다. 이것은 자유로웠던 형식의 樂府詩들이 시대의 흐름에 따라 점차 五言으로 정형화되어 마침내 樂府詩가 古詩와 구별하기 어려운 지경에 이르게 되었음을 말한다.

民謠體의 詩歌들은 그 형태가 五言詩로 정착되면서 차차 문인들에 의하여 古詩로서 창작이 傳承되었다. 민요는 문인의 손으로 넘어가 창작되면서 외형이 더욱 다듬어지고 성조의 규칙적인 和諧(화해)가 추구되면서 민요의 소박하고 자연스러운 느낌이 줄어들었다. 하지만 漢代의 樂府가 五言 古體詩로 발전하고 끝나버린 것은 아니다. 樂府詩는 漢代부터 模擬(모의)가 성행하였다. 특히 漢末 建安과 西晉의 太康年間은 모의의 기풍이 크게 유행하였고, 그 시기에 中國 詩의 창작이 본격적으로 전개되며 큰 발전을 이루게 되었다.

7. 五言古詩의 發生과 <古詩十九首>

1) 五言古詩의 발생

　과거의 문인들은 五言古詩가 徐陵(서릉)의 ≪玉臺新詠(옥대신영)≫ 권1에 실린 枚乘(매승)의 <古詩 9首>에서 시작되었다는 설과, 蕭統(소통)의 ≪文選(문선)≫ 권29에 실린 李陵(이릉)의 <與蘇武詩(여소무시)> 3수와 蘇武(소무)의 詩 4首에서 비롯되었다는 설을 믿었다. 그러나 西漢 때 楚나라의 노래와 胡樂(호악)의 리듬의 영향을 받아 새로운 리듬의 노래가 생겨나기 시작하여 '五言'이 형성된 것으로 보는 게 옳을 것이다.

　漢代의 樂府詩들은 본래 형식이 자유로운 長短句였으나, 東漢에 들어와서는 賦나 散文도 수사와 대구를 중시하고 형식이 整齊化(정제화)하는 경향을 보여주던 시대라서 樂府에 대한 士大夫들의 관심도 늘어나 五言으로 정형화하는 경향을 보이기 시작했다. 五言은 이전의 四言이나 辭賦體보다도 리듬이 경쾌하고 청신한 맛이 있어 발전이 빨랐다.

　樂府뿐만 아니라 東漢 중엽부터는 문인들도 본격적인 五言詩를 짓기 시작했다. 班固의 <詠史詩>를 필두로 하여 張衡(장형)의 <同聲歌(동성가)>, 蔡邕(채옹)의 <翠鳥(취조)>, 秦嘉(진가)의 <贈婦詩(증부시)> 등이 그 첫 단계에 해당하는 작품들이다. 그러나 이 작품들은 수량도 많지 않을 뿐 아니라 리듬도 부자연스럽고 구성도 어색해서 수작으로 꼽을 만한 점이 별로 없고 본격적인 문학 양식으로도 인정하기 어렵다. 五言古詩가 본격적인 문학 양식으로 성숙된 것은 東漢 末에 나온 <古

詩十九首(고시십구수)>라고 보아야 할 것이다. <古詩十九首>는 정형화된 리듬과 압운의 틀이 마련되고 다양한 표현방식이 도입된 개성적인 서정적 운문으로 五言古詩가 자리를 잡은 계기가 된 작품으로 보는 것이 일반적이다.

2) <古詩十九首>

漢代의 古詩는 ≪文選≫, ≪玉臺新詠≫ 등에 여러 수가 실려 있으나, 그중에서도 가장 대표적인 작품이 ≪文選≫에 실려 있는 <古詩十九首>이다. <古詩十九首>는 본래 民歌였던 것을 어떤 무명작가가 五言詩로 다듬어 놓은 것이라 본다면 한 시기 한 사람의 작품은 아니라고 해야 할 것이다. 簫統이 ≪文選≫을 편찬하는 과정에서 漢나라 무명씨의 五言詩 가운데 19수를 골라 '古詩'라 이름 붙인 것이다. <古詩十九首>는 시의 제목이 아니라 19수의 古詩를 말하며, 이름을 알 수 없는 중하층 지식인의 작품으로 추정된다.

<古詩十九首>[19]의 내용은 대부분 어지러운 東漢 末의 사회를 배경으로 한 남녀의 정을 노래한 것인데, 東漢 말엽에는 정치적인 혼란에 기근까지 겹쳐 백성들 사이에 離散(이산)을 당하는 가족이 많다 보니 자연히 이별로 말미암은 그리움이 내용의 중심을 이룬다. 19首 중 12首

---

[19] 19편의 제목은 <행행중행행(行行重行行)>과 <청청하반초(靑靑河畔草)>, <청청능상백(靑靑陵上柏)>, <금일양연회(今日良宴會)>, <서북유고루(西北有高樓)>, <섭강채부용(涉江采芙蓉)>, <염염고생죽(冉冉孤生竹)>, <정중유기수(庭中有奇樹)>, <초초견우성(迢迢牽牛星)>, <회거가언변(回車駕言邊)>, <동성고차장(東城高且長)>, <구거상동문(驅車上東門)>, <거자일이소(去者日以疏)>, <생년불만백(生年不滿百)>, <늠름세운모(凜凜歲云暮)>, <맹동한기지(孟冬寒氣至)>, <객종원방래(客從遠方來)>, <명월하교교(明月何皎皎)>이다.

는 이별로 말미암은 여인의 처절한 그리움이나 애절한 閨怨(규원) 같은 것을 노래한 작품이고, 객지 생활의 고달픔과 집 생각을 노래한 詩가 2首 있고, 人生無常에 대한 감탄을 吐露(토로)한 詩도 있다. <古詩十九首>에는 어둡고 沈鬱(침울)한 소재들이 많이 동원되고 있으며, 재회에 대한 기대보다는 諦念(체념)과 抛棄(포기)의 분위기가 강하다. 즉 이별의 슬픔과 한에 덧붙여 虛無主義的 경향과 諷刺的(풍자적)인 경향이 함께 드러나고 있다. 또 詩의 무대가 매우 넓고 시상의 전개가 빠를 뿐 아니라 다양한 시적 효과가 상당히 세밀하게 계산되어 있다. 아직 세련되지는 않았지만, 압운과 리듬 구성의 기교가 상당하고, 대구도 잘 다듬어져 있어서 중국 古典詩 특유의 분위기를 충분히 느낄 수 있게 해 준다.

이처럼 <古詩十九首>는 원류를 이루는 樂府詩의 소박미와 솔직함을 내포하면서 거기에 세련된 詩型으로 복잡한 정서를 절실하게 표현하는 데 성공함으로써 五言古詩가 급속하게 고전문학의 주도적인 양식으로 성장하는 계기를 마련하였다.

<古詩十九首>는 모두 세련된 五言으로 절실한 감정 표현에 성공하고 있어 새로운 서정의 세계를 개척하였다. 이를 바탕으로 漢末 建安 연간부터 曹操(조조) 三父子를 중심으로 한 문인들에 의하여 본격적인 五言詩의 창작이 가능하게 되었다. 東漢 중엽부터 文人들의 자각이 생기기 시작하여 그들의 작품에 어느 정도의 개성이 드러나기 시작하지만 賦와 散文은 여전히 擬古的(의고적)인 手法과 修辭를 중시하는 경향에서 벗어나지 못하고 있었다. 이때 樂府로부터 새로 발달한 五言詩는 가벼운 리듬과 청신한 문장으로 새로운 서정의 세계를 개척하여 개성적인 문학의 발전을 가능하게 해 준 것이다. 이것이 <古詩十九首>가

가지는 가장 중요한 의의이다.

≪古詩十九首≫ 其一 <行行重行行(행행중행행)>

行行重行行, 與君生別離.
相去萬餘里, 各在天一涯.
道路阻且長, 會面安可知.
胡馬依北風, 越鳥巢南枝.
相去日已遠, 衣帶日已緩.
浮雲蔽白日, 遊子不顧返.
思君令人老, 歲月忽已晚.
棄捐勿復道, 努力加餐飯.

가고 가고 또 가고 가시니,
그대와 생으로 이별하는구려.
서로 만 리가 넘게 떨어져,
각자 하늘 한 모서리에 있네요.
길은 험하고 머니,
만날 날을 어찌 알 수 있겠습니까?
북방 오랑캐의 말은 북풍에 기대고,
남쪽 월나라의 새는 남쪽 가지에 둥지를 틀지요.
서로 떨어진 날이 점점 멀어질수록,
허리띠는 날로 너무 헐거워졌는데,
뜬 구름 흰 해를 가렸나요?
떠도는 그대는 돌아올 생각도 없네요.
그대 그리움에 사람은 늙어 가고,
세월은 어느덧 너무 저물었네요.
버려진 것 다시 말하지 않을래요,

애써 밥이나 더 먹어야 하겠지요.
(다 버려두고 다시 말하지 않을 터이니,
식사 많이 하여 건강하도록 애쓰시기를!)

≪古詩十九首≫ 其二 <靑靑河畔草(청청하반초)>

靑靑河畔草, 鬱鬱園中柳.
盈盈樓上女, 皎皎當窗牖.
娥娥紅粉妝, 纖纖出素手.
昔爲倡家女, 今爲蕩子婦.
蕩子行不歸, 空床難獨守.

푸르른 강변의 풀,
뜰 안의 버드나무 무성하네.
아리따운 누각 위의 여인,
환한 모습으로 창을 마주하고 있네.
아름답고 붉게 분단장하고,
곱디고운 흰 손을 내민다네.
옛날에는 기생집 여자였는데,
지금은 떠도는 나그네의 아내.
나그네는 집 나가 돌아오지 않으니,
빈 침상 홀로 지키기 어렵다네.

≪古詩十九首≫ 其十五 <生年不滿百(생년불만백)>

生年不滿百, 常懷千歲憂.
晝短苦夜長, 何不秉燭遊.
爲樂當及時, 何能待來茲.
愚者愛惜費, 但爲後後嗤.

仙人王子喬, 難可與等期.

살아봐야 백년도 되지 않거늘, 늘 천년의 근심을 품네.
낮은 짧고 괴로운 밤은 길거늘, 어찌 촛불 잡고 놀지 않으리.
즐기는 것에는 마땅히 때가 있으니, 어찌 오는 해를 기다리겠는가?
우매한 자는 돈 쓰는 것을 아끼다가, 후세에 웃음거리가 된다네.
신선인 왕자교가 있으나, 그와 같기는 어렵지 않은가.

≪古詩十九首≫ 其十九 <明月何皎皎(명월하교교)>

明月何皎皎, 照我羅牀幃.
憂愁不能寐, 攬衣起徘徊.
客行雖云樂, 不如早旋歸.
出戶獨彷徨, 愁思當告誰.
引領還入房, 淚下霑裳衣.

밝은 달이 어찌 이리도 환한가요?
내 비단 침상 휘장을 비추고 있네요.
근심스러워 잠을 못 이루고는,
옷자락을 거머쥐고 일어나 배회하네요.
나그네로 떠도는 일이 즐겁다고는 하지만,
일찌감치 돌아오는 것만 하겠어요.
문을 나서서 홀로 방황하는데,
이 시름을 누구에게 말하나?
목을 빼어 멀리 보다가 방으로 돌아가니,
눈물이 치마를 적시네.

8. 七言古詩의 發生

　五言과 함께 七言은 중국 시가의 기본 구조를 이룬다. 五言을 기반으로 한 시형으로서 五言古詩가 東漢 말엽에 형성된 것과 비슷하게 七言을 기반으로 한 七言古詩도 東漢 말엽에 형성된 것으로 짐작되는데, 五言古詩에 비해 상대적으로 발전이 늦었던 것으로 여겨진다.

　2·3으로 나뉘는 五言古詩와 달리 七言古詩는 2·2·3으로 나뉘는 기본구조로 되어 있어서 리듬이 장중하며 호흡이 길다. 이 때문에 五言古詩는 주로 간결하고 맑은 느낌을 주는 데 비해, 七言古詩는 웅장하고 수식적인 느낌을 준다. 이와 같은 차이는 '古詩'라는 양식적 틀을 공유하지만 발생적으로 조금 다른 특징을 가지고 있었음을 말해 준다. 五言古詩는 樂府詩와 관계가 깊으며, 樂府詩의 한 부류가 발전하여 이루어진 것으로 보이는데, 七言古詩는 상대적으로 楚辭(초사) 또는 楚歌(초가)와 관계가 깊은 것으로 보인다. 형태 자체만 보면 楚辭나 楚歌와 字數律(자수율)이 비슷하며, 초사의 구절 중간에 들어있는 조사 '兮'를 빼버리거나 다른 글자로 바꾸면 七言이 되는 것들이 많다. 그뿐만이 아니라 옛날에는 楚歌를 '七言'이라 부르기도 하였다. 東漢에 와서는 賦나 楚歌에서 '兮'자를 빼버리고 구절을 정제화하는 경향이 생겼다. 東漢 최초의 칠언시라 할 만한 張衡(장형)의 <四愁詩(사수시)>를 보면 첫 구가 '我所思兮在太山'인데, 이것으로 七言이 楚歌나 辭賦에서 발전한 것임을 짐작할 수 있다.

　張衡의 <四愁詩>로부터 建安時期 曹丕(조비)의 <燕歌行(연가행)>에 이르기까지 수량은 적지만 七言古詩도 꾸준히 지어졌다. 그러나 그

문학적 성취는 五言古詩에 비해 현저히 뒤떨어졌으며, 그런 상황은 南朝 말까지 지속되었다. 南朝 末葉에 이르러 유미적이고 수사적인 경향이 팽배해지면서 七言古詩가 활발히 지어지기 시작했다.

鮑照(포조)의 <擬行路難(의행로난)> 18수는 내용뿐만 아니라 종래의 매구 압운의 작법에서 격구 압운, 환운할 수 있는 7언체 발전의 새로운 길을 열었다. 그러나 7言體 시는 梁 簡文帝(간문제)의 <烏夜啼(오야제)>20)에서 비롯되며, 이어 庾信(유신) 등이 칠언시의 창작을 계승·발전시켰다. 七言은 五言보다도 수사 기교를 발휘하기 좋은 시체이기 때문에 六朝에 성행한 유미주의 풍조와 함께 발달하였다. 이후 唐代에 가서는 더욱 수준 높은 작품들이 나와 七言이 五言에 버금가는 중요한 시형으로 확고한 자리를 차지하게 되었다.

<四愁詩(사수시)> 其一

我所思兮在太山, 欲往從之梁父艱, 側身東望涕霑翰.
美人贈我金錯刀, 何以報之英瓊瑤.
路遠莫致倚逍遙, 何爲懷憂心煩勞.

我所思兮在桂林, 欲往從之湘水深, 側身南望涕沾襟.
美人贈我金琅玕, 何以報之雙玉盤.
路遠莫致倚惆悵, 何爲懷憂心煩傷.

我所思兮在漢陽, 欲往從之隴阪長, 側身西望涕沾裳.

---

20) <오야제(烏夜啼)>는 南朝 송(宋, 420~479) 임천왕(臨川王) 유의경(劉義慶)이 처음 지었다고 전하는데, 여기서 좋은 소식을 미리 전해주는 까마귀를 노래한 것이다. <청상곡사(淸商曲辭)> 중의 하나이다.

美人贈我貂襜褕, 何以報之明月珠.
路遠莫致倚踟躕, 何爲懷憂心煩紆.

我所思兮在雁門, 欲往從之雪紛紛, 側身北望涕沾巾.
美人贈我錦繡段, 何以報之靑玉案.
路遠莫致倚增嘆, 何爲懷憂心煩惋.

나의 그리운 사람 태산에 있어,
가서 그를 따르고 싶지만 양보산(梁父山)이 막고 있어 어렵고,
몸을 움추려 동쪽을 보니 눈물이 편지를 적시네.
님이 나에게 황금 칼을 주시니,
아름다운 옥으로 어떻게 보답하지.
길이 멀어 가지 못하고 이리저리 돌아다니기만 할 뿐,
안절부절 못하고 심란해하네.

나의 그리운 사람 계림에 있어,
가서 그를 따르고 싶지만 상수 물이 깊어,
몸을 움추려 남쪽을 보니 눈물이 옷깃을 적시네.
님이 나에게 황금 옥을 주었는데,
한 쌍의 옥쟁반으로 어떻게 보답하지.
길이 멀어 가지 못하고 슬퍼하기만 하니,
안절부절못하고 침울해하네.

나의 그리운 사람 한양에 있어,
가서 그를 따르고 싶지만 농산 비탈고개 길어,
몸을 움추려 서쪽을 보니 눈물이 치마를 적시네.
님이 나에게 담비가죽옷을 주었는데,

밤에 광채를 발하는 구슬로 어떻게 보답하지.
길이 멀어 가지 못하고 주저하기만 하니,
안절부절못하고 심란해지네.

나의 그리운 사람 안문(雁門)에 있어,
가서 그를 따르고 싶지만 눈이 펑펑 쏟아지고,
몸을 움추려 북쪽을 보니 눈물이 수건을 적시네.
님이 나에게 수놓은 비단을 주었는데,
청옥으로 만든 단발 접시로 어떻게 보답하지.
길이 멀어 가지 못하고 한숨이 느니,
안절부절 못하고 괴로워하네.

<烏夜啼(오야제)>

綠草庭中望明月, 碧玉堂裏對金鋪.
鳴弦撥捩發初異, 挑琴欲吹衆曲殊.
不疑三足朝含影, 直言九子夜相呼.
羞言獨眠枕下淚, 託道單樓城上烏.

녹초정(綠草庭)에서 밝은 달을 바라보고,
벽옥당(碧玉堂)에서 금꽃 무늬 문고리를 마주하네.
현을 울리고 채를 튕기니 나오는 소리 처음부터 다르고,
금을 들고 타려 하니 뭇 곡과는 다르네.
발이 셋 달린 까마귀가 아침에 그림자를 품고 있음을 의심하지 않고,
다만 아홉 마리 새끼가 서로 부른다고 말하네.
홀로 잠들며 베개에 눈물 흘린다고 말하기 부끄러워,
혼자 사는 성 위의 까마귀라 빗대어 얘기하네.

9. 賦의 發展段階(古賦, 俳賦, 律賦, 文賦)

1) 古賦(漢賦)

漢代에는 사회 경제가 안정되고 중앙집권제가 공고해짐에 따라 사대부들은 저마다 아름다운 體裁(체재)를 사용하여 과장적인 묘사에 치중하는 賦(부)를 지어 君主에게 아첨하였다. 그 형식은 ≪楚辭(초사)≫를 답습하였으나 면모를 일신하여 漢賦(한부)라는 새로운 문체를 낳았다.

漢代 사람이 屈原・宋玉 등의 작품에 賦(부)라는 명칭을 붙이게 되면서 ≪楚辭≫의 시대는 끝나고 辭賦의 시대가 시작된다. 처음에 漢賦는 형식상으로 완전히 ≪楚辭≫의 체재를 사용하여 작가의 억울함과 불평을 표현하였으나 ≪楚辭≫ 이후로 賦는 漢代에 이르러 문학으로서 유행하여 漢代를 대표하는 문학 장르로 자리를 잡았다. 다만 漢賦는 개인의 감정이나 개성을 부정하고 객관적인 사물을 美辭麗句(미사여구)를 통해 늘어놓으면서 아름답게 표현하는 데 힘을 썼다. 이는 당시의 皇帝(황제)와 貴族(귀족)들이 賦를 즐겼으며, 이에 賦의 작가들이 이들에게 봉사하기 위한 문학으로 활용하였기 때문이다. 이러한 성향으로 인해 賦는 修辭的이고 形式的이면서도 個性이 없는 遊戲(유희)로 전락하고 模倣(모방)에 그쳐 점차 ≪楚辭≫의 정신을 잃어갔다.

예를 들면, 賈誼(가의)의 <弔屈原賦(조굴원부)>, 司馬相如의 <長門賦>, 揚雄의 <太玄賦> 등이다. 賈誼는 漢나라 초기의 賦 작가로 屈原의 ≪楚辭≫를 계승하고 있지만, 전형적인 ≪楚辭≫와 달리 4字句를 많이 사용하고 구성이나 어구가 모두 散體化 되어가고 있어, ≪楚辭≫가 漢賦로 발전하는 過渡期의 작가이다.

<吊屈原賦(조굴원부)·幷序(병서)>

<序文>
　誼爲長沙王太傅, 旣以謫去, 意不自得. 及渡湘水, 爲賦以弔屈原. 屈原, 楚賢臣也. 被讒放逐, 作<離騷>賦. 其終篇曰: 已矣哉! 國無人兮, 莫我知也. 遂自投汨羅而死. 誼追傷之, 因自喩其辭曰:

<本文>
　恭承嘉惠兮, 俟罪長沙. 側聞屈原兮, 自沈汨羅. 造託湘流兮, 敬弔先生. 遭世罔極兮, 乃隕厥身. 嗚呼哀哉. 逢時不祥. 鸞鳳伏竄兮, 鴟梟翶翔. 闒茸尊顯兮, 讒諛得志. 賢聖逆曳兮, 方正倒植. 世謂隨·夷爲溷兮, 謂跖·蹻爲廉. 莫邪爲鈍兮, 鉛刀爲銛. 吁嗟默默, 生之無故兮. 斡棄周鼎, 寶康瓠兮. 騰駕罷牛, 驂蹇驢兮. 驥垂兩耳, 服鹽車兮. 章甫荐履, 漸不可久兮. 嗟苦先生, 獨離此咎兮.

　訊曰: (……)

<서문>
　가의(賈誼)가 위나라 장사왕(長沙王) 사마의(司馬義)의 태부(太傅)가 되어, 때마침 떠나게 되어, 뜻을 얻지 못하고, 이에 상강(湘江)을 건너게 되어, 굴원을 조상(弔喪)하고자 부(賦)를 짓노라. 굴원 선생은 초나라 현신이다. 참소를 당해 추방되어 <이소(離騷)> 부(賦)를 지었다. 그 끝 편에서 이르기를 "끝났구나! 나라에 사람 없어 나를 알아주지 않는구나."라고 하며 이에 스스로 강에 몸을 던져 죽었다. 나 가의는 덩달아 이를 상심하며 이로 인해 깨달아 다음과 같이 글을 지었다.

<본문>
　삼가 천자의 은혜를 입어 장사(長沙)에서 죄를 기다리게 되었네. 어렴풋이 들으니 굴원 선생이 스스로 멱라(汨羅)에 몸을 던져 죽었다 하네.

상수(湘水)에 이르러 흐르는 물결에 맡겨 삼가 선생을 조문하노라. 선생은 실로 무도한 세상을 만나 망극하여 그 몸을 던져 죽었네. 아! 슬프구나! 상서롭지 못한 때를 만났구나. 난새와 봉황은 엎드려 숨어 있고, 부엉이와 올빼미는 드높이 날개 치네. 용렬하고 어리석은 것들이 높이 드러나서, 참소와 아첨으로 뜻을 얻네. 현인과 성인은 오히려 끌려다니고, 방정한 이는 거꾸로 섰네. 변수(卞隨)와 백이(伯夷)[21]를 더럽다 하고, 도척(盜跖)과 장교(莊蹻)[22]를 청렴하다 하네. 명검 막야(莫邪)[23]를 무디다 하고, 날 무딘 칼을 날카롭다 하네. 아! 묵묵히, 선생은 까닭 없는 화를 당하셨네. 주나라 보정(寶鼎)[24]을 굴려서 내버리고, 큰 표주박을 보배라 하네. 지친 소에 멍에 매어 끌고, 절름거리는 말을 곁말로 쓰네. 천리마는 두 귀를 늘어뜨린 채, 소금 수레를 끄네. 귀한 장보관(章甫冠)[25]을 신발 밑

---

21) 수이(隨夷): 변수(卞隨)와 백이(伯夷). 隨는 은(殷) 나라 탕왕(湯王) 때의 賢者 卞隨로 湯王이 天子의 자리를 그에게 양위하려고 했으나 천하는 아무 짝에도 쓸 곳이 없다고 하면서 받지 않았다. 夷는 伯夷로 고죽국(孤竹國) 왕의 長子이다. 부왕이 孤竹國의 왕위를 동생인 숙제(叔弟)에게 맡기려고 하자 叔弟는 伯夷에게 양보했다. 伯夷와 叔弟는 모두 왕위를 받지 않고 모두 孤竹國을 떠나 周나라로 들어가 周文王을 모셨다. 文王이 죽고 아들 武王이 殷의 주왕(紂王)을 치려고 하자 伯夷와 叔弟는 신하로서 임금을 치는 일은 옳지 않다고 하면서 周나라의 곡식은 먹지 않겠다고 맹세하고 首陽山으로 들어가 고사리를 뜯어먹다가 굶어죽었다.
22) 척교(跖蹻): 도척(盜跖)과 장교(莊蹻). 跖은 춘추시대 魯나라의 大盜 盜跖으로 노희공(魯僖公) 때 노나라 대부를 지낸 유하혜(柳下惠) 전획(展獲)의 동생이다. 蹻는 莊蹻로 초회왕(楚懷王) 때 영(郢)에서 수많은 무리를 이끌고 난을 일으켰으나 성공하지 못했다. 전설에 의하면 무리를 이끌고 현재의 雲南省 昆明 일대의 전(滇) 땅으로 들어가 왕이 되었다고 했다. 두 사람 모두 春秋戰國時代 때 전설적인 도적의 우두머리다.
23) 막야(莫邪): 吳나라의 장인 간장(干將)의 아내를 말한다. 吳王 합려(闔閭)의 명을 받은 干將이 그의 아내와 명검 두 자루를 만들어 陽에 해당하는 검에는 干將, 陰에 해당하는 검에는 莫邪로 이름 지어 왕에게 바쳤다. 이후로 干將과 莫邪는 칼날이 예리한 명검을 칭하는 말이 되었다.
24) 주정(周鼎): 夏나라의 禹 임금이 천하의 물길과 땅을 평정한 다음 전국을 九州로 나누고 그것을 상징하는 아홉 개의 정(鼎)을 주조(鑄造)하였다.
25) 장보천구(章甫薦屨): 장보는 殷나라 사람들이 쓰고 다니던 검은 색의 비단으로 만

에 까니, 점점 오래 있을 수 없네. 아! 슬프게도 선생이 홀로 이 허물에 걸리셨네.

    신왈(訊曰)26): (생략)

  후에 이러한 賦들은 ≪楚辭≫와 달라져 독창성을 지닌 새로운 문체가 되었는데, 司馬相如의 <子虛賦(자허부)>27), <上林賦(상림부)>, 揚雄(양웅)의 <甘泉賦(감천부)>, <校獵賦(교렵부)>, 班固의 <兩都賦(양도부)>, 張衡의 <二京賦(이경부)> 등이 그러한 예이다.
  이러한 형식주의적인 경향은 魏晉南北朝의 騈賦(변부)로 그대로 계승되었으며, 당대의 俳賦(배부)는 내용은 전혀 상관하지 않고 문장의 형식만을 중시하는 문체가 되었다.

2) 俳賦(騈賦)

  俳賦(배부)는 騈儷文(변려문)에 근접한 일종의 賦體로 騈賦(변부)라고도 하는데, 魏晉南北朝 시대에 크게 유행하여 唐代까지 두루 쓰였다.

    든 모자를 말한다. 신발 밑에 깔린 章甫冠과 같이 세상이 뒤집혀 있음을 의미한다. 구(屨)는 신발.
26) 신왈(訊曰): 난왈(亂曰)과 같이 辭나 賦의 요점을 정리한다는 뜻.
27) <자허부>는 자허(子虛)와 오유(烏有)선생의 대화로 구성되어 있다. 子虛가 楚나라의 운몽(雲夢)을 과장하여 떠벌릴 때에 烏有선생은 그 허장성세에 반박하여 제나라의 땅이 넓고 물산이 많음을 자랑한다. 상대의 허점을 찌르며 논쟁을 자신 중심으로 가져가는 논객의 논리성을 엿볼 수 있는 부분을 소개한다. "견문이 많고 학식이 많은 우임금도 그것들의 이름을 모두 다 들어보지 못하였고, 계산을 잘하는 계도 그것의 수량을 통계 낼 수 없었소이다. 그러나 제나라는 제후의 위치에 있으니 오락의 즐거움과 광활한 화원과 사냥터를 마음대로 말할 수는 없지요. 공은 귀빈으로 대접을 받고 있소이다. 그래서 제나라 왕은 공의 물음에 대답할 필요까진 없소이다. 공은 어떻게 왕께서 할 말이 없다고 여기셨소?(禹不能名, 契不能計. 然在諸侯之位, 不敢言游戱之樂, 苑囿之大. 先生又見客, 是以王辭不復, 何爲無以應哉.)"

騈賦는 全篇(전편)에 對句를 사용하고 반드시 押韻을 하여 騈儷文과 유사하다. 즉 騈儷文의 특징을 갖춘 賦라 할 수 있다.

주요 작가와 작품에는 曹植의 <洛神賦(낙신부)>, 左思의 <三都賦(삼도부)>, 庾信(유신)의 <哀江南賦(애강남부)> 등이 있다.

특히 <哀江南賦>는 유신이 梁나라 사신으로 西魏(서위)에 갔다가, 두고 온 고국을 그리면서 지은 賦로 예부터 이 시대 唯美主義를 대표하는 역작의 하나로 널리 애송되었다. <洛神賦(낙신부)>는 신화 속 洛水(낙수)의 女神 宓妃(복비)의 이야기를 바탕으로 작가의 환상을 더해 洛神의 아름다운 자태와 그 속에 자신의 감정을 담아냈다. 비현실 세계에 대한 풍부한 상상과 그 상상 속에 떠오른 형상에 대한 세밀한 묘사와 구성이 잘된 작품이다. 序(서)를 제외하고 전체를 여섯 단락으로 구분할 수 있다.

<洛神賦(낙신부)> 節錄(절록)

乃援御者而告之曰爾有覿於彼者乎. 彼何人斯. 若此之艷也. 御者對曰臣聞河洛之神, 名曰宓妃. 然則君王所見, 無乃日乎. 其狀若何. 臣願聞之. 余告之曰其形也, 翩若驚鴻, 婉若游龍. 榮曜秋菊, 華茂春松. 仿佛兮若輕雲之蔽月, 飄飄兮若流風之回雪. 遠而望之, 皎若太陽升朝霞, 迫而察之, 灼若芙蕖出淥波. 襛纖得衷, 修短合度. 肩若削成, 腰如約素. 延頸秀項, 皓質呈露. 芳澤無加, 鉛華弗御. 雲髻峨峨, 修眉聯娟. 丹唇外朗, 皓齒內鮮, 明眸善睞, 靨輔承權. 瑰姿艷逸, 儀靜体閑. 柔情綽態, 媚於言語.

이에 마부를 잡아당겨 물었다. "자네도 저 사람 보이는가? 저 사람은 누구인가? 저렇게도 아름답나?" 마부가 대답했다. "제가 듣자온데, 하수(河水)와 낙수(洛水)의 신으로 이름은 복비(宓妃)라고 하옵니다. 그리하면 군왕께서 보신 것이, 이것이 아닌가요? 그 모습이 어떠한지요? 저도 듣고 싶습니다." 내가 말했다. "그 자태는 놀란 기러기처럼 날렵하고 노니는 용과도 같아 가을의 국화처럼 빛나고 봄날의 소나무처럼 무성하구나. 엷은 구름에 쌓인 달처럼 아련하고 흐르는 바람에 눈이 날리듯 가벼우니 멀리서 바라보면 아침노을 위로 떠오르는 태양과 같고, 가까이서 바라보면 맑은 물결 위로 피어난 연꽃과 같네. 아름다운 모습과 아담한 키마저 모두가 알맞고 적합하니, 그 어깨는 일부러 조각한 듯 하고 그 허리는 흰 비단으로 묶은 것 같구나. 길고 가녀린 목덜미에 절로 드러난 흰 살결은 향기로운 연지도 호사한 분도 바르지 아니하였구나. 구름 같은 머리를 높이 틀어 올리고, 그 아미는 가늘고 길게 흐르며 붉은 입술은 밖으로 빛나고 백옥 같은 이는 입술 사이에서 곱구나. 눈웃음치는 눈동자는 아름답고 그 보조개가 능히 마음을 끄니, 그 맵시가 고와 이를 데 없고, 거동이 고요하여 윤기가 흐르니, 그 부드러운 마음과 가냘픈 자태에 말투 또한 더욱 아름답구나."

3) 律賦

律賦(율부)는 唐代에 크게 유행하여 淸代의 考試賦(고시부)에 이르기까지 사용된 것인데, 律詩의 영향을 받아 형식상으로 더욱 정제되었다. 對句를 짓는 것은 駢賦(변부)와 같지만 用韻은 엄격하게 한정되었으며 때로는 韻으로 제목을 삼는 경우도 있다. 주요 작품으로는 王勃(왕발)의 <寒梧棲鳳賦>(한오서봉부)와 杜牧(두목)의 <阿房宮賦(아방궁부)> 등이 있다. <阿房宮賦>는 唐나라의 유명한 시인 杜牧이 秦始皇이 지었다는 사치스러운 궁궐인 아방궁을 본 후 지은 賦이다. 杜牧은 <阿房宮賦>를 지어 권력자의 오만과 사치에 경종을 울리려 하였다. 뒷부분을 보기로 들어본다.

<阿房宮賦(아방궁부)> 節錄(절록)

使天下之人, 不敢言而敢怒, 獨夫之心, 日益驕固. 戍卒叫, 函谷擧, 楚人一炬, 可憐焦土. 嗚呼. 滅六國者, 六國也, 非秦也. 族秦者, 秦也, 非天下也. 嗟夫. 使六國各愛其人, 則足以拒秦, 秦復愛六國之人, 則遞三世可至萬世而爲君, 誰得而族滅也. 秦人不暇自哀, 而後人哀之. 後人哀之, 而不鑑之, 亦使後人而復哀後人也.

천하의 백성들에게 감히 말도 못하고 화만 나게 했으니, 외로운 폭군(진시황)의 마음이 날로 더욱 교만하고 완고해졌다. 변방을 지키는 군사들이 소리치며 일어남에 함곡관이 함락되었고, 초나라 사람의 한 자루 횃불에 가련하게도 아방궁은 초토가 되었도다. 아아! 육국(六國)을 멸한 것은 육국이요, 진(秦)나라가 아니며, 진나라를 족멸(族滅)한 것은 진나라이지 천하가 아니었도다. 아아! 육국이 각기 그 나라 사람을 사랑했다면 충분히 진나라를 물리칠 수 있었을 것이요, 진나라가 다시 여섯 나라의 사람을 사랑했다면 삼대를 계승하여 만대에 이르기까지 왕위를 이어갈 수 있었을 것이니 누가 그들을 멸족시킬 수 있었을까. 진나라 사람들은 스스로 슬퍼할 겨를도 없었는데 후세 사람들이 그들을 슬퍼하고 있도다. 후세 사람들이 슬퍼하는데도 거울삼지 않는다면 또한 후세 사람들에게 다시 그 후세 사람들을 슬퍼하게 하리라.

4) 文賦

文賦(문부)는 이전의 공허한 形式主義를 排斥(배척)하고 內容을 重視한 散文體의 賦로서 散文에 가까운 文體가 되었다. 다시 말해 韻이 들어 있는 古文이라 할 수 있다. 文賦는 宋代의 문인들로부터 시작되었으며 후세의 應酬文(응수문) 가운데 이 문체를 많이 응용했다. 宋代에는 古文運動의 영향으로 사람들이 律賦(율부)에 염증을 느껴 형식상의 규율을 과감히 탈피하여 전편 가운데 몇 군데만 押韻(압운)하는 형식으로 개혁했다. 그래서 賦에서도 격률에 구애받지 않고 說理, 抒情, 敍事를 자유롭게 기술함으로써 개성적인 작품이 출현하게 되었다. 주요 작품에는 歐陽修(구양수)의 <秋聲賦(추성부)>와 蘇軾(소식)의 <前·後赤壁賦(전·후적벽부)> 등이 있다.

<後赤壁賦(후적벽부)> 節錄(절록)

反而登舟, 放乎中流, 聽其所止而休焉. 時夜將半, 四顧寂寥. 適有孤鶴, 橫江東來, 翅如車輪, 玄裳縞衣, 戞然長鳴, 掠予舟而西也. 須臾客去, 予亦就睡. 夢一道士, 羽衣蹁躚, 過臨皐之下, 揖予而言曰赤壁之遊樂乎. 問其姓名, 俯而不答. 嗚呼噫嘻. 我知之矣. 疇昔之夜, 飛鳴而過我者, 非子也耶. 道士顧笑, 予亦驚悟, 開戶視之, 不見其處.

몸 돌려 배에 올라, 한복판에서 흐름 따라 물결 멈추는 대로 맡긴다. 때는 이제 한밤중, 사방은 적막과 고요. 이때 외로운 학 있어, 강 건너 동쪽에서 날아오는데, 날개는 수레바퀴, 검정 치마 하얀 저고리, 끼룩끼룩 길게 울며 내 배를 스쳐 서편으로 사라진다. 잠시 후 객이 떠나고 나는 잠이 든다. 꿈에서 한 도사가 날개 옷 입고 표연하게 임고정(臨皐亭) 아래 지나며 읍을 하며 말한다. "적벽을 노니니 즐거웠습니까?" 이름을 물으니 고개 숙이고 답하지 않는다. "아 그렇구나. 이제 알겠구나! 지난밤 울며 날아 내 앞을 지나간 이, 당신이 아닌가요?" 도사는 돌아보며 웃는데 내가 놀라 잠에서 깨어 창밖을 보니 그가 가는 곳 보이지 않는다.

10. 漢代의 政論散文

漢代에 이르러 散文은 上疏文(상소문)을 중심으로 한 政論文과 戰國時代의 歷史的 散文을 계승한 史傳文의 두 갈래로 크게 발달한다.

政論散文(정론산문)은 政論文이라고도 불린다. 중국의 議論文은 戰國 末에서 秦나라에 이르는 시기에 특히 上疏文을 중심으로 완성되는데, 李斯의 <諫逐客書(간축객서)> 등이 그 대표적인 글이다. 이어 漢代에 들어오면서 奏(주), 疏(소), 表(표), 策(책) 같은 글이 쏟아져 나오는데, 漢代의 정치적 성격의 散文은 주로 왕에게 자기의 견해와 정책을 건의하고 설득하는 上疏文으로서의 성격을 가지고 있었다. 사실상 이런 글은 韓나라 출신 韓非子(BC 281~BC 233)의 <存韓第二>, 楚나라 출신 李斯(BC 284~BC 208)의 <諫逐客書> 등에서 그 틀이 거의 형성되었다. 뒤를 이어 나온 漢初 賈誼(가의, BC 200~BC 168)의 <過秦論(과진론)>, 晁錯(조착, BC 200~BC 154)의 <論貴粟疏(논귀속소)> 등도 漢代의 대표적인 산문에 포함된다. <過秦論>은 秦나라 멸망의 원인이 외부에 있었던 것이 아니라 秦나라 내부 모순에 있었음을 날카롭고 거침없는 논조로 설파한 명문으로서 古文體의 모범이다. <論貴粟疏>는 重農政策(중농정책)을 역설하면서 농민 생활을 안정시키고 생산 의욕을 북돋아야 함을 주장했는데, 표현이 소탈하면서도 간결하게 잘 다져진 글이다.

이 밖에 그들의 政論文이 저술로 엮어져 전해지고 있는 경우도 적지 않다. 賈誼(가의)의 <新書(신서)>, 董仲舒(동중서)의 <春秋繁露(춘추번로)>, 桓寬(환관)의 <鹽鐵論(염철론)>, 桓譚(환담)의 <新論(신론)> 등이 그것이다.

그중 儒家 思想이 국가사회의 기본질서가 되어야 함을 闡明(천명)하고 있는 董仲舒의 <春秋繁露>와 조정에서 벌어진 소금과 철의 전매 문제를 둘러싼 논쟁을 내용으로 한 桓寬의 <鹽鐵論> 등이 유명한 글로 꼽힌다. 이 밖에 西漢의 사상적 경향을 망라하여 보여 주는 淮南王 劉安의 <淮南子(회남자)>는 사상적인 내용이 담긴 책이고, 儒家的 입장에서 전해 내려오던 이야기나 野史를 편집하여 정리한 劉向의 <新序>, <說苑>, <列女傳> 등도 漢代 散文의 발달을 이해하는 데 매우 중요한 저작들이다.

<諫逐客書>는 秦나라의 治水 사업을 진행하던 중 발생한 간첩 사건으로 인해 외지인 출신 관리들을 모두 진나라 밖으로 추방하라는 '逐客令(축객령)'이 내려졌다. 그래서 楚(초)나라 출신의 客卿(객경, 외지 출신 관리) 李斯(이사) 역시 쫓겨나게 되었다. 이때 이사가 진나라 왕에게 逐客令을 거두어달라는 내용을 담아 올린 上書 형식의 散文, 곧 편지글이다.

<諫逐客書(간축객서)> 節錄(절록)

臣聞地廣者粟多, 國大者人衆, 兵彊者士勇. 是以泰山不讓土壤, 故能成其大. 河海不擇細流, 故能就其深. 王者不却衆庶, 故能明其德. 是以地無四方, 民無異國, 四時充美, 鬼神降福, 此五帝三王之所以無敵也.

신은 땅이 넓으면 곡식이 풍성하고, 나라가 크면 백성이 많고, 군대가 강성하면 병사들이 용감하다는 말을 들었습니다. 따라서 태산은 한줌 흙을 마다하지 않았기에 그처럼 클 수가 있었고, 하해(河海)는 작은 물줄기들을 가리지 않고 다 받아들였기 때문에 그처럼 깊을 수가 있었고, 제왕은 백성들을 물리치지 않았기 때문에 그 성덕을 밝힐 수가 있었습니다. 이러한 까닭에 땅은 사방을 구분할 필요가 없고 백성들의 나라가 다른 것을 따질 필요 없으며 항상 풍족함이 넘치며 귀신들은 복을 내려 주는 것이니, 이것이 바로 오제삼왕(五帝三王)이 천하에 적이 없었던 이유입니다.

<過秦論>은 秦나라가 망한 원인을 밝혀 西漢 文帝에게 정치상의 교훈으로 삼게 하고자 한 글이다. 秦나라가 천하를 차지한 것은 關中(관중)을 점거한 데에 있었고 천하를 잃은 것은 仁義의 정치를 베풀지 않은 데에 있음을 논하였다. 이 글은 '史論'이라는 새로운 체제를 창시한 것으로 魯迅(노신)이 '西漢鴻文(서한홍문, 서한의 위대한 글)'이라고 평하였듯이, 이후의 산문에 큰 영향을 끼쳤다.

<過秦論(과진론)> 節錄(절록)

且夫天下非小弱也, 雍州之地, 崤函之固, 自若也. 陳涉之位, 非尊於齊·楚·燕·趙·韓·魏·宋·衛·中山之君也. 鋤櫌棘矜, 非銛於鉤戟長鎩也, 謫戍之衆, 非抗於九國之師也. 深謀遠慮, 行軍用兵之道, 非及曩時之士也. 然而成敗異變, 功業相反. 試使山東之國與陳涉度長絜大, 比權量力, 則不可同年而語矣. 然秦以區區之地, 致萬乘之勢, 序八州而朝同列, 百有餘年矣. 然後以六合爲家, 崤函爲宮. 一夫作難而七廟墮, 身死人手, 爲天下笑者, 何也. 仁義不施而攻守之勢異也.

또 진나라의 천하는 작아지지도 약해지지도 않았으며, 옹주(雍州)의 땅과 효산(崤山)과 함곡관(函谷關)의 견고함도 이와 같았다. 진섭(陳涉)의 지위는 제(齊)·초(楚)·연(燕)·조(趙)·한(韓)·위(魏)·송(宋)·위(衛)·중산(中山)의 군주들보다 존귀하지 않았다. 호미와 작대기, 괭이자루와 창 자루는 갈고리 창이나 긴 창보다 날카롭지도 않았다. 변방에 유배 갔던 무리는 9국의 군대에 맞설 수 없었다. 주도면밀하고 생각이 원대하거나 군사를 움직이는 용병술도 과거 모사들에게 미칠 수 없었다. 그러나 성패는 이변이었고, 공적은 서로 반대로 나타났다. 시험 삼아 산동(山東)의 나라들과 진섭의 장단과 대소를 가늠하고 권세와 실력을 비교해 보게 한다면 함께 취급하여 논할 수는 없을 것이다. 그러나 진나라는 작은 땅과 제후의 권력을 가지고도 8개 주를 빼앗아 동등한 6개국의 제후들을 조회하게 한 지 100년이 넘었다. 그런 다음 천하를 한 집으로 만들고 효산과 함곡관을 궁으로 삼았는데 한낱 사내 하나가 난을 일으키자 천자의 사당이 무너지고 군주가 남의 손에 죽어 천하의 웃음거리가 되었으니 어째서인가? 인의를 베풀지 않았고, 공격과 수비의 형세가 달라졌기 때문이다.

<論貴粟疏(논귀속소)>는 前漢의 정치가 晁錯(조착)이 漢나라 景帝에게 올렸던 上疏文이다. 농경 문명국가 국력의 근본인 농업을 장려할 것을 권하는 내용이다. 읽는 이를 설득시키는 시대상의 상세한 묘사를 바탕으로, 重農政策의 필요성을 역설하고, 구체적인 해법까지 제시하고 있다. 당대의 시대상을 잘 표현해주고 있으며, 백성을 사랑하는 마음이 표현되어 있어 당대의 명문으로 꼽힌다.

<論貴粟疏(논귀속소)> 節錄(절록)

聖王在上, 而民不凍飢者, 非能耕而食之, 織而衣之也, 爲開其資財之道也. 故堯禹有九年之水, 湯有七年之旱, 而國無捐瘠者, 以畜積多而備先具也. 今海內爲一, 土地人民之衆不避湯禹, 加以無天災數年之水旱, 而畜積未及者, 何也. 地有遺利, 民有餘力, 生穀之土未盡墾, 山澤之利未盡出也, 遊食之民未盡歸農也.

훌륭한 임금이 계실 때는 백성이 추위에 떨거나 굶주리지 않는데, 이것은 임금께서 손수 농사를 지어 백성을 먹여주고 옷감을 짜서 그들을 입혀 주어서가 아니라 백성에게 재물을 관리하는 방법을 열어주었기 때문입니다. 요임금과 우임금 때 9년간의 홍수가 있었고, 탕임금 때 7년간의 가뭄이 있었지만, 나라에 버려지거나 야윈 사람이 없었던 것은 많은 식량을 축적하고 대비를 먼저 갖추었기 때문입니다. 지금 천하가 통일되고 토지와 백성이 탕임금과 우임금 때보다 많으며, 천재나 수년간의 수해와 가뭄도 없었는데, 축적해 놓은 식량이 그때만 못한 것은 무슨 까닭입니까? 이것은 땅에 있는 자원을 충분히 개발하지 않고, 백성의 힘을 충분히 이용하지 않으며, 곡식을 생산할 수 있는 땅이 아직 개간되지 않고, 산천의 이점을 모두 다 사용하지 못하며, 놀고먹는 유민들이 모두 다 농촌으로 돌아가지 않기 때문입니다.

賦의 경우와 마찬가지로 漢代의 散文 또한 東漢으로 들어오면서 修辭性이 증가하고 技巧가 複雜해지고 세련되어졌다. 그런 경향은 歷史書 계열의 散文보다도 정치적 주제를 다룬 산문의 경우에 더욱 두드러지며, 말기로 갈수록 騈儷文(변려문)이 되어가는 모습을 보인다. 또한 이와 함께 정열적이고 신념에 찬 글보다 차분하고 논리성이 치밀해지는 글로 나아가는 경향을 보인다. 이러한 변화는 아마 역사의 발전을 반영하면서 동시에 漢賦를 통해 갈고 닦은 문장의 수사적 기능이 산문에도 원용되었기 때문일 것이다. 東漢 散文 가운데에는 자기의 견해나 논리의 효과적인 표현 외에 수사와 기교에 공을 들인 글들이 많다.

王充(왕충, 27~101?)의 ≪論衡(논형)≫ 85篇은 짜임새 있는 논리와 생동감 있는 문장을 통해 東漢 散文의 높은 성취를 잘 보여주는 저작이다. ≪論衡≫이라는 제목은 논의하여 저울질한다거나 저울질하여 논의

한다는 뜻이다. 그는 당시 세상 사람들이 가지고 있던 믿음, 생각, 소문, 관습으로부터 정치 철학, 역사 인식을 거쳐 우주의 탄생원리, 인간의 존재 가치에 이르기까지 그의 사고가 미치는 전 영역을 85篇에 걸쳐 현대적인 삼단논법에 가까운 태도로 질문하고 비판하고 추론함으로써 객관적이고 상식적인 대답을 얻어내려고 했던 것이다.

≪論衡≫은 동한 후기에 이르러 일어나기 시작했던 당시 지식인들의 사회적 책임감과 새로운 지식인 의식, 文人意識의 일면을 잘 보여 주는 저작이다. ≪論衡≫에는 또 문학에 관한 이론적인 논의가 상당할 정도로 전개되고 있는 것으로 보아 당시 문학에 대한 새로운 인식이 일어나기 시작했음을 알 수 있다. 문학에 대한 이론적인 논의의 제기라는 측면에서 ≪論衡≫은 중국문학사에서 매우 중요하게 평가된다.

≪論衡(논형)≫ <定賢(정현)> 節錄(절록)

文麗而務巨, 言眇而趣深, 然而不能處定是非, 辨然否之實, 雖文如錦繡, 深如河漢, 民不覺知是非之分, 無益於彌爲崇實之化.

문장이 화려하면서도 편폭이 크고, 말이 미묘하면서도 주된 취지가 세밀하고도 깊지만, 시비를 판단하거나 그런가 그렇지 않은가의 진실을 변별할 수 없다면, 비록 문장이 비단처럼 화려하고, 의미의 깊이가 황하나 한수와 같다고 할지라도 사람들은 도리어 시비의 경계를 깨달을 수 없고, 거짓을 그치고 실제를 숭상하는 교화에는 이로움이 없는 것이다.

11. 漢代의 史傳散文(≪史記≫, ≪漢書≫)

1) 史記

　　西漢의 散文은 史傳文인 司馬遷(사마천, BC 145~BC 86?)의 ≪史記(사기)≫가 대표적이다. 司馬遷은 太史令 司馬談(사마담)의 아들로, 武帝 元封元年(BC 110)에 그의 아버지가 죽자 아버지의 遺業(유업)을 계승하여 太史令이 된 뒤 곧 ≪史記≫의 저술에 착수하였다. 그런데 BC 99년에 匈奴(흉노)의 땅으로 쳐들어가 적은 병력으로 싸우다 흉노에게 항복한 장수 李陵(이릉)을 변호하다가 무제의 비위를 건드려 宮刑(궁형)[28]을 받게 된다. 그는 치욕적인 궁형을 받은 뒤로는, 獄(옥)에서도 자기 삶의 뜻을 오직 ≪史記≫ 저술에 두었으며, 출옥한 뒤에도 이 일에만 전념한 끝에 마침내 130篇에 달하는 불후의 대작을 이룩한다. 예전부터 있어 전하여 내려온 傳說이나 기록 외에 널리 여행을 통하여 史料를 수집하여 만든 책으로, 史書로서 뿐만 아니라 문학적으로도 높이 평가되고 있다.

　　≪史記≫는 黃帝 때로부터 漢 武帝에 이르는 대략 2,600년에 걸친 중국의 옛 역사를 기록한 책이다. 그 내용은 중국과 그 주변 민족의 역사

---

[28] 중국 고전의 기록에 의하면, 사형(死刑)·궁형(宮刑)·월형(刖刑, 발뒤꿈치를 자르는 형벌)·의형(劓刑, 코를 베는 형벌)·경형(黥刑, 얼굴·팔뚝 등의 살을 따고 홈을 내어 죄명을 찍어 넣는 형벌)을 5刑이라 한다. 이 중에서 宮刑은 남녀의 생식기에 가하는 형벌로서, 남자는 생식기를 거세하고, 여자는 질을 폐쇄하여 자손의 생산을 불가능하게 하였으므로, 死刑에 버금가는 극형이었다. 중국의 왕궁에서는 예로부터 이 宮刑에 처한 남자를 왕궁에서 사용하였다. 이를 환관(宦官)이라 하였는데, 후대에는 스스로 거세하여 宦官이 되는 자도 있었다.

를 포괄하여 紀傳體(기전체)로 쓴 역사책으로 本紀(본기)29)(제왕의 주요 사적을 기록) 12篇, 世家30)(제후국의 흥망성쇠를 서술) 30篇, 列傳31)(주요 인물의 전기 및 외국사와 민족사) 70篇, 表32)(역대 제후와 제후국 간의 사건을 배열) 10篇, 書33)(역대 제도 문물의 연혁) 8篇으로 크게 나누어지는데, 그 중에도 帝王의 일을 編年記事한 本紀와 중요한 人物들의 傳記가 중심이 된 列傳이 핵심을 이루어 흔히 '紀傳體(기전체)'라 부른다. 그리고 이 '紀傳體'는 후세 正史의 전범이 된다.

≪史記≫라는 사서가 중국문학사에서 큰 의의를 지니게 된 것은 本紀나 列傳이 모두 인물을 중심으로 한 기록이어서 후세 傳奇文學(전

---

29) 본기(本紀)는 '근본이 되는 기록'이라는 뜻이다. ≪史記≫ 이후의 역사서에는 황제들만이 이 본기에 실릴 자격을 가질 수 있었지만, 司馬遷은 황제든 왕이든 제후든 상관하지 않고 천하의 주인 자리를 차지한 인물이라면 누구나 <本紀>에 실었다. 그 대표적인 인물이 '西楚霸王 項羽(項羽 本紀)'와 劉邦의 아내인 '呂太后(呂太后 本紀)라고 할 수 있다. 그들은 천하의 주인인 天子(황제 혹은 제왕)의 자리에 오르지는 못했지만, 실질적으로 천하의 주인 행세를 한 인물들이다. 이 12本紀를 순서대로 나열해보면, 오제본기(五帝本紀)→하본기(夏本紀)→은본기(殷本紀)→주본기(周本紀)→진본기(秦本紀)→진시황본기(秦始皇本紀)→항우본기(項羽本紀)→고조본기(高祖本紀)→여태후본기(呂太后本紀)→효문본기(孝文本紀)→효경본기(孝景本紀)→효무본기(孝武本紀) 로 되어 있다.
30) 세가(世家)는 帝王(천자나 황제)으로부터 영토를 받아 독립적으로 諸侯國을 이룬 제후 혹은 제후왕의 가계와 그들의 역사에 관한 기록이다. 司馬遷은 30세가 역시 12本紀와 마찬가지로 시대 순서에 따라 배열해놓았다. 이 구분에서 특이한 건, 諸侯나 諸侯王이 아닌 平民 出身이면서 세가에 이름을 올린 사람이 두 명 있다는 것이다. 그 두 사람은 孔子와 진섭(陳涉)이다. 秦始皇의 秦나라에 반기를 든 陳涉의 봉기를 높이 치하한 것이다.
31) 말이 70열전(列傳)이지, 이 열전 속에 등장하는 인물은 수천 명에 달한다. 그리고 이 열전에는 한 나라를 다스렸던 재상에서부터 유림과 협객, 그리고 중국 이외의 오랑캐에 이르기까지 사회 각계각층의 사람들이 총망라되어 등장한다.
32) 표(表)는 세표(世表) 1편, 연표(年表) 8편, 월표(月表) 1편으로 구성되어 있는데, 연대기 또는 일종의 '중국 시대사 구분'이라고 할 수 있다.
33) 서(書)는 국가의 중요한 제도와 문물을 주제별로 나누어 정리한 것이다.

기문학)의 시조가 되기 때문이다. 또 司馬遷이 李陵의 문제로 宮刑(궁형)을 당한 뒤 자신의 온 삶의 뜻을 이 《史記》 저술에 두고 그의 강한 신념과 뜨거운 정열로 객관적이어야 할 역사의 기록에 강한 개성을 불어넣음으로써, 《史記》는 곳곳에 감동과 공감을 불러일으키는 생동하는 문장을 이루고 있다.

따라서 《史記》의 문학적인 성취는 인물에 관한 묘사와 인물과 관련된 사건의 묘사에서 더욱 두드러진다. 이 뒤로 그의 개성적인 문장이나 생동하는 표현방법은 후세 산문은 말할 것도 없고 소설, 희곡의 발전에 이르기까지 큰 영향을 끼치게 된다.

《史記》는 漢나라 王朝에 대한 비판적 시각 때문에 처음 이루어졌을 때는 공식적으로 인정받지 못하고 오히려 경계 되었으나, 얼마 지나지 않아 한 왕조 이전 시간의 역사에 대한 매우 중요하고 표준적인 著作(저작)으로서 공인되었다. 당시 한나라는 역사상 처음으로 중국 대륙을 통일했던 秦나라의 뒤를 이었던 왕조로서 중국대륙의 정치적, 사회적, 문화적 통합이라는 문제의 해결을 위해 진력하고 있었다. 黃帝로부터 시작하여 漢 武帝에 이르는 긴 역사를 일관된 맥락에서 파악하여 설명한 《史記》의 세계관은 漢 王朝가 제시하고자 했던 정치적 명분과 일치했다고 할 수 있다. 비록 비판적인 시각을 일부 포함하고 있기는 하지만 《史記》는 매우 합리적이고 과학적인 시각으로 중국 대륙의 역사를 일관성 있게 설명하고 나아가 대제국의 방향을 제시했다는 점에서 漢 王朝의 정치적 희망과 부합했다. 더욱이 儒家에 바탕을 두고 있지만 융통성 있는 현실 인식 태도를 취하고 있는 점, 어느 한 유파의 사상이나 관점을 대변하지 않고 합리적 서술방식에 입각하고 있는 점 등으로 인해 《史記》의 중국 고대사에 대한 서술은 당시의 중국인들에게 매우 설득력 있는 국가적 통합의 근거를 제시했다고 할 수 있다.

또한, ≪史記≫는 歷史書임에도 불구하고 중국문학사에서 매우 큰 의의를 가진 문학작품으로 인정받고 있다. 그 가장 큰 이유는 ≪史記≫가 구체적인 인물의 행적에 대한 세련된 묘사를 통해 역사를 서술하고 있어서 歷史書이기 이전에 먼저 傳記文學의 형태를 띠고 있기 때문이다. 또한 司馬遷의 저작 동기가 엄정하고 객관적인 역사 서술 자체에 있다기보다 현실 속에서 철저하게 거부당한 자기의 세계관과 현실의 실체를 역사 속에서 규명하고자 했던 데 있었기 때문에 ≪史記≫의 서술은 개성적이고 激情的(격정적)인 성격을 지니게 되었다. 사마천의 역사 서술은 그의 신념과 세계관에 입각하여 역사에 대한 반성과 비판의 성격을 띠고 있기 때문에 ≪史記≫는 단순한 사실의 기록에 그치지 않고 문학과 사상의 차원으로 확산된다. ≪史記≫의 文學的 성취의 진면목은 生動感(생동감) 넘치는 人物 描寫(묘사)와 迫進感(박진감) 넘치는 事件의 敍述에 있다. ≪史記≫의 이런 특성은 역사적인 인물들을 중심으로 벌어지는 사건을 생생하고 박진감 넘치게 표현한 <本紀>, <世家>, <列傳> 등에서 잘 확인할 수 있다.

<列傳>은 인물묘사와 사건 기록이 매우 구체적이고 흥미진진하게 이루어져서 ≪史記≫ 가운데서 문학성이 가장 풍부한 글로 꼽힌다. 객관적이고 외형적인 역사적 업적보다 司馬遷의 역사적 가치 판단에 의해 선택된 인물들에 대한 매우 구체적인 기록들이어서 극적 성격이 풍부하고 표현 또한 매우 생동감이 넘친다.

등장하는 인물들은 역사적인 업적이 미미한 경우도 많으며 그 출신이 불분명한 경우도 상당하다. 그러나 司馬遷은 그런 인물들에 대해 매우 높은 평가를 하는 경우도 많다. 또한 묘사가 세련되고 시각이 자유

분방하여 여러 측면에서 문학성이 높은 것으로 평가된다. 이처럼 ≪史記≫는 개성적이고 세련된 문장과 극적인 표현방식으로 인해 後世 散文에 지대한 영향을 끼쳤으며 小說, 戲曲과 같은 敍事文學 양식의 발달에도 많은 영향을 끼쳤다.

≪史記(사기)≫ <項羽本紀(항우본기)> 節錄(절록)

噲卽帶劍擁盾入軍門. 交戟之衛士欲止不內, 樊噲側其盾以撞, 衛士仆地, 噲遂入, 披帷西嚮立, 瞋目視項王, 頭髮上指, 目眦盡裂. 項王按劍而跽曰客何爲者. 張良曰沛公之參乘樊噲者也. 項王曰壯士. 賜之卮酒. 則與斗卮酒. 噲拜謝, 起, 立而飮之. 項王曰賜之彘肩. 則與一生彘肩. 樊噲覆其盾於地, 加彘肩上, 拔劍切而啗之. 項王曰壯士, 能復飮乎. 樊噲曰臣死且不避, 卮酒安足辭.

번쾌(樊噲)가 곧 칼을 차고 방패를 들고 군문을 들어갔을 때 창을 들고 호위하던 병사들이 막고 들여보내려 하지 않자, 번쾌는 그의 방패를 비껴 들고 부딪쳐 호위병들을 땅에 넘어뜨렸다. 번쾌는 곧장 들어가 장막을 젖히고 서쪽을 향해 서서 눈을 부릅뜨고 항왕(項王)을 노려보는데, 머리끝은 위로 치솟고 눈꼬리는 있는 대로 찢어졌다. 항왕이 칼자루에 손을 얹고 무릎을 꿇은 채 "너는 뭐하는 사람인가?"라고 물었다. 장량(張良)이 아뢰었다. "패공 한왕의 참승(參乘, 수레 오른쪽에서 호위하는 장수) 번쾌라는 사람입니다." 항왕이 말했다. "장사로다! 술 한 통을 내려 주어라!" 곧 한 말들이 술을 주자 번쾌는 절하여 사례를 하고는 일어나 선 채로 그것을 마셨다. 항왕이 말했다. "돼지 다리를 내려 주어라!" 곧 생 돼지 다리 한 개를 주자, 번쾌는 그의 방패를 땅에 엎어 놓은 뒤 그 위에 돼지 다리를 놓고 칼을 뽑아 썰어서 그것을 먹었다. 항왕이 말했다. "장사는 더 마실 수 있겠는가?" 번쾌가 대답했다. "신은 죽음도 피하지 않거늘 술 한 통이야 어찌 사양하겠습니까?"

≪史記(사기)≫<項羽本紀(항우본기)> 節錄(절록)

楚漢久相持未決, 丁壯苦軍旅, 老弱罷轉漕. 項王謂漢王曰天下匈匈數歲者, 徒以吾兩人耳, 願與漢王挑戰, 決雌雄, 毋徒苦天下之民父子爲也. 漢王笑謝曰吾寧鬪智, 不能鬪力. 項王令壯士出挑戰. 漢有善騎射者樓煩, 楚挑戰三合, 樓煩輒射殺之. 項王大怒, 乃自被甲持戟挑戰. 樓煩欲射之, 項王嗔目叱之, 樓煩目不敢視, 手不敢發, 遂走還入壁, 不敢復出. 漢王使人間問之, 乃項王也. 漢王大驚. 於是項王乃卽漢王相與臨廣武澗而語. 漢王數之, 項王怒, 欲一戰, 漢王不聽. 項王伏弩射中漢王. 漢王傷, 走入成皐.

초나라와 한나라가 오래 서로 버티어 결정이 나지 않자, 장정들은 전쟁으로 고생이 심해지고, 노약자들도 군수물자 운반에 지치게 되었다. 항왕(項王)이 한왕(漢王)에게 말했다. "천하가 여러 해 동안 어지러운 것은 오직 우리 두 사람 때문이오. 바라건대, 한왕에게 도전하오니 자웅을 겨루어서 공연히 천하 백성의 부자(父子)들이 고생하는 일이 없도록 합시다." 한왕은 웃으면서 사절했다. "저는 지혜를 다투기는 할지언정 힘으로 싸울 수는 없소이다." 항왕은 장사에게 나가서 도전케 했다. 한나라에 말 타고 활쏘기를 잘하는 누번(樓煩)이 있어서 초나라는 세 번이나 도전하였으나 누번이 그때마다 쏘아 죽였다. 항왕이 크게 노하여 스스로 갑옷을 입고서 창을 들고 도전했다. 누번이 쏘려 하자 항왕은 눈을 부라리며 그를 꾸짖었다. 누번은 눈으로 감히 바라보지도 못하고 손으로 감히 화살을 쏘지도 못하고, 마침내 도망쳐 성벽 안으로 들어와 다시는 나가지 못했다. 한왕이 사람을 보내어 알아보니, 바로 항왕이라는 것이었다. 한왕은 크게 놀랐다. 이에 항왕은 곧 한왕을 불러 광무산

(廣武山) 계곡을 사이에 두고 이야기를 하게 되었다. 한왕이 그를 꾸짖자, 항왕은 노하여 한바탕 싸우고자 하였으나 한왕이 듣지 않았다. 항왕은 쇠뇌(여러 개의 화살이나 돌을 잇따라 쏘는 큰 활)를 매복시켰다가 한왕을 쏘아 맞히었다. 한왕은 부상을 입고 달아나 성고(成皐)로 들어갔다.

≪史記(사기)≫ <呂不韋列傳(여불위열전)> 節錄(절록)

始皇帝益壯, 太后淫不止. 呂不韋恐覺禍及己, 乃私求大陰人嫪毒以爲舍人, 時縱倡樂, 使毒以其陰關桐輪而行, 令太后聞之, 以啗太后. 太后聞, 果欲私得之. 呂不韋乃進嫪毒, 詐令人以腐罪告之. 呂不韋又陰謂太后曰可事詐腐, 則得給事中. 太后乃陰厚賜主腐者吏, 詐論之, 拔其須眉爲宦者, 遂得侍太后. 太后私與通, 絶愛之. 有身, 太后恐人知之, 詐卜當避時, 徙宮居雍. 嫪毒常從, 賞賜甚厚, 事皆決於嫪毒.

시황제가 장년에 접어들도록 태후의 음란함을 그치지 않았다. 여불위는 일이 들통 나서 화가 자신에게 미칠까 두려워 은밀히 음경이 큰 노애(嫪毒)라는 자를 구해서 사인(舍人)으로 삼고는 수시로 노애에게 오동나무로 만든 바퀴를 그 음경으로 들어 올리게 하는 공연을 벌여서 그것이 태후의 귀에 들어가게 하여 태후를 유혹했다. 태후가 그 소문을 듣고는 아니나 다를까 은밀히 노애를 갖고자 했다. 여불위가 바로 노애를 들여보냈는데 거짓으로 사람을 시켜 부형(腐刑, 궁형) 당할 죄를 지었다고 말하게 했다. 여불위는 또 은밀히 태후에게 "거짓으로 부형을 지어내면 궁중에서 일하게 할 수 있습니다."라고 일러주었다. 태후는 부형을 주관하는 관리에게 은밀히 넉넉하게 뇌물을 주고 거짓으로 형을 집행한 것처럼 한 다음 수염과 눈썹을 밀고 내시가 되게 하니, 마침내 태후를 모시게 되었다. 태후는 몰래 간통하며 노애를 끔찍하게 아꼈다. 임신이 되자 태후는 사람들이 알까봐 겁이 나서 속임수로 점을 쳐서 잠깐 궁을 피해야 한다면서 거처를 옹(雍)으로 옮겼다. 노애가 늘 따랐고, 아주 많은 상이 내려졌다. 모든 일은 노애가 결정하였다.

2) ≪漢書≫

東漢 산문 가운데 가장 주목할 만한 저작은 班固(반고, 32~92)의 ≪漢書(한서)≫이다. 반고는 그의 아버지 班彪(반표)가 쓰다가 완성하지 못한 遺業(유업)을 이어 ≪漢書≫를 완성하였는데, 뒤에 누이동생 班昭(반소)와 馬續(마속)이 이를 더 보충하여 정리하였다고 한다. ≪漢書≫는 漢 高祖 원년(BC 206)으로부터 王莽(왕망)의 地皇 4년(23)에 이르는 漢 王朝의 흥망성쇠를 다룬 중국 최초의 본격적인 斷代史로서 東漢 散文을 대표하는 작품이다. 西漢의 역사를 서술하고 있는 ≪漢書≫는 ≪史記≫의 체제를 본뜨기는 했지만 일부 수정을 가하여 총 100篇은 12帝紀, 8表, 10志, 70列傳으로 이루어져 있다. ≪史記≫의 체제와 비교해 볼 때 <帝紀>는 ≪史記≫의 <本紀>, <表>는 ≪史記≫의 <表>, <志>는 ≪史記≫의 <書>, <列傳>은 ≪史記≫의 <世家>와 <列傳>에 해당된다. 또 ≪漢書≫는 劉歆(유흠)의 <七略(칠략)>을 근거로 서술한 <藝文志>와 같은 문학사에서 매우 중요한 기록을 다수 포함하고 있다.

≪漢書≫가 후대에 끼친 영향은 史書 편찬에서 볼 때 ≪史記≫의 역사적 의의를 능가하고 있다.

첫째, 通史體를 斷代史體로 고치고 漢을 중심으로 삼았다. 그는 司馬遷이 통사체 안에 前漢 시대의 역사를 넣었기 때문에 前漢의 역사적 지위가 낮게 평가되었다는 이유로 ≪史記≫를 貶下(폄하)하였다.

둘째, <本紀>의 정통 지위를 진일보하여 확립시켰다. 즉 정통 제왕만이 <帝紀>에 들어갈 수 있었다.

셋째, <世家>를 없애고 <帝紀>만을 두었다. 漢代는 비록 개국 초에 제후를 두었으나 削藩(삭번, 변방 권력을 약화시켜 중앙 권력을 강화함)하여 그들의 정치, 경제적 지위가 크게 떨어졌다. 그러므로 <世家>를 둔다는 것이 의의가 없다고 보아 <列傳>에 삽입하였다.

넷째, <列傳>의 순서를 정리하였다. ≪史記≫의 경우 잡다하게 꾸며져 있어 그 기준을 알기 어렵다. 그에 반해 班固는 시간 순으로 하고 한 사람으로 된 <列傳>은 앞에, 같은 유형의 인물을 합해서 傳으로 하였다.

다섯째, ≪史記≫의 <書>를 <志>로 바꿔 기재의 범위를 확대시키고 사회 전체를 반영시켰다.

≪漢書(한서)≫ <韓彭英盧吳傳(한팽영노오전)> 節錄(절록)

漢十年, 豨果反, 高帝自將而往, 信稱病不從. 陰使人之豨所, 而與家臣謀, 夜詐赦諸官徒奴, 欲發兵襲呂后·太子. 部署已定, 待豨報. 其舍人得罪信, 信囚, 欲殺之. 舍人弟上書變告信欲反狀於呂后. 呂后欲召, 恐其黨不就, 乃與蕭相國謀, 詐令人從帝所來, 稱豨已破, 群臣皆賀. 相國紿信曰雖病, 彊入賀. 信入, 呂后使武士縛信, 斬之長樂鐘室. 信方斬, 曰吾不用蒯通計, 反爲女子所詐, 豈非天哉. 遂夷信三族.

한나라가 건국된 지 10년 만에 진희(陳豨)가 결국 반란을 일으켰다. 한 고제(高帝)는 친히 병사들을 거느리고 떠났으나, 한신(韓信)은 병을 핑계 삼아 따라가지 않았다. 은밀히 진희에게 사람을 파견하여 진희의 가신들과 계책을 꾸미도록 하고, 아울러 거짓으로 관노들을 사면시켜 주는 척하며 병사들을 거느리고서 여후(呂后)와 태자를 습격하고자 하였다. 역할이 정해지자 진희의 보고를 기다렸다. 그러나 한신의 하인이 여후에게 한신의 죄를 밀고하자 여후는 한신을 죽이고자 했다. 한신의 하인 동생이 한신이 반란하고자 하는 증거를 여후에게 알렸다. 여후는 불러도 한신의 무리들이 오지 않을까 걱정하여 재상 소하(蕭何)와 계책을 협의하였는데, 고제 유방(劉邦)에게서 온 사자로 꾸며 진희가 이미 격파되어 모두가 이를 경하하고 있노라고 거짓말을 하게 하였다. 재상인 소하가 한신에게 말했다. "비록 병이 있다 하여도 억지로라도 와서 경하하시오." 한신이 궁에 들어오니, 여후는 무사들에게 한신을 묶게 하고, 장락궁(長樂宮) 종실에서 그를 참수하게 했다. 한신은 참수당하며 말했다. "내가 괴통(蒯通)의 계책을 쓰지 아니하였더니 오히려 저 계집에게 죽임을 당하는구나. 내 어찌 하늘을 원망할 수 있으리!" 여후는 마침내 한신의 삼족을 멸하였다.

≪史記≫와 ≪漢書≫의 비교

	≪史記≫	≪漢書≫
著者	司馬遷 개인의 發憤著作(발분저작)	班彪의 後傳 65篇을 이어 班固가 완성함. 이후 馬融(마융)·馬續(마속)에 이어 班昭(반소)가 8표와 天文志 등을 완성. 정부의 공식 역사서
編制	12本紀, 10표, 8書, 30世家, 70列傳 (모두 130편)	12帝紀, 8表, 10志, 70列傳 (모두 100편)
構成	紀傳體의 三皇五帝부터 漢 武帝까지의 通史體	漢 高祖에서 王莽(왕망)까지 약 300년간의 斷代史
影響	• 散文의 典範: 唐宋八大家 등 • 不義에 저항하는 歷史觀이 후대 史學에 영향 • 故事性은 후대 小說과 戲曲의 소재	• 政論散文에 영향 • 史料의 보전적 가치가 큼 • 正統 歷史學에 지대한 영향

12 建安文學

1) 建安文學의 형성

建安은 東漢 獻帝(헌제)의 年號인데, 실질적으로 曹操(조조)가 권세를 잡고 정치, 문화적인 주역 노릇을 했으므로 魏나라 문학에 포함시켜 이해하고자 한다. 曹操의 아들 曹丕는 아버지의 자리를 잇자 바로 나라를 찬탈하여 魏를 세웠다. 이때는 曹操, 曹丕, 曹植 三父子를 중심으로 문인들이 모여들어 樂府와 五言詩를 지으면서 작품에 자기 이름을 내걸고 본격적인 문학 활동을 전개하기 시작한 시기이다. 曹氏 三父子를 중심으로 모여들어 활동한 작가로는 建安七子라 일컬어지는 魯國의 孔融(공융), 廣陵의 陳琳(진림), 山陽의 王粲(왕찬), 北海의 徐幹(서간), 陳留의 阮瑀(완우), 汝南의 應瑒(응창), 東平의 劉楨(유정)이 있었고, 이외에도 많은 인재들이 활약하였다.

이 시기 文學을 建安文學이라 부르는데, 이는 中國文學史에 있어서 최초로 문단이 형성되었고, 본격적인 중국문학사가 전개되었음을 의미한다. 東漢 중엽의 정치적 혼탁 속에서 自覺하기 시작한 知識人들의 社會에 대한 責任意識은 결국 建安 年間에 이르러 본격적인 문학을 이룩하였다. 그래서 自覺을 한 시인들은 전란의 고통을 견디며 현실을 살아가는 민중들의 삶을 강렬하게 표현할 수 있었다.

2) 建安風骨

建安은 漢나라가 무너져가던 시기여서 정치적 혼란과 민생의 피폐가 극에 달해 있었다. 특히 黃巾賊(황건적)의 난 이후로는 내전이 더욱 심해져서 온 나라가 폐허가 되었다. 曹氏 父子는 그러한 내전을 직접 지휘한 주인공들이고, 그 주변의 문인들도 모두가 직접 내전의 비정함을 체험하였거나 사회의 혼란에 휩쓸렸던 사람들이다. 그러기에 이들은 東漢의 樂府民歌를 바탕으로 이룩된 五言詩를 이용하여, 자신의 경험을 통해서 체득한 감정을 노래하였다. 그러므로 이들 작품에는 어지러웠던 사회의 모습과 처참한 민중들의 생활, 안정된 사회를 건설하고자 하는 문인들의 悲憤慷慨(비분강개)와 激情(격정)이 잘 반영되어 있었다. 후세 문인들은 이러한 풍격을 일컬어 '建安風骨(건안풍골)'이라 하였고, 柔弱(유약)한 문학 풍조를 비판할 때마다 바로 이 建安風骨을 곧잘 인용한다.

3) 曹氏 三父子와 建安七子

(1) 曹操

曹操(조조, 155~220)는 字가 孟德으로 沛國(패국) 譙(초, 현재 安徽省 亳縣) 사람이며, 뒤에는 魏 武帝라 추존되었다. 그는 정치가이자 군인으로서 黃巾賊(황건적)의 난을 평정하고 각지에 할거하던 군웅을 討滅(토멸)하는 한편, 농업생산을 발전시키고 백성들의 생활을 안정시키는 데 힘썼다. 한편, 그는 文才에도 뛰어나 이른바 建安文學을 선도하였다. 그는 樂府 民歌體의 시를 좋아하였는데, 그가 남긴 20여 수 모두 樂府體의 작품이다. 즉 曹操가 처음으로 樂府體를 빌려 자신의 감정과 時事를 읊어냄으로써 건안문단이 이룩되고 중국문학사에서 五言詩를 중심으로 본격적인 문학창작이 시작된 것이다. 그의 詩는 짙은 抒情이

主潮(주조)를 이루고 있지만, <薤露行(해로행)>, <蒿里行(호리행)> 같은 그때의 사회현실을 반영하는 작품도 있고, <苦寒行(고한행)>, <卻東西門行(각동서문행)>처럼 전쟁터에 나간 병사들의 괴로움을 노래한 것도 있다. <短歌行>은 曹操가 연회를 베풀며 지은 4言詩이다. 曹操는 세월이 흘러도 자신의 뜻이 이루어지지 않음을 걱정하고, 비분강개하면서도 장중한 어조로 현명한 인재의 도움을 받아 천하를 제패하려는 雄心(웅심)을 드러내고 있다. 질박한 표현 속에 거침없는 정열과 기백이 담겨 있다.

<苦寒行(고한행)>

北上太行山, 艱哉何巍巍.
羊腸坂詰屈, 車輪爲之摧.
樹木何蕭瑟, 北風聲正悲.
熊羆對我蹲, 虎豹夾路啼.
溪谷少人民, 雪落何霏霏.
延頸長嘆息, 遠行多所懷.
我心何怫鬱, 思欲一東歸.
水深橋梁絶, 中路正徘徊.
迷惑失故路, 薄暮無宿棲.
行行日已遠, 人馬同時飢.
担囊行取薪, 斧冰持作糜.
悲彼東山詩, 悠悠使我哀.

북쪽 태항산(太行山)에 오르려니,
어찌나 높고도 험한지,

양의 창자 같은 굽이굽이 언덕길 돌자면,
수레바퀴 꺾어지고야 만다네.
나무들은 어찌 이리 썰렁한가?
북풍 소리만이 슬프네.
큰 곰, 작은 곰 나를 향해 웅크려 앉아 있고,
호랑이, 표범 양 길가에서 울고 있네.
계곡에는 사람 드문데,
눈만이 어찌 펄펄 내리는가?
목 길게 뽑고 길게 탄식하니,
멀리 떠나온 몸 그리움 많네.
내 마음 어찌 이리 답답한가?
곧장 동쪽으로 돌아가고만 싶네.
물은 깊은데 다리는 끊겨,
객지 길을 배회하고 있네.
갈팡질팡 옛길 잃어버려서,
땅거미가 져도 잘 곳이 없네.
가고 또 가서 날로 멀어지니,
사람과 말이 함께 굶주리네.
행낭 메고 가 나무를 해오고,
도끼로 얼음 깨고 물 떠서 죽을 끓이네.
슬프다 동산시34)여!

---

34) <東山詩>: 周公이 읊은 시. 周 武王이 죽고 成王의 섭정이 된 숙부 주공 단(旦)이, 그의 형인 관숙(管叔)이 流言을 퍼뜨리고 반란을 일으키므로 쳐부수고 돌아오면서 읊었다. ≪詩經≫ <國風·빈풍(豳風)>의 <東山詩> 내용과 자신이 처한 현재의 고통스러운 상황이, 지난날 周公이 겪었던 상황과 흡사할 것이라 생각하며 曹操는 故事를 인용하였다. "고한(苦寒)"이란 '혹한의 매서운 추위'를 뜻한다. 원소군(袁紹軍)과의 전쟁에서 曹操軍은 승전하였지만, 승전한 쪽도 이처럼 큰 고통을 겪었다는 것을 이 詩를 통해서 알 수 있다.

끝없이 나를 슬프게 하네.

<短歌行(단가행)>

對酒當歌, 人生幾何.
譬如朝露, 去日苦多.
慨當以慷, 憂思難忘.
何以解憂, 唯有杜康.
靑靑子衿, 悠悠我心.
但爲君故, 沈吟至今.
呦呦鹿鳴, 食野之苹.
我有嘉賓, 鼓瑟吹笙.
明明如月, 何時可掇.
憂從中來, 不可斷絶.
越陌度阡, 枉用相存.
契闊談讌, 心念舊恩.
月明星稀, 烏鵲南飛.
繞樹三匝, 何枝可依.
山不厭高, 海不厭深.
周公吐哺, 天下歸心.

술을 마시고 노래 부르나니,
인생이 얼마나 될까?
비유하면 아침이슬 같아,
가버린 날들이 너무 많구나.
하염없이 강개하지만,
마음속 걱정 잊을 길 없네.

무엇으로 이 시름 떨쳐 버릴까?
오직 술이 있을 뿐이로다.
푸른 그대의 옷깃,
아득하기만 한 나의 마음.
오직 그대 때문에,
나직이 읊조리며 오늘에 이르렀다.
"사슴의 무리 슬피 울며,
들의 다북쑥을 뜯는다.
나에게 귀한 손님 오면,
거문고를 타고 생황을 분다."
밝고 밝은 저 달빛,
어느 때에나 가지게 될 거나?
시름이 마음속으로부터 나오니,
끊을 수가 없구나.
논둑길 넘고 밭둑길 건너,
왕림하여 나에게 나이를 물으신다.
헤어짐과 만남 함께 이야기하며,
마음으로 옛 은혜를 생각한다.
달은 밝고 별 드문데,
까막까치 남으로 날아가네.
나무를 세 번 둘러봐도,
의지할 가지도 없구나!
산은 높은 것을 마다하지 않고,
바다는 깊은 것을 마다하지 않는다.
주공(周公)은 입에 문 것을 뱉어가며,
천하의 인심 얻기에 힘썼네.

(2) 曹丕

曹丕(조비, 187~226)는 자가 子桓(자환)이며, 曹操의 차남이지만 그의 형이 일찍 죽어 曹操가 죽은 다음 그 아버지의 자리를 계승하여 魏나라 文帝가 되었다. 曹丕는 그해(220) 겨울 東漢의 獻帝에게 강요하여 제위에서 물러나게 한 다음, 나라 이름을 魏라 칭하고 스스로 황제가 되었다. 曹丕는 재위 6년에 불과한 226년 曹叡(조예)를 태자로 삼고 병으로 사망하였다. 그는 7년 동안 나라를 다스리는 사이 정치적 군사적으로는 별다른 큰 업적을 세우지 못하였으나, 중국문학의 발전에는 크게 공헌하였다. 그는 曹氏 三父子를 중심으로 하는 당시의 문학 집단에 있어서 실제로 영수 역할을 하였다.

曹丕는 어렸을 때부터 문학을 좋아하여 詩, 賦, 文學批評에 대한 조예가 깊었으며 현재까지 《魏文帝集》 2권이 전해지고 있다. 그의 《典論》 <論文>은 중국문학사에서 최초의 문학평론 논문이다.

曹丕의 시는 문사의 기질을 타고난 탓에 부친이 즐겨 사용하던 비장한 풍격의 시 창작 습관을 일거에 변화시켜, 감정과 韻致(운치)가 맑고 부드러우며 문장은 화려하다. 즉 그의 시는 놀고 술 마시는 일이나 세월의 빠른 흐름을 슬퍼하는 감정을 노래하여 曹操의 시처럼 웅건한 맛을 느낄 수 없고 섬세하고 여린 맛을 느끼게 한다.

그의 시에서 특징적인 것은 남녀 간의 애정과 이별의 한을 그린 작품들이다. 그 중에서도 <燕歌行>은 특히 유명하며, 현존하는 최초의 완전한 七言詩이다. <燕歌行>은 전쟁터에 나간 남편을 기다리며 그리워하는 여인의 슬픈 심정을 그린 작품이다. 이 시에서 조비는 백성들의 생이별 상황에 동정심을 드러내고 있다.

\<燕歌行(연가행)\>

秋風蕭瑟天氣凉, 草木搖落露爲霜.
群燕辭歸雁南翔. 念君客游思斷腸.
慊慊思歸戀故鄕, 君何淹留寄他方.
賤妾煢煢守空房, 憂來思君不敢忘,
不覺淚下霑衣裳. 援琴鳴眩發淸商,
短歌微吟不能長. 明月皎皎照我床,
星漢西流夜未央. 牽牛織女遙相望,
爾獨何辜限河梁.

가을바람 썰렁하고 날씨 싸늘해지니,
초목은 시들어 낙엽지고 이슬은 서리되어 내리네.
제비 떼 돌아가고 기러기 남쪽으로 날아가네.
그대 나그네 생활을 생각하니 시름에 애간장 끊이네.
돌아오고픈 생각 간절하여 고향 그리울 터인데,
님은 어이 그대로 타향에 머물러 계시는가?
미천한 이 몸 외로이 빈 방 지키며,
시름 속에 님 생각 잠시도 잊을 수 없어,
나도 모르게 눈물 흘러내려 옷자락 적시네.
거문고 줄 뜯어 청상(淸商) 가락 울리며,
짧은 노래 나지막이 불러보나 오래 가지 못하네.
밝은 달 훤히 내 침상 비추고,
은하수 서쪽으로 흐르는데 밤은 아직 반도 지나지 않았네.
견우와 직녀는 멀리 서로 바라만 보고 있는데,
그대들 유독 무슨 죄로 은하수 다리에 막혔는가?

(3) 曹植

曹植(조식, 192~232)은 曹操의 셋째 아들로 어려서부터 문학을 공부하여 십여 세에는 시와 산문 및 辭賦 수십만 자를 읽고 외웠다고 한다. 그리고 글도 잘 지어 曹操는 여러 번 그를 태자로 삼으려고 했다. 이 때문에 형 曹丕가 왕위에 오른 후, 曹植에게 박해를 가하고 여러 번 작위를 강등시켜 다른 고장에 封하였다. 曹丕가 曹植에게 일곱 발자국을 걷는 사이에 시를 한 수 지으라고 명하여 지었다는 <七步詩>는 형제간의 骨肉相爭(골육상쟁) 관계를 잘 설명해 준다.

詩才에 있어서는 曹氏 三父子 중에서 曹植이 가장 뛰어났다. 그의 생애는 曹操의 죽음을 경계로 하여 전, 후기로 구분된다. 전기에는 웅장한 정치적 포부도 지니고 公子다운 생활을 하였으나, 후기에는 文帝와 明帝 밑에서 여러 가지 박해를 받아 큰 뜻이 꺾이고 불평스러운 나날을 보냈다. 그래서 전기의 작품은 분위기가 밝고 호기와 웅지가 담겨 있으나, 후기의 작품에는 慷慨(강개)와 함께 어지러운 심사가 담겨 있다.

전기 작품으로 <白馬篇>처럼 나라를 위해 일해 보겠다는 영웅다운 기개를 노래한 작품과, <明都篇>처럼 귀공자로서의 올바른 생활 포부를 읊은 것들이 있다. 詩의 修辭 역시 그의 생활만큼이나 아름다운 경지에 이르렀다. 후기의 작품으로는 <贈白馬王(증백마왕)>·<七哀>·<雜詩>·<吁嗟篇(우차편)>·<野田黃雀篇(야전황작편)> 등이 대표적인데, 이러한 작품에는 내면의 苦痛과 慷慨 이외에도 모순된 현실을 고발하고 풍자하는 내용이 많다. <七哀> 같은 戀情을 주제로 한 작품이라 할지라도 현실적인 悲憤(비분)의 정이 깃들여진 것들이 대부분이다. 형식에 있어서는 樂府와 五言詩가 모두 그의 전체 작품의 반 정도를 차지한다. 이외에도 <昇天行>·<仙人篇>·<遠遊篇> 등 신선과 관계되는 내용의 것들이 많이 발견된다. 그는 神仙術을 믿었기 때문이라기보다는 고통스러운 현실을 벗어나려는 의도에서 遊仙詩에 관심을 돌렸을 것이다.

<名都篇(명도편)>

名都多妖女, 京洛出少年.
寶劍値千金, 被服麗且鮮.
鬪鷄東郊道, 走馬長楸間.
馳騁未能半, 雙兔過我前.
攬弓捷鳴鏑, 長驅上南山.
左挽因右發, 一縱兩禽連.
餘巧未及展, 仰手接飛鳶.
觀者咸稱善, 衆工歸我姸.
歸來宴平樂, 美酒斗十千.
膾鯉臇胎鰕, 寒鼈炙熊蹯.
鳴儔嘯匹侶, 列坐竟長筵.
連翩擊鞠壤, 巧捷惟萬端.
白日西南馳, 光景不可攀.
雲散還城邑, 淸晨復來還.

이름난 도읍에는 미녀도 많고,
수도 낙양에는 귀공자도 많네.
보검은 천금 값이요,
옷은 눈부시게 아름답네.
동쪽 교외 길목에서 닭싸움 즐기고,

가로수 높이 늘어선 길 말을 달리네.
달리기 시합 반 못 미쳐,
토끼 한 쌍이 길을 가로지르네.
우는 화살 시위에 재우고,
까마득히 남산까지 쫓아 달리네.
왼쪽 향해 당기고 오른쪽 향해 쏘며,
단번에 두 마리 잇달아 맞추네.
기묘한 활 솜씨 끝이 없는데,
날아오는 솔개 향해 번개처럼 화살 날리네.
보는 이들 굉장하다 탄성이요,
같이 달리던 이들 최고라 승복하네.
돌아와 평락궁(平樂宮)에서 잔치 베푸는데,
마련된 귀한 술 한 말에 만 냥이네.
잉어회와 알 밴 새우조림,
자라 장조림과 곰 발바닥 구이 차리네.
가까운 벗들 불러오니,
드넓은 좌석이 가득하네.
떠들썩하게 어울려 공차기 즐기노라니,
갖은 재주 몸놀림 변화가 무쌍하네.
해는 서남으로 달리고,
어느덧 시간은 흘러가네.
사람들 구름처럼 흩어졌다가,
새벽 되자 또다시 모여드네.

<吁嗟篇(우차편)>

吁嗟此轉蓬, 居世何獨然.

長去本根逝, 夙夜无休閒.
東西經七陌, 南北越九阡.
卒遇回風起, 吹我入雲間.
自謂終天路, 忽然下沈泉.
驚飆接我出, 故歸彼中田.
當南而更北, 謂東而反西.
宕宕當何依, 忽亡而忽存.
飄颻周八澤, 連翩歷五山.
流轉無恒處, 誰知吾苦艱.
願爲中林草, 秋隨野火燔.
糜滅豈不痛, 願與根荄連.

아아. 이 굴러다니는 쑥대처럼,
세상살이 어째서 외롭기만 한가?
오랫동안 뿌리에서 떨어져,
이른 아침부터 밤까지 쉴 수가 없네.
동쪽 서쪽으로 수많은 길 다니고,
남쪽 북쪽으로 무수한 길 넘나들었네.
갑자기 회오리바람 만나니,
나를 구름 사이로 불러들이네.
스스로 하늘 끝까지 날려 가는 줄 알았더니,
갑자기 떨어져 심연에 잠기네.
사나운 바람이 나를 끌어내 주어,
다시 저 들판 가운데로 돌아오게 하였네.
남쪽으로 가는가 하면 다시 북쪽으로,
동쪽이라 말하면 서쪽으로 되돌아오네.
이리저리 굴러다니는데 무엇에 의지해야 하나,

갑자기 죽는가 하면 또 다시 살아나네.
이리저리 날리면서 많은 호수가 맴돌고,
펄펄 날리며 오악(五嶽)을 둘러 왔네.
굴러다니느라 일정한 거처 없으니,
누가 내 고난 알아주겠는가?
바라건대 숲속의 풀이라도 되어,
가을 들불을 따라 타버렸으면.
타 없어지면 어찌 가슴 아프지 않겠는가?
그래도 뿌리 근처에 머물러 있기 바래서지.

<七哀詩(칠애시)>

明月照高樓, 流光正徘徊.
上有愁思婦, 悲歎有餘哀.
借問歎者誰.
言是宕子妻.
君行踰十年, 孤妾常獨棲.
君若淸路塵, 妾若濁水泥.
浮沈各異勢, 會合何時諧.
願爲西南風, 長逝入君懷.
君懷良不開, 賤妾當何依.

밝은 달 높은 누대를 비춰,
흐르는 빛에 배회만 하네.
누대 위 수심에 찬 여인,
슬픔과 탄식에 또한 우수만이 남네.
묻노니 탄식하는 사람은 누구인가?

나그네의 아내라 대답하네.
그대 떠나간 지 10년이 넘어,
외로운 첩은 언제나 외로운 보금자리.
그대는 맑은 이슬과 같고 나는 흐린 물속의 진흙.
뜨고 잠기는 형세가 서로 다르니,
어느 때가 돼야 기쁘게 만날 수 있을까?
원컨대 서남풍이 되어,
길이 그대 품속에 들었으면 하네.
그대 진실로 품을 열지 않는다면,
천첩은 어디에 의지하리요?

(4) 建安七子

孔融(공융), 王粲(왕찬), 陳琳(진림), 徐幹(서간), 阮瑀(완우), 應瑒(응창), 劉楨(유정) 등 建安七子는 모두 전란 속에서 曹氏 父子와 함께 일생을 보낸 사람들이다. 이들은 모두 비슷한 조건 아래 같은 집단 속에서 활약하였기 때문에, 樂府와 五言古詩를 중심으로 하여 공통점이 많은 작품을 지었다. 이들 중에서도 王粲과 劉楨(유정)이 특히 뛰어났다.

詩 창작 방면에서 七子의 작품은 현실적 의의가 매우 크다. 戰亂(전란)으로 피폐해진 사회와 그 속에서 온갖 고난을 겪으며 살아가는 백성들의 모습을 잘 그려내고 있다. 예를 들어 王粲의 <七哀詩>(3首)는 시인이 長安에서 荊州(형주)로 몸을 피해 가서 본 비참한 상황을 서술하고 있다. 陳琳의 <飮馬長城窟行(음마장성굴행)>에서는 秦나라 때 長城을 건설하는 과정에서 백성들에게 가해진 고통이 그려지고 있다.

<七哀詩(칠애시)> 其一

西京亂無象, 豺虎方遘患.
復棄中國去, 委身適荊蠻.
親戚對我悲, 朋友相追攀.
出門無所見, 白骨蔽平原.
路有饑婦人, 抱子棄草間.
顧聞號泣聲, 揮涕獨不還.
未知身死處, 何能兩相完.
驅馬棄之去, 不忍聽此言.
南登霸陵岸, 回首望長安.
悟彼下泉人, 喟然傷心肝.

서경은 어지러워 예측할 수 없으니,
이리, 호랑이 같은 자들이 환란을 일으키고 있네.
다시 중원 땅 버리고 떠나,
멀리 이 몸 남만(南蠻)의 땅 형주(荊州)로 가게 되었네.
친척들 나를 마주 보며 슬퍼하고,
친구들 뒤쫓아 와 나를 붙잡네.
문 나서니 보이는 것이란 없고,
백골만이 평원을 덮고 있네.
길에 굶주린 아낙 있는데,
안고 있던 아기를 풀밭에 버리네.
뒤에선 울부짖는 소리 들리는데도,
눈물 뿌리며 돌아오지 않고 홀로 떠나가네.
이 몸도 어디에서 죽을지 알지 못하겠거늘,
어찌 둘이 모두 온전할 수 있겠소?

말 달려 이들 버리고 떠나가니,
차마 그런 말 듣고 있을 수 없어서네.
남쪽 패릉 언덕에 올라,
머리 돌려 장안 바라보네.
<하천(下泉)>35)시 지은이의 뜻 깨닫고 보니,
한숨만 나오며 가슴 아파지네.

<飮馬長城窟行(음마장성굴행)>

飮馬長城窟, 水寒傷馬骨.
往謂長城吏, 愼莫稽留太原卒.
官作自有程, 擧築諧汝聲.
男兒寧當格鬪死, 何能怫鬱築長城.
長城何連連, 連連三千里.
邊城多健少, 內舍多寡婦.
作書與內舍, 便嫁莫留住.
善侍新姑嫜, 時時念我故夫子.
報書往邊地, 君今出語一何鄙.
身在禍難中, 何爲稽留他家子.
生男愼莫擧, 生女哺用脯.
君獨不見長城下, 死人骸骨相撑拄.
結髮行事君, 慊慊心意間.
明知邊地苦, 賤妾何能久自全.

---

35) ≪詩經≫ <曹風(조풍)>의 편명. 曹나라 임금이 정치를 잘못하여 세상이 어지러워 지고 백성들의 삶이 어려워지자, 백성들이 현명한 임금을 생각하며 부른 노래다. (<毛詩序>)

장성 밑 우물에서 말에게 물을 먹이니,
물이 차서 말의 뼈가 상할 것이오.
장성(長城) 관리에게 말하니,
부디 태원(太原)의 병졸들을 힘들게 하지 마시오!
관리가 말하길, 관의 일에는 기한이 있으니,
성을 다지는 노래나 힘차게 부르게 하시오.
대장부 차라리 전쟁터에 나가 죽을지언정,
어찌 성이나 쌓다가 죽을 수 있으리오!
장성은 어찌나 긴지,
삼천리나 이어지네.
장성 주변에는 강건한 젊은이가 많고,
규방에는 과부가 많이 있네.
편지를 써 집에 보내며,
머물러 살지 말고 재가하시오.
새 시부모 잘 모시고,
때때로 내가 옛 남편인 것이나 생각해 주시오.
답장이 변방에 왔는데,
당신은 무슨 말을 그리도 야속하게 하시오?
내 몸이 어려움에 처했는데,
어찌 남의 집 딸을 붙잡을 수 있겠소?
아들을 낳으면 기뻐하지 말고,
딸을 낳으면 밥 주고 고기 주어 키우시오.
그대만 유독 장성 아래를 보지 못한 것이오?
죽은 사람의 뼈가 서로 부딪치고 있는 것을.
이미 머리 묶어 그대를 섬겼는데,
그런 말씀을 하시니 섭섭합니다.
그대가 있는 변방의 고통을 잘 알고 있거늘,
어찌 천첩 혼자만 오래도록 편안히 살 수 있겠어요?

13. 魏晉南北朝 時代의 文學批評

중국문학사에서 학술과 구별되는 文學의 固有性(고유성)에 대한 인식이 시작된 것은 魏晉南北朝時代였다. 물론 이전에도 문학평론의 전 단계라고 할 수 있는 문학에 대한 생각을 적은 글들이 단편적으로 있기는 했지만 그런 글들은 대부분 문학을 독립적인 분야로 보기보다는 학술의 한 부분으로 간주하였다.

이러한 새로운 문학적 상황이 전개된 배경은 매우 복합적이다. 우선 漢代를 거치면서 사대부계층의 저변이 넓어지고 문자 활동이 보편화되었다는 점을 들 수 있다. 아울러 魏晉時代를 거치면서 많은 문인들이 배출되어 그에 따른 문체와 작품이 풍부해졌고, 중국문학의 본격적인 창작과 발전을 보여주게 되었다. 그것은 이 시기에 와서야 문학에 대한 새로운 인식과 자각이 생겨났음을 뜻한다. 이 시기에 비로소 작가들은 자기 이름을 내걸고 개성적인 작품들을 쓰기 시작했으며, 문학의 본질적인 문제들에 대해서도 구체적으로 생각해 보게 되었다. 즉 비평가들이 작가와 작품을 비평하고, 문체를 辨別(변별)하고, 창작방법을 토론하는 專門書를 쓰기 시작했다. 문학이 학문이나 실용적인 글로부터 독립하게 된 것이다. 여기에서 본격적인 문학론 또는 문학비평이 생겨나게 되었다.

1) 曹丕의 ≪典論≫ <論文>

魏晉의 문학비평은 曹丕의 ≪典論(전론)≫ <論文(논문)>에서 비롯되었다. 曹丕는 建安文學을 대표하는 문인의 한 사람이지만 창작 방면의 성취는 曹植이나 曹操보다 위치가 낮다. 그러나 문학에 대한 이론적인 논의에 있어서는 매우 선구적이고 독보적이다.

曹丕는 "문장은 나라의 기틀을 이루는 큰일이며 영원히 사라지지 않을 빛나는 일이다."라는 말로써 문학의 위상을 높인 사람이다. 그는 문학의 형태와 기능에 따른 분류를 시도하여 奏議(주의), 書論, 銘誄(명뢰), 詩賦라는 분류법36)을 내놓아 오늘날의 장르론 혹은 양식론에 해당하는 논의를 제기하였으며, 당시에 활동했던 建安七子를 비롯한 작가들의 기질과 작품을 연관 지어 비평을 가하기도 하였다. 그는 또 창작의 원리와 과정에 대해 논의하면서 氣를 창작의 가장 중요한 동력으로 내세운 것으로도 유명하다.

≪典論(전론)≫ <論文(논문)>

蓋文章, 經國之大業, 不朽之盛事. 年壽有時而盡, 榮樂止乎其身, 二者必至之常期, 未若文章之無窮. 是以古之作者, 寄身於翰墨, 見意於篇籍, 不假良史之辭, 不托飛馳之勢, 而聲名自傳於後.

문장은 나라의 기틀을 이루는 큰일이며 영원히 사라지지 않을 빛나는 일이다. 목숨은 때가 되면 다하고 영광도 자기 자신에게 그친다. 이 두

---

36) 주의(奏議)는 신하가 임금에게 올리는 글이다. 개별적으로는 여러 가지 표현이 있을 수 있고, 예전에는 상서(上書)라 하였으며 漢에서는 은혜에 감사하는 것을 장(章), 죄를 지적하는 것을 주(奏), 소원을 말하는 것을 표(表), 다른 의견을 주장하는 것을 의(議) 등으로 일단 정해진 틀은 있었으나 반드시 일정하지는 않았다. 또 魏·晉 이전에는 계(啓), 唐나라에서는 표(表)·장(狀), 송(宋)에서는 차(箚)·장(狀)·서(書)·표(表) 등이 많이 쓰였다. 서론(書論)은 주장하고 논증하는 글이며, 명뢰(銘誄)에서 명(銘)은 송축하거나 경계하는 글이고, 뇌(誄)는 죽은 이의 덕행을 애도하는 글이다.

가지는 결국 시간이 지나면 끝나고 마니, 문장의 무궁함만은 못하다. 그런 까닭에 옛날의 작자들은 붓과 먹에 자신을 기탁하고 서적 속에 자신의 뜻을 밝혔으며, 뛰어난 역사가의 말을 빌리거나 날고 달리는 듯한 권세를 빌지 않고서도 그 명성이 저절로 후세에 전해진다.

오늘날에는 曹丕가 쓴 ≪典論≫ <論文> 가운데 극히 일부밖에 전하지 않고 있어, 위의 글만으로 曹丕의 견해를 유추해 내기는 부족하다. 또한 ≪典論≫ <論文>에 제기되어 있는 曹丕의 견해는 다분히 초보적이고 근거가 불투명해서 오늘날의 입장에서 볼 때 합리성이 결여된 느낌이 든다. 그러나 曹丕의 ≪典論≫ <論文>은 그 자체의 수준이나 의미보다 후세 문학비평에 많은 논의의 대상을 제공했다는 데에 그 의의가 있다.

2) 陸機의 ≪文賦≫

陸機(육기)의 ≪文賦(문부)≫는 騈体(변체)의 賦로 되어 있지만 그 내용은 독창적이고 참신하다. 첫째, 그는 문학이란 형식과 내용을 모두 중시해야 하며, 특히 수식과 聲韻의 조화를 통한 음절미도 중시할 것을 주장하였다. 둘째, 작자의 감정과 상상이 글 속에 살아 있어야 함을 주장하였다. 셋째, 옛글을 흉내 내는 模擬(모의)를 반대하였다. 넷째, 문체를 詩(시), 賦(부), 碑(비), 誄(뢰), 銘(명), 箴(잠), 頌(송), 論(론), 奏(주), 說(설)의 10종류로 분류하고, 각 체의 글은 모두 표준이 되는 풍격이 있다고 주장하였다.

文賦는 이제까지의 전통적인 공용론에서 진일보하여 문학의 본질 문제를 논의함으로써 후대의 劉勰(유협)과 鐘嶸(종영) 등에게 영향을 미쳤다. 이 밖에 摯虞(지우)는 ≪文章流別集(문장유별집)≫ <文章流別志論(문장유별지론)>을 통하여 文論, 賦論, 詩論, 頌論(송론) 등의 문학 이론을 폈다. 葛洪(갈홍)의 경우, ≪抱朴子(포박자)≫는 內篇 20편, 外篇 30의 총 50편으로 짜여 있고 內篇은 道敎와 깊은 관계가 있으나 外篇은 儒書로서 世間의 이해득실을 논한 저술로 구성돼 있다. 문학론은 유가의 전통적인 문학 관념을 타파하고 문학의 진화론을 전개해 나갔다.

3) 劉勰의 ≪文心雕龍≫

≪文心雕龍(문심조룡)≫의 작가 劉勰(유협, 465?~532?)은 揚雄(양웅)이라는 고대 작가의 말을 인용하여 언어문자와 마음의 상관관계를 명확하게 표현하고 있다. 또한 ≪文心雕龍≫의 序文에 해당하는 <序志(서지)>편에서는 ≪文心雕龍≫이라는 書名이 갖는 의미를 풀어서 설명하고 있다. "文心은 문학창작이나 문학 감상 또는 문학비평 등의 활동을 하는 인간 마음의 전체적인 움직임, 다시 말해서 언어를 매개체로 하는 예술 활동을 위한 인간의 정신과 감정 및 영감의 작용을 말한다. 雕龍은 문학은 언어예술이고 예술이 추구하는 것은 미적인 가치라는 것에 근거한 상징적인 용어로서 용을 조각하듯 문학을 구상하고 창작하는 전 과정은 세심한 주의력과 기교 등이 요구됨을 말한 것이다."

≪文心雕龍≫은 上, 下로 나누어지고 서문격인 <序志>를 포함하여 총 50篇으로 되어 있으며, 그 내용은 크게 원리론, 문체론, 창작론, 비평론으로 나눌 수 있다. <原理論>에서는 천지자연의 文彩는 '道'이며 문학은 이러한 자연의 도를 바탕으로 하여 생산된다고 주장했다. 즉 문학창작은 천지자연의 오묘한 조화와 같다고 여긴 것이다. <文體論>에서

는 문체를 총 33류로 분류하고 각 문체에 대한 명확한 정의, 연원과 변천, 서로 다른 風格 등 문체의 流別을 논했다. <創作論>에서는 사고력, 구상력의 작용과 배양, 내용과 형식의 조화, 다양한 수사기교 등을 논했다. <批評論>에서는 풍격의 특성과 우열, 작가가 갖추어야 할 재주와 학식, 작가의 시대정신과 환경, 비평의 표준 등을 논했다.

문학의 형식과 내용인 '文'과 '質'을 함께 중시할 것을 주장하여, 당시에 극성하던 唯美主義의 풍조의 弊端(폐단)을 바로잡으려 했다. 또 문학의 시대성과 사회적인 관계를 중시할 것을 주장하였다. 이전의 玄言詩에서 시작하여 현실을 외면하려던 당시 문인들의 잘못된 경향을 바꾸고자 했다. 이런 바탕 위에 다시 비평론을 확립하였기 때문에 ≪文心雕龍≫은 중국문학사에서 획기적인 저술임이 틀림없다.

이렇듯 ≪文心雕龍≫은 중국문학사에서 최초의 체계적이고 본격적인 문학이론서로서 비평문학의 精髓(정수)라고 할 수 있다.

≪文心雕龍(문심조룡)≫ <体性(체성)> 第二十七

夫情動而言形, 理發而文見, 蓋沿隱以至顯, 因內而符外者也. 然才有庸儁, 气有剛柔, 學有淺深, 習有雅鄭, 幷情性所鑠, 陶染所凝, 是以筆區雲譎, 文苑波詭者矣. 故理庸儁, 莫能翻其才, 風趣剛柔, 寧或改其氣, 事義淺深, 未聞乖其學, 體式雅鄭, 鮮有反其習, 各師成心, 其異如面. 若總其歸途, 則數窮八體, 一曰典雅, 二曰遠奧, 三曰精約, 四曰顯附, 五曰繁縟, 六曰壯麗, 七曰新奇, 八曰輕靡.

감정이 움직여 말로 드러나고, 이치가 드러나 글에 나타난다. 은밀한 것이 드러나게 되고 안에 있는 것이 밖으로 표현되는 것이다. 그런데 재능에는 용렬함과 뛰어남이 있고, 기질에는 강함과 부드러움이 있고, 배움에는 깊고 얕음이 있고, 습성에는 차분함과 활동적인 것이 있으니, 이들은 모두 타고난 성정이 녹고, 받아들인 감화가 응결되어 이루어진 것이다. 그런 까닭에 문필의 세계는 오묘하고 변화무쌍한 것이다. 문사의 용렬함과 뛰어남은 작가의 재능과 떼려야 뗄 수 없는 것이고, 풍취의 강하고 부드러움은 작가의 기를 그대로 반영한 것이며, 의미의 얕고 깊음은 작가의 학식과 괴리되지 않으며, 글의 형체를 통해 드러나는 차분함과 움직임은 작가의 습성과 반대되지 않는다. 이는 각기 작가 자신의 마음가짐과 태도에 따른 것으로 사람마다 얼굴이 다른 것과 같다. 그 귀결되는 바를 종합해 보면 모두 8체로 분류된다. 첫째는 전아(典雅), 둘째는 원오(遠奧), 셋째는 정약(精約), 넷째는 현부(顯附), 다섯째는 번욕(繁縟), 여섯째는 장려(壯麗), 일곱째는 신기(新奇), 여덟째는 경미(輕靡)이다.

4) 鐘嶸의 ≪詩品≫

鐘嶸(종영)의 ≪詩品(시품)≫은 총 3권으로 漢魏에서 梁나라에 이르기까지 五言詩 작가 122명을 上, 中, 下 三品으로 나누어 품평한 시 비평서이다. 그 주요 내용은 각 작가에 대해 비평을 가하는 한편 각각에 대해 원류가 어디에 있는가를 설명하고 있다. 그러나 그는 五言詩에 한정하여 논의를 전개했기 때문에 서술의 대상으로 삼은 작가의 범위가 넓지 않아 서술의 일반성에 다소 문제가 있다. 五言詩의 起源을 <國風>, <小雅>, ≪楚辭≫ 셋으로 나눈 다음 역대의 시인들을 무리하게 한 계통에 집어넣는 방식을 취하여, 도식적인 측면이 두드러지는 등 논리 전개상 무리가 많다. 그리고 시인의 품평에 있어서 주관적인 견해가 지나치게 작용하여 공정성과 객관성 측면에서도 문제를 안고 있다.

비록 위와 같은 결함이 있기는 하지만 ≪詩品≫은 중국에서 가장 오래 된 詩 비평서이며, ≪詩品≫은 문학을 작가와 작품에 대한 평가라는 측면에서 접근하는 방식으로 문학비평의 관점을 넓히고 논의의 틀을 확대했다는 의의를 인정받고 있다. 그뿐만 아니라 그 시대의 형식적이고 귀족적인 시풍을 반대하고 인간의 진실한 감정과 性情을 바탕으로 한 시를 주장하여 중국 시 발전에 큰 공헌을 하였다. 그는 魏·晉 이래의 진실성이 결여된 玄言詩를 반대하며 建安의 風力을 주장하였다. 시의 기교에 있어서는 典故의 사용을 통한 형식미 추구와 함축적인 표현을 반대하고, 자연스럽고 분명한 언어의 사용을 주장하였다. 그리고 四聲八病(사성팔병)을 바탕으로 한 지나친 聲律의 추구도 진실과 아름다움을 손상시키기 쉽다 하여 반대하였다. 이렇듯 ≪詩品≫은 중국 최초의 전문적인 시 비평서로서 中國詩歌 비평사에서 매우 중요한 문헌 가운데 하나이다.

≪詩品(시품)≫ <序(서)>

若乃經國文符, 應資博古, 撰德駁奏. 宜窮往烈. 至乎吟咏情性, 亦何貴於用事. …… 觀古今勝語, 多非補假, 皆由直尋. …… 近任昉·王元長等, 詞不貴奇, 競須新事. 爾來作者, 浸以成俗. 遂乃句無虛語, 語無虛字, 拘攣補衲, 蠹文已甚.

나라를 다스리거나 공무를 위한 문장은 널리 옛일로부터 자료를 구하고, 공덕을 기리거나 상소하는 데 쓰이는 글은 선열들의 일을 두루 다 참조해야 한다. 그러나 감정을 읊조림에 있어서는 어찌 옛이야기의 인용을 중시하랴? …… 고금의 빼어난 시어를 보면 남의 표현을 빌려온 것이 아니고 모두 직접적으로 표현을 찾아낸 것이다. …… 근자에 임방(任昉)이나 왕융(王融) 등은 어휘의 독특함을 추구하지 않고, 앞 다투어 새로운 전고를 사용하였다. 이때부터 시인들은 전고 사용의 풍조가 관습처럼 되었다. 마침내 모든 구마다 전고를 사용하지 않는 어휘가 하나도 없고, 모든 어휘마다 전고를 사용하지 않은 글자가 하나도 없이, 오로지 전고의 사용에만 얽매여서 글을 좀먹게 하는 일이 심해졌다.

5) 蕭統의 ≪文選≫

蕭統(소통, 501~531, 昭明太子)을 중심으로 편찬한 ≪文選(문선)≫ 30권은 그가 동궁에 모여들었던 여러 학자를 동원하여 공동으로 편찬한 중국 최초의 시문 총집이다. ≪文選≫에는 春秋時代로부터 梁나라에 이르는 130여 명의 작품이 있는데, 이 가운데 무명작가의 古詩와 古樂府도 포함되어 있다. 순서는 문체별로 賦·序·論·祭文 등 39종으로 나누었다. 시는 443首이고 나머지 작품은 317篇을 수록하였는데 그중 賦가 가장 많다.

蕭統은 자신의 序에서도 밝힌 바와 같이, 주로 沈思(침사, 깊이 생각함)·翰藻(한조, 詩歌 또는 文章)의 내용과 형식의 글을 취하였는데, 이는 그의 문학관인 동시에 당시 일반 학자들의 공통된 경향이기도 하였다.

≪文選≫은 隋나라 때에 이르러 널리 알려졌고 唐나라에 와서 성행하였다. 그 가운데 李善이 주석한 ≪文選≫이 가장 유명하며, 그는 각 권을 둘로 나누어 60卷으로 편찬하였다.

그 뒤 玄宗 天元 6년(718), 당시의 工部侍郎(공부시랑) 呂延祚(여연조)가 呂延濟(여연제)·劉良(유량)·張銑(장선)·呂向(여향)·李周翰(이주한) 등 5명을 모아 주를 달게 했다. 이것이 ≪五臣註(오신주)≫이고, 거기에 李善의 주를 합한 것을 ≪六臣註文選(육신주문선)≫이라고 한다.

≪文選≫에서는 특히 騈文(변문)을 뽑고 있고, 六經과 諸子의 글은 전혀 뽑지 않고 있으며, 史書에서도 오직 論贊(논찬)만을 뽑아 싣고 있다. 이것으로 보아 문학의 특성과 독자성에 대한 인식을 바탕으로 하여 문학적 특성을 갖춘 작품만을 싣는다는 관점에 입각했던 것으로 여겨진다.

6) 徐陵의 ≪玉臺新詠≫

蕭統보다 약간 늦게 梁나라 궁정에서 문학 활동에 참여하였던 徐陵(서릉, 507~583)은 ≪文選≫과는 매우 성격이 다른 시선집인 ≪玉臺新詠(옥대신영)≫을 편찬하였다. ≪玉臺新詠≫은 徐陵이 梁 簡文帝의 명을 받아 엮은 시가 선집으로서 ≪文選≫이 시가와 산문을 망라한 것과는 달리 漢代에서 梁나라까지 지어진 五言詩, 樂府 등의 시가만을 싣고 있다.

≪玉臺新詠≫은 여러 면에서 ≪文選≫과 대비된다. 수록 대상이 되는 글의 종류가 다른 것 이외에도 ≪文選≫이 전통적인 입장에서 주제적 측면과 수사적 측면을 함께 존중하고 균형을 취하려고 했던 것과 달리, ≪玉臺新詠≫에는 주제의 측면에 대한 관심은 비교적 적으며 화려하고 수사적인 시들이 주로 실려 있다. '新詠(신영)'은 宮體詩(궁체시)가 주도하던 당시의 문학적 경향을 긍정하는 입장에서 화려하고 관능적인 분위기를 잘 그려낸 작품을 골라 실었다. ≪文選≫이 建安文學의 성취를 높이 평가하는 입장에서 전통을 존중하는 보수적인 경향을 대표하고 있다면, ≪玉臺新詠≫은 宮體詩가 성행하던 당시 梁나라 문단의 유미주의적인 경향을 대표하고 있다.

14. 竹林七賢

　正始는 明帝를 뒤이은 그의 양자 曹芳(조방)의 年號이다. 曹氏 三父子의 짧은 치세가 끝나고 뒤이어 魏나라의 권력을 장악한 군벌 司馬氏는 명목뿐인 황제마저 제거하고 왕위를 찬탈하기 위해 조씨 삼부자와 함께 魏의 건국에 간여했던 관료와 사대부들을 제거하기 시작했으며, 권력 기반을 강화하기 위해 공포정치를 자행하였다. 司馬炎은 결국 왕위를 빼앗는 데 성공하여 晉을 건국하였다. 이 과정에서 魏 왕조에 참여했던 사대부들 가운데 왕위 찬탈을 저지하려 하거나 가혹한 정치적 박해에 저항했던 사람들이 잔인하게 殺戮(살육)을 당했다. 그리하여 공포정치를 피해 사대부들이 정계에서 일찍 隱退(은퇴)하여 가혹한 현실로부터 도피하려는 경향이 팽배해졌다.

　이에 내일을 예측할 수도 없는 상황에 놓인 지식인들은 결국 세상으로부터 숨어 살면서 목숨이나 보전하려 하여 玄談(현담, 심오한 이치를 말하는 이야기) 또는 淸談(청담, 名利를 떠난 맑고 고상한 이야기)이라고 하는 애매모호한 문답이 사대부들 사이에 성행하였다. 그 결과 초현실적인 이야기나 하는 '玄談'의 풍조가 성행하고, 초야에 묻혀 은둔하면서 玄談과 술로 세월을 보낸 '竹林七賢'이 나왔다.

　竹林七賢이란 阮籍(완적)·嵇康(혜강)·山濤(산도)·向秀(상수)·劉伶(유령)·阮咸(완함)·王戎(왕융) 일곱 사람을 가리키는데, 이는 당시의 혼란을 피해 죽림을 찾아다니며 淸談을 즐겼기 때문에 붙여진 이름이다. 竹林七賢은 결속력을 바탕으로 집단을 이루거나 동일한 문학적 지향을 공유했던 것은 아니지만, 시대에 대한 挫折(좌절)과 비관적

展望(전망)에 입각하여 당시의 시대 상황을 바라본 사람들이었다. 竹林七賢 가운데 生卒年이 확실한 인물은 阮籍(210~263), 嵇康(223~262), 山濤(205~283), 王戎(234~305) 4명뿐이고 나머지 3명에 대해서는 자세히 알려지지 않았다. 이들은 추악한 현실에서 도피하려 하였기 때문에 가슴 속에 쌓인 울분을 주체하지 못하고, 禮敎를 배척하며 방탕한 言動을 일삼았다. 그들의 작품에도 그러한 풍격들이 잘 반영되고 있는데, 이 가운데 阮籍과 嵇康의 문학적 성과가 뛰어났다.

1) 阮籍

阮籍(완적, 210~263)은 字가 嗣宗(사종)이고, 陳留(진류, 현재 河南省 開封市) 사람이며, 建安七子 중의 한 사람인 阮瑀(완우)의 아들이다. 그는 일찍이 步兵敎尉(보병교위)라는 관직을 역임했으므로 세상 사람들은 그를 阮步兵(완보병)이라고도 불렀다. 그의 아버지가 曹操 밑에 있었기 때문에 阮籍은 司馬氏 집단에 대하여 반감이 강했지만 어쩔 수가 없어 술과 방종한 생활로 소극적인 반항을 하였다. 阮籍은 표면적으로는 아무것에도 얽매임 없이 미치광이 같은 삶을 살며 종일토록 술을 마셔대면서 세상을 초월한 듯하지만, 정신적으로는 매우 고통스러워했다. 그는 자주 혼자서 작은 마차를 몰고 유람을 나가 발길 닿는 대로 내몰다가 더 이상 나아갈 수 없는 막다른 길에 다다르면 통곡을 하면서 되돌아오곤 했다. 그는 현실 생활 속에서는 발설할 방법이 없는 비분한 심정과 침통한 고민을 시라는 형식을 통해 쏟아내서, 五言으로 된 <詠懷> 82首를 완성할 수 있었다.

<詠懷> 82首에는 작가의 마음속 깊이 자리 잡은 고통과 불만, 현실

을 超克하려는 복잡한 심사가 은유적으로 표현되어 있다. 阮籍의 시는 樂府詩에서 출발했던 五言古詩가 민간가요의 성격을 상실해 가고 지식인의 시로서 완전히 정착되는 단계를 반영하고 있기도 하다. 阮籍을 거치면서 五言古詩는 민간가요적인 일상적 서정의 세계가 아니라 세련된 사대부 문학 양식으로 발전되어 갔다.

<詠懷(영회)> 其一

夜中不能寐, 起坐彈鳴琴.
薄帷鑒明月, 淸風吹我襟.
孤鴻號外野, 翔鳥鳴北林.
徘徊將何見, 憂思獨傷心.

밤중에 잠 이루지 못하고,
일어나 앉아 금을 타네.
엷은 휘장에 밝은 달 비치고,
맑은 바람 내 옷깃 날리네.
외로운 기러기 들 밖에서 울고,
빙빙 돌며 나는 새 북쪽 숲에서 우네.
배회한들 무엇을 볼 수 있으리,
근심걱정으로 홀로 상심만 하네.

2) 嵇康

嵇康(혜강, 223~262)은 字가 叔夜(숙야)이며, 譙郡(초군) 銍縣(질현, 현재 安徽省 濉溪縣) 사람이다. 그는 中散大夫라는 관직을 역임한 바

있기 때문에 '嵇中散(혜중산)'이라 부르기도 한다. 그는 老莊思想을 숭배했다. 嵇康은 성격이 기이하고 자유분방하며 의협심이 강하고 강직했다. 그는 일찍이 공개적으로 '聖人'을 비방하는 글을 쓰기도 했으며, 司馬氏가 날로 세력이 커지자 曹氏의 사위로서 司馬氏의 권력찬탈을 반대하다가 40세의 나이에 피살되었다.

嵇康은 散文을 잘 지었는데, 그중에서도 <與山巨源絶交書(여산거원절교서)>가 가장 유명하다. 이 산문은 좋아하던 친구 山濤(산도, 字가 巨源)가 자신을 관직에 추천하자, 편지를 보내 절교를 선언하는 아홉 가지 이유를 들고 있다. 그 내용인즉슨 예법의 구속을 당하고 싶지 않기 때문에 호의를 거절한다는 것이었다. 처음부터 끝까지 풍자와 욕설의 연속인데도 내용이 소탈하고 자연스러워 嵇康의 꿋꿋하고 강렬한 성격을 잘 표현하고 있다.

<與山巨源絶交書(여산거원절교서)>

吾新失母兄之歡, 意常悽切. 女年十三, 男年八歲, 未及成人, 況復多病, 顧此悢悢, 如何可言. 今但願守陋巷, 敎養子孫, 時與親舊敍闊, 陳說平生, 濁酒一杯, 彈琴一曲, 志願畢矣. 足下若嬲之不置, 不過欲爲官得人, 以益時用耳. 足下舊知吾潦倒麤疏, 不切事情, 自惟亦皆不如今日之賢能也.

나는 마침 어머니와 형을 잃어 마음이 항상 슬프고 애절하다네. 또 나의 딸아이는 겨우 13살이고 아들은 이제 8살이라네. 아직 성인이 되지도 않았는데 더구나 많은 병을 앓고 있다네. 이 아이들을 생각하면 너무나 슬프고 마음이 아프니, 이를 어떻게 말로 다 할 수 있겠나. 이제는 다만 누추하고 좁은 거리에 머물며 아이들을 가르치고 키우기를 원할 뿐이라네. 가끔 친구와 더불어 서로 떨어져 있어 오래 만나지 못한 정을 마음껏 이야기하고, 어린 시절의 이야기를 나누며 탁주 한 잔에 금(琴) 한 곡 뜯는 게 내가 원하는 전부라네. 그대가 만일 나를 붙들고 놓아주지 않는다면, 이는 관직에 당장 필요한 사람을 얻어 보태려는 것에 불과한 것이네. 그대는 내가 산만하고 예법을 준수하지 않으며 세상 물정에도 어둡다는 걸 이미 잘 알고 있고, 또한 나 자신도 요즘의 현명하고 유능한 사람들보다 못하다고 생각하고 있다네.

<與山居源絶交書>에 드러난 嵇康의 인생 이상은 다음과 같은 특징을 지닌다. 첫째, 혜강은 본래 소극적이며 직접적인 현실참여를 꿈꾸었지만, 현실에서의 실현 불가능을 직시하고 '隱逸(은일)'이라는 새로운 인생 이상을 모색한다. 둘째, 중국의 전통적 隱逸觀에 따르자면, 嵇康은 儒道 隱逸觀에서 道家 隱逸觀으로의 전환을 모색한다. 마지막으로, 嵇康은 소극적이고 避世的 방식으로 현실의 갖가지 문제에 접근했지, 결코 현실을 저버린 이상주의자는 아니다.

또한 嵇康은 <秋胡行(추호행)> 7首, <幽憤詩(유분시)>, <贈兄秀才入軍(증형수재입군)> 19首 등 빼어난 四言詩를 많이 지었다.

3) 山濤

山濤(산도, 205~283)는 字가 巨源으로, 西晉 河內 懷縣(회현, 현재 河南省 武陟縣) 사람이다. 晉初에 山濤는 십여 년 관직을 지내며, 유능한 인재를 골라서 추천하여 자신이 맡았던 임무를 잘 수행하여 관직에 결원이 없도록 하였다. 만약 관직에 결원이 생기면 먼저 비슷한 능력을 갖춘 몇 명을 뽑아서 황제에게 올렸다. 그리고 황제가 누구를 특별히 사랑하는지를 살펴서, 다시 奏請(주청)하여 황제가 아끼는 사람이 그 자리에 앉도록 하였다.

사람들은 자세한 사정을 알지 못하고, 山濤가 자기 마음대로 사람을 등용한다고 생각했다. 어떤 사람은 司馬炎의 면전에서 山濤가 인사권을 남용한다고 비난했다. 司馬炎은 직접 조서를 적어 山濤에게 경고했다. "사람을 쓰는 표준은 재능이다. 멀고 가까움이나 鄙賤(비천)을 가리지 않고 유능한 사람이면 재능을 천하에 널리 펼쳐 교화하도록 하라." 겉으로는 山濤를 문책한 것 같지만, 사실은 山濤를 비판하는 사람들에 대한 경고였다. 눈치가 빠른 사람들은 山濤를 비난하지 못했다.

山濤가 上奏해 추천한 사람의 명단이 책으로 완성되자, 당시에 그것을 山公啓事(산공계사)라고 불렀다. 그가 전후로 추천한 백관들은 모두 현능했다. 그래서 그가 79세에 죽었을 때 사람들은 그를 위해 후한 장례를 치러 주었다.

4) 向秀

向秀(상수, 약 227~272)는 河內 懷縣(회현, 현재 河南省 武陟縣) 사람으로 字가 子期이며, 竹林七賢 가운데 嵇康(혜강)과 比肩(비견)될 정도로 학자의 풍모가 있었다. 魏晉(위진) 시대의 관리이자 道學者, 문학가로 벼슬은 黃門侍郎(황문시랑), 散騎常侍(산기상시) 등을 지냈다. 讀書를 좋아하고 嵇康, 呂安 등과 친분이 깊었다.

본래 은거할 생각을 가졌으나, 嵇康이 피살된 후에 은거하는 것이 오히려 도망가기보다 어렵다는 것을 깨닫고 고향에서 추천을 받아 洛陽의 관리가 되었다. 그는 그 후에 朝廷의 任職을 맡지 않고 자취를 남기는 것으로 무사히 수명을 다했다.

老莊學에 심취하여 일찍이 ≪莊子注≫를 저술했고, 이 밖의 작품으로 <思舊賦(사구부)>, <難嵇叔夜養生論(난혜숙야양생론)> 등이 있다.

5) 劉伶

劉伶(유령, 221~300)은 西晉 沛國(패국, 현재 安徽省 淮北市) 사람이다. 字는 伯倫(백륜)이며, 老莊思想의 淸談에 몰두하고 술을 마시며, 속세의 모든 예법을 무시하는 생활을 했다. 어떤 의미에서 술은 기만으로 가득 찬 당시의 사회에 대한 반항임과 동시에 현실도피의 도구이기도 했다. <酒德頌>은 劉伶이 남긴 유일한 글로 술을 칭송하면서 그 속에 하늘을 지붕 삼고 땅을 이불 삼는 초탈한 노장적인 無爲自然의 人生觀을 表現하고 있다. 老子와 莊子의 사상에 심취해 전통적인 예법을 멸시했고, 벼슬을 했으나 일을 하지 않아 파직되었으며, 나중에 조정에서 불러도 거절했다. 그는 南北朝時代의 宋나라 출신의 劉義慶(유의경, 403년~444년)의 ≪世說新語≫ <劉伶病酒>에 주인공으로 등장한다. 소설에 묘사된 劉伶은 술에 중독된 사람인데, 아내가 술병을 깨부숴버리자 귀신의 도움을 받아 술을 끊겠다고 맹세하는 길밖에 없다며 즉시 술과 고기로 제사상을 차리게 한 뒤, 그 술을 마시고 뻗어버린다.

<酒德頌(주덕송)>

有大人先生. 以天地爲一朝, 萬期爲須臾, 日月爲扃牖, 八荒爲庭衢. 行無轍跡, 居無室廬. 幕天席地, 縱意所如. 止則操卮執觚, 動則挈榼提壺, 唯酒是務. 焉知其餘. 有貴介公子, 搢紳處士. 聞吾風聲, 議其所以. 乃奮袂揚衿, 怒目切齒, 陳說禮法, 是非鋒起. 先生於是, 方捧甖承槽, 銜盃漱醪, 奮髥踑踞, 枕麴藉糟. 無思無慮, 其樂陶陶. 兀然而醉, 恍爾而醒. 靜聽不聞雷霆之

聲, 熟視不見泰山之形. 不覺寒暑之切肌, 嗜慾之感情. 俯觀萬物擾擾焉, 如江漢之浮萍. 二豪侍側焉, 如蜾蠃之螟蛉.

어떤 대인 선생이 천지개벽을 하루아침으로 삼고, 만년을 찰나로 삼으며, 해와 달을 창문의 빗장으로 삼고, 광활한 천지를 뜰과 길거리로 여겼었다. 길을 가는데 수레바퀴 자국이 없으며, 거처함에 정해놓은 집이 없으며, 하늘을 천막으로 삼고, 땅을 자리로 삼으며, 뜻이 가는 대로 내어 맡기는구나. 머물러 있을 때는 크고 작은 술잔을 잡고, 움직일 때는 술통과 술병을 들고 오직 술에만 힘을 쓰니, 어찌 그 나머지를 알겠는가? 귀하고 높은 자와 학덕이 높은 선비가 선생의 소문을 듣고 그 까닭을 논하러 와서, 소매를 떨치고 옷깃을 드날리며 눈을 부라리고 이를 갈면서 예법을 늘어놓고서 칼끝처럼 날카롭게 옳고 그름을 따지지만, 선생은 이런데도 술 단지를 들고 술통을 받들고서는 술잔을 입에 물고 막걸리로 양치질을 하고, 수염을 털고 두 다리를 쭉 뻗고 앉았다가, 누룩을 베개로 삼고 술 찌꺼기를 깔고 누워, 생각도 없고 걱정도 없이 즐거움으로 도도한 모습이어라. 남보다 많이 취해 있다가 황홀히 깨어 보니, 조용히 들어도 우레와 벼락 소리가 들리지 않고, 자세히 보아도 태산의 형체가 보이지 않으며, 피부에 파고드는 추위와 더위와 즐김과 욕심의 감정도 느끼지 못하고, 만물을 굽어보니 어지러워 마치 장강이나 한수에 떠있는 부평초와 같구나. 따지러 온 두 호걸이 옆에 있어도 마치 나나니벌과 배추벌레를 대하는 것 같구나.

6) 阮咸

阮咸(완함, 生卒年 未詳)은 字가 仲容이고, 陳留 尉氏(현재 河南省 尉氏縣)이며 阮籍의 조카이다. 阮咸37)은 제멋대로 행동하였으며 세상 사람들과 교류하지 않고, 예법을 마음에 두지 않았다. 음률에 능통하여 절묘하게 비파를 잘 타 그의 연주법은 물 흐르는 듯하였다.

7) 王戎

王戎(왕융, 234~305)은 瑯邪國(낭야국) 臨沂縣(임기현, 현재 山東省) 사람이며 자가 浚冲(준충)이다. 王戎은 晉나라의 권문세가 출신이다. 어린 시절부터 영민하여 그와 관련된 많은 일화가 전해진다. 권세와 물욕을 멀리하고 노장사상을 신봉한 竹林七賢의 한사람으로 불렸다. 하지만 그는 초야에 묻혀 지내지 않았으며 오히려 정치색이 짙고 권력과 재물을 탐했던 인물로 기록된다. 晉나라에서 벼슬을 하였고 처세술이 뛰어나 司馬懿(사마의)로부터 총애를 받기도 하였다. 권세가의 총애를 받으며 권력의 중심에 있었던 王戎이 왜 죽림칠현으로 칭송되었는지 그 근거는 명확하지 않고, 후일 죽림칠현에서 除名(제명)되었다. 전해지는 작품이 없다.

王戎은 스스로 명성을 높이기도 하였지만, 다른 면에서는 늘 어떻게 하면 화를 피할 수가 있을까 고민하였다. 그는 화를 피하고자 '아첨하는 얼굴'로 기댈 곳을 찾았기 때문에 탄핵을 받았어도 무사할 수 있었다.

---

37) 완함(阮咸): 고대 중국의 발현(撥弦)악기. 西晉의 竹林七賢의 한사람인 阮咸이 이것의 명수였던 것으로 인해서 이렇게 부른다. '秦琵琶', '秦漢子', '阮咸琵琶'라고도 한다. 南京 西善橋의 남조묘화상전(南朝墓畫像塼)의 竹林七賢圖에 阮咸이라는 인물이 악기를 다루는 그림이 있다. 대개는 원형몸통에다 긴 작대기가 달려 있고, 4絃13-14주(柱)인데 발(撥, 채)로 퉁긴다. 唐代에 성행하였는데 근세 중국의 '月琴'은 阮咸의 전통을 이어, 원형 몸통에다 짧은 작대기가 붙음. 또 팔각형 몸통의 阮咸도 있는데 4絃12柱이며, 2絃씩 같은 음으로 하고 5도로 조현(調絃), 義甲(의갑, 손톱)으로 탄다.

15 敍事詩(<孔雀東南飛>, <木蘭辭>)

1) <孔雀東南飛>

　사회문제를 의식하여 사회의 부조리를 노래하는 시들은 서사적인 경향을 띠게 마련이다. 어지러운 사회를 배경으로 漢末 建安 年間에 나왔다고 추정되는 <孔雀東南飛(공작동남비)>는 중국 고대 시가 가운데 총 353句 1,765字로 된 장편이면서 가장 뛰어난 敍事詩라고 일컬어지고 있다. 徐陵(서릉)의 ≪玉臺新詠(옥대신영)≫ 卷 1에 <古詩爲焦仲卿妻作(고시위초중경처작)>이라는 제목 아래에 이 작품을 싣고 있다. <孔雀東南飛>는 완전한 五言古詩 형태는 갖추지 못했으나 <古詩十九首>와 함께 五言古詩의 문학적 기틀을 다지는데 과도기적인 작품으로 漢代 樂府詩 또는 五言古詩의 발전을 보여주는 대작으로 평가되고 있다. 작품의 내용은 옛날 가족제도와 전통적인 혼인제도에 희생된 젊은 부부의 이야기를 노래한 것인데, 漢代의 사회상과 가정생활을 생생하게 묘사하고 있다.

　　　　<孔雀東南飛(공작동남비)>

　　漢末建安中, 廬江府小吏焦仲卿妻劉氏爲仲卿母所遣, 自誓不嫁. 其家逼之, 乃投水而死. 仲卿聞之, 亦自縊於庭樹. 時人傷之, 爲詩云爾. 孔雀東南飛, 五里一徘徊, (……) 府吏還家去, 上堂拜阿母今日大風寒, 寒風摧樹木, 嚴霜結庭蘭. 兒今日冥冥, 令母在後單. 故作不良計, 勿復怨鬼神! 命如南山石, 四體康且直. 阿母得聞之, 零淚應聲落汝是大家子, 仕宦於臺閣, 愼勿爲

婦死, 貴賤情何薄. 東家有賢女, 窈窕艶城郭, 阿母爲汝求, 便復在旦夕. 府吏再拜還, 長歎房中, 作計乃爾立. 轉頭向戶裏, 漸見愁煎迫. 其日牛馬嘶, 新婦入靑廬38). 奄奄黃昏後, 寂寂人定初. 我命絶今日, 魂去尸長留. 攬裙脫絲履, 擧身赴淸池. 府吏聞此事, 心知長別離, 徘徊庭樹下, 自挂東南枝. 兩家求合葬, 合葬華山傍. 東西植松柏, 左右鍾梧桐. 枝枝相覆蓋, 葉葉相交通. 中有雙飛鳥, 自名爲鴛鴦, 仰頭相向鳴, 夜夜達五更, 行人駐足聽, 寡婦起彷徨. 多謝後世人, 戒之愼勿忘.

한나라 말 건안 연간에 여강부(廬江府)의 작은 관리인 초중경(焦仲卿)의 처 유씨(劉氏)가 초중경의 모친에게 내침을 당했다. 유씨는 개가하지 않겠다고 스스로 맹세했지만, 그녀의 집에서 개가하라고 강요하자, 강물에 몸을 던져 죽었다. 초중경은 그 소문을 듣고, 정원의 나무에 스스로 목을 매었다. 당시 사람들이 이를 슬퍼하여 다음과 같이 시를 지었다. 공작이 동쪽과 남쪽으로 서로 헤어져 날아가다가, 五里를 가서 마음이 끌려 배회하도다. (생략) 부리(府吏)는 집으로 돌아가, 안채로 올라가 어머님께 절했네. "오늘 큰바람이 차갑게 부니, 찬바람에 나무가 꺾이고, 서릿발이 마당의 난초에 맺혔습니다. 소자는 저 어두운 곳으로 갑니다. 어머님을 뒤에 홀로 남겨 두고, 일부러 못난 일을 하는 것이니, 더 이상 귀신일랑 원망 마십시오. 남산의 바위처럼 장수하시고, 옥체 만강하십시오." 어머니는 이 말을 듣고 눈물 흘리며 대답했네. "너는 대갓집 자식으로, 관청에서 벼슬하는 몸이다. 제발 계집 때문에 죽지 마라. 귀천이 다른데 무엇이 박정하단 말이냐? 동쪽 집에 참한 색시 있는데, 아리따움이 온 성에 소문났단다. 어미가 널 위해 얻어줄 테니, 잠시만 기다려라." 부리는 두 번 절하고 돌아와, 빈방에서 길게 탄식하며, 계획을 세운 뒤 일어났네. 고개 돌려 방안을 둘러보니, 점점 서글픔이 밀려들었네. 그날 소와 말이 울

---

38) 청려(靑廬): 옛날, 북방 사람들의 혼례용 푸른 천막.

때, 신부는 초례청(醮禮廳, 전통적으로 치르는 혼례식 장소)으로 들어갔네. 어둑어둑 황혼이 진 뒤, 고요하게 인적 끊길 때, "내 목숨 오늘 끊어지리니, 넋은 떠나고 주검만 남으리." 치마 걷고 명주 신발 벗어 놓고, 몸 들어 맑은 연못에 뛰어들었네. 부리는 그 일 듣고, 영원히 이별한 것을 알았네. 나무 밑에서 배회하다가, 동남쪽 가지에 스스로 목을 매었네. 두 집안에서 합장하자고 요구하여, 화산(華山) 곁에 합장했네. 동서로는 소나무와 측백나무 심고, 좌우로는 오동나무 심었네. 가지와 가지가 서로 덮고, 잎과 잎이 서로 얽혔네. 그 안의 새 한 쌍, 원앙새라 불렀네. 고개 들어 서로 바라보며 우는데, 밤마다 오경(五更)까지 이어졌네. 행인은 걸음 멈추어 듣고, 과부는 일어나 방황했네. 거듭 말하노니 후세 사람들이여, 거울삼아 삼가 잊지 마시라.

2) <木蘭辭>

木蘭(목란)은 중국 고전 시기의 대표적인 여성 영웅으로 알려져 있지만, 실존 인물인가에 관한 정확한 진실은 알 수 없다. 아마도 민간에 구전된 전설적 인물이라고 할 수 있다. 북방 橫吹曲(횡취곡)의 하나이며, ≪樂府詩集(악부시집)≫ 卷25에 수록되어 있다. 北朝 民歌의 이름은 <木蘭辭(목란사)>인데, 京劇에서는 <花木蘭(화목란)>이라는 이름으로 개작되어 공연되고 있다. 五言으로 이루어진 62句의 작품으로 <孔雀東南飛>와 함께 높이 평가되는 長篇의 敍事詩이다. 성립과정은 자세하지 않지만 대체로 北朝 後期에 민간에서 이루어졌으며, 후대 문인들의 潤色(윤색)을 거쳐 오늘날의 모습을 갖추게 되었을 것이다. 내용은 아름다운 여주인공 '木蘭'이 軍에 들어가야 할 연로한 아버지를 대신해서 남장을 하고 입대하여 10년이 넘는 세월을 전쟁터에서 보내면서 큰 공을 세우고 고향에 돌아온다. 집에 돌아와 남장을 풀고 여장을 하고 나니 그제야 사람들이 '木蘭'이 여자였음을 알게 된다는 내용이다. '木蘭'은 중국에서 부드러운 여성이면서도 대의를 위해서 강해지고 용감해지는 북방민족의 여성상으로 전형화되었고, 후에 '女性 英雄'의 상징이 되었다.

<木蘭辭(목란사)>

唧唧復唧唧, 木蘭當戶織.
不聞機杼聲, 惟聞女歎息.
問女何所思, 問女何所憶.
女亦無所思, 女亦無所憶.
昨夜見軍帖, 可汗大點兵.
軍書十二卷, 卷卷有爺名.
阿爺無大兒, 木蘭無長兄.
願爲市鞍馬, 從此替爺征.
東市買駿馬, 西市買鞍韉.
南市買轡頭, 北市買長鞭.
朝辭爺娘去, 暮宿黃河邊.
不聞爺娘喚女聲, 但聞黃河流水鳴濺濺.
旦辭黃河去, 暮至黑山頭.
不聞爺娘喚女聲, 但聞燕山胡騎鳴啾啾.
萬里赴戎機, 關山度若飛.
朔氣傳金柝, 寒光照鐵衣.
將軍百戰死, 壯士十年歸.
歸來見天子, 天子坐明堂.

策勳十二轉, 賞賜百千强.
可汗問所欲, 木蘭不用尙書郎.
願借明駝千里足, 送兒還故鄕.
爺娘-聞女來, 出郭相扶將.
阿姊聞妹來, 當戶理紅妝.
小弟聞姊來, 磨刀霍霍向豬羊.
開我東閣門, 坐我西間床.
脫我戰時袍, 著我舊時裳.
當窓理雲鬢, 對鏡貼花黃.
出門看伙伴, 伙伴皆驚惶.
"同行十二年, 不知木蘭是女郞."
雄兔脚撲朔, 雌兔眼迷離.
兩兔傍地走, 安能辨我是雄雌.

덜그럭 덜그럭, 목란이 방에서 베를 짜네.
베틀 북 소리 들리지 않고, 들리는 건 오로지 여인의 탄식소리.
무슨 걱정인가 물으니, 무슨 생각인가 물으니.
다른 걱정이 아니오, 다른 생각도 아니오.
어제 밤 군첩을 보았는데, 천자(可汗)가 군사를 모은다네.
군서 20권엔, 권마다 아버지의 이름.
아버지에겐 큰 아들 없고, 목란에게는 오라비 없으니.
시장에서 안장과 말을 사서, 늙은 아버지 대신 싸움터에 나가겠소.
동쪽 장에서 준마 사고, 서쪽 장에서 안장 사고.
남쪽 장에서 고삐 사고, 북쪽 장에서 채찍을 샀네.
아침에 부모님께 하직 하고, 저녁이 되어 황하 가에 머무네.
부모님이 딸 부르는 소리 들리지 않고, 다만 황하의 물소리만 철철 들리네.

아침에 황하를 떠나, 저물어 흑산에 도착했네.
부모님이 딸 부르는 소리 들리지 않고, 연산의 오랑캐 말굽소리 터벅터벅.
만리나 변방 싸움에 나서, 날듯이 관문과 산을 넘었네.
삭풍은 쇠종소리 울리고, 찬 달빛은 철갑옷을 비추네.
수많은 전투에서 장군은 죽고, 장사는 십 년 만에 돌아오네.
돌아와 천자를 뵈오니, 천자는 명당에 앉아 있네.
공훈을 열 두급으로 기록하고, 백 가지 천 가지 상을 내리네.
천자가 소망이 무어냐 묻거늘, 목란은 상서랑의 벼슬도 싫소.
원컨대 천 리 길 내달릴 말을 내려, 고향으로 보내주길 청하네.
부모는 딸이 돌아온단 소식에, 성 밖으로 나가서 맞이하네.
언니는 여동생이 온다고 하니, 방에서 새로이 화장을 하네.
남동생은 누나가 온다고 하니, 칼 갈아 돼지와 양을 잡네.
동쪽 채에 있는 내 방문 열고, 서쪽 채에 있는 침상에 앉아보네.
싸움 옷 벗어 놓고, 옛 치마를 입었네.
창 앞에서 곱게 머리 빗고, 거울 보면서 화장을 하네.
문을 나서 전우들 보니, 전우들 모두 크게 놀라네.
십이 년을 같이 다녔건만, 목란이 여자인 줄 정말 몰랐네.
수토끼 뜀박질 늦을 때가 있고, 암토끼 눈이 어릿할 때가 있네.
두 마리 토끼 옆에서 달리니, 그 누가 자웅을 가려 낼 수 있겠는가.

16. 陶淵明의 詩와 散文

1) 陶淵明의 詩

陶潛(도잠, 365~427)은 潯陽(심양) 柴桑(시산, 현재 江西省 九江市) 사람이다. 字가 淵明(연명)이고 號는 靖節先生(정절선생)으로 東晉 말엽부터 南朝 宋나라 초엽에 활약한 작가이다. 그는 집안이 몰락하여 어려서부터 가난 속에서 자랐다. 일찍부터 유가적인 교육을 받아 큰 뜻을 품었으며, 29세까지 출세의 꿈을 가슴에 품고 유가경전을 열심히 공부하였다. 장성하면서는 어지러운 세태 속에서 유행하던 老莊思想의 영향을 크게 받으면서 복합적이고 다원적인 세계관을 갖게 되었다. 29세에 처음으로 벼슬길에 오르게 되지만 결국 그 길이 자신과 맞지 않다는 것을 느끼고 시골로 돌아갔으나, 다시 생계를 위해서 벼슬에 나가는 생활을 반복하기도 하였다. 그러다가 마침내 41세 되던 해에 <歸去來辭(귀거래사)>를 읊으며 작은 벼슬인 彭澤令(팽택령)을 사직하고 고향으로 돌아왔다. 이후로 다시는 벼슬을 하지 않고 전원생활을 즐기며 시와 술로 일생을 보냈다.

陶淵明의 시는 田園詩와 詠懷詩, 詠史詩로 분류할 수 있다. 田園詩는 농촌의 한가한 정취와 자신의 悠然自得(유연자득, 한가로운 가운데 스스로 만족감을 얻다)한 심경을 묘사하고 있다. 농촌 생활에서 느끼는 전원의 아름다움과 소박한 생활을 반영한 것으로 <歸園田居> 5首, <飮酒> 20首가 대표적이다.

<歸園田居> 第1首에서 산으로 상징되는 자연과 먼지로 상징되는

속세를 대립적인 관계로 설정하였다. 먼지는 관직 생활을 말하며 관직에 있을 때의 시인 자신을 숲을 그리워하는 새와 연못 속에 갇힌 물고기에 비유하였다. 후반부는 전원으로 돌아온 후의 전원생활을 묘사하고 있다.

<飮酒>39)시는 모두 20首인데 幷序(병서)에 "내가 조용히 살다 보니 달리 즐거운 일도 없고, 게다가 요즘 밤도 길어졌는데, 우연히 좋은 술이 생겨, 저녁마다 마시게 되었다. 등불에 비친 내 그림자를 벗 삼아 마시니 혼자서 다 비우고 금방 취해 버렸다. 술에 취하면 그때마다 몇 구 적어 스스로 즐겼다.(余閑居寡歡, 兼比夜已長, 偶有名酒, 無夕不飮. 顧影獨盡, 忽焉復醉. 旣醉以後, 輒題數口自娛.)"라고 하였다. <飮酒> 第5首의 '結廬(결려)'는 자연을 상징하고, '馬車(마거)'는 속세를 상징한다. '人境(인경)'은 시끄러운 저잣거리가 아니라 농촌을 말한다. '心遠'은 세속적인 욕망에 집착하는 분주하고 부질없는 삶에서 멀리 떨어져 있다는 것을 말한다. 마음이 속세에서 멀리 떨어져 있으면 그 속세로부터 멀리 떨어져 있는 외진 곳에 살게 된다는 뜻이다. '眞意'는 자연의 섭리에 맡기고 따르는 이치이며, '忘言'의 '忘'은 집착을 버리라는 것으로 말에 집착하면 형상을 이해할 수 없고 형상에 집착하면 뜻을 얻을 수 없다는 말이다. <飮酒> 第5首는 <飮酒> 시 가운데 가장 유명한 작품으로, 陶潛의 초탈한 정신세계를 잘 보여주고 있다.

---

39) 이 詩의 제목은 飮酒이다. 즉 그가 술에 취해 주변의 경치에서 느끼는 심경을 나타냈다. 자연과 조화를 이루며 현실의 공명을 멀리하고 전원생활의 묘미를 터득했다. 그의 삶은 현실 도피가 아니라 자기 가치관을 관철한 것이다. 도연명이 남긴 약 130여 수의 시 중 절반 정도에는 술에 관한 구절이 포함되어 있다. 陶淵明은 현실에 실망할 때마다 술로 자신을 위로하고, 국화를 기르는 것을 낙으로 삼았다. 그의 후기 작품에는 국화를 읊은 시들이 많은데, <飮酒> 중 특히 第5首가 유명하다. 그는 田園生活을 하면서 飮酒와 詩作을 즐겼으므로 후일 많은 시인들과 풍류객들의 선망을 받아왔다.

<飮酒(음주)> 其五

結廬在人境, 而無車馬喧.
問君何能爾, 心遠地自偏.
采菊東籬下, 悠然見南山.
山氣日夕佳, 飛鳥相與還.
此中有眞意, 欲辨已忘言.

사람 사는 곳에 초가를 엮었지만,
수레와 말의 시끄러운 소리 없네.
그대에게 묻노니, 어찌 그럴 수 있소?
마음이 멀어지면 땅은 절로 외지는 법이네.
동쪽 울타리 아래에서 국화를 따다가,
한가롭게 남산을 바라보네.
산 기운은 해 질 녘이 아름다운데,
나는 새들 서로 무리 지어 돌아오네.
이 중에 참된 뜻 있으니,
분별하려 하다 이미 말을 잊었네.

　　詠懷詩와 詠史詩는 阮籍(완적)과 左思의 전통을 계승하여 出仕(출사)와 隱逸(은일)의 모순 속에서 이상을 실현할 수 없는 고민을 표현한 것으로, <雜詩>와 <讀山海經>이 대표적이다. 陶淵明의 시는 모두 130여 首로 四言 詩 9首를 제외하고는 모두 五言詩로, 詩語가 쉽고 간결하며 내용이 소박하다. 그는 사대부 생활을 스스로 청산하고 농민이 되어 살기로 작정하고 귀향한다. 그러나 기대와는 전혀 다른 농촌생활, 그로 인한 고뇌와 좌절, 허무한 인간의 삶의 의미 등이 그의 시에 솔직하면서도 깊이 있게 그려져 있다.

그는 士族들이 문단을 지배하는 혼란한 사회와 淸談과 玄風의 시풍이 주류를 이루고 있는 당시 문단에서 현실에 대한 절실한 체험과 깊은 반성을 하고 있다. 사대부의 가식으로부터 벗어난 소탈함과 솔직함으로 전원생활에서의 초연함을 노래하여, 참신하고 개성적인 작품을 지었다. 이런 그의 詩風을 '平淡自然'이라고 한다. 또한 그의 시는 평담한 가운데 웅건함이 있고 자연스러운 가운데 정교함이 있다는 평을 받고 있다. 그의 시는 唐代의 王維·柳宗元·韋應物 등에게 영향을 주어 山水田園詩派로 자리 잡았고, 宋代의 蘇軾에게도 많은 영향을 미쳤다. 蘇軾은 陶淵明의 시를 좋아해서 淵明의 시를 익히고 많은 和陶詩(화도시)를 남겼다.

<歸園田居(귀원전거)> 其一

少無適俗韻, 性本愛丘山.
誤落塵網中, 一去三十年.
羈鳥戀舊林, 池魚思故淵.
開荒南野際, 守拙歸園田.
方宅十餘畝, 草屋八九間.
楡柳蔭後簷, 桃李羅堂前.
曖曖遠人村, 依依墟里烟.
狗吠深巷中, 鷄鳴桑樹顚.
戶庭無塵雜, 虛室有餘閑.
久在樊籠裏, 復得返自然.

젊어서부터 세속에 맞지 않고,

성격이 본래 산천을 좋아했네.
속세의 그물에 잘못 빠져,
훌쩍 삼십 년이 지나버렸네.
갇힌 새는 옛 숲을 그리워하고,
못 속 물고기는 옛 연못 생각하네.
남쪽 들 언저리에서 황무지를 개간하고자,
어리석게 전원으로 돌아왔네.
네모난 집터는 십여 무,
초가는 여덟아홉 칸.
느릅나무, 버드나무 뒤 처마 덮고,
복사나무, 오얏나무 집 앞에 늘어섰네.
먼 마을 어슴푸레한데,
마을에선 연기 피어오르네.
깊숙한 골목에서 개가 짖고,
뽕나무 가지 위에는 닭이 우네.
집 뜰 안에는 먼지 하나 없고,
텅 빈 방은 한가롭기만 하네.
오랫동안 새장 속에 갇혔다가,
다시 자연으로 돌아오게 됐네.

<歸園田居(귀원전거)> 其二

野外罕人事, 窮巷寡輪鞅.
白日掩荊扉, 虛室絶塵想.
時復墟曲中, 披草共來往.
想見無雜言, 但道桑麻長.
桑麻日已長, 我土日已廣.

常恐霜霰至, 零落同草莽.

들에는 인간사가 드물고,
외진 골목에는 수레와 말이 적네.
대낮에도 사립문을 닫아걸었고,
빈방에는 세속의 잡념이 끊어졌네.
때때로 황량한 마을에서,
풀을 헤치며 서로 오가네.
만나면 잡소리 하지 않고,
뽕과 삼이 자라는 것만 말할 뿐이네.
뽕과 삼이 날로 자라고,
내 땅도 날로 넓어지네.
항상 걱정은 서리나 싸락눈이 내려,
잡초처럼 시들어 떨어질까 하는 것이네.

<歸園田居(귀원전거)> 其三

種豆南山下, 草盛豆苗稀.
晨興理荒穢, 帶月荷鋤歸.
道狹草木長, 夕露霑我衣.
衣霑不足惜, 但使願無違.

남산 아래에 콩을 심었더니,
잡초만 무성하고 콩 싹은 드무네.
새벽에 일어나 거친 잡초를 뽑고,
달과 함께 호미 메고 돌아오네.
길은 좁은데 초목이 무성하여,

저녁 이슬에 옷이 젖네.
옷 젖는 것이야 아까울 것 없지만,
단지 바람이 어긋나지 않았으면 하네.

<連雨獨飮(연우독음)>

運生會歸盡, 終古謂之然.
世間有松喬, 於今定何聞.
故老贈余酒, 乃言飮得仙.
試酌百情遠, 重觴忽忘天.
天豈去此哉, 任眞無所先.
雲鶴有奇翼, 八表須臾還.
自我抱玆獨, 僶俛四十年.
形骸久已化, 心在復何言.

태어났으면 반드시 죽음으로 돌아가는 것,
예로부터 그렇다고 하였네.
세상에 적송자(赤松子)40), 왕자교(王子喬)41) 같은 신선 있었다지만,
지금 어디에 있는가?
오랜 친구들 내게 술 보내주며,
마시면 신선이 된다고 하네.
시험 삼아 마셔보니 온갖 걱정 멀어지고,
거듭 마시니 문득 하늘이 있다는 것을 잊었네.

---

40) 赤松子는 중국 전설시대 仙人의 이름으로 神農 때의 우사(雨師)로서 후에 崑崙山에 입산하여 선인이 되었다고 한다.
41) 王子喬는 중국 周나라의 仙人으로 이름은 晉이며 영왕(靈王)의 태자라고 한다. 흰학을 타고 생황(笙簧)을 불면서 공중을 날았다고 한다.

하늘이 어찌 여기를 떠난단 말인가?
자연에 몸을 맡기는 것보다 앞서는 것은 없네.
구름과 학을 새긴 무늬는 신기한 날개가 있어,
지극히 먼 곳을 삽시간에 돌아오네.
나 자신이 자연을 따르려는 신념을 안고,
사십 년을 노력하였네.
육체는 오랫동안 부단히 변하고 있지만,
마음 그대로 있으니 다시 무슨 말을 하겠는가?

2) 陶淵明의 散文

(1) <桃花源記>

<桃花源記(도화원기)>는 陶淵明의 五言古詩 <桃花源詩> 序頭에 쓴 小記이다. <桃花源記>의 창작은 당시의 시대 상황과 密接(밀접)한 관계를 갖고 있다. 작가가 살던 東晉 末期는 정치·사회의 암흑기로 戰禍(전화)가 계속되어 백성들은 편한 날이 없었다.

<桃花源記>는 동양적 理想鄕을 보여주는 문장으로 유명하다. 동양적 理想鄕이란 지금도 중국 어디에 있을 것만 같은 아주 소박한 곳이라는 의미이다.

<桃花源記>는 어부의 행적을 따라 理想 사회인 桃花源을 매우 구체적으로 묘사하고 있는데, 桃花源은 역대 시인들의 노래의 대상이 되고 있다. 전체를 세 부분으로 나눌 수 있는데 첫째 단락에서는 어부가 桃花源을 발견하는 과정이며, 둘째 단락에서는 桃花源 사람들의 환대를 받고 이별하는 내용이고, 마지막 단락은 太守를 비롯한 여러 사람이 桃花源을 찾아 나섰다가 실패한 경위를 서술하였다. 작자는 풍부한 상상

력과 質樸(질박)한 언어로 주관적 서정과 객관적 서사를 통해 현실 세계에 대비되는 이상세계를 구상하였다.

<桃花源記(도화원기)>

其中往來鍾作, 男女衣著, 悉如外人. 黃發垂髫, 幷怡然自樂. 見漁人, 乃大驚, 問所從來. 具答之. 便要還家, 設酒殺鷄作食. 村中聞有此人, 咸來問訊. 自云先世避秦時亂, 率妻子邑人來此絶境, 不復出焉, 遂與外人間隔. 問今是何世. 乃不知有漢, 無論魏晉. 此人一一爲具言, 所聞皆歎惋.

그 안에서 사람들이 왔다 갔다 하며 씨를 뿌리고 농사짓고 있는데, 남녀가 입고 있는 옷이 모두 외지인이 입는 것과 같았다. 머리가 누렇게 변한 노인과 더벅머리를 한 어린아이가 함께 즐겁게 놀고 있었다. 그곳 사람 하나가 어부를 보고 깜짝 놀라 어디서 왔는지 물었다. 어부는 상세하게 대답해 주었다. 그러자 어부를 집으로 초대했고, 술상을 차리고 닭을 잡아 음식을 만들어 대접하였다. 마을에서는 어부가 왔다는 소문을 듣고 모두 몰려와 이것저것 물었다.

마을 사람이 말하길 "선대 조상들이 진나라 때 전란(戰亂)을 피해, 처자와 고을 사람들을 데리고 세상과 격리된 이곳으로 왔고, 다시는 밖으로 나가지 않았습니다. 그래서 마침내 외부 세계와 단절되었습니다."라고 하였다. 그러면서 그들은 지금이 어느 시대냐고 물었는데, 위(魏)·진(晉)은 물론 한나라가 있었다는 것조차 모르고 있었다. 어부는 일일이 자세하게 말해 주었고, 마을 사람 모두 감탄하며 놀라워했다.

(2) <五柳先生傳>

<五柳先生傳(오류선생전)>은 일종의 自傳體 산문으로 전원으로 돌

아온 뒤에 작자 스스로 '五柳先生'이라 칭하고 깨끗한 필체로 五柳先生의 성격과 그의 생활 정취를 그려내고 있다. 작자의 소탈하고 담백한 성격과 名利를 부러워하지 않는 고결한 인품이 드러난다.

그는 집 주위에 다섯 그루의 버드나무를 심고 버드나무를 사랑하여 스스로 '五柳先生'이라고 했다. 세상 사람들은 그 인격을 존경하여 淸節先生이라고 불렀다. <五柳先生傳>에서 자신의 傳記라고 말하고 있지 않아, 하나의 독립된 작품으로 보고 읽으면, 이것은 어떤 가공인물의 초상화에 지나지 않는다. 그러나 陶淵明 사후, 사람들은 <五柳先生傳>을 陶淵明의 自敍傳이라고 생각해 왔다.

<五柳先生傳>은 겨우 170字 정도의 짧은 문장으로 전체를 '출신성분, 성명, 성격, 독서, 음주, 의식주, 문장, 죽음, 理想의 요약' 등 아홉 부분으로 나누어 설명하고 있다. 陶淵明은 자신을 五柳先生이란 가공의 인물로 설정하여 脫世俗的이고 자유분방하여 無爲自然을 유일한 삶의 목적과 가치로 실천하였다. <五柳先生傳>은 무엇에도 걸림 없이 살아가는 자연 그대로의 無貪慾(무탐욕)의 모습을 담아낸 陶淵明 자신의 전기를 마치 다른 사람의 것인 양 諧謔的(해학적)으로 쓴 것이다.

<五柳先生傳(오류선생전)>

先生不知何許人也, 亦不詳其姓字, 宅邊有五柳樹, 因以爲號焉. 閑靜少言, 不慕榮利. 好讀書, 不求甚解. 每有會意, 便欣然忘食. 性嗜酒, 家貧不能常得. 親舊知其如此, 或置酒而招之. 造飮輒盡, 期在必醉. 旣醉而退, 曾不吝情去留. 環堵蕭然, 不蔽風日. 短褐穿結, 簞瓢屢空, 晏如也. 常著文章自娛, 頗示己志. 忘懷得失, 以此自終. 贊曰黔婁有言不戚戚於貧賤, 不汲汲於富貴. 極其言, 玆若人之儔乎. 酣觴賦詩, 以樂其志. 無懷氏之民歟. 葛天氏之民歟.

선생이 어떤 사람인지 모르고 또 성과 자도 자세하지 않으나, 집 옆에 버드나무 다섯 그루가 있어 이로 말미암아 호로 삼았다. 그는 한가하고 조용하며 말이 적었고, 영예나 이익을 사모하지 않았다. 독서를 좋아했지만 깊게 이해하려고 하지 않았다. 매번 마음이 내키는 것이 있으면, 곧 즐거워 식사도 잊었다. 성품이 술을 좋아하지만 집안이 가난하여 항상 마실 수는 없었다. 친구들이 그가 이와 같음을 알고 때때로 술을 마련하여 그를 불렀다. 마시기 시작하면 곧 다 마셔버려 기약함이 반드시 취함에 있었다. 이윽고 취하고 나면 물러나는데, 일찍이 가고 머무름에 뜻을 두지 않았다. 작은 집은 쓸쓸하고 바람과 해를 가리지도 못했다. 짧은 베옷을 꿰매 입고, 밥그릇이 자주 비어도 태연했다. 항상 문장을 짓고 스스로 즐기며 자못 자신의 뜻을 나타내었다. 얻음과 잃음에 대한 생각을 잊고서 이로써 스스로 마치려 하였다. 그러니 다음과 같은 찬문(贊文)을 짓는다. 검루(黔婁)42)의 말에 "가난하고 천함을 두려워하지 않았고, 부귀에 급급해하지 않았다."고 했다. 그 말을 잘 새겨보면, 그는 이 사람 같은 무리일 것이다. 흥겹게 잔을 들며 시를 지어 그 뜻을 즐겼으니, 무회씨(無懷氏)의 백성인가? 갈천씨(葛天氏)43)의 백성인가?

(3) <歸去來辭>

<歸去來辭(귀거래사)>는 彭澤縣令(팽택현령)을 80일 만에 사직하고 그의 나이 41세에 벼슬길을 버리고 전원으로 돌아오면서 쓴 辭賦(사부)이다. 이 글에서 그는 관직의 속박에서 벗어나 전원으로 돌아온 즐거움과 전원생활의 고결함을 묘사하였다.

<歸去來辭>는 본래 제목이 <歸去來兮(귀거래혜)>였는데, 蕭統

---

42) 春秋時代 齊나라의 은사(隱士).
43) '無懷'와 '葛天' 太古 때 帝王의 號이다.

(소통)이 ≪陶淵明傳≫과 ≪文選≫에서 '兮'자를 빼고 <歸去來>라 하였다. 후에 이러한 글이 문체상 辭賦類에 속하기 때문에 '辭'자를 붙인 것이다. <歸去來辭>는 陶淵明이 41세에 상급기관인 郡의 督郵(독우)가 彭澤縣을 시찰하게 되었는데, 縣吏(현리)가 陶淵明에게 의관을 갖추고 나아가 맞이할 것을 권하자, 陶淵明이 "내 어찌 닷 말의 쌀 때문에 정성스럽게 시골뜨기 아이를 모시며 허리를 굽힌단 말인가!(吾不能爲五斗米折腰, 拳拳事鄕里小兒!)"라고 탄식을 하며 그해 11월에 사직하고 돌아와 지은 것이다.

<歸去來辭(귀거래사)>

歸去來兮, 田園將蕪, 胡不歸. 旣自以心爲形役, 奚惆悵而獨悲. 悟已往之不諫, 知來者之可追, 實迷途其未遠, 覺今是而昨非.

舟遙遙以輕颺, 風飄飄而吹衣. 問征夫以前路, 恨晨光之熹微. 乃瞻衡宇, 載欣載奔. 僮僕歡迎, 稚子候門. 三徑就荒, 松菊猶存. 携幼入室, 有酒盈樽. 引壺觴以自酌, 眄庭柯以怡顔. 倚南窓以寄傲, 審容膝之易安. 園日涉以成趣, 門雖設而常關. 策扶老以流憩, 時矯首而遐觀. 雲無心以出岫, 鳥倦飛而知還. 景翳翳以將入, 撫孤松而盤桓.

歸去來兮. 請息交以絶游. 世與我而相遺, 復駕言兮焉求. 悅親戚之情話, 樂琴書以消憂. 農人告余以春及, 將有事于西疇. 或命巾車, 或棹孤舟, 旣窈窕以尋壑, 亦崎嶇而經丘. 木欣欣以向榮, 泉涓涓而始流. 羨萬物之得時, 感吾生之行休.

已矣乎. 寓形宇內復幾時, 曷不委心任去留, 胡爲遑遑欲何之. 富貴非吾願, 帝鄕不可期. 懷良辰以孤往, 或植杖而耘耔, 登東皐以舒嘯, 臨淸流而賦詩. 聊乘化以歸盡, 樂夫天命復奚疑.

돌아가자! 정원이 곧 황폐해지려고 하는데, 어찌 돌아가지 않는가? 기왕에 스스로가 마음을 육체의 노예로 삼았거늘, 어찌 실의에 빠져 홀로 슬퍼하는가? 지난 일은 바로잡지 못한다는 것을 깨달았고, 또 앞으로의 일은 아직 좇아갈 수 있다는 것을 알았다. 실로 잘못된 길이 아직 멀어지기 전에, 지금이 옳고 지난날이 그르다는 것을 깨달았다.

배는 흔들흔들 가볍게 떠가고, 바람은 살랑살랑 옷깃을 날린다. 길 가는 사람에게 앞길을 물으며, 새벽빛이 어둑어둑한 것을 한스러워한다. 잠시 후 초라한 집을 바라보고, 기뻐하며 달려간다. 심부름하는 아이들이 반갑게 맞이하고, 어린 자식들은 문에서 기다린다. (정원 안의) 세 갈래 길은 잡초가 우거졌으나, 소나무와 국화는 여전히 그대로다. 어린아이의 손을 잡고 방 안으로 들어가니, 술이 항아리에 가득 차 있다. 주전자와 술잔을 들어 스스로 따라 마시며, 정원의 나뭇가지를 보면서 즐거움을 느낀다. 남쪽 창가에 기대어 하고픈 대로 내맡기니, 겨우 무릎을 용납할만한 좁은 공간이지만 마음 편안함을 느낀다. 정원을 날마다 걸으며 즐거움을 얻고, 대문은 비록 설치되었지만, 항상 닫혀 있다. 지팡이에 의존하여 걷다가 쉬다가 하며, 때때로 고개를 들어 먼 곳을 바라본다. 구름은 무심히 산에서 피어오르고, 새는 날다가 지치면 돌아올 줄 안다. 해는 어둑어둑 지려 하는데, (나는) 외로운 소나무 어루만지며 배회하고 있다.

돌아가자! 청컨대 교제를 그만두고 왕래를 끊자, 세상과 내가 서로 버렸거늘, 다시 수레 몰고 나아가 무엇을 구하겠는가? 친척들의 정담을 즐겨듣고, 거문고와 독서를 즐기며 근심을 달랜다. 농민들이 내게 봄이 왔다고 알려 주니, 곧 서쪽 밭에 일이 있겠구나. 어느 때는 휘장 두른 수레를 몰고, 또 어느 때는 외로운 배를 저어, 깊숙이 계곡물을 찾기도 하고, 또한 울퉁불퉁 험한 길로 언덕을 넘기도 한다. 나무는 무성하게 높이 자라고, 샘물은 졸졸 흐르기 시작한다. 만물이 때를 만난 것을 부러워하며, 나의 인생이 바야흐로 끝나려 하는 것을 느낀다.

그만두자! 육체를 천지에 기탁할 날이 다시 얼마나 남았길래, 어찌 명리지심을 내버리고 거취를 본성에 맡기지 않으며, 어찌 급히 어디로 가려고만 하는가? 부귀는 내가 원하는 것이 아니고, 신선의 나라는 기약할 수 없다. 좋은 날이라 생각되면 홀로 나아가, 어느 때는 지팡이를 꽂아 놓고 김을 매고, 어느 때는 동쪽 언덕에 올라 큰 소리로 노래를 부르고, 또 어느 때는 맑게 흐르는 물가에 나아가 시를 읊는다. 잠시 자연의 변화에 순응하며 인생의 여정을 마치거늘, 기꺼이 천명을 따라야지 또 무엇을 의심하고 주저하는가?

본문의 내용은 대략 4단계로 나눌 수 있다.
첫째 단락은 마음이 육체의 노예가 되는 관직 생활이 자신의 본성과 맞지 않는다는 것을 깨닫고 홀연히 관직을 떠나 귀가하게 된 동기와 더불어 귀갓길의 상황을 서술했다.
둘째 단락은 陶淵明이 집으로 돌아온 후 비록 비좁은 공간이지만 벼슬 생활에서처럼 마음 쓸 일 없이 편안한 마음으로 좋아하는 술도 마시고 정원도 산책하는 등 집안에서의 생활을 그렸다.
셋째 단락은 혼탁한 관직 생활에 다시 미련을 두지 않겠다는 각오와 함께 친척들과 정담을 나누고 거문고와 독서를 즐기는 외에, 농사도 지으며 가끔 수레 타고 산길을 달리거나 배를 저어 깊은 계곡을 찾는 등의 전원생활에 대한 흥취를 묘사했다.
넷째 단락은 인생의 짧은 여정에서, 거취를 본성에 맡긴 채 서둘러 무엇을 얻으려 애쓰지 않고, 기왕 신선이 되지 못할 바에야, 가끔 밭에 나가 김매고 언덕에 올라 소리쳐 노래도 부르고, 또 맑은 물가에 나아가 시를 읊는 등, 자연에 순응하며 기꺼이 天命을 받아들이고자 하는 작자의 소박한 바람을 서술하고 있다.

17 南北朝의 民歌

詩賦를 魏晉南北朝 時代의 貴族文學이라고 말한다면, 民歌는 그야말로 平民文學이라고 말할 수 있다. 民歌는 민간가요적인 소박성과 반복적인 리듬, 평이한 표현 등 기본적인 성격을 고려하면 樂府詩의 계승 형태로 보인다.

남북조 시대의 민간가요는 漢 왕조 때에 민간에 유행했던 樂府詩와 비슷한 위상을 지니고 있다. ≪詩經≫의 國風이나 漢 王朝의 樂府詩 등과 공통된 특성이 있으나, 음악과의 연관성이 점차 약해진 樂府詩는 사대부들에 의해 읽는 韻文으로 발전하였으며, 남북조 시대의 民歌는 새로이 형성된 음악에 맞추어 새로운 민간가요가 되었다. 南北朝의 民歌는 남조와 북조로 나뉘며 서로 큰 차이를 보인다. 南朝 民歌는 서정적이고 세련된 여성적인 戀歌(연가)가 대부분인 데 반해, 北朝 民歌는 素朴하고 尙武的인 느낌을 강하게 준다.

1) 南朝 民歌

남방은 지리적으로 물산이 풍부하고 전란의 영향도 크게 받지 않아 농업·수공업·상업이 발전하여 백성들은 여유를 즐기면서 생활할 수 있었다. 남조 민가의 특징은 抒情的(서정적)이고 纖細(섬세)하고 溫柔(온유)하며 여성적인 戀歌가 대부분이어서 고시를 연상하게 한다. 대부분이 편폭이 짧은 五言 四句로 되어 있고 성음의 諧和(해화)와 이중의 뜻을 지닌 雙關語(쌍관어)를 즐겨 사용했다.

南朝 民歌는 대부분 宋나라 郭茂倩(곽무천)이 편찬한 ≪樂府詩集≫에 <淸商曲辭>라는 曲類로 분류되어 있다. ≪樂府詩集≫의 분류에 의하면, 남방의 민가는 <淸商曲辭> 속에 포함되어 있으며, 吳聲과 西曲으로 나뉜다. 吳聲은 모두 326首로 <子夜歌>, <子夜四時歌>, <上聲歌>, <歡聞歌(환문가)>, <華山畿(화산기)> 등 20여 種이 있으며, 長江 하류에서 발생하여 유행한 노래들이다. 西曲은 모두 142首로 <石城樂>, <莫愁樂(막수악)>, <三洲歌(삼주가)>, <江陵樂(강릉악)> 등이 있으며, 長江 중류 및 漢水 유역에서 발생하여 유행한 노래들이다.

이 밖에 제사를 지내는 노래로 <神弦歌(신현가)>가 있으나, 몇 首 되지 않으며 <九歌>와 비슷한 독특한 성격의 민가이다. 吳歌는 대부분이 5言 4句의 짧은 시로 부녀들의 연애의 감정, 혼인의 고통 등이 주된 내용이며, 진솔하고 평이한 시어로 꾸밈없이 표현되고 있다. 吳歌 가운데 <子夜歌>는 모두 42首가 전해지고 있다.

<子夜歌(자야가)> 其七

始欲識郞時, 兩心望如一.
理絲入殘機, 何悟不成匹.

처음 님을 사귀고자 할 땐,
두 마음 하나이길 바랐지요.
실 정리하여 짜다 둔 베틀에 넣지만,
한 필도 못 짤 줄 어찌 알았겠어요?

<子夜歌>는 雙關語를 활용하고 있다. '絲'는 '님 생각'·'사랑'을 뜻

하는 '思'자와 같은 음이라는 점을 이용하여 사랑의 뜻도 함께 담고 있
다. '匹'은 옷감의 길이를 나타내는 단위이지만, '配匹(배필)'의 뜻도 함
께 표현하고 있다.

<讀曲歌(독곡가)>

花釵芙蓉髻, 雙鬢如浮雲.
春風不知著44), 如來動羅裙.45)

꽃 비녀에 연꽃 쪽머리,
양 귀밑머리는 뜬구름 같네.
봄바람이 간 곳을 모르는데,
자주 와서 비단 치마 흔드네.

<三洲歌(삼주가)>

送歡板橋灣, 相待三山頭.
遙見千幅帆, 知是逐風流.
風流不暫停, 三山隱行舟.
愿作比目魚, 隨歡千里游.

좋아하는 사람 판교 물굽이에서 떠나보내고
삼산(三山) 머리에서 기다리고 있네.
멀리 천 폭의 돛 보이는데

---

44) '著'는 '着'과 혼용되는데 '着'은 명사로 '소재', '행방', '간 곳'을 뜻한다.
45) '如'는 동사로 '가다', '이르다', '미치다'라는 뜻으로 쓰인다.

바람 따라 흘러가고 있음을 알겠네.
바람 따라 흘러 잠시도 멎지 않으니,
삼산에 가는 배 가려지네.
원컨대 비목어(比目魚)가 되어,
좋아하는 이 따라 천리를 헤엄쳤으면!

<采桑度(채상도)> 其一

蠶生春三月, 春桑正含綠.
女兒采春桑, 歌吹當春曲.

누에 춘삼월에 나는데
봄 뽕이 한창 푸른 시절이네.
계집아이 봄 뽕잎 따면서
흥얼거리는 노래도 봄노래일세.

<采桑度(채상도)> 其六

采桑盛陽月, 綠葉何翩翩.
攀條上樹表, 牽壞紫羅裙.

따스한 봄날 뽕 따는데
파란 잎사귀 얼마나 싱싱한가?
가지 잡고 나무 위로 오르다가
가지에 걸려 자주색 비단 치마 찢어지네.

2) 北朝 民歌

　북방은 자연환경이 거칠고 여러 이민족의 침입으로 전란이 잦아 안정된 생활이 어려웠다. 따라서 北朝 民歌의 특징은 敍事性이 강하고 거칠며 남성적이다. 주제도 전쟁의 慘狀(참상)이나 從軍(종군)의 고통과 목축 생활 등 다양하여 漢代 樂府詩를 연상시킨다. 음조 또한 남조 민가와 달리 소박하고 호쾌하고 격정적이다. 남녀의 애정을 주제로 한 것들도 남조 민가보다 대담하고 솔직하다.

　北朝 民歌는 대부분 ≪樂府詩集≫의 <梁鼓角橫吹曲(양고각횡취곡)>에 수록되어 있고, 일부분이 <雜曲歌辭>와 <雜歌謠辭(잡가요사)>에 수록되어 있다. 작품은 모두 70여 首이고 악곡은 주로 異民族의 악곡이다. 내용은 전쟁의 참상이나 북방의 강인하고 거친 기질을 나타낸 <企喩歌(기유가)>・<隔穀歌(격곡가)>와 戰亂 속에서 고향을 떠나 거친 들을 떠돌아다니는 유랑생활의 고통을 노래한 <隴頭流水歌(농두유수가)>・<敕勒歌(칙륵가)>가 있다. 또한 사회생활의 고난이나 모순을 반영한 <幽州馬客吟歌辭(유주마객음가사)>, 남녀의 정을 노래한 <折楊柳歌(절양류가)> 등이 있다.

　　　<敕勒歌(칙륵가)>

　　敕勒川, 陰山下.
　　天似穹廬, 籠蓋四野.
　　天蒼蒼, 野茫茫,
　　風吹草低見牛羊.

칙륵(敕勒)의 냇가, 음산(陰山)의 아래.
하늘은 둥근 천막같이, 사방 들판을 뒤덮고 있네.
하늘은 푸르고, 들판은 아득하고 아득한데,
바람 불어 풀 누우니 소와 양이 보이네.

<幽州馬客吟歌辭(유주마객음가사)>

快馬常苦瘦, 剿兒常苦貧.
黃禾起贏馬, 有錢始作人.

빨리 달리는 말은 늘 몸 여위어 괴로워하고,
애써 일하는 사람 늘 가난으로 괴로워하네.
누런 벼가 파리한 말 일어서게 하고,
돈 있어야 비로소 사람 노릇하게 된다네.

<折楊柳歌(절양류가)>

服中愁不樂, 願作郎馬鞭.
出入擐郎臂, 蹀座郎膝邊.

뱃속 시름으로 즐겁지 않으니,
우리 낭군 말채찍이라도 되었으면!
드나들 적에는 낭군 팔에 매달려 있고,
걷거나 앉았을 적에는 낭군 무릎 곁에 있네.

18. 南北朝의 詩

東晉이 멸망한 뒤 남방에서는 宋(420~479), 齊(479~502), 梁(502~557), 陳(557~589)의 네 왕조가 建業(건업, 南京)을 도읍으로 하여 교체되면서 北朝와 대치하였는데 이 왕조들을 南朝라고 부른다.46)

南朝 時期는 대체로 小康狀態(소강상태)를 누리면서 사회경제가 번영하였다. 군주와 귀족들이 호사스러운 생활을 누리면서 문학을 좋아했고 문사들을 뒷받침해 주었다. 문학 활동은 전반적으로 현실과 유리된 唯美主義的인 경향으로 귀족의 오락물 내지 유흥이나 사교의 매개물과 같은 성격이 강했고, 華麗한 辭藻(사조, 문장)를 추구하였다.

宋나라 때에는 文帝의 元嘉年間에 詩가 가장 성행하였다. 이 시기를 대표하는 시인으로 謝靈運(사령운), 顔延之(안연지), 鮑照(포조) 등이 있다. 이들은 산수를 위주로 노래하고 있다. 이전에는 山水가 선비들의 도피처의 역할을 하였다면 남조에 이르러서는 아름다운 山水를 읊고 거기에 인생의 도리도 寄託(기탁)하여 귀족의 詩作 소재가 되었다. 對句의 사용, 화려하고 기묘한 표현을 추구하고 典故를 많이 사용하는 공통점을 가지고 있는데, 이를 元嘉體(원가체)라고 한다.

---

46)

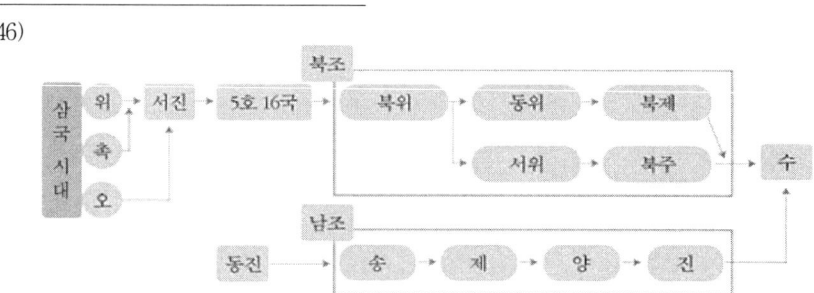

謝靈運은 晉나라 귀족 집안 출신으로 康樂公에 襲封(습봉)되어 謝康樂이라고도 부른다. 벼슬길이 뜻대로 되지 않아 결국 벼슬에서 물러나 수백 명의 從者(종자)를 거느리고 아름다운 산수를 찾아다니며 시를 지음으로써 실의를 잊었다. 그의 山水詩는 아름다운 산수를 사실적으로 그리면서도 그 속에 자신의 감정과 심리도 노래하고 있다.

<石壁精舍還湖中作(석벽정사환호중작)>

昏旦變氣候, 山水含淸暉.
淸暉能娛人, 遊子憺忘歸.
出谷日尙早, 入舟陽已微.
林壑斂暝色, 雲霞收夕霏.
芰荷迭映蔚, 蒲稗相因依.
披拂趨南徑, 愉悅偃東扉.
慮澹物自輕, 意愜理無違.
寄言攝生客, 試用此道推.

아침저녁으로 기후 변하나,
산수는 늘 맑은 빛 머금고 있네.
맑은 빛 사람을 즐겁게 하여,
노니는 이 편안하여 돌아갈 것 잊네.
골짜기 나서니 해 아직 이른데,
배로 들어가니 햇빛 이미 희미하네.
숲 우거진 골짜기엔 저녁 빛 거두어지고,
구름과 노을 속에 저녁 안개 스러져 가네.
마름꽃 연꽃 어울리어 물에 비치고,

부들과 피가 서로 의지하듯 우거져 있네.
옷자락 펄럭이며 남쪽 길로 달려가,
기쁜 마음으로 동쪽 문 앞에 쉬네.
생각이 담박(淡泊)하면 외물은 저절로 가벼워지고,
마음이 흡족하면 도리에 어긋나는 일 없게 되네.
섭생(攝生)하는 이들에게 이르노니,
이 도리를 추구해 보시기를!

顔延之는 字가 延年이다. 그의 작품 중 대부분의 시는 임금의 명을 따라 지은 것으로 귀족적인 취향이 짙다. 표현을 지나치게 아름답게 다듬는 흠이 있으나 典故의 사용은 후세 作詩 기교 발전에 크게 기여한 것으로 알려져 있다.

鮑照는 字가 明遠이다. 출신이 微賤(미천)하고 벼슬길도 자기의 뜻과 같지 않았다. 때문에 유독 자신의 불우와 비분 및 부패한 사회에 대한 불만과 풍자가 드러나는 현실을 반영하는 진지한 작품을 써냈다. 전해지는 200여 수의 시 가운데 80여 수가 樂府詩이며, 그만큼 그의 작품은 현실주의적 경향이 강하다 할 수 있다. 또한 鮑照는 七言詩에 뛰어나 曹丕 이후 七言詩의 성숙한 발전을 이룬다.

  <擬行路難(의행로난)> 其六

  對案不能食, 拔劍擊柱長歎息.
  丈夫生世能幾時, 安能蹀躞垂羽翼.
  棄置罷官去, 還家自休息.
  朝出與親辭, 暮還往親側.
  弄兒牀前戲, 看婦機中織.

自古聖賢盡貧賤, 何況我輩孤且直!

밥상 대해도 밥 먹지 못하고,
칼 뽑아 기둥 치며 길게 탄식하네.
대장부 세상에 나서 얼마나 오래 살겠다고,
어찌 날개 늘어뜨리고 조바심 내겠는가?
다 버리고 벼슬 그만두고 떠나,
집으로 돌아가 편히 쉬네.
아침에 나갈 적에는 어버이에게 아뢰고,
저녁에 돌아와서는 어버이 곁에서 지내네.
침상 앞에 노는 아이들 어르기도 하고,
베틀에서 베 짜는 마누라 바라보기도 하네.
예로부터 성현들 모두 빈천했거늘,
하물며 우리처럼 외롭고도 곧은 사람들이야!

北朝는 漢族이 아닌 북방 이민족들에 의하여 계승된 나라였기 때문에 독자적인 문학을 발전시킬 수가 없었다. 다만 梁나라 사람으로서 元帝가 西魏에 항복했을 때 함께 長安으로 따라갔다가 귀순하는 바람에 장안에 머물게 되었던 庾信(유신)이 있을 뿐이다.

王褒(왕포)는 字가 子淵이다. 그는 壯健한 樂府詩를 잘 지었다. <高句麗>·<燕歌行> 등이 그의 대표작이다. 그러나 長安에 머문 이후의 작품에는 지극히 슬픈 情調(정조)가 짙은 시를 많이 지었다.

庾信(유신)은 字가 自産이며 宮體詩의 대가로 이름을 날린 庾肩吾(유견오)의 아들이다. 그는 귀족 출신으로 궁정을 출입하며 徐陵과 함께 濃艶(농염)한 宮體詩를 지었다. 그러나 북조에 머물게 되면서부터는 望鄕(망향)의 정과 고국을 잃은 슬픔이 담긴 작품을 썼다. 그래서 동시대 다른 어떤 작가보다도 심각하고 진실한 풍격을 띠게 되었다. 그는 宮體詩로 닦여진 뛰어난 시적 기교로 자신의 절실한 감정을 작품화하여 <詠懷> 27首를 지었다.

<詠懷(영회)> 其十

悲歌度燕水, 弭節出陽關.
李陵從此去, 荊卿不復還.
故人形影滅, 音書兩俱絶.
遙看塞北雲, 懸想關山雪.
遊子河梁上, 應將蘇武別.

슬픈 노래 부르며 연수(燕水)를 건너,
천천히 수레 몰아 양관(陽關)을 나선다.
이릉(李陵)47)도 이곳으로부터 떠났고,
형가(荊軻)48)도 이곳을 떠나 다시 돌아오지 못했지.
옛 사람들 모습 사라졌고,
소식 모두 끊겼네.
멀리 변방 북쪽 구름 바라보며
아득히 관산(關山)의 눈 생각한다.
이 나그네는 황하의 다리 위에서,
소무(蘇武)49)와 이별했던 이릉처럼 살아가야만 하리라!

---

47) 李陵: 중국 前漢 武帝 때의 인물로, 前漢과 匈奴의 군인이다.
48) 荊軻: 戰國時代 衛나라의 자객. 燕나라 태자 丹을 위해 秦始皇을 죽이려다 실패하여 살해됨.
49) 蘇武: 漢나라의 충신. 무제 때인 BC 100년에 중랑장으로서 흉노에 사신으로 갔다가 체포되어 항복을 강요받았으나 절의를 굽히지 않았다.

19. 南北朝 時代의 騈儷文과 明代의 八股文

1) 南北朝 時代의 騈儷文

南北朝 時代에는 유미주의, 형식주의 문학이 성행하였다. 이러한 문학의 특색은 내용보다 형식의 미를 추구하는 것이어서 騈儷文(변려문)이 발달하게 되었다. 騈儷文은 중국문학사에서 독특한 문체 가운데 하나로 漢・魏에서 출현하여 남북조에서 성행했다. 일종의 문자 조직방식으로 對句・音律・典故・文辭의 아름다움을 추구하는 문장이다. 남북조에 이르러서는 본격적으로 騈儷文이 極盛(극성)하여 일체의 문장이 거의 모두 騈儷化되었다. 騈儷文은 외형적인 형식미를 지나치게 추구하여 내용은 자연히 공허하고 빈약하게 되어버렸다. 그래서 문학적으로는 높은 가치를 지닌 것이 극히 드물다.

騈儷文의 형식상 특징은 첫째, 반드시 對偶(대우)를 맞추어야 한다. 騈儷文의 句式은 반드시 처음부터 끝까지 두 句씩 짝을 맞추고, 앞뒤로 짝이 되는 두 句는 구절의 구조에 있어서 서로 대칭이 될 뿐만 아니라 각 어휘의 품사까지도 서로 대비를 이루어야 한다.

둘째, 四字・六字의 구식을 이룬다. 騈儷文은 짝이 되는 두 구절의 字數를 일정하게 맞추는 규정이 있다. 魏晉 시기에는 대부분 四字句를 위주로 했지만 五字句나 六字句도 사용하였다. 그러나 齊梁 이후로는 四六의 격식으로 고정되었다. 그래서 晩唐 때에는 騈儷文을 四六文 또는 四六體라고도 했다.

셋째, 平仄(평측)을 講究(강구)한다. 騈儷文은 각 구절의 글자마다 고정된 평측을 따라야 하는데, 한 구절 안에서는 반드시 '平對仄'이나 '仄對平'을 이루어야 한다.

넷째, 典故를 사용한다. 魏晉 이후로 騈儷文에서의 典故 사용은 그 주요 목적이 문장을 婉曲(완곡)하고 含蓄的(함축적)이며 典雅(전아)하고 精練(정련)하게 만드는 데에 있었다. 그러나 구절마다 典故의 사용을 강조하다 보니 문장이 難澁(난삽)해지고 뜻을 알기 어려운 폐단에 빠지기도 했다.

이러한 騈儷文이 발달하게 된 원인으로는 낭만적인 유미주의 사조의 지속, 문학 관념에 대한 자각, 聲律說의 흥기, 군주와 귀족의 애호와 제창을 들 수 있다. 孔稚圭(공치규)의 <北山移文>50)은 騈儷文의 대표작이다.

<北山移文(북산이문)> 節錄(절록)

鍾山之英, 草堂之靈, 馳煙驛路, 勒移山庭. 夫以耿介拔俗之標, 蕭灑出塵之想. 度白雪以方潔, 干靑雲而直上, 吾方知之矣. 若其亭亭物表, 皎皎霞外. 芥千金而不眄, 屣萬乘其如脫. 聞鳳吹於洛浦, 値薪歌於延瀨, 固亦有焉. 豈期始終參差, 蒼黃反覆. 淚翟子之悲, 慟朱公之哭. 乍廻迹以心染, 或先貞而後黷, 何其謬哉. 嗚呼. 尙生不存, 仲氏旣往, 山阿寂寥, 千載誰賞.

종산(鍾山)의 영령(英靈)과 초당(草堂)의 신령(神靈)이 역로(驛路)에 안개를 보내 산정(山庭)에 이문(移文)을 새기도록 하였다. 굳세어 비범한 모습과 깨끗하여 속세를 벗어난 생각으로, 흰 눈에 견주어 깨끗함을 겨루

---

50) 北山은 南京의 북쪽에 있는 종산(鍾山)이다. 주옹(周顒)이라는 사람이 이 산에서 은거하다가 해염현(海鹽縣)의 縣令으로 나갔는데 뒤에 임기가 끝나 다시 北山으로 오려 하자, 孔稚圭는 산신령의 뜻에 가탁(假託)한 移文을 지어 그가 오는 것을 거절하였다. 즉 가짜 은사(隱士)를 배척하는 내용이다.

고 청운(靑雲)을 뚫고 곧게 오르는 것을 나는 그것만을 알고 있었으며, 마치 세속의 밖에 우뚝 솟고 노을의 밖에서 빛나듯 하여, 천금을 티끌같이 여겨 돌아보지 않고 천자의 자리도 짚신처럼 여겨 벗어버리듯 하여, 낙수(洛水) 가에서 봉황의 울음소리를 듣고 연뢰(延瀨)에서 나무꾼의 노래소리를 들은 것들이, 본래 있었던 일들이다.

어찌 처음과 끝이 어긋나고 푸른색과 노란색이 뒤바뀌어, 묵적(墨翟)의 슬픔에 눈물 흘리고 양주(陽朱)의 통곡에 가슴 아파할 줄을 생각하였겠는가. 잠깐 사이에 자취를 바꾸어 마음이 오염되었으며, 혹 먼저는 곧 앉았다가 뒤에는 더러워졌으니, 어쩌면 그리도 잘못되었는가. 아아! 상자평(尙子平)은 살아 있지 않고 중장통(仲長統)은 가버렸으니, 산언덕이 적막해져 천년을 두고 누가 감상할 것인가.

2) 明代의 八股文

明代에는 전통적인 騈儷文보다는 騈儷文의 변형된 형태인 八股文(팔고문)이 출현하여 과거시험의 문체로 자리 잡으면서 크게 세력을 떨쳤다. 이러한 위세는 淸代까지 계속 이어졌다.

八股文은 明·淸 時代의 科擧 응시용 문장형식으로 시험에 합격하는 데 필수가 되는 공부이다. 破題(파제)·承題(승제)·起講(기강)·起股(기고)·中股(중고)·後股(후고)·束股(속고)·大結(대결)의 단락으로 구성되어 있는데, 그중에서 起股·中股·後股·束股가 對比와 對偶를 사용하여 '八股'가 되므로 八股文이라 부른다. 내용은 자신의 의견만을 기술하는 것이 아니라 "聖人의 어투를 사용하여 聖人의 관점을 서술(代聖立論)"해야 한다.

八股文의 형식은 北宋의 '經義文'에서 비롯되었는데, 明代 成化 연간에 八股文으로 정착되어 엄격한 체제를 갖추기 시작하였으며, 正統, 嘉靖(가정) 연간에 가장 성행했다. 八股文은 사실상 통치자들이 사상통제를 통하여 통치권을 강화하려는 목적에서 비롯되었다. 특히 明代 중엽에 이르러 수공업이 발달하면서 사회가 점차 다변화되고 봉건적인 사회질서가 흔들리게 되자, 이를 통제하기 위한 노력의 일환으로 가장 엄격한 八股文이 나오게 되었다. 전체 문장의 字數뿐만 아니라 각 단락의 字數와 作文 규정들이 모두 정해져 있었다. 이러한 八股文은 시대적인 의미가 강하게 투영되어 있었으므로 문학성이나 실용성의 측면에서 그다지 큰 가치는 없었다. 明代 八股文의 대표적인 작가로는 歸有光을 들 수 있다.

歸有光(귀유광, 1506~1571)은 字가 熙甫(희보)이며, 20년 동안 모두 여덟 번 시험을 보았으나 합격하지 못했다. 1565년(嘉靖 44년) 결국 진사시험에 합격하여 南京太僕寺丞(남경태복사승)을 지냈다. 唐宋散文을 제창하여 前後七子가 말한 文必秦漢의 주장에 대해 크게 반대했다. 그의 문장은 소박하고 간결하여 일상생활에 관련된 자잘한 일이나 이야기를 쓰는 데 뛰어났으며, 넉넉하고 맑은 필치로 감정을 표현하였다. 또한 그는 모순과 대립을 극복하고 오로지 인간 중심의 사고를 전개하여, 인간과 사회현실 및 자연과의 조화를 추구하고자 했다. 그는 經學(유가 경전의 글자·구절·문장에 음을 달고 주석하며 연구하는 학문)과 理學(개인의 수양과 예를 중요시하는 유학의 한 갈래)의 조화, 古文과 八股文의 융합을 통해 분열되는 사회를 통합하고자 했으며, 道와 情의 일치를 통해 인간이 자신의 본성을 다하면서도 사회와 조화를 이루길 희망했다.

20 志怪小說

1) 志怪小說

志怪(지괴)란 '괴상한 이야기의 기록'을 뜻한다. 漢 末葉부터는 道敎뿐만 아니라 佛敎도 民間에 유행하기 시작하여, 漢代보다도 奇聞逸事(기문일사)의 내용이 魏晉 이래로 더욱 다양해진다. 이들은 거의 모두 초현실적인 神怪(신괴)한 이야기들이어서 이들을 통틀어 志怪라 부른다. 志怪小說(지괴소설)은 주로 神仙・鬼神・山川地理・佛法과 관련된 괴이한 이야기를 기록한 것으로 魏晉南北朝 소설의 주류를 이루었다.

이러한 志怪小說이 대량으로 창작된 주요 배경으로는 巫風・方術의 흥성 및 전파, 불교의 전파와 불경의 번역, 文人・方士・僧侶를 중심으로 한 作者 층의 확대, 귀신의 존재를 믿었던 당시 사람의 관념, 고대 신화와 역사 전설의 계승 등을 들 수 있다.

志怪小說은 중국소설사에서 說話의 寶庫(보고)로서 唐代의 傳奇는 물론, 후대 唐代 變文, 宋元 話本과 戲曲, 明淸 文言小說 등에 광범위한 소재를 제공하여 문학에 있어서 허구성의 의의를 더해주고 있다. 志怪는 대부분이 단순하고 소박한 기록이어서, 개인의 창작력이나 개성을 발휘하여 전개되는 작품은 아니다. 따라서 본격적인 소설의 내용과 형식을 갖추지는 못했다.

그러나 수많은 이야기 중에는 세련된 서술로써 독자적인 견해나 새로운 이야기의 구성을 한 창작에 가까운 것도 있다. 따라서 虛構를 통한 문학의 가능성이나 소설의 가능성은 충분히 증명되었다고 할 수 있다.

志怪小說을 대표하는 작품으로는 여러 가지 잡다한 이야기를 수록한 東晉 干寶(간보)의 ≪搜神記(수신기)≫, 宋 劉義慶(유의경)의 ≪幽明錄(유명록)≫, 梁 吳均(오균)의 ≪續齊諧記(속제해기)≫가 있다. 또한 내용상으로 산천이나 지리에 관한 異文을 모은 張華(장화)의 ≪博物志(박물지)≫, 도교적인 신선이나 仙術(선술)에 관한 이야기를 모은 葛洪(갈홍)의 ≪神仙傳≫, 불교에 관한 이야기를 모은 齊 王琰(왕염)의 ≪冥祥記(명상기)≫ 등이 있다.

≪搜神記≫는 내용상 중국 志怪小說의 전형적인 범주를 두루 갖추고 있으며, 형식상 일부 고사는 편폭이 길어지고 줄거리 전개에 기복이 있는 등 비교적 완전한 구성을 갖추고 있다. 또한 등장인물의 형상을 창조함에 있어서 인물의 성격을 통하여 인간사회를 반영하고 작자의 애증태도와 이상세계를 제시했으며, 표현 기교상 '夢幻'·'離魂'·'還生'·'仙境往來' 등의 수법을 사용하여 작품의 오락성과 예술성을 제고했다.

<韓憑夫婦(한빙부부)>

宋康王舍人韓憑, 娶妻何氏, 美, 康王奪之, 憑怨, 王囚之, 論爲城旦. 妻密遺憑書, 繆其辭曰其雨淫淫, 河大水深, 日出當心. 旣而王得其書, 以示左右, 左右莫解其意. 臣蘇賀對曰其雨淫淫, 言愁且思也. 河大水深, 不得往來也. 日出當心, 心有死志也. 俄而憑乃自殺. 其妻乃陰腐其衣. 王與之登台, 妻遂自投台下, 左右攬之, 衣不中手而死. 遺書於帶曰王利其生, 妾利其死, 願以尸骨, 賜憑合葬. 王怒, 不聽, 使里人埋之, 家相望也. 王曰爾夫婦相愛不已, 若能使冢合, 則吾不阻也. 宿昔之間, 便有大梓木生於二冢之端, 旬日而大盈抱, 屈體相就, 根交於下, 枝錯于上. 又有鴛鴦, 雌雄各一, 恒棲樹上, 晨夕不去, 交頸悲鳴, 音聲感人. 宋人哀之, 遂號其木曰相思樹. 相思之名起於此也.

南人謂此禽卽韓憑夫婦之精魂. 今睢陽有韓憑城. 其歌謠至今猶存. (≪搜神記≫ 卷十一)

　　송(宋)나라 강왕(康王)51)의 측근인 한빙(韓憑)은 하씨(何氏)를 부인으로 얻었는데, 미인이어서 강왕이 그녀를 빼앗았다. 한빙이 원망하자 강왕은 그를 가두어 낮에는 성을 쌓고 밤에는 보초를 서는 형벌을 내렸다. 부인이 은밀히 한빙에게 편지를 보냈는데 "그 비는 주룩주룩, 강은 크고 물은 깊으며, 해는 떠서 마음을 비춥니다."라는 말로 둘러서 쉽게 알 수 없게 했다. 나중에 왕이 그 편지를 입수하여 좌우 신하들에게 보였으나 좌우 신하들도 그 뜻을 풀지 못했다. 그런데 신하 소하(蘇賀)가 대답했다. " '그 비는 주룩주룩'은 근심하고 사모한다는 말이고, '강은 크고 물은 깊으며'는 왕래할 수 없다는 뜻이며, '해는 떠서 마음을 비춥니다.'는 마음속으로 죽을 뜻이 있다는 말입니다." 얼마 후 한빙은 자살했다. 그 부인은 남몰래 자기 옷을 썩게 하였다. 왕이 그녀와 함께 누대에 올랐을 때, 부인은 누대 아래로 투신했는데, 좌우 사람들이 붙잡으려 했으나, 옷이 손에 잡히질 않아 죽고 말았다. 허리끈에는 "왕께서는 제가 사는 게 좋겠지만, 신첩은 죽는 게 좋습니다. 원컨대 시체나마 한빙과 합장해 주십시오."라는 유서가 있었다. 왕은 노하여 그 말을 들어주지 않고, 마을 사람들에게 매장하여 무덤을 서로 바라보게 하도록 했다. 왕이 말했다. "너희 부부는 서로 사랑이 끝이 없으니, 만약 무덤을 합치게 할 수 있다면, 나는 더 이상 막지 않겠노라." 하룻밤 사이에 곧바로 큰 가래나무가 두 무덤 끝에서 자라나, 10일 만에 한 아름 가득 찰 정도의 크기가 되어, 몸통을 굽혀서 서로 나아갔으며, 뿌리는 아래에서 얽히고 가지는 위에서 얽혔다. 또한

---

51) 宋 康王: 전국시대 宋나라의 마지막 군주로 이름은 언(偃). 그의 형을 밀어내고 스스로 왕이 되었으며, 사방으로 전쟁을 일으키고 방탕 무도하여 여러 신하를 함부로 죽임. 나중에 齊나라 민왕(湣王)이 魏나라·楚나라와 함께 宋나라를 정벌하여 康王을 죽이고 그 땅을 셋으로 나눠 가짐.

원앙새 암수 한 쌍이, 항상 나무 위에 살면서, 아침부터 저녁까지 떠나지 않은 채, 목을 비비고 슬피 울어 그 소리가 사람을 감동시켰다. 송나라 사람들이 그들을 애도하여, 마침내 그 나무를 '상사수(相思樹)'라고 불렀다. '상사'라는 말은 여기에서 나온 것이다. 남방 사람들은 이 새를 한빙 부부의 정령이라고 생각했다. 지금 수양(睢陽) 땅에 한빙성(韓憑城)이 있는데, 그 노래가 지금까지 남아 있다.

2) 志人小說

志人小說(지인소설)은 주로 문인·사대부를 중심으로 한 상류층 사람들의 언행과 일화를 기록하여, 魏晉南北朝 名士의 풍류를 반영하고 그들의 사상과 풍모를 그려냈는데, 그 내용이 비교적 사실적인 것이 특징이다. 이러한 志人小說이 창작된 배경으로는 漢·魏 이래 이어져 온 淸談, 인물의 언행과 일화를 기록한 서책의 필요성이 대두된 시대 상황, 先秦 歷史散文과 諸子散文 가운데 인물고사의 영향을 들 수 있다.

志人小說을 대표하는 작품은 南朝 宋 劉義慶의 ≪世說新語≫이다. ≪世說新語≫는 내용상 더 이상 역사의 기술이나 단순한 신화전설·우언고사가 아니라 작자가 직접 체험한 실제 생활과 여러 群像속 인물의 언행을 묘사하였다. 지괴소설과 뚜렷한 차별성을 지니고 있으며 생동감이 넘치고 현실성이 강하다. 표현 수법상 작자의 직접적인 서술이 아니라 등장인물의 언행을 통하여 몇 마디의 말로 인물의 성격과 특성을 표현했다. 또한 정련된 언어와 함축적인 문장으로 풍부한 심미성을 구현했다.

<孔文擧(공문거)>

孔文擧年十歲, 隨父到洛. 時李元禮有盛名, 爲司隷校尉. 詣門者, 皆雋才淸稱及中表親戚, 乃通. 文擧至門, 謂吏曰我是李府君親. 旣通, 前坐. 元禮問曰君與僕有何親. 對曰昔先君仲尼, 與君先人伯陽, 有師資之尊, 是僕與君奕世爲通好也. 元禮及賓客莫不奇之. 太中大夫陳韙後至, 人以其語語之. 韙曰小時了了, 大未必佳. 文擧曰想君小時必當了了. 韙大踧踖.

공문거(孔文擧)52)가 열 살 때 아버지를 따라 낙양(洛陽)에 갔다. 그 당시에 이원례(李元禮)는 유명세가 있었고 사예교위(司隷校尉)의 직에 있었다. 그 집안에 찾아오는 사람은 모두 뛰어난 인재나 청렴한 인사와 내종 외종 사촌이나 친척으로 그들하고만 만났다. 공문거가 그 집에 이르러, 집안일 보는 사람에게 "나는 이 대감의 친척이오."라고 하였다. 그리하여 그를 만나고 그 앞에 앉았다. 이원례가 "그대는 저하고 어떤 친척이 되오?"라고 물었다. 공문거는 "옛날에 저의 선조인 공자님하고 선생의 선조인 백양(伯陽)은 스승과 제자의 존중하는 관계가 있었습니다. 이는 저와 선생님과 대대로 우호적으로 교류한 것입니다."라고 대답했다. 이원례와 빈객들이 모두 그를 기특하게 여겼다. 태중대부(太中大夫) 진위(陳韙)가 나중에 오니, 사람들이 공문거가 한 말을 그에게 말해 주었다. 진위가 "어릴 때 똑똑하다고 커서 반드시 훌륭하지는 않소."라고 했다. 공문거가 "상상하건대 선생님은 어릴 때 반드시 똑똑했을 것 같습니다."라고 말했다. 진위는 이에 매우 부끄러워했다.

---

52) 孔文擧: 이름은 융(融), 자는 문거(文擧). 중국 후한 말기의 학자로 孔子의 24세손. 문필에 능하여 建安七子 가운데 한 사람으로 불렸다. 당시 세력을 확장하고 있던 曹操를 비판 조소하다가 일족과 함께 처형되었다.

21   近體詩의 形成 過程과 近體詩 作法

1) 近體詩의 形成 過程

≪詩經≫과 ≪楚辭≫에서 발원한 중국의 고전시가는 漢 왕조에 이르러 樂府詩로 발전했으며, 魏晉南北朝 시대를 거치면서 五言古詩와 七言古詩로 발전했다. 唐 왕조에 들어와서는 중국 문자가 가지는 표현 방식의 특성과 장점을 극대화시킨 近體詩라는 완숙한 詩體로 발전하였다.

近體詩란 古體詩에 비하여 각 시구를 구성하는 음절의 抑揚長短(억양장단)의 배열방법인 韻律을 비롯하여, 詩 全體의 句數와 각 구의 격식이 일정해진 시이다. 시에 있어서 성운의 조화와 형식의 아름다움을 극도로 추구한 일정한 聲韻과 형식상의 규칙을 따라 짓는 시이다.

近體詩라는 중국시의 형식적 완성을 위한 첫걸음은 六朝 말엽 沈約(심약, 441~513)의 ≪四聲譜(사성보)≫에서 제기된 <四聲論>에서 출발한다. 沈約의 <四聲論>은 본격적인 중국어의 聲調論이라고 할 수 있다. 그리고 이 <四聲論>은 齊나라 王融(왕융), 沈約, 謝朓(사조) 등에 의하여, 詩文의 음성을 정비하여 음악적인 수사 효과를 증진하는 방향으로 응용되었다.

沈約은 더 나아가 五言詩를 중심으로 한 聲調諧和(성조해화)의 법칙을 발견하였다. 이른바 五言詩를 지을 때 聲律面에서 피해야 하는 여덟 가지를 정리하였는데, 이것이 바로 '八病說'이다. '八病'이란 음성의 조화를 위하여 詩句 중에서 반드시 피해야 할 平頭(평두), 上尾(상미), 蜂腰(봉요), 鶴膝(학슬), 大韻(대운), 小韻(소운), 旁紐(방뉴), 正紐(정뉴)의 여덟 가지 병폐를 말한다. '八病'에 대한 해설에는 여러 가지 다른 견해가 있기는 하나, 모두 五言詩에 있어 가장 聲韻의 諧和를 해치는 경우라고 생각되는 것들이다. 그 중에서도 大韻, 小韻은 用韻에 관한 것이고, 旁紐, 正紐는 漢字의 讀音과 관계되는 것이며, 앞의 네 가지만이 四聲과 직접 관계되는 것이다.

沈約, 王融, 謝朓 등 詩作에 있어 聲律을 중시하는 사람들의 작품은 이미 이 시대에 近體詩의 격률에 가까워지고 있었다. 이때의 詩體를 그 시대 齊 武王의 연호인 永明을 따서 <永明體>라고 부르고 있는데, 近體詩는 여기에서 출발하고 있다.

隋나라를 거쳐 唐으로 들어오면서 그러한 형식적 유미주의 풍조는 더욱 성행하였다. 이 시기의 시는 上官儀(상관의, 608~664), 沈佺期(심전기, 656?~713), 宋之問(656~712) 등 귀족 문학적 소양이 풍부했던 宮廷詩人들이 주도했다. 이외에 文章四友라고 불리는 李嶠(이교), 崔融(최융), 蘇味道(소미도), 杜審言(두심언)도 같은 계열에 속한다. 그들은 南北朝時代를 거치면서 발전된 화려한 수사 기교와 정교한 음성적 장치들을 잘 활용한 세련된 시를 지었다. 그들의 시는 대부분 궁정의 문화적 수요에 맞추어 지어진 것이어서 宮廷詩라고도 한다. 宮廷詩人들이 시도했던 정형적인 시의 틀이 이후 近體詩의 형성에 상당히 큰 역할을 했다. 그들에 의해서 七言律詩가 창작되고 詩律이 거의 정비된 점은 中國詩史에서 높이 평가되어야 할 것이다.

初唐詩가 비록 六朝의 作風을 그대로 계승하고는 있었지만, '初唐四傑(초당사걸)'은 당시 宮廷詩人의 무리와는 함께 이야기할 수 없는 상당한 지위를 확보하였다. 그들은 바로 王勃(왕발)·楊炯(양형)·盧照隣(노조린)·駱賓王(낙빈왕)이다. 그들은 宮廷詩人들이 발전시킨 近體詩의 틀에 현실적인 주제와 내용을 결합시켜 새로운 분위기를 풍기는 특유의 시를 창작하였다.

近體詩는 초기에 五言詩를 중심으로 성행하다가, 리듬이 장중하여 應製(응제)의 형식으로 알맞은 시형인 七言詩로 발전한다. 盛唐에 들어와서는 李白과 杜甫 같은 위대한 시인들이 속출하면서 극도로 다듬어진 새로운 시형에 개성과 창의를 응집시켜 近體詩로서 불후의 대작을 남기게 된다. 이로부터 중국의 시는 古體詩보다도 近體詩가 전형적인 시형으로 자리를 잡게 된다.

近體詩의 형식은 中國語에서 四聲이 있는 것에 착안하여, 四聲의 안배에 따라 詩文의 聲調를 조정한 齊·梁 무렵부터 講究되었다. 唐나라에 들어와서 陳子昻(진자앙), 杜審言(두심언), 沈佺期(심전기), 宋之問(송지문)에 이르러 '平仄'의 법칙이 확립되었다.

唐詩의 格式은 8句를 표준으로 하여 이것을 '律詩'라 하고 8句를 초과하여 12句 이상 되는 것을 '排律' 또는 '長律'이라 하며, 8句가 못되고 4句로 1首가 되는 詩를 '絶句'라고 한다.

排律(배율)은 보통 律詩가 8句인 데 비해, 律詩와 같은 平仄과 對偶法 등을 갖추어 10句 이상의 장편으로 이루어진다. 곧 律詩와 같은 율법에 의하여 지은 것이지만 구수의 제한이 없다는 점이 다르다. 唐나라 때 科擧의 進士科에 詩賦 과목이 있었는데, 거기에서는 12句의 五言排律로 작품을 짓게 했다. 이것을 試律(시율) 또는 試帖詩(시첩시)라고 부르며, 이것들은 律詩의 正格을 엄격히 지킨 전형적인 唐代의 排律이다. 初唐부터 盛唐에 이르는 시기에 排律

이라면 거의 12句가 표준이었고, 길어야 20句 정도였다. 그 후 杜甫는 40句에서부터 200句에 이르는 장편의 排律을 지었는데, 이들 排律은 五言이 일반적이다.

絕句는 四句로 압축된 가장 短篇의 詩型이며, 여기에도 五言絕句와 七言絕句가 있다. 五言四句 詩型은 이미 樂府나 南北朝 時代 民歌에서도 크게 유행했다. 이러한 짧은 시체를 '絕句' 또는 '斷句'라고 불렀다. 이것은 聲律의 규칙이 엄격하지 않은 민가조의 작품들이어서, 후세에는 近體詩로서의 絕句와 구별하기 위하여 '古體絕句' 또는 '古絕'이라고 부르게 되었다. 따라서 近體詩로서의 絕句는 五・七言을 막론하고 初唐 이후 律詩가 완성된 후에 이루어진다. 絕句의 平仄은 五言・七言 모두 律詩의 前半 혹은 後半 부분과 완전히 같다.

2) 近體詩(七言律詩) 作法

(1) 句法

정해진 句數와 字數를 말하는데, 七言律詩는 8句 56字로 구성되고, 4字(2字+2字)와 3字로 끊어 읽는다.

(2) 平仄

四聲 가운데 平聲을 平聲, 上・去・入聲을 仄聲이라 한다. '一三五不論'과 '二四六分明'이 정해져 있다. 詩의 두 번째 글자의 平仄에 따라 平起式과 仄起式으로 구분하는데 七言律詩는 平起式이 正格이다. 그러므로 '平起式', '仄起式', '首句不入韻', '首句入韻'의

조건에 따라 平仄이 바뀐다. 그 밖에 '二四不同二六對', '反法과 粘法(점법)', '孤平과 孤仄', '下三連(仄三連, 平三連)'의 禁止 등 까다로운 규정이 있다.

(3) 對偶(對仗)

律詩의 전체 8句는 2句씩 나누어 首聯(起), 頷聯(承), 頸聯(轉), 尾聯(結)이라 한다. 頷聯과 頸聯이 對句를 만드는데, 이것을 對偶(대우)라 한다. 近體詩나 문장에서 서로 대칭되게 짓는 구절을 對偶(대우), 對仗(대장) 또는 對句(대구)라고 일컫는다. 對仗을 과거에는 對句라고 했다. 하지만 對句라 하면 出句의 짝을 이루는 구를 가리킬 수 있다. 出句와 對句는 品詞까지도 구조적인 대응을 한다.

(4) 用韻

韻을 맞추는 것을 말하는데, '押韻(압운)', '協韻(협운)'53)이라고 한다. 平聲으로 押韻('一韻到底', '隔句韻(격구운)')하는데, 동일한 韻部에 속하는 韻字를 쓰며, 韻字를 중복해서 쓸 수 없다.

---

53) '協韻'은 押韻을 중시하는 한시에서 서로 다른 韻을 사용하는 일을 말한다. 서로 운이 통할 수 있는 글자들로 통운(通韻)하는 방식과 달리, 명백히 다른 운에 속한 韻字들을 동일한 운으로 취급하여 각운(脚韻) 등에 사용한다는 점에서 차이가 있다.

<七言律詩 平起式 首句不入韻>의 例

◎은 압운 ◑平仄 모두 가능			1	2	3	1	2	3	4	5	五言詩
			1	2	3	4	5	6	7	七言詩
對偶 (對仗)	首聯(起)	1句	○	○	●	●	○	○	●	押韻可
		2句	●	●	○	○	●	●	◎	押韻
	頷聯(承) (對句)	3句	◑	○	○	●	●	○	●	
		4句	◑	●	●	○	○	●	◎	押韻
	頸聯(轉) (對句)	5句	◑	●	●	○	○	●	●	
		6句	●	○	○	●	●	○	◎	押韻
	尾聯(結)	7句	◑	○	●	●	○	●	●	
		8句	◑	●	◑	○	●	○	◎	押韻

<春望(춘망)> (五言律詩 仄起式 首句不入韻)

國破山河在,	guó pò shān hé zài	●●○○●
城春草木深.	chéng chūn cǎo mù shēn	○○●●◎
感時花濺淚,	gǎn shí huā jiàn lèi	●○○●●
恨別鳥驚心.	hèn bié niǎo jīng xīn	●●●○◎
烽火連三月,	fēng huǒ lián sān yuè	○●○○●
家書抵萬金.	jiā shū dǐ wàn jīn	○○●●◎
白頭搔更短,	bái tóu sāo gèng duǎn	●○○●●
渾欲不勝簪.	hún yù bù shēng zān	○●●○◎

22 陳子昂

　　初唐 前期의 시는 전반적으로 南朝風의 귀족적이고 화려한 유미주의 경향이 지배적이었다. 이 시기의 시는 上官儀(상관의), 沈佺期(심전기), 宋之問(송지문) 등 귀족 문학적 소양이 풍부했던 이른바 宮廷詩人들이 주도하였다.

　　上官儀와 비슷한 시기에 齊·梁의 유미주의를 계승하면서도 宮廷詩人의 무리에서 벗어나 독자적인 詩作 활동을 함으로써 唐詩 발전에 공헌한 사람들이 있는데, 初唐詩의 발달 과정에서 중요하게 평가되는 네 사람의 문인을 가리켜 '初唐四傑(초당사걸)'이라고 한다. 그들은 바로 王勃(왕발, 649~676), 楊炯(양형, 650~693?), 盧照隣(노조린, 637~689?), 駱賓王(낙빈왕, 640~684)이다.

　　初唐四傑에 비해 훨씬 더 직접적으로 建安文學의 강건하고 남성적인 기풍의 부활을 주장한 사람은 陳子昂이다. 陳子昂(진자앙, 661~702)은 字가 伯玉이며, 梓州(재주, 현재 四川省 射洪) 사람이다. 陳子昂은 남조의 宮庭文學의 틀을 벗어나지 못하고 있던 當時의 詩風을 정면으로 비판하고 나선 사람이다. 陳子昂이 대안으로 제시한 문학적 지향은 새로운 개혁적 왕조의 창건을 도모했던 주역인 曹操, 曹丕, 曹植과 建安七子가 주도했던 建安文學이었다. 陳子昂은 "문장의 도가 피폐한지 500년이 되었으며, 한·위의 풍골(風骨)이 晉宋으로 전해지지 못했다. …… 제·양 시기의 시를 보면 외형적인 화려함만을 추구하고 흥기(興寄)가 이어지지 못하여, 늘 깊이 탄식했다.(文章道弊, 五百年矣, 漢魏風骨, 晉宋莫傳, …… 觀齊梁間詩, 彩麗競繁, 而興寄都絶, 每以永歎.)"(陳子昂, ≪修竹篇序≫)라고 하면서 존중해야 할 문학적 가치로서 漢魏(한

위)의 風骨(풍골) 회복을 주장하였다.

<登幽州臺歌(등유주대가)>

前不見古人, 後不見來者.
念天地之悠悠, 獨愴然而涕下.

앞으로는 고인 볼 길 없고,
뒤로는 후인 보이지 않는다.
천지의 아득함 생각하노라니,
홀로 마음 상해 눈물 흘린다.

　陳子昂 詩의 특징과 그가 주장하던 風骨의 분위기를 잘 드러내고 있는 것으로 꼽히는 시는 <登幽州臺歌>이다. 섬세하고 탐미적인 南朝風에서 벗어나 거칠고 강한 새로운 詩風이 확산되는 계기가 된 작품이다. 陳子昂은 또 당시의 현실과 그 자신이 당면했던 여러 문제에 대한 감회를 담은 연작시인 <感遇詩> 38首를 지었다. <感遇詩>는 阮籍의 <詠懷詩>에서 영향을 받은 것으로 짐작되며, 자신의 고독하고 막막한 처지를 다양한 풍물과 사건에 기대어 표현하였다. 杜甫는 "공(陳子昂)은 揚雄(양웅)·司馬相如 뒤에 태어났으나 이름은 해나 달처럼 뚜렷하네. …… 고금의 충의를 세웠으니 남겨놓은 詩로 <感遇詩>가 있네.(公生揚馬後, 名與日月懸. …… 終古立忠義, 感遇有遺編.)"(杜甫, <陳拾遺故宅(진습유고택)>)라고 했다. 陳子昂이야말로 육조의 형식주의적인 문풍을 벗어나 발전과 성황을 이루는 盛唐의 시단을 준비한 작가였다고 할 수 있다.

23 初唐四傑

　　初唐四傑(초당사걸)은 唐나라 初期에 南北朝와 隋나라 말기의 형식적이고 화려한 문풍과 그것을 무비판적으로 계승한 宮廷詩人들의 시풍에 대항하여, 내용이 담긴 아름다운 작품을 창작하면서 새로운 문학운동을 전개하였다. 이러한 혁신적인 운동의 중심에는 신진사대부인 王勃(왕발), 楊炯(양형), 盧照隣(노조린), 駱賓王(낙빈왕) 등 初唐四傑이 있었다. 이 네 명을 四傑로 부르게 된 시기는, 그들이 문단에서 활동하던 高宗 初부터였다.

　　이들 王勃·楊炯·盧照鄰·駱賓王 등 네 사람의 姓만을 따서 '王楊盧駱'이라고도 한다. 네 사람 모두 처지가 비슷하였는데 二流士族 출신으로 젊어서 시단에서 이름을 떨쳤다. 楊炯을 제외하고는 모두 사회적으로 불우하게 끝을 맺었다. 初唐詩의 大勢는 南朝의 화려하고 아름다운 기교주의적 경향을 띠고 있으며 初唐四傑의 시도 총체적으로는 이러한 경향에서 벗어날 수 없었다. 그러나 이들의 청순함과 새로운 감각적 표현 등은 다른 初唐詩에서는 찾아볼 수 없는 서정적 시풍을 느끼게 해준다. 그래서 이들 初唐四傑의 시는 다음 盛唐詩의 萌芽(맹아)가 되었다.

　　初唐四傑 중 제1인자는 王勃이다. 字는 子安이며 絳州(강주) 龍門(山西省 河津) 사람이다. 五言律詩와 五言絶句 형식의 시를 많이 지었고 산문도 잘 지었다. 律詩에 있어서 王勃의 <送杜少府之任蜀州(송두소부지임촉주)>는 五言律詩의 정격에 가까운 작품으로 선구적인 近體詩이다. 이 시에는 律詩가 갖추어야 할 요건이 거의 구

비되어 있다. 홀수 연에서 對句를 운용하고 있고, 기승전결의 구성법을 따라 시상을 전개하고 있다. 押韻과 平仄의 運用 또한 近體詩의 틀에 거의 들어맞고 있다. 이 시에는 남조풍의 유미주의 색채가 거의 없고, 선이 굵은 신진사대부의 기풍이 잘 드러나 있다.

<送杜少府之任蜀州(송두소부지임촉주)>

城闕輔三秦, 風煙望五津.
與君離別意, 同是宦遊人.
海內存知己, 天涯若比隣.
無爲在岐路, 兒女共霑巾.

삼진이 둘러싸고 있는 장안 성궐에서,
바람과 안개 아득한 오진을 바라본다.
그대와 이별하는 이 마음,
우린 같이 벼슬살이로 떠도는 사람이지.
천하에 지기만 있다면야,
하늘 끝에 있어도 이웃과 같으니.
헤어지는 갈림길에서,
아녀자같이 눈물로 수건을 적시지 마세.

王勃의 작품 가운데에는 궁중의 應製詩(응제시)는 한 수도 전하지 않는데, 이는 그가 젊은 나이에 죽고 관직도 낮아 궁정에 출입할 수 있는 지위가 되지 못하였기 때문이다. 그는 山水와 宴會의 시를 즐겨 지었는데, 그 중에서도 陶淵明의 詩境을 자주 표현하였다. 그러나 王勃이 陶淵明의 경지에 이르기에는 나이가 너무 어렸다. 오히려 불우한 가운데 강한 자존심이 自然에 대한 애착을 갖게 하였다.

楊炯은 四傑 가운데 관직에서 유일하게 令이 되었던 사람이지만, 성격이 독선적이어서 신하들의 위선과 사치를 보면 참지 못하고 잔혹하게 다스려 비난을 받았다. 그는 사걸 중 가장 오래 살아 五言長律이 유행하던 시기에도 활동하였고, 중앙 관계에도 출사한 적이 있어 應製의 작품이 많이 전해지고 있다. 그 외에도 賦, 詩序, 碑銘(비명) 등이 많이 전해지고 있는데, 五言律詩와 五言排律의 和韻(화운)54)이 많은 점은 다른 三傑과 약간 다르다. 楊炯은 시인으로서 활동이 세 사람보다 적었지만, 駢儷文을 잘 지어서 四傑 가운데 한 사람으로 불리게 되었다.

<從軍行(종군행)>

烽火照西京, 心中自不平.
牙璋辭鳳闕, 鐵騎繞龍城.
雪暗凋旗畫, 風多雜鼓聲.
寧爲百夫長, 勝作一書生.

봉화가 장안을 비치니,
마음이 어쩐지 안정되지 않네.
대장군은 병부를 위임받아 궁궐을 사직하고,
철갑의 기병은 용성(龍城)을 포위하네.
눈은 자욱이 내려 깃발도 얼어붙을 정도이고,
바람이 심하여 북소리가 어지럽게 울리네.
차라리 분대장이 되어서 남자답게 출정하는 것이,
한갓 서생으로 있는 것보다 낫겠네.

---

54) 和韻: 다른 사람의 시와 동일한 韻을 사용하여 시를 화답함.

24 山水田園詩派(王維, 孟浩然)

　　山水田園詩(산수전원시)는 山水自然의 아름다움, 자연과 전원생활 속에서 느끼는 조용한 기쁨을 주제로 한 詩를 가리킨다. 이러한 山水田園詩는 대개 五言을 위주로 하는 경우가 많았다. 前代의 이러한 경향의 작품들이 대부분 五言이어서 그 영향을 받았기 때문이지만 여운과 함축미를 중시하는 풍격의 속성 때문이기도 하다. 山水의 아름다움과 신비스러움을 깔끔하게 표현하는 데에는 무겁고 복잡한 七言詩보다는 가볍고 간결한 五言의 운율이 시적 효과를 거두는데 효과적이라고 판단했기 때문이다. 이러한 계열에 속하는 시인으로는 王維(왕유)를 필두로 하여 孟浩然(맹호연), 儲光羲(저광희), 裵迪(배적), 常建(상건) 등을 꼽을 수 있다.

　　王維(699~759)는 字가 摩詰(마힐)이며, 太原 祁縣(기현, 현재 山西省 祁縣) 사람이다. 王維는 비록 사대부 집안에서 성장했지만 어려서부터 불교의 영향을 깊이 받았다. 維摩詰(유마힐)은 불경 속의 유명한 居士(거사)로 이름 '維'와 字 '摩詰'을 합하면 바로 거사의 이름이 된다. 이후 더욱 불교 신앙이 경건해져 禪詩가 자연히 많아졌다. 開元 9년(721)에 진사가 되어 監察御使(감찰어사), 左補闕(좌보궐), 文部郎中(문부랑중) 등을 역임했고 安祿山의 亂 이후 벼슬을 버리고 산야에 묻혀 불교에 歸依(귀의)했다. 음악과 회화에도 능해 그림 같은 詩를 쓰고 詩같은 그림을 그렸으며[55], 현재 약 400여 수가 전해지고 있다. 安祿山의 亂이 일

---

55) 시중유화 화중유시(詩中有畫, 畫中有詩): 시 속에 그림이 있고 그림 속에 시가 있음. 소식(蘇軾)이 王維의 시와 그림을 비평한 말이다. "味摩詰之詩 詩中有畫 觀摩詰之畵 畫中有詩(마힐의 시를 감상하면 시 속에 그림이 있고, 마힐의 그림을 보노

어나자, 그해 6월 長安이 함락되고 그는 적에게 잡혔다. 난이 평정된 뒤에 복직되어 759년에는 尙書右丞(상서우승)이 되었으나, 그해 61살로 죽었다. 그는 李白이나 杜甫에 비하면 마음이 약하여, 현실의 汚濁(오탁)에 초연할 수도 없고, 반항할 수도 없었다. 청정한 自然과 西方往生의 사상을 받아들여 裵迪(배적), 錢起(전기) 등과 사귀면서 평범하지만 순수한 정신을 詩와 그림에 담았다. 저서에 ≪輞川集(망천집)≫ 20卷, ≪王右丞集(왕우승집)≫ 6卷이 있다.

<鹿柴(녹채)>

空山不見人, 但聞人語響.
返景入深林, 復照靑苔上.

빈산에 사람 보이지 않고,
사람들 말소리 울림만 들린다.
저녁 햇빛 깊은 숲속에 들어와,
다시 파란 이끼 위를 비춘다.

<竹里館(죽리관)>

獨坐幽篁裏, 彈琴復長嘯.
深林人不知, 明月來相照.

그윽한 대나무 숲속에,
홀로 앉아 거문고 뜯고 다시 휘파람 부네.

라면 그림 속에 시가 있더라.)"(蘇軾, ≪東坡志林≫)

깊은 숲 아무도 모르는 곳에,
밝은 달빛이 비추네.

<九月九日憶山東兄弟(구월구일억산동형제)>

獨在異鄉爲異客, 每逢佳節倍思親.
遙知兄弟登高處, 遍揷茱萸少一人.

홀로 타향에 나그네 되어,
명절을 맞을 적마다 친족 생각이 간절하네.
멀리서 생각하니 형제들이 산에 올라가,
모두들 산수유(山茱萸)를 꽂을 때 한 사람이 모자람을 알겠지.

<過香積寺(과향적사)>

不知香積寺, 數里入雲峯.
古木無人徑, 深山何處鍾.
泉聲咽危石, 日色冷靑松.
薄暮出潭曲, 安禪制毒龍.

향적사 어딘지도 모르고서,
구름 걸린 봉우리로 몇 리를 들어갔다.
고목 우거져 사람 다니는 길 없는데,
깊은 산 어디선가 들려오는 종소리.
샘물은 가파른 바위에서 흐느끼고,
햇살은 푸른 소나무에 서늘하다.
해 질 녘 인적 없는 연못 굽이에서,
선정(禪靜)에 들어 독룡(毒龍)56)을 제압한다.

孟浩然(689~740)은 唐나라 盛唐의 시인으로 이름은 浩이고 字는 浩然이다. 中宗 嗣聖(사성) 6년(689) 湖北省 襄陽(양양)에서 태어났다. 鹿門山(녹문산)에 들어가 숨어 살면서 詩를 즐기며 유유자적하다가, 40살 때 진사시험을 보았으나 낙방했다.

孟浩然이 일찍이 王維의 薦擧(천거)로 玄宗을 만났을 때 "不才明主棄, 多病故人疎.(재주가 없으니 밝으신 임금님께 버림받고, 병이 많으매 벗마저 멀어지네. <歲暮歸南山(세모귀남산)>"라는 시를 올렸다. 이 구절 때문에 현종의 노여움을 사서 모처럼의 벼슬길을 놓쳤다는 일화가 전해진다. 이 구절을 접한 현종은 기뻐하지 않으며 말하였다. "卿不求仕, 而朕未嘗棄卿, 奈何誣我.(경은 벼슬을 구하지 않는구나! 짐이 일찍이 경을 버리지 않았는데, 어찌 나를 모함하려 하는가?)"라고 했다 하니 孟浩然이 얼마나 불운했는가를 알게 해 준다.

뒤에 太學에서 시를 강의했는데 학생들은 그의 박식함에 경탄했다. 張九齡(장구령) 등과 가까이 사귀었다. 등창이 나서 고생하다가 玄宗 開元 28년(740) 52살에 죽었다. 그의 시는 自然美나 靜寂(정적)의 경지를 노래한 것이 많은데, 특히 五言詩에 뛰어났다. ≪孟浩然集≫ 4卷이 있다.

<春曉(춘효)>

春眠不覺曉, 處處聞啼鳥.
夜來風雨聲, 花落知多少.

---

56) 독룡(毒龍): 불교 일화에서 독룡은 연못이나 물속에 살면서 사람을 해치는데 고승(高僧)이 불법으로 제압해 먼 곳으로 보내 영원히 사람을 해치지 못하게 한다. 여기서는 속세의 각종 욕망이나 번뇌 망상을 비유한다.

봄 잠이 깊이 들어 날 밝는 줄 몰랐는데,
곳곳에서 들려오는 새들의 지저귐.
밤새 몰아친 비바람 소리에,
떨어진 꽃잎이 얼마나 될는지.

<過故人莊(과고인장)>57)

故人具雞黍, 邀我至田家.
綠樹村邊合, 靑山郭外斜.
開軒面場圃, 把酒話桑麻.
待到重陽日, 還來就菊花.

친구가 닭 잡고 기장밥 지어,
시골집으로 나를 초대했네.
푸르른 나무들 마을을 두르고,
성곽 너머엔 비스듬히 청산이 누웠구나.
창문 열어 채마밭 바라보고,
술잔 기울이며 농사일 이야기하네.
중양절 오기를 기다려,
다시 와 국화에 취해볼거나.

---

57) 친구의 초대를 받아 시골집에 놀러 갔더니 닭을 잡고 기장밥을 차려 내오는 최상의 대접을 준비하였다. 마을을 둘러싼 푸르른 나무들과 성곽 너머로 비낀 청산은 평화롭기 그지없는 전원의 모습이다. 친구와 마주 앉아 술잔을 나누면서 이런저런 이야기를 나누다 보니 분위기에 취하고 술기운에 취한다. 취한 시인은 다가오는 중양절에 다시 한 번 오고 싶은 마음을 내비친다. 중양절은 음력 9월 9일로, 옛날 중국에서는 이 날 국화주를 마시는 풍습이 있었다.

25 邊塞詩派(王昌齡, 崔顥)

唐 帝國의 번영과 평화를 배경으로 발전했던 盛唐詩의 낭만적인 경향은 自然詩派 이외에 옛 악부의 자유로운 형식과 정열적인 기풍을 계승한 또 다른 일파의 시인들을 낳게 하였다. 그들은 王昌齡(왕창령, 698~757) 등이 대표하는 邊塞派(변새파)이다. 邊塞詩는 唐 王祖가 적극적으로 팽창적인 대외정책을 추진하던 盛唐 시기에 특히 많이 지어졌다. 주로 변방의 풍경과 생활, 한족 관리와 군인들의 병영생활, 이민족과의 전쟁 등을 다룬 시를 가리킨다. 이런 부류의 시는 ≪詩經≫으로부터 시작하여 漢 왕조 때에도 나왔고, 魏晉南北朝 시대에도 계속해서 나왔지만, 盛唐時期에 가장 활발하게 창작되었다. 邊塞詩를 주로 창작했던 시인으로는 王昌齡, 岑參(잠참), 高適(고적) 등을 꼽을 수 있다.

王昌齡은 字가 少伯(소백)이며, 京兆長安(현재 陝西省 長安縣) 사람이다. 王之渙(왕지환)·辛漸(신점)·孟浩然 등과 친하게 지냈다. 詩에 뛰어나 그 당시 '詩天子王江寧(시천자왕강녕)'이라 불렸다. 벼슬이 校書郞(교서랑)까지 올랐으나 후에 龍標尉(용표위)로 左遷되었다. 734년 博學宏詞(박학굉사) 시험에 합격하여 氾水(범수, 河南省 成皐縣)의 尉(위)가 되었다. 그러나 소행이 좋지 못하다 하여 江寧의 縣丞(현승), 다시 龍標(용표, 湖南省 黔陽)의 尉(위)로 좌천되었다. 安祿山의 亂으로 고향으로 돌아갔으나 刺史(자사)인 閭丘曉(여구효)에게 죽임을 당하였다. 그의 시는 구성이 긴밀하고 착상이 청신하며, 특히 七言絶句에서 뛰어난 작품이 많다. 여인의 사랑에 대한 비탄을 노래한 <長信秋詩(장신추시)>·<閨怨(규원)>, 변경의 풍물과 군인의 향수를 노래한 <出塞(출

새)>·<從軍記(종군기)>·<芙蓉樓送辛漸(부용루송신점)>이 유명하다. 시집 ≪王昌齡全集(왕창령전집)≫ 5卷과 그의 저술로 전하여지는 시론서 ≪詩格(시격)≫·≪詩中密旨(시중밀지)≫ 각 1卷이 남아 있다.

　王昌齡은 絶句에 뛰어났다. 絶句는 당시 音律에 맞추어 노래할 수 있는 악부 가사였으므로 다분히 음악적이다. 그러므로 풍격에 있어서는 高·岑과 비슷하나 그 韻味에 있어서는 그들을 훨씬 능가하고 있다. 唐代의 七言絶句에 있어서는 李白을 제외하고는 王昌齡과 比肩(비견)할 자가 없다고 한다.

<芙蓉樓送辛漸(부용루송신점)>

寒雨連江夜入吳, 平明送客楚山孤.
洛陽親友如相問, 一片冰心在玉壺.[58]

찬비 강에 내리는 밤에 오나라 땅에 들어와서는,
새벽녘에 나그네를 전송하니 초나라의 산도 외롭게만 보이네.
낙양의 친구들 내 안부 묻거들랑,
한 조각 얼음 같은 마음이 옥 항아리 속에 있다고 하게.

　崔顥(최호, 704?~754)는 초기에는 浮艶(부염)한 시풍을 보였다가 나중에 邊塞를 다니면서 시풍도 雄渾(웅혼)하게 바뀌었다. 樂府體의 7言 歌行을 많이 지었는데, 특히 그의 <黃鶴樓(황학루)>는 唐나라 7언 율시 가운데 최고의 작품으로 평가된다. 그밖에 <長干行(장간행)>과 <贈王尉古(증왕위고)> 등이 있다.

---

58) 빙심옥호(冰心玉壺): 마음이 맑고 티 없이 깨끗하다는 뜻이다.

<黃鶴樓(황학루)>59)

昔人已乘黃鶴去, 此地空餘黃鶴樓.
黃鶴一去不復返, 白雲千載空悠悠.
晴川歷歷漢陽樹, 芳草萋萋鸚鵡洲.
日暮鄕關何處是, 煙波江上使人愁.

옛사람은 이미 황학 타고 떠나가 버리고,
이곳엔 공연히 황학루만 남아 있네.
황학은 한번 떠나간 뒤로 다시는 돌아오지 않고,
흰 구름만이 천년을 두고 부질없이 오가고 있네.
맑은 강물엔 또렷이 한양의 나무들 비쳐 있고,
앵무주에는 향기로운 풀 무성하네.
해는 지는데 고향은 어디쯤 있을까?
안개 낀 강물은 나그네의 시름인가 하네.

---

59) 黃鶴樓는 漢水가 합류하는 長江 남쪽 기슭의 빼어난 경관 속에 세워져, 중국에서 가장 유명한 누각 가운데 하나이다. 삼국시대에 吳나라가 형주(荊州)를 빼앗아 蜀과 싸우기 위하여 서산 서쪽 기슭의 황곡산(黃鵠山)에 세운 높은 건물이 黃鶴樓의 모체이다. 黃鶴樓라는 명칭에는 道家의 仙人이 노란 귤껍질로 만든 鶴이 진짜 學이 되어 선인을 태우고 날아갔다는 전설이 담겨 있다. 최호(崔顥)가 지은 시 <황학루(黃鶴樓)>는 대시인 李白보다 나은 시를 지을 수 없다고 탄복하였을 정도로 뛰어난 작품으로 누각의 명성을 높이는 데 크게 기여하였다.

1층 대청에는 황학을 타고 옥피리를 부는 신선을 생동감 있게 묘사한 높이 9m, 너비 6m의 채색 도자기 그림 <백운황학(白雲黃鶴)>이 있고, 2층 벽에는 당나라 때 염백리(閻伯理)가 지은 <황학루기(黃鶴樓記)>가 새겨져 있다. 3층에는 이백과 최호, 악비(岳飛) 등 黃鶴樓를 노래한 역대 명인들을 그들의 작품과 함께 그림으로 묘사한 <문인회췌(文人薈萃)>가 눈길을 끈다. 5층에는 10폭의 화폭에 파도가 넘실대는 양자강과 중국의 문화적 요소와 黃鶴樓의 변화 등을 생생하게 묘사한 <강천호한(江天浩瀚)>이 있는데, 전체 길이가 100m에 이른다.

26. 李白 詩의 特色

　李白은 唐代의 낭만파 시인의 대표주자이다. '詩仙(시선)'으로 불리는 李白은 문학적 성취의 측면에서도 중국 고전시를 대표하지만, 또한 역대 중국 시인들 가운데 대중적으로 가장 널리 애송되는 시를 누구보다도 많이 남겼다. 李白은 개성보다는 전통이 중시되는 중국문학의 풍토에서 보기 드물게 개성적인 시를 많이 남겼으며, 近體詩의 틀을 만드는 데에 크게 기여했지만, 한편으로는 근체시의 格律에 구애받지 않고 파격의 미학을 가장 잘 구현해낸 것도 그의 큰 문학적 성취이다.

　李白(701~762)은 字가 太白, 號는 靑蓮居士(청련거사)이며 그의 고향에 대해서는 異說이 분분하여 아직까지도 정론이 없다. 초년 시절에는 四川에서 책을 읽고, 25세 이후에는 자유분방한 유랑생활을 즐기면서 여러 계층의 친구들을 사귀었다. 오늘날 중국 고전시를 대표하는 것으로 손꼽히는 李白의 시는 대부분 長安에 들어온 40대 이후에 지어진 것이다. 당시 李白은 사상적으로는 물론 문학적으로도 원숙한 경지에 도달하여, 그의 이름이 수도 長安에도 널리 알려져 있었다. 李白은 당시 재상의 자리에 있던 賀知章(하지장)의 강력한 薦擧(천거)에 힘입어, 玄宗의 부름을 받고 궁중으로 들어와 翰林學士(한림학사)의 관직을 받았다. 이후 약 3년 동안 황제의 측근 신하로서 궁중을 출입하였지만 정치 활동의 중심부로 진입하는 데에는 실패하였다. 그래서 회의를 품고 관직을 사직한 뒤 長安을 떠났다. 그 후 다시 10여 년 동안 중원 일대를 유랑하기 시작하였다.

　李白의 시는 그의 생애만큼이나 다양하고 분방하다. 그의 시는 超自

然的이고 道家的인 神仙의 세계를 추구한 시로부터 애국적인 정열과 공명에 대한 유가적인 포부를 노래한 시, 서민들의 일상으로부터 당 왕조의 화려한 궁정 생활을 노래한 시 등의 주제로 볼 때 매우 넓은 분포를 보인다. 그의 시에는 일관되게 현실정치의 참여를 통해 정치적 포부를 이루고자 하는 강한 의욕이 전제되어 있다.

또 다양한 시의 세계만큼이나 다양한 시의 양식을 자유자재로 운용하였다. 그의 시는 분출하는 激情(격정), 기발한 着想(착상)과 기상천외한 想像力, 華奢(화사)한 感覺美와 유창한 리듬감이 돋보인다.

그의 시에는 평범하고 일상적인 소재보다 웅장하고 환상적인 소재가 자주 등장하며, 그에 걸맞게 대담하고 과장된 표현들이 자주 등장한다. 李白의 이런 시풍을 가리켜 전통적으로 '豪放飄逸(호방표일)'이라 한다.

詩型에 있어서는 五言·七言의 장편과 단편을 다 잘 지었지만, 특히 古詩와 絶句에 뛰어났다. 특히 樂府體의 작품이 많으나 모두 옛 악부의 제목만을 빌린 것이고, 실제로는 자유로운 악부 정신을 살려 지은 五言·七言 古詩인 경우가 대부분이다. 律詩는 작품도 많지 않고 또 높은 평가도 받지 못하고 있는데, 아무래도 율시의 엄격한 格律은 자유분방한 그의 성격과 별로 합치되지 못하였기 때문일 것이다. 작품 가운데에서도 <蜀道難(촉도난)>, <古風(고풍)> 59首, <將進酒(장진주)>, <採蓮曲(채련곡)>, <秋浦歌(추포가)> 17首 등이 대표작으로 꼽히는데, 이들 작품들은 규모가 클 뿐만 아니라 그에 걸맞게 압도적인 리듬과 속도감 넘치는 구성으로 古今의 명작으로 손꼽힌다. 杜甫는 李白의 시를 두고 "붓을 대면 비바람도 놀랐고, 시가 이루어지면 귀신을 울게 했다.(筆落驚風雨, 詩成泣鬼神)"(杜甫, <寄李白二十韻>)라고 말하였다.

李白은 <春日獨酌(춘일독작)>, <待酒不至(대주부지)>, <山中與幽

人對酌(산중여유인대작)>, <自遣(자견)>, <對酒(대주)>, <春日醉起言志(춘일취기언지)>, <將進酒(장진주)> 등의 飮酒詩에서 호탕하고 개성적인 시풍을 한껏 발휘하였다.60) 그 외에도 초자연적인 신선의 세계를 환상적으로 노래한 遊仙詩도 매우 뛰어나며, 선명하고 화사한 색채가 풍부하게 흘러넘치는 山水詩도 인간사와 절묘하게 투사되면서 독특한 여운을 느끼게 한다. 遊仙詩와 山水詩에는 특히 道敎에 대한 그의 취향과 일탈적인 사상적 경향이 드러나 있는 경우가 많다. 이 밖에 閨情詩(규정시)와 宮體詩 등에서도 수많은 걸작을 남겼다.

<將進酒>는 역대의 어느 작품보다도 널리 애송된 대표적인 勸酒歌(권주가)이다. 인생에 있어 부귀영화란 찰나적 즐거움에 불과하며, 유한한 시간 앞에서는 흘러가는 물과 같아서 한번 가면 다시 돌이킬 수 없다는 달관을 보여준다.

<將進酒(장진주)>

君不見, 黃河之水天上來, 奔流到海不復回.
君不見, 高堂明鏡悲白髮, 朝如靑絲暮成雪.
人生得意須盡歡, 莫使金樽空對月.
天生我材必有用, 千金散盡還復來.
烹羊宰牛且爲樂, 會須一飮三百杯.
岑夫子, 丹丘生, 將進酒, 杯莫停.
與君歌一曲, 請君爲我側耳聽.

---

60) 중국을 대표하는 시인 중에는 술을 사랑했던 시인이 많다. 술을 좋아한다는 데서 유래한 별명도 부지기수다. 李白은 술의 신선(神仙), 소식(蘇軾)은 술의 친구, 육방옹(陸放翁)은 술 미치광이, 죽림칠현(竹林七賢)의 유령(劉伶)은 술의 귀신으로 불린다. 도연명(陶淵明)은 술의 성인(聖人)으로 표현된다.

鐘鼓饌玉不足貴, 但願長醉不用醒.
古來聖賢皆寂寞, 惟有飮者留其名.
陳王昔時宴平樂, 斗酒十千恣歡謔.
主人何爲言少錢, 徑須沽取對君酌.
五花馬, 千金裘,
呼兒將出換美酒, 與爾同銷萬古愁.

그대 보지 않았는가,
황하의 물 하늘로부터 흘러 내려와,
바다로 흘러간 뒤 다시는 돌아오지 못하는 것을.
그대 보지 않았는가,
고대광실 밝은 거울에 비친 백발 슬퍼하는 모습,
아침에 푸른 실 같던 머리 저녁엔 눈처럼 희던 것을.
인생살이 득의 했을 때 마음껏 즐기세,
황금 술잔이 빈 채로 달만 바라보고 있지 마시게.
하늘에서 날 보냈을 땐 반드시 쓸모가 있었을 터,
천금은 다 써 버려도 다시 돌아오리라.
양 삶고 소 잡아서 즐겨나 보자,
한번 마셨다면 삼백 잔은 마실지라.
잠부자, 단구생, 한 잔 드시게나, 잔 멈추지 마시고.
그대 위해 한 곡조 읊어보리니, 나를 위해 귀 기울여 들어보게.
종소리 북소리에 산해진미 귀할 것 없지만,
오로지 원하느니 내내 취해 안 깨는 것.
예로부터 성현들은 모두 쓸쓸했고, 오직 술꾼만 그 이름을 남겼다네.
조식(曹植)이 예전에 평락전(平樂殿)에 잔치 벌여, 한 말에 만 냥 술을 마음껏 즐겼네.
주인은 어이하여 돈이 적다하는가, 당장 술 받아다 그대에게 술 따르리.

아름다운 말, 값진 가죽옷,
아이 불러 좋은 술과 바꾸어다가, 그대와 더불어 만고의 시름 녹여나 보세.

春日獨酌(춘일독작)

東風扇淑氣, 水木榮春暉.
白日照綠草, 落花散且飛.
孤雲還空山, 衆鳥各已歸.
彼物皆有託, 吾生獨無依.
對此石上月, 長醉歌芳菲.

봄바람에 훈기 돌고,
수목은 봄빛에 무성하네.
환한 빛 봄 풀을 비추고,
꽃은 져서 이리저리 날아다니네.
조각구름은 빈산을 돌고,
새들도 저마다 집으로 돌아가네.
생겨난 모든 것 기댈 곳 있는데,
나만 혼자 외롭게 의지할 곳 없네.
돌 위에 비치는 밝은 달과 더불어,
오래오래 술 마시며 꽃을 읊으리.

또한, 짧은 絶句 형식의 시에는 작가의 간단한 정취나 순간적인 激情 같은 것이 잘 포착되어 있다. 李白의 7言 絶句 <山中問答>에는 그의 낭만적이고 도교적인 세계관을 잘 드러내고 있다. 問答은 흔히 두 사람

사이의 문답 형식으로 생각되지만, 이 시에서는 自問自答으로 풀이하여 감상하면 시적인 정취가 더욱 깊어진다.

<山中問答(산중문답)>

問余何意棲碧山,
笑而不答心自閑.
桃花流水杳然去,
別有天地非人間.

내게 무엇 때문에 푸른 산속에 사는가 묻는데,
웃으며 대답은 않지만 마음은 그대로 한가롭네.
복사꽃은 흐르는 물에 아득히 떠가니,
바로 인간 세상 아닌 별천지가 여기 있네.

<山中問答>은 李白의 나이 53세(753년, 추정) 작품으로 속세의 번잡함을 잊고 사는 이의 심정을 노래하였다. 극도로 절제된 언어 속에 깊은 서정과 뜻을 응축해 내는 絶句의 특성을 잘 드러내고 있다. 陶淵明의 <飮酒詩> (5)에 "……, 此中有眞意, 欲辨已忘言.(……, 이 중에 참된 뜻 있으니, 분별하려 하다 이미 말을 잊었네.)"라는 표현과 일맥상통한다. 이 시가 추구하는 別天地는 陶淵明의 <桃花源記>에 나오는 理想鄕과 유사하다. 李白의 理想世界는 현실의 문제점과 불만이 해소되어 있다는 점에서 허구적이긴 하지만 단순한 공상이 아니라 불완전한 현실을 완성하려는 의지로 보인다.

27. 杜甫 詩의 特色

　杜甫(두보, 712~770)는 字가 子美이며 襄陽(양양, 湖北省 襄陽縣)사람이다. 武后·中宗 때의 詩人 杜審言(두심언)이 그의 할아버지이고, 아버지 杜閑(두한)도 낮은 벼슬을 하기는 하였으나 杜甫가 태어났을 무렵에는 집안이 매우 가난하였다. 일찍부터 글재주가 있어 십여 세에는 문인들과 시를 주고받을 정도였고, 20세 무렵까지는 가난 속에서도 공부를 열심히 하였다. 그도 이때엔 정열적이어서 집을 떠나 江蘇(강소)·浙江(절강) 지방을 3, 4년 유랑하며 세상 물정을 익혔다. 24세 때에는 長安으로 가서 과거를 보았으나 급제하지 못하고 다시 山東, 山西, 河南 일대를 유랑하였다. 그러나 이 시기에 李白, 高適 등의 낭만적 시인들을 만나 사귀었는데, 이 무렵에는 杜甫도 성격이 자유분방하였고, 작품도 낭만적인 성격의 것들을 썼다. 낮은 벼슬을 얻었으나 빈곤은 면치 못하였다. 벼슬을 내던지고 奉先縣에 떨어져 있던 가족에게 갔으나 그의 아들은 이미 굶어 죽은 뒤였다. 이러한 가난 속에 8, 9년의 세월을 보내면서 杜甫의 문학은 큰 변혁을 일으키게 된다. 즉 그가 체험한 정치적, 사회적 여러 가지 모순은 그의 시를 현실주의적인 방향으로 전환시켰다.

　조정과 귀족들의 사치를 읊은 <自京赴奉先(자경부봉선)>·<醉時歌(취시가)>, 楊貴妃 자매들의 호사와 음란함을 읊은 <麗人行(여인행)>, 농촌의 고통스러운 생활을 읊은 <秋雨嘆(추우탄)>, 戰役(전역)에 시달리는 백성의 삶을 읊은 <兵車行(병거행)> 등이 있다.

　바로 그해 말에 安祿山의 亂이 일어나 唐 제국이 온통 전란에 휩쓸리게 되자 杜甫의 생활도 순탄하지 못하였다. 그는 다음 해(756년) 피난을 가는 도중에 반란군에 잡혀 長安으로 압송되는데, 전란을 통해서 경험한 고통과 잔혹한 참상들은 더욱 그의 시를 현실주의 방향으로 몰고 간다.

반란군에게 잡혀 長安에 있는 동안에는 <哀王孫>・<哀江頭>・<春望> 등을 썼고, 벼슬을 버리고 鄜州(부주)로 갔을 적에는 <北征>・<羌村(강촌)> 등의 대작을 썼다. 다시 華州司功參軍(화주사공참군)으로 밀려나 고난을 당하는 동안에는 '三吏'(<石壕吏(석호리)>・<潼關吏(동관리)>・<新安吏(신안리)>), '三別'(<新婚別(신혼별)>・<垂老別(수로별)>・<無家別(무가별)>)이라 불리는 대표작들을 썼다. 다시 벼슬을 버리고 秦州로 갔을 때는 <秦州雜詩(진주잡시)> 20首의 대작을 완성하였다.

750년부터 시작된 成都의 생활은 친구 嚴武(엄무)・高適(고적)・裵冕(배면) 등의 도움으로 비교적 안정이 되었다. 765년 의지하던 친구 嚴武가 죽자 회고의 작품을 많이 지었는데 대표작으로 <秋興> 8首 같은 시를 남겼다. 그 후 770년 (大歷 5년)에 배를 타고 湘江(상강)을 거슬러 올라가다 耒陽(뇌양)의 배 위에서 음식을 잘못 먹고 죽었다.

杜甫는 약 1,400여 首의 시를 남겼다. 그의 시는 내용도 풍부하고 변화도 극히 다양하다. 杜甫의 시들은 그 시대 사회상을 잘 반영하고 있기 때문에 예부터 그의 시를 '詩史(시사, 시로 쓴 역사)'라 하였다.

≪詩經≫에서부터 시의 가장 중요한 의의를 사회적인 모순을 고발하여 통치자들에게 잘못을 깨닫게 하고, 여러 사람을 올바른 길로 이끌어 준다는 '諷諭(풍유)'에 두었기 때문에, 杜甫의 시는 특히 많은 사람에게 존중되었다. 그리고 中國詩歌史에서 杜甫의 시가 높은

평가를 받는 이유의 하나는 詩律이 엄격한 律詩를 잘 지었다는 점이다. 律詩는 글자의 배열, 음률의 조화, 對句 등을 통하여 시가 이룩한 고도의 형식미를 갖춘 시형이다. 따라서 중국시의 형식미를 갖춘 최고 수준의 작품은 杜甫에게서 발견된다. 그의 현실주의적 경향과 사회문제를 다룬 대표시 <春望>은 난리 속에서 나라를 염려하는 마음과 고향에 있는 가족들을 그리워하는 마음을 그린 시이다.

<春望(춘망)>[61]

國破山河在, 城春草木深.
感時花濺淚, 恨別鳥驚心.
烽火連三月, 家書抵萬金.
白頭搔更短, 渾欲不勝簪.

나라는 깨어져도 산하는 그대로 있네,
장안성에 봄이 오니 초목이 우거진다.
시국을 생각하노라니 꽃을 보아도 눈물 흐르고,

---

61) <春望>에서 杜甫는 長安에 억류되어 참혹한 광경을 목도하면서 자신 역시 하루하루를 근근이 연명하고 있다. 그럼에도 계절은 어김없이 봄이 찾아 왔다. 만물이 소생하여 잎은 초록으로 무성해지고 꽃은 붉게 타오른다. 자연의 화려한 생동감은 長安에 드리워져 있는 죽음의 그림자를 돋보이게 하고, 杜甫를 더 절망스럽게 한다. 찬란한 봄과 전란의 참혹함은 서로 대비되면서 杜甫의 슬픔은 극대화된다. 특히 轉 부분의 '連三月'에서 '三'은 '석 달 동안'이라는 의미라기보다 '三'이 갖는 '많다'라는 의미를 살려서 오랫동안 긴박한 전시 상황이 이어지고 있음으로 보는 편이 낫다. 이에 두보는 두고 온 가족들에 대한 근심과 걱정으로 속이 타들어 가는 심정으로 만금보다 더 귀한 안부 편지를 기다리고 있다. 또한 結 부분에서 근심에 의한 스트레스와 오랜 억류 생활로 인한 영양실조는 머리를 긁을 때마다 흰머리가 한 움큼씩 빠져나오는 사실을 두보는 곧 비녀를 이길 수 없는 지경이 될 것 같다고 표현했다.

이별을 한탄하노라니 새소리에도 심장이 멎는다.
전쟁 알리는 봉홧불은 석 달 동안 이어지고,
집안 소식 전해줄 편지는 만금보다 귀하다.
흰머리 긁을수록 짧아져,
이젠 비녀조차도 꽂지 못하겠구나.

<春望>은 杜甫의 나이 46세(757년) 때 작품으로 肅宗 至德 원년 安祿山의 亂 때 피난 생활을 하면서 長安에서 지은 것이다. 杜甫는 오랫동안 전쟁을 겪으며 지냈기 때문에 작품 중에 전쟁을 배경으로 한 시가 많다. 그 가운데서도 이 시는 특히 많은 사람에게 널리 읽혔다. 나라를 사랑하는 열정, 가족을 그리워하는 애절함을 느낄 수 있으나 이를 드러나게 표현하지는 않았다. 꽃과 새, 봉화와 집안 소식들을 두루 소재로 다루면서도 극히 자연스럽게 엮어나갔다. 또 강렬한 감정과 풍부한 내용을 포함하였으나 하나도 천박하거나 얽매임이 없어 雄渾(웅혼)한 맛을 음미할 수 있다.

杜甫 詩의 三吏三別 중 하나인 石壕吏(석호리)는 杜甫의 대표적인 社會詩로 꼽힌다. 杜甫는 전란을 치르는 상황에서 관리의 橫暴(횡포)를 당해야 하는 민중의 비극적 고통을 사실적으로 표현하고 있다. 唐나라 肅宗(숙종) 乾元(건원) 2년(759)에 郭子儀(곽자의)와 아홉 명의 節度使가 거느린 60만 토벌군이 鄴城(업성)에서 安祿山(안녹산)의 반란군을 포위했으나, 숙종의 불신과 지휘체계의 혼란으로 史思明에 의해 참패를 당한다. 이에 병력을 충당하기 위하여 洛陽 일대에서 壯丁들을 강제로 징발했다. 이 시에 이러한 역사적 상황이 펼쳐지고 백성의 고통이 구체화되어 있다.

<石壕吏(석호리)>

暮投石壕村, 有吏夜捉人.
老翁逾牆走, 老婦出門看.
吏呼一何怒, 婦啼一何苦.
聽婦前致詞, 三男鄴城戍.
一男附書至, 二男新戰死.
存者且偸生, 死者長已矣.
室中更無人, 惟有乳下孫.
孫有母未去, 出入無完裙.
老嫗力雖衰, 請從吏夜歸.
急應河陽役, 猶得備晨炊.
夜久語聲絶, 如聞泣幽咽.
天明登前途, 獨與老翁別.

날이 저물어 석호촌(石壕村)에 머물렀는데,
관리가 밤에 사람 잡으러 왔네.
할아버지 담 넘어 도망가고,
할머니가 문 앞에 나와 보네.
관리의 호통 그 얼마나 노엽고,
할머니 눈물 그 얼마나 서럽던가.
들으니 할머니 나와 이렇게 말하네.
"세 아들 업성(鄴城) 싸움에 출정하여,
한 아들이 부쳐온 글에,
두 아들은 요새 싸우다 죽었다 하였소.
산 놈은 목숨 하나 겨우 부지하지만,
죽은 놈은 그걸로 그만 아니겠소.

집 안에는 다른 사람이란 없고,
오직 젖먹이 손자뿐인데,
손자가 있어 어미는 가지 못하지만,
나들이하려 해도 온전한 치마조차 없다오.
늙은 할멈 비록 몸은 쇠했지만,
나리 따라 밤도와 가리다.
급한 대로 하양(河陽) 전쟁터에 대어 간다면,
그래도 아침밥은 지을 수 있을 거요."
밤이 깊어 오자 말소리 끊기고,
숨죽여 흐느껴 우는 소리만 들리네.
날이 밝아 길을 떠날 때,
오직 할아버지와 작별하였네.

    시의 내용 중 鄴城의 싸움이 언급된 것으로 볼 때, 乾元 元年(758) 이후에 지어진 듯하다. 이전에는 형제 중에 한 사람만 종군하였으나, 이때는 모든 壯丁(장정)을 전쟁터로 내몰아 노약자에게까지 미쳤다. 할머니가 징집 관리에게 하소연하는 말 속에 민중의 처참한 悲劇(비극)이 녹아있다. 아들 셋이 전쟁이 끌려가서 둘은 죽고, 하나는 어찌 되었는지 알 수 없다. 집에는 애 딸린 며느리와 늙은이 부부밖에 없다. 며느리는 입고 나갈 치마마저 변변한 게 없다. 전쟁의 피폐함은 오직 민중이 당해야 하는 고통이다. 할머니는 자신이라도 전쟁의 부역에 나가겠다고 자원한다. 밤새 며느리가 흐느껴 울었을 것이고, 다음 날 아침에는 늙은이가 혼자 배웅을 하더라는 것이다. 탄탄한 구성과 절제된 표현, 사실적이고 객관적 어조 등으로 역사적 진실을 그대로 전하는 詩史로서의 면모가 잘 드러나 있다.

28. 邊塞詩派(岑參, 高適)

岑參(잠참, 715~770)은 南陽(현재 河南省)사람으로, 어려서 부모를 여의고 가난함에도 학문에 힘써 唐詩의 극성 시기에 활약한 詩人이다. 代宗 때 嘉州刺史(가주자사)를 역임했고, 幕職使(막직사)로 있다가 罷免(파면)되어 蜀(촉)으로 귀양 가서 돌아오지 못하고 죽었다. 岑參의 시는 변새 지방의 환경 속에서 진취적인 기백으로 邊塞(변새)의 풍경이나 그곳에서 벌어지는 전쟁과 사람들의 활동을 격정적으로 노래하여 독자들을 압도한다. 그래서 시 한 편이 나올 때마다 사람들이 다투어 베꼈다고 한다. 邊塞 지방의 거센 바람, 무더위, 얼음과 눈, 끝없는 사막, 비정한 전쟁은 더욱 그의 詩情을 웅장하게 하고 변화를 다양하게 하였다.

<見渭水思秦川(견위수사진천)>

渭水東流去, 何時到雍州.
憑添兩行淚, 寄向故園流.

위수(渭水)는 동쪽으로 흘러가,
언젠가 내 고향 옹주(雍州)에 이르겠지.
두 줄기 눈물 강물에 섞어서,
내 고향 향해 부치네.

<磧中作(적중작)>

走馬西來欲到天, 辭家見月兩回圓.

今夜不知何處宿, 平沙萬里絶人煙.

말 달려 서쪽으로 하늘에 닿기까지,
집 떠나 달이 두 번 차고 기울었네.
오늘 밤 잠자리는 찾을 길도 없는데,
끝없는 모래벌판 인가의 연기조차 끊어졌네.

<蜀葵花(촉규화)>

昨日一花開, 今日一花開.
今日花正好, 昨日花已老.

어제 꽃피더니,
오늘도 꽃이 피네.
오늘 핀 꽃 예쁘더니,
어제 핀 꽃 시들었네.

<春夢(춘몽)>

洞房昨夜春風起, 遙憶美人湘江水.
枕上片時春夢中, 行盡江南數千里.

어젯밤 방안에 봄바람 일더니,
멀리 상강(湘江)의 임 생각 절로 나네.
베갯머리 잠깐의 춘몽 속에,
강남의 수 천리를 갔다 왔다네.

高適(고적, 702?~765)은 字가 達夫(달부)이며, 河北省 滄州(창주, 河北省 景縣)에서 태어났다. 玄宗 때 과거에 급제, 肅宗(숙종) 때 諫議 大夫(간의대부)에 발탁되어 거리낌 없이 바른말을 했다. 그는 50세가 넘어 安祿山의 亂 이후 본격적으로 詩文에 힘썼다. 자신의 호방한 성격과 국경지방에서의 군막생활 경험은 그의 시를 岑參(잠참)과 비슷한 풍격을 지니게 하였다. 762년 西川 節度使가 되어 蜀에서 吐蕃(토번)을 막고, 左散騎常侍(좌산기상시) 등을 지냈다. 그의 시는 從軍을 많이 하여 변방의 풍경과 전쟁에서 취재한 것이 많은데, 웅장하고 호방하여 王維, 孟浩然 등과 어깨를 나란히 하였다. 그는 유랑생활을 통해 일반 백성들의 어려운 생활을 직접 경험하였기 때문에, 시에 백성들의 어려운 생활에 대한 동정과 관심을 나타낸 것들도 적지 않다. 岑參이 서민 생활에 관심이 적었던 데 비하여, 高適의 시에는 이러한 고난에 대한 동정이 드러났다는 점은 高適 시의 시대적인 의의를 한층 더 높여 준 것이라 할 수 있다. ≪高常侍集≫ 8卷이 있다.

<夜別韋司士(야별위사사)>

高館張燈酒復淸, 夜鐘殘月雁歸聲.
只言啼鳥堪求侶, 無那春風欲送行.
黃河曲裏沙爲岸, 白馬津邊柳向城.
莫怨他鄕暫離別, 知君到處有逢迎.

높은 객사에 등불 거니 술 빛 더욱 맑고,
밤 종소리, 새벽 달빛에 돌아가는 기러기 소리.
그저 우는 새도 짝을 구할 수 있다 하던데,

어찌하리? 봄바람이 나그넷길 전송하는 것을.
황하의 구비 안에서 모래는 언덕을 이루는데,
백마 나룻가의 버드나무는 성으로 이어지네.
원망하지 마시게, 타향에서 잠시 이별하는 것을,
그대는 가는 곳마다 반가이 맞아 주는 것을 아니까.

<田家春望(전가춘망)>

出門何所見, 春色滿平蕪.
可歎無知己, 高陽一酒徒.

문을 나서 봐도 바라볼 것 없는데,
봄기운은 황폐한 들판에 가득하네.
자기 알아주는 친구 없음을 한탄하며,
좋아하는 술 마시며 서럽지 않게 사네.

<除夜作(제야작)>

旅館寒燈獨不眠, 客心何事轉凄然.
故鄕今夜思千里, 霜鬢明朝又一年.

여관의 싸늘한 등불 아래서 잠 못 이루는데,
나그네의 마음은 왜 그런지 더욱 쓸쓸하네.
고향을 생각하면 오늘 밤에도 아득한 천리,
하얗게 센 머리 내일 아침 또 신년이 되는구나.

29. 白居易 詩의 特色과 新樂府運動

1) 白居易 詩의 特色

白居易(백거이, 772~846)는 字가 樂天이며 自號가 香山居士이다. 太原(현재 陝西省 太原)사람으로 韓愈와 함께 中唐時代의 詩를 대표한다. 韓愈가 시의 문학 내적 측면을 중시하며 보다 전통적이고 보수적인 관점에서 시를 지었다면, 白居易는 詩의 效用 혹은 사회적 효과의 측면을 중시하며 대중적이고 진보적인 관점에서 시를 지었다. 白居易는 지방의 하층 사대부 계층 출신으로서 중앙의 고위 관직에까지 진출하는 데 성공한 中唐의 新進士大夫의 한 전형이었다. 그의 성공은 安祿山과 史思明의 亂을 거치면서 기존의 계층구조가 흔들림에 따라 하층 사대부들에게도 중앙의 고위 관직 승진이 가능해진 中唐의 시대 상황으로 인해 가능했다.

中國文學史에서는 白居易의 시 가운데 그가 江州司馬로 左遷(좌천)되기 이전에 썼던 이른바 社會詩를 가장 주목하여 다룬다. 이 시기에는 당시의 정치와 사회상, 어려운 서민들의 생활상 등에 대한 깊은 관심과 동정을 바탕으로 하여 지어진 社會詩가 상당히 많다. 그의 社會詩는 분위기가 다분히 庶民的(서민적)일 뿐만 아니라 어휘와 문장의 구성이 서민들의 말을 연상시킬 정도로 매우 쉬우면서도 辛辣(신랄)한 諷刺(풍자)와 독설적인 比喩가 풍부한 것이 특징이다. 그는 스스로 新樂府라는 이름 아래 樂府詩의 틀을 빌어 이런 시들을 집중적으로 지어내기도 했다. 그는 옛 樂府의 정신과 수법을 빌어 사회의 모순을 고발하려는 '新樂府運動(신악부운동)'의 중심인물이기도 하다. 白居易는 <與元九書(여원구서)>에서 자신의 詩作의 뜻을 다음과 같이 밝히고 있다.

  古人云窮則獨善其身, 達則兼濟天下. 僕雖不肖, 常師此語. …… 故僕志在兼濟, 行在獨善, 奉而始終之則爲道, 言而發明之則爲詩. 謂之諷諭詩, 兼濟之志也, 謂之閒適詩, 獨善之義也.

  옛 사람이 말하기를 "궁지에 몰렸을 적에는 홀로 그의 몸을 잘 간수하고, 뜻을 얻으면 아울러 천하를 바로 다스려야 한다."고 하였소. 나는 비록 못났지만 언제나 이 말을 스승으로 받드오. …… 그래서 나의 뜻은 아울러 천하를 바로 다스림에 있고, 행동은 홀로 몸을 잘 간수하려는 데 있으니, 이것을 받들어 처음부터 끝까지 지키면 곧 도가 되고, 이것을 말로 표현하여 밝혀내면 시가 되는 것이오. 그 중 '풍유시'라 이르는 것은 아울러 천하를 바로 다스리려는 뜻이고, '한적시'라 이르는 것은 홀로 몸을 잘 간수하려는 목적을 지닌 것이오.

白居易는 이처럼 詩論으로서 자신의 詩作의 첫째 목적은 兼濟(겸제)의 뜻을 살린 諷諭에 있다고 하며, 현실주의적인 견해를 분명히 밝히고 있다. 白居易는 <與元九書>에서 자신의 시집을 편집하면서 시를 諷諭詩(풍유시)·閒適詩(한적시)·感傷詩(감상시)·雜律詩(잡률시)의 네 종류로 분류하였다. 이 중 感傷詩는 서정시이며 雜律詩는 남에게 지어준 즉흥적인 작품들이다.

  自拾遺來, 凡所遇所感, 關於美刺興比者, 又自武德訖元和, 因事立題, 題爲'新樂府'者, 共一百五十首, 謂之諷諭詩. 又或退公獨處, 或移病閒居, 知足保和吟翫性情者一百首, 謂之閒適詩. 又有事物牽於外, 情理動於內, 隨感遇而形於歎詠者一百首, 謂之感傷詩. 又有五言·七言·長句·絶句, 自一百韻至兩韻者四百餘首, 謂之雜律詩.

　좌습유가 된 이래로, 무릇 겪고 느끼는 바, 즉 칭찬하고 꼬집고 비유하고 암시하는 것과 무덕(武德)에서 원화(元和)까지의 시사를 제재로 삼고 '신악부'라 제목을 붙여 모두 150수를 '풍유시'라 하였다. 또 공직에서 물러나 홀로 지내거나, 병을 핑계로 물러나서 한가하게 거처하면서, 분수를 알고 몸을 잘 보전하며, 마음이 끌리는 대로 읊은 것 100수를 '한적시'라 하였다. 또 사물이 밖에서 끌어당기고, 정감이 안에서 움직여 느낌이 닿는 대로 찬탄하여 읊조린 것 100수를 '감상시'라 하였다. 또한 5언, 7언, 장구, 절구가 있는데, 100운에서 2운에 이르는 것 400여 수를 '잡률시'라 하였다.

白居易의 시는 杜甫보다도 더욱 철저히 사회문제들을 파헤치고 있고 더욱 민중 생활에 접근하고 있다. 따라서 내용뿐만 아니라 詩語에 있어서도 民衆의 언어에 가까운 쉬운 표현을 쓰고 있다.

白居易 스스로도 가장 중시한 대표적인 작품은 <新樂府> 50首와 <秦中吟(진중음)> 10首가 중심을 이루는 諷諭詩이다. 그는 作詩의 중요한 목적이 諷諭에 있음을 여러 곳에서 밝히고 있지만, 그의 閒適詩와 感傷詩 중에 다른 시인들이 따르기 힘든 빼어난 작품들이 많다. 특히 만년의 그의 시들은 閒適詩가 중심을 이룬다고 할 수 있다. 그리고 感傷詩에도 長篇의 <長恨歌(장한가)>[62]와 <琵琶行(비파행)>[63] 등 사람

---

[62] 제재는 玄宗과 楊貴妃의 悲戀에 관한 것으로 4장으로 되었다. 제1장은, 玄宗과 楊貴妃의 만남과 楊貴妃에게 쏟는 玄宗의 지극한 애정을 노래하였다. 제2장에서는, 安祿山의 난으로 몽진(蒙塵)하는 길에, 楊貴妃를 죽게 한 뉘우침과 외로움으로 가슴이 찢어지는 玄宗의 모습을 그렸다. 제3장은, 환도 후 楊貴妃의 생각만으로 지새는 玄宗을 묘사한다. 제4장에서는, 도사의 幻術로 楊貴妃의 영혼을 찾았으나 天上과 人界의 단절 때문에 살아 있는 한 되씹어야 할 뼈저린 한탄이 길게 여운을 끈다.

들의 심금을 울린 작품들이 적지 않다. <賣炭翁(매탄옹)>은 제목은 '숯 파는 노인'이라는 뜻으로, 白居易가 지은 ≪新樂府≫ 50首 가운데 32번째 작품이다. 中唐 시기에는 宦官이 전권을 휘둘러 궁중에서 사용하는 물자 조달권도 장악하였다. '누런 옷 걸친 사자와 흰 저고리 입은 사나이'는 바로 백성을 수탈하는 환관의 행차를 묘사한 것이다. 추운 겨울에 홑옷을 입고도 날씨가 더 추워져 숯이 잘 팔리기를 바라는 '賣炭翁'과 극단적 대조를 이룬다. 권력에 수탈당하고도 어쩔 수 없는 고단한 백성의 삶이 절절이 드러나 있는 작품이다.

<賣炭翁(매탄옹)>

賣炭翁, 伐薪燒炭南山中.
滿面塵灰煙火色, 兩鬢蒼蒼十指黑.
賣炭得錢何所營, 身上衣裳口中食.
可憐身上衣正單, 心憂炭賤願天寒.
夜來城外一尺雪, 曉駕炭車輾氷轍.
牛困人饑日已高, 市南門外泥中歇.
翩翩兩騎來是誰, 黃衣使者白衫兒.
手把文書口稱勅, 廻車叱牛牽向北.
一車炭重千餘斤, 宮使驅將惜不得.
半匹紅紗一丈綾, 繫向牛頭充炭直.

숯 파는 노인,

---

63) 唐나라 元和10년(815), 구강군사마(九江郡司馬)로 좌천된 白居易가 다음해 가을, 長江 심양강두(潯陽江頭)에서 손님을 보낼 때, 세상을 방랑하는 늙은 기녀의 얘기를 듣고, 그가 타는 비파에 감동하여 읊은 시이다.

땔감 베어 종남산(終南山)에서 숯을 굽네.
온 얼굴이 먼지와 재와 그을음,
양 귀밑머리 희끗희끗하고 열 손가락 검은색.
숯 팔아 돈 생기면 무엇을 하려는가?
몸에 걸칠 옷과 입으로 들어갈 음식이라네.
가련하게도 몸에 걸친 옷은 홑옷일 뿐이건만,
마음은 숯 값 싸질까 걱정되어 날씨 춥기를 바라네.
밤사이 성 밖에 눈이 한 자 쌓였는데,
새벽에 숯 실은 수레 몰고 언 길을 나서네.
소는 지치고 사람은 굶주렸는데 해는 벌써 중천,
저자 남쪽 문밖 진흙 속에서 쉬노라니,
펄럭펄럭 두 마리의 말 나는 듯 달려오는 이 누구인가?
누런 옷 걸친 사자와 흰 저고리 입은 사나이.
손에 문서 들고 입으로 칙명이라 소리치며,
수레를 돌려 소를 몰아 북쪽으로 끌고 가네.
한 수레의 숯은 무게가 천근이 넘는데,
대궐 사자가 몰고 가니 아까운들 어쩔 수 없네.
반 필의 붉은 비단과 열 자의 무늬 비단을,
소머리에 감아 주고 숯 값으로 친다네.

2) 新樂府運動

　新樂府運動은 中唐 시기에 새로운 제목의 樂府詩 창작을 중심 내용으로 하는 詩歌革新運動(시가혁신운동)이다. 여기에서 '新樂府'는 옛 제목의 樂府에 대해서 상대적으로 일컫는 새로운 제목의 樂府詩를 말한다. 初唐 시인들도 樂府詩를 썼지만, 대부분은 옛 제목을 따온 것이었다. 그러던 중 杜甫에 이르러 새로운 제목의 악부가 창작되기 시작하였다. 中唐에 이르러 元結은 질박하고 古雅한 시풍을 주장하였고, 현실을 비판하고 백성을 동정하는 시 창작을 주장하였다. 또한 顧況(고황)은 시를 지어 당시 福建 일대에서 노예매매를 하는 야만적인 습속을 비판하기도 하였다. 이 두 사람은 新樂府運動의 선구자가 되었다. 후에 張籍(장적)과 王建(왕건), 李紳(이신) 등이 악부시를 창작하기 시작하였다. 李紳은 <新題樂府(신제악부)> 20首를 지었고, 元稹(원진)은 <和李校書新題樂府(화이교서신제악부)> 12首를 지어 그에게 화답하였다. 그 후 白居易는 <新樂府> 50首를 지어 정식으로 그것을 '新樂府'라고 하였다. 白居易와 元稹(원진)은 자신들의 정치 이상을 지녔던 시인들로, 문학을 통해 사회를 풍자하고 반영하는 현실주의적 시를 추구했다. 白居易는 특히 <與元九書>에서 諷諭詩란 "무릇 겪고 느끼는 바, 즉 칭찬하고 꼬집고 비유하고 암시하는 것이다.(凡所遇所感, 關於美刺比興者.)"라고 정의하면서 현실을 반영한 시를 자신의 詩作의 지표로 삼았다. 이처럼 현실에 대한 관심을 시로 표현하던 시인들의 작품을 新樂府라고 불렀다. 元稹은 <樂府古題序(악부고제서)>에서 "그것이 비록 옛 제목을 사용할지라도, 전혀 옛날의 의미는 없는 것(其有雖用古題, 全無古義者)."이라고 했다. 그들은 新樂府 詩에서, 문학의 사회적 기능을 강조하고 있으며 나름의 이론을 전개하여 중당의 시단에 영향을 크게 끼쳤다. 白居易와 元稹의 작품은 俗語를 사용하여 일반 서민들의 사랑을 받았는데, 이 둘을 '元・白'으로 불렸으며 그들의 시를 憲宗의 연호를 빌려 '元和體'라고도 한다. 杜甫로부터 시작하여 元結(원결)・顧況(고황)・李紳(이신)・元稹(원진) 그리고 白居易에 이르기까지 現實主義的 詩歌運動이 형성된 셈인데, 이것이 바로 新樂府運動인 것이다.

30. 怪誕派(孟郊, 賈島, 李賀, 盧仝)

社會詩派가 杜甫 詩가 가지는 내용적 측면에서의 사회고발 정신을 계승하였던 반면에, 怪誕派(괴탄파, 기괴하고 허황되다)는 杜甫의 영향을 받았으나 杜甫 詩의 형식적인 표현예술을 계승하고자 하였다. 따라서 그들의 시는 표현기교면에서 일정한 성취가 있었으나 지나치게 詩語, 押韻, 作法 등에 치중하여 '奇險怪僻(기험괴벽)'하다는 비판을 받고 있다. 이 계열에 속하는 시인으로는 韓愈(한유)를 필두로 하여 孟郊(맹교), 賈島(가도), 李賀(이하), 盧仝(노동) 등을 꼽을 수 있다.

孟郊(751~814)는 字가 東野이며 諡號(시호)는 貞曜先生(정요선생)이다. 浙江省(절강성) 湖州(호주) 武康(무강) 출신이다. 46세가 되어서 겨우 進士 시험에 합격하여 각지의 변변찮은 관직들을 맡아 보았다. 또한 가정적으로도 불우하여 빈곤 속에서 죽었다. 그는 韓愈보다 나이가 십여 세 많아 長安으로 올라왔을 때 이미 40세가 넘었는데, 韓愈는 이러한 孟郊를 여러 가지로 도와주었다. 孟郊는 원래부터 세속과 타협할 줄 모르는 성격을 지니고 있었다. 시를 지을 때도 한 구 한 구를 다듬고 苦吟(고음)하는 사람이었다. 孟郊도 韓愈처럼 시를 짓는 데 있어 심원하며 신기하고 險怪(험괴)한 풍격을 이루기에 힘썼으므로, 이 둘을 흔히 '韓孟'이라 병칭하기도 한다. 작품집으로는 ≪孟東野詩集≫ 10卷이 있다. <遊子吟(유자음)>은 대개 집을 나가 밖에 있는 사람이 불렀던 樂府詩로 孟郊가 溧陽縣尉(율양현위)로 부임했을 때 지은 시이다. 詩句 가운데 '寸草心(촌초심)'과 '三春輝(삼춘휘)'는 절묘한 對句로 아들의 효심과 어머니의 자애로운 사랑이 대비되어, 이 시의 주제가 확실히 드러난다.

<遊子吟(유자음)>

慈母手中線, 遊子身上衣.
臨行密密縫, 意恐遲遲歸.
誰言寸草心, 報得三春輝.

자애로운 어머니 손에 들린 실로,
길 떠나는 자식의 몸에 걸칠 옷을 만드네.
떠날 때 촘촘히 꿰매시는 것은,
행여 늦게 돌아올까 걱정하신 때문이지.
뉘 말하리오, 한 뼘 풀같이 작디작은 마음으로,
삼춘(三春)의 따사로운 햇살 같은 어머니의 은혜를 보답할 수 있다고.

　　賈島(가도, 779~843)는 字가 浪仙(랑선)이며, 范陽(범양, 현재 河北省 涿縣) 사람이다. 여러 차례 과거에 응시했으나 실패하고, 승려가 되었다가 811년에 洛陽에서 韓愈를 만나 속세로 돌아왔다. 다시 진사 시험에 응시하였으나 급제하지 못하고, 837년 四川省 長江縣의 主簿(주부)가 되었으며, 이어 四川省 普州의 司倉參軍(사창참군)으로 전직되었다가 病死하였다. 賈島도 孟郊처럼 평생을 가난하게 살았으며 시를 쓸 때 기이하고 특이한 표현을 추구하였다. 다만 韓愈와 같은 기백은 없고 孟郊처럼 貧寒하며 여윈 정조를 느끼게 하는 시를 썼다. 賈島는 韓愈나 孟郊보다도 더 作詩 기교에 치중하여 형식주의에 빠진 느낌을 준다. 韓愈가 7言 古詩, 孟郊는 5言 古詩를 잘 지었는데, 賈島는 표현에 고심한 五言律詩에 뛰어났는데, 1字 1句도 소홀히 하지 않았다. 특히 賈島는 韓愈와의 만남과 관련된 '推敲(퇴고)'64)라는 고사로도 유명하다. <題李

凝幽居(제이응유거)>에서 "새는 연못가 나무에서 잠들고, 스님은 달빛 아래 문을 두드리네(鳥宿池邊樹, 僧敲月下門)"라는 구절은 名句로 전해진다. 詩集에 ≪賈浪仙長江集≫ 10卷이 있다.

<題李凝幽居(제이응유거)>

閑居少鄰幷, 草徑入荒園.
鳥宿池邊樹, 僧敲月下門.
過橋分野色, 移石動雲根.
暫去還來此, 幽期不負言.

한가롭게 사니 이웃 적고,
무성한 풀 오솔길, 잡초 우거진 뜰로 들어가네.
새는 연못가 나무에서 잠들고,
스님은 달빛 아래 문을 두드리네.
다리를 지나니 들 풍경 분명하고,
구름이 움직이니 돌도 따라 움직이네.
잠시 갔다가 다시 돌아오리니,
은거의 약속 어기지 않겠네.

---

64) 賈島는 "승고월하문(僧敲月下門)"이란 구절이 마음에 들지 않았다. 그는 고(敲)로 할까, 퇴(推)로 할까 길가에서 고민을 하였다. '두드릴 고(敲)'를 쓰면 "스님이 문을 두드린다"가 되고 '밀 퇴(推)'를 쓰면 "스님이 문을 밀다"라는 뜻이었다. 그때 높은 관리의 행차가 나타났다. 가도는 시종들에게 붙잡혀 앞으로 끌려갔다. 다행히 그 관리는 유명한 시인 한유였다. 가도가 길을 막은 사연을 이야기하자 한유는 빙그레 웃으면서 말했다. "여보게, 그건 두드릴 '敲'로 하는 편이 낫겠네." 이러한 인연으로 두 사람은 함께 시를 논하며 친구가 되었다. '퇴고(推敲)'는 여기에서 비롯했다. 글자 그대로 번역하면 미는 것과 두드리는 것이지만 '글을 쓸 때 여러 번 생각해 잘 어울리도록 다듬고 고치는 일'을 뜻한다.

<題詩後(제시후)>

二句三年得, 一吟雙淚流.
知音如不賞, 歸臥高山秋.

시 두 구절을 삼 년 만에 얻었으니,
한 번 읊어보니 두 줄기 눈물이 흐르네.
친구가 감상하지 않을 것 같아,
돌아와 누우니 높은 산은 이미 가을이네.

李賀(이하, 790~816)는 盛唐 시기에 발전했던 중국시의 낭만주의적인 성과에다가 韓愈·孟郊의 수법을 가미하여 시를 발전시킨 개성적인 작가이다. 字는 長吉이고 唐나라 황실의 후예이며, 杜甫의 먼 친척이기도 하다. 그의 집은 昌谷(현재 河南省 宜陽縣)의 소지주였으며, 아버지는 변경의 관리로 근무하다가 일찍 세상을 떠났다. 시인 李賀의 아버지 이름이 '晉肅(진숙)'이었는데, 진숙의 '晉'이 進士의 '進'과 음이 같으므로 李賀를 시기하는 자들이 李賀가 進士試에 응시해서는 안 된다고 하였다. 韓愈는 이에 분개해 <諱辯(휘변)>을 지어 지나치게 避諱(피휘)65)하는 것에 반대의 뜻을 나타냈다.

그 이듬해에 奉禮郎(봉례랑)이란 아주 낮은 직위에서 2년간 근무하였을 뿐이며, 몰락한 황실의 후예로서 일생을 궁하게 살다가 27세의 나이로 일생을 마쳤다. 그는 짧은 생애를 통하여 불꽃처럼 자기의 재능과 정감을 모두 시로 불태워버린 시인이다. 그는 흔히 鬼才 또는 詩鬼라

---

65) 옛 봉건제도 하에서 제왕의 이름과 연호, 성인이나 선조들의 이름이 나타나는 경우 공경과 삼가는 뜻을 표시하기 위하여 획의 일부를 생략하거나 뜻이 통하는 다른 글자로 대치하여 이름을 쓰지도 않고 말하지도 않는 것을 '피휘(避諱)'라고 하였다.

불리는데, 그러한 호칭에 어울리도록 그의 시에는 귀신이 많이 나오고 분위기가 신비스럽고 음산한 바람이 부는 듯하였다. 李賀의 시 중 가장 자주 출현하는 단어 또한 '老', '死', '鬼' 세 글자이다.

李賀의 시는 설명이 없이는 읽기 어려울 정도로 난해하기로 유명하다. 시의 상징적인 수법을 시어뿐만 아니라 시의 구성에도 응용하여 시의 각 구절 또는 각 부분이 고립된 듯이 보이는 게 많다. 문장은 논리의 단절뿐만 아니라 시간과 공간도 초월하였다. 比喩도 주관적인 경우가 많고 새로운 말도 많이 창조하여 썼기 때문에, 그의 시는 난해할 수밖에 없다.

그의 가장 유명한 작품은 <將進酒>로서, 후대에 詩文選集인 ≪古文眞寶≫에 수록되었고, ≪水滸傳≫의 원형인 ≪宣和遺事≫에서도 인용되었다. 인생에 대한 좌절의 절망감을 굴절된 표현으로 노래하였기 때문에 옛날부터 난해하다는 평을 듣고 있지만, 특이한 매력을 지녀 애호가도 많다. <秋來>는 시인이 가을밤에 느낀 독서인의 허무감과 고독감을 노래한 것으로, 기괴하고 음산한 분위기를 띠고 있다.

<將進酒(장진주)>

琉璃鐘, 琥珀濃. 小槽酒滴眞珠紅.
烹龍炮鳳玉脂泣, 羅屛繡幕圍香風.
吹龍笛, 擊鼉鼓. 皓齒歌, 細腰舞.
況是靑春日將暮, 桃花亂落如紅雨.
勸君終日酩酊醉, 酒不到劉伶墳上土.

유리 술잔에, 호박 빛깔 술이 짙으니,

작은 술통에는 술 방울이 진주처럼 붉구나.
용을 삶고 봉황을 구우니,
옥 같은 기름방울은 눈물처럼 흘러내리고,
비단 휘장과 수놓은 장막에는 향기로운 바람 에워쌌다.
용 모양 피리를 불고, 악어가죽 북을 치니,
새하얀 치아의 미인 노래하고 가는 허리 미인은 춤을 춘다.
하물며 이 청춘도 저물어가고,
복사꽃은 어지러이 떨어져 붉은 비처럼 내린다.
그대에게 권하노니 종일토록 흠뻑 취해 보세,
마신 술이 술꾼인 죽은 유령의 무덤에는 전해지지 못한다네.

<秋來(추래)>

桐風驚心壯士苦, 衰燈絡緯啼寒素.
誰看靑簡一編書, 不遣花蟲粉空蠹.
思牽今夜腸應直, 雨冷香魂吊書客.
秋墳鬼唱鮑家詩, 恨血千年土中碧.

오동나무 불어치는 바람에 놀라 남아의 마음 괴로운데,
희미한 등잔불 비치는 속에 베짱이는 울면서 싸늘한 베를 짠다.
누구일까 대쪽으로 엮은 이 시고를 읽어 주어,
화충(花蟲, 목화붉은씨벌레)에게 좀 먹혀 가루가 되게 하지 않을 이가.
서글픈 생각에 얽히어 이 밤 창자마저 뻣뻣할 듯한데,
차가운 빗속에서 향기로운 혼들이 찾아와 이 독서인을 위로한다.
귀신의 혼들도 가을 무덤 속에서 포조(鮑照)의 시를 노래하면,
한 맺힌 피 천 년을 두고 흙 속에 푸르겠지.

盧仝(노동, 775?~835)은 唐나라 中期의 시인으로 號는 玉川子이며, 河南省 濟源 사람이다. 고고하고 청절한 성격으로, 처음에는 嵩山(숭산)에 숨어 살다가 나중에는 洛陽에 머물렀다. 극도로 궁핍한 생활을 하면서도 청렴한 인품을 굽히지 않았다. 이에 감탄하여 조정에서 기용하려 하였으나 사양하였다. 그의 시는 청렴한 인격을 반영하여 신비한 풍격을 갖추었는데, 한때 河南令으로 있던 韓愈가 그를 높이 평가하였다고 한다. 또한 그는 茶를 좋아했고 茶에 관한 시도 많이 지어 후에 '茶仙'이라고도 불렀다. 盧仝의 작품 중 차를 노래한 (<走筆謝孟諫議寄新茶(주필사맹간의기신다)>)는 朋黨의 횡포를 풍자한 長篇詩 <月蝕詩(월식시)>와 함께 매우 유명하다. 그는 재상 李訓 등이 환관 소탕을 도모하다가 실패한 甘露의 變66)에 휩쓸려 살해되었다. 저서에는 ≪玉川子詩集≫ 2卷과 外集이 있다.

<七碗茶詩(칠완다시)>는 원래 <走筆謝孟諫議寄新茶> 안의 시로서 수천 년간 민중의 입에 오르내리던 茶와 관한 유명한 시이다. <七碗茶詩>는 盧仝의 친구인 孟諫議(맹간의)가 둥글게 만든 떡차인 月團茶(월단차) 300片을 보내준 것에 대해 감사한 마음을 전한 글의 일부분이다. 이 시는 세월을 뛰어넘어 지금까지도 많은 문인과 다인이 사랑하는 茶

---

66) 당나라 문종(835) 때에 이훈(李訓), 정주(鄭注) 등이 일으킨 사변. 극심한 횡포를 부리던 환신(宦臣)들을 죽이려 하였으나 실패하였다. 관료와 환관의 싸움인 감로(甘露)의 變 이후 환관의 정치 개입이 더욱 강화되어 황제의 폐립과 살해마저 행해졌다. 12대 목종부터 19대 소종까지 8명의 황제 중 13대 경종을 제외하면 모두 환관에 의해 옹립된 황제였고, 11대 헌종과 13대 경종은 환관에게 살해되었다. 결국 황제의 권력은 실추되었으며, 중앙의 극심한 정치적 문란은 민심의 이반과 불만을 초래했다. 당시 재상이었던 李訓 등은 병사를 매복시킨 후, 청사(廳舍) 뒤에 있는 석류나무에 태평성세의 상징인 감로(甘露)가 맺혔다고 거짓말을 하여 여러 환관을 유인하여 일시에 몰살시키려 했다. 그러나 환관 구사량(仇士良)이 이를 눈치 채고 그들을 대역적으로 몰아 사형에 처하였다.

詩이다. 비록 盧소처럼 차 일곱 잔에 신선의 경지에 이르지는 못하더라도, 한 번쯤은 읽고 음미해볼 詩임에는 부족함이 없다.

<七碗茶詩(칠완다시)>

一碗喉吻潤,
兩碗破孤悶.
三碗搜枯腸, 唯有文字五千卷.
四碗發輕汗, 平生不平事, 盡向毛孔散.
五碗肌骨散淸,
六碗通仙靈.
七碗吃不得也, 唯覺兩腋習習淸風生.
蓬萊山, 在何處.
玉川子, 乘此淸風欲歸去.

첫 번째 잔은 목과 입술을 적시고,
두 번째 잔은 외로움과 번민이 사라지고,
세 번째 잔은 가슴이 열려, 오천권의 문자가 생각나네.
네 번째 잔은 땀이 흘러, 평생의 불평한 일들이, 땀구멍으로 모두 흩어지네.
다섯 번째 잔은 살과 뼈가 맑아지고,
여섯 번째 잔은 신령과 통하네.
일곱 번째 잔은 다 마시기도 전에, 양 겨드랑이에 신선한 바람을 느끼네.
봉래산이 어디 있느냐?
나 옥천자 맑은 바람 타고 돌아가고자 하노라.

31 韓愈와 柳宗元의 詩

韓愈와 柳宗元은 唐代 古文運動을 전개한 대표적 문인으로도 유명하지만, 韓愈는 苦吟詩(고음시)로 柳宗元은 自然詩로 詩에 있어서도 빼어난 작품을 남겼다.

1) 韓愈의 詩

韓愈(한유, 768~824)는 唐나라 때의 사상가, 문학가, 교육가로 河陽(현재 河南省 孟州市) 사람이다. 字는 退之이고, 사람들은 그의 선조가 河北의 昌黎(창려)에 살았기 때문에 그를 昌黎先生이라고도 불렀다.

韓愈는 가난한 집에 태어난 데다 세 살 때 孤兒가 되어, 어려서부터 형수의 보살핌 속에 자랐다. 처음 과거에 응시했을 때는 인습에 얽매이지 않은 문체 때문에 좋은 평가를 받지 못해 낙방했다. 그 후 애써 공부하고 노력하여 25세 때 진사시험에 합격하여 지방관직을 맡았다. 중앙의 감찰어사와 刑部, 兵部를 거쳐 吏部侍郎(이부시랑)까지 지냈다. 사후에 禮部尚書(예부상서)로 추증되었고 '文'이라는 시호를 받는 영예를 누렸다. 그래서 韓愈를 韓文公이라고도 한다.

그러나 韓愈의 관직 생활은 그리 평탄치 않았다. 그가 監察御史(감찰어사)로 있을 때, 德宗에게 상서를 올려 백성들의 노역 부담을 감해 줄 것을 건의하였다가 陽山으로 귀양 가기도 하였다. 또한 韓愈의 곧은 성격은 그의 생명을 위협할 정도였다. 그가 刑部侍郎(형부시랑)을 지낼 때, 憲宗이 法門寺에 있는 석가의 사리를 궁궐로 들여와서 제사를 지냈다. 韓愈는 來世를 現世보다 중시하는 불교가 국가를 병들게 한다고 생각했기 때문에, 불교와 憲宗의 제사를 비판하는 글을 올렸다. 이에 憲宗은 심히 노하여 그에게 사형을 명령했다고 한다. 다행히 여러 신하의 도움으로 목숨만은 간신히 건진 韓愈는 1년 동안 潮州(조주) 刺史(자사)로 밀려나 있었고, 평생을 不遇하게 지내야 했다.

그의 문학상의 공적은 첫째, 산문의 文體改革을 들 수 있다. 종래의 對句를 중심으로 짓는 騈文(변문)에 반대하고 자유로운 형식의 古文을 柳宗元 등과 함께 창도하였다. 이후 古文은 宋代 이후 중국 산문문체의 표준이 되었으며, 그의 문장은 모범으로 알려졌다.

둘째, 시에 있어 지적인 흥미를 精練(정련)된 표현으로 나타내는 것을 시도하며, 押韻(압운)에 있어서도 奇險(기험)한 글자를 사용하였다. 낯설고 어려운 시어를 추구하여 그 결과 때로는 難解(난해)하고 散文的이라는 비난도 받았지만, 자신의 열정과 성의를 다하여 쓴 시는 宋代와 淸代 詩 발전에 큰 영향을 끼쳤다. 그는 시의 형식뿐만 아니라 내용까지도 다각도로 발전시켰다.

사상 분야에서 韓愈는 유학을 숭상하고 유가의 道統 계승자로 자칭하며, 불교와 도교를 강력히 배척하였다. 유가의 仁政을 제창하여 당 왕조의 통일과 강력한 중앙정부 체제의 유지를 희망하였고, 人才를 억누르는 문벌 정치를 반대하며 젊은 인재를 양성하는 데 힘을 기울이기도 하였다. 韓愈는 유학을 옹호하기 위해 그때까지 유학자들이 다소 疎忽(소홀)히 하던 ≪孟子≫·≪大學≫·≪中庸≫·≪周易≫을 廣範圍(광범위)하게 引用했다. 후대의 성리학자들은 기초개념을 이 책들에서 취했고 한유는 性理學의 기초를 놓은 셈이었다. 저서로는 ≪昌黎先生集≫ 40卷, ≪外集≫ 10卷, ≪遺文≫ 1卷이 있다.

<左遷至藍關示侄孫湘(좌천지람관시질손상)>[67]

一封朝奏九重天, 夕貶潮州路八千.
欲爲聖明除弊事, 肯將衰朽惜殘年.
雲橫秦嶺家何在, 雪擁藍關馬不前.
知汝遠來應有意, 好收吾骨瘴江邊.

한 통의 글을 아침에 조정에 올렸다가,
저녁에 좌천되어 가는 조주(潮州) 길은 팔 천리나 되네.
성군을 위해 나쁜 일을 제거하고자 하였을 뿐,
어찌 다 늙어빠진 몸으로 남은 목숨을 아끼겠는가?
구름은 진령(秦嶺)에 걸렸는데 집은 어디에 있는가?
눈이 남관(藍關)을 덮어 말도 앞으로 나아가지 못하네.
네가 멀리 여기까지 따라온 것에는 깊은 뜻이 있음을 알겠으니,
독기 가득한 장강 가에 내 뼈를 잘 거두기 위함이겠지.

2) 柳宗元의 詩

柳宗元(유종원, 773~819)은 字가 子厚이며, 河東(山西省 永濟市) 사람이어서 柳河東이라고도 부른다. 관직에 있을 때 韓愈・劉禹錫(유우석) 등과 친교를 맺었다. 혁신적・진보적 성향의 柳宗元은 王叔文(왕숙문)의 新政에 참여하였으나, 실패하여 변경지방으로 좌천되었다. 이러한 좌절과 13년간에 걸친 변경에서의 생활이 그의 사상과 문학을 더욱

---

[67] 元和 14년 정월에 憲宗은 法門寺에서 佛骨을 맞아들여 궁궐에서 공양하려고 하였다. 이에 당시 刑部侍郞이었던 韓愈는 그 폐단을 극력 간하였다가 황제의 분노를 사서 조주자사(潮州刺史)로 좌천되었다. 이 시는 潮州로 가는 도중에 질손(姪孫)인 한상(韓湘)에게 쓴 시이다.

심화시켰다. 古文의 대가로서 韓愈와 竝稱되었으나 사상적 입장에서는 서로 대립적이었다. 韓愈가 전통주의인 것에 반하여, 柳宗元은 儒・道・佛을 참작하고 신비주의를 배격한 자유롭고 합리주의적인 입장을 취하였다.

   柳宗元은 中唐의 自然詩를 대표하며, 그의 山水田園詩는 그가 벼슬하다가 귀양을 감으로써 발전한 것이다. 그는 孟浩然처럼 陶淵明과 謝靈運의 시풍을 아울러 발휘하였지만, 아름답고 고요한 자연의 묘사 속에 귀양살이로 말미암은 시름과 불행 같은 자신의 감정까지도 깃들어 있는 것이 특징이다. 심지어 새나 풀을 빌려 인간문제를 노래하는 寓言詩(우언시)도 적지 않게 썼다. 그리고 소박하고 조용한 농촌을 읊은 시를 쓰면서도, 거기에 농민의 고통과 불만도 아울러 표출하고 있다. 이런 점은 사회문제에 초연하던 이전의 自然詩와 크게 달라진 中唐 自然詩의 특징이라 할 것이다. 그의 저서에는 시문집 ≪柳河東集≫ 45卷, ≪外集≫ 2卷, ≪補遺≫ 1卷이 있다.

   <漁翁(어옹)>

   漁翁夜傍西巖宿, 曉汲淸湘然楚竹.
   煙銷日出不見人, 欸乃一聲山水綠.
   廻看天際下中流. 巖上無心雲相逐.

   어옹이 밤에는 서쪽 바위 가까이 배를 대어 자고,
   새벽에는 맑은 상수 물 길어 대나무로 불 지펴 밥 짓네.
   연기 사라지고 해 떠오르면 그 어부 보이지 않고,
   뱃노래 한 가락에 산수만 푸르구나.

하늘 저쪽 바라보며 강 아래로 내려가 버리니,
바위 위엔 무심한 구름만 오락가락 하누나.

<江雪(강설)>

千山鳥飛絶, 萬徑人蹤滅.
孤舟蓑笠翁, 獨釣寒江雪.

모든 산에는 새들 날지 않고,
모든 길에는 사람 자취 끊어졌네.
외로운 배에 도롱이 걸치고 삿갓 쓴 노인,
눈발 속에 찬 강물에서 홀로 낚시질하네.

<夏晝偶作(하주우작)>

南州溽暑醉如酒, 隱几熟眠開北牖.
日午獨覺無餘聲, 山童隔竹敲茶臼.

영주(永州)의 찌는 더위 술 취한 것 같아,
책상에 기대 깊은 잠에 빠졌다가 북창을 여네.
해는 정오인데 다른 소리 들리지 않고,
시골아이 죽림 저편에서 차 절구질을 하고 있네.

32 李商隱의 詩

李商隱(이상은, 813~858)은 字가 義山이며, 號는 玉谿生 또는 樊南生(번남생)이며, 懷州 河內(현재 河南省 沁陽) 사람이다. 그는 어려서부터 다방면에 재능이 뛰어났던 천재 시인이었다. 25세에 進士가 되었으나 정계에서 겪었던 좌절과 허탈감이 작품 속에 묻어나는 것들이 많다. 李商隱의 시는 그의 내면세계를 상징적인 방식으로 표현하는 경우가 많았다. 그는 일찍이 詩才를 인정받아 杜牧(두목)과 함께 晩唐의 유미주의를 대표하는 작가로 지목되었다.

李商隱의 시 가운데 가장 특색 있고 우수하다고 인정받은 작품들은, 當時로서는 매우 특이하게도 제목이 붙어 있지 않은 이른바 無題詩와 자기의 감회를 특정한 사물에 대한 묘사를 통해 우회적으로 표현한 詠物詩, 자기 생각을 역사적 사건이나 인물에 대한 서술을 통해 표현한 詠史詩가 있다. 그의 시에는 대상조차 명확하지 않은 매우 복잡하고 미묘한 애정, 이루지 못한 젊은 날의 꿈과 포부에 대한 미련, 화려한 지난 날에 대한 回想(회상)과 悔恨(회한) 등이 복합적으로 표현되고 있어서 주제가 명료하지 않다. 이렇게 모호할 정도로 복합적이고 복잡한 주제를 표현하는 데 있어, 효과적이고 절묘한 표현방법과 기교가 李商隱의 시에는 성공적으로 운용되고 있다.

李商隱 시의 難解性(난해성)과 模糊性(모호성)은 대부분 고의적으로 조성해 놓은 경우가 대부분인데, 특색 중의 첫째는 바로 象徵(상징)과 隱喩(은유)의 구사가 매우 뛰어나다는 것이다. 그 다음으로는 典故의 運用이 매우 능숙하고 치밀하다는 점을 들 수 있다. 李商隱은 典故를 단순히 의미 전달의 차원에서 운용하는 것이 아니라, 시의 분위기

속에서 새로운 의미가 가해지고 독특하게 해석되도록 배치하는 교묘하고 치밀한 방식을 쓰고 있다. 또 글자 하나하나가 매우 정련되고 압축되어 있으며, 詩想이 화려하고 압도적인 것도 매우 특징적이다. 그의 시는 이 때문에 화려하고 감상적이면서도, 莊重(장중)하고 流暢(유창)하며 기세를 느끼게 하는 경우가 많다. 이와 같은 李商隱 시의 특색은 七言律詩에 가장 잘 나타나고 있다.

<錦瑟(금슬)>

錦瑟無端五十弦, 一弦一柱思華年.
莊生曉夢迷蝴蝶, 望帝春心托杜鵑.
滄海月明珠有淚, 藍田日暖玉生煙.
此情可待成追憶, 只是當時已惘然.

금슬은 까닭 없이 오십 현으로 되어 있어,
현 하나, 기둥 하나마다 꽃다운 시절 생각나게 하네.
장자(莊子)는 새벽꿈에 나비인가 미혹되었고,
망제(望帝)는 춘심을 두견새에 기탁했다지.
창해(滄海)에 달 밝으면 구슬은 눈물 흘리고,
남전(藍田)에 해 따뜻해지면 옥에서 연기 생겼지.
이러한 사정이야 기다려 추억이 되겠지만,
단지 당시에 이미 망연할 따름이네.

<無題(무제)>

相見時難別亦難, 東風無力百花殘.

春蠶到死絲方盡, 蠟炬成灰淚始乾.
曉鏡但愁雲鬢改, 夜吟應覺月光寒.
蓬萊此去無多路, 靑鳥殷勤爲探看.

만나기 어렵더니 헤어지기 또 어려워,
동풍이 잦아드니 온갖 꽃 시드네.
봄누에는 죽음에 이르러야 실을 다 뽑아내고,
촛불은 재 되어야 눈물 겨우 마르네.
새벽 거울 바라보다 흰머리에 시름겹고,
한밤에 노래 읊다 달빛 찬 것 느끼네.
봉래산(蓬萊山) 여기서 먼 길이 아니려니,
파랑새는 아무쪼록 날 위해 찾아오네.

<夜雨寄北(야우기북)>68)

君問歸期未有期, 巴山夜雨漲秋池.
何當共剪西窓燭, 却話巴山夜雨時.

당신에게 돌아올 날 물어도 아직 기약 없다고 하시는데,
파산의 밤비만 가을 연못은 넘치네.
언제 둘이서 서창의 등잔 심지 자르며,
파산의 밤비 내리던 때를 이야기할 수 있을까?

---

68) 기북(寄北): 북당(北堂)에 부침. 북당은 '가옥의 북쪽 마루 곧 북쪽 방으로 부녀자의 처소'이며 '남의 어머니'의 존칭으로 쓰는데, 여기서는 '아내'의 뜻으로 썼음. 아내에게서 소식이 왔다. 언제 집으로 돌아올는지 기약이 없으니 궁금하다는 것이다. 지금, 나는 밤 가을비가 내려 연못이 넘치는 것을 보고 있는데, 그 광경을 보며 외롭고 쓸쓸한 생각이 든다. 언젠가 집에 돌아가면 아내 방에서 등잔 심지 자르며, 여기 파산의 가을 밤비 내리는 광경을 보며 외로움에 잠겼던 심정을 이야기 해 주려고 한다.

33. 唐代의 古文運動

1) 古文運動의 原流

中唐의 古文運動은 唐代의 산문에 대한 서술 중 가장 중요한 내용이라고 할 수 있다. 실제 唐代의 산문을 볼 때 騈儷文(변려문)[69]이 주류를 이루었다고 하더라도 中唐 시기에 신진사대부들에 의해 제기되었던 古文運動은 산문의 역사를 바꾸는 중요한 계기가 된 문학사적 사건이었기 때문에 역사적 흐름상 중요하다.

당시의 역사적 상황을 종합적으로 고려할 때 古文運動은 문학운동의 측면보다는 사상운동 내지 정치운동의 측면이 보다 강했던 매우 복합적인 성격의 운동이었다. 安史의 亂으로 인한 전통적 지배질서의 혼란과 그로 인한 새로운 계층의 대두, 경제적 발전으로 인한 하층 사대부와 시민계층 생활수준의 향상, 시민계층과 신흥 중소지주계층의 저변 확대, 불교와 노장사상에 대항한 유교 부활의 움직임 등이 古文運動 전개의 배경이라 할 수 있다.

중국의 문장은 아름다운 형식과 수사를 중시하여 魏·晉을 거쳐 南北朝에 이르러서는 騈儷文으로 발전하였다. 그리고 唐나라에 들어와서도 騈儷文은 여전히 성행하였는데, 詩에서 宮體와 마찬가지로 騈儷文은 귀족적이면서 유미주의적인 문학 풍조의 산물이었다. 하지만 문장

---

[69] 騈儷文의 특징은 대체로 구절이 4자와 6자로 이루어지므로 '四六文'이라고도 한다. 對句를 많이 쓰므로 '변우(騈偶)', '우문(偶文)', '변문(騈文)', '려어(儷語)'라고도 하며, 音調의 諧和에 힘쓰므로 '律語'라고도 부른다. 典故를 많이 사용하고 美麗한 文辭에 힘썼다. 따라서 騈儷文은 뜻의 표현보다도 아름답고 멋진 글 자체를 더 중시하였던 문체라고 할 수 있다.

의 실용과 治道를 중시하는 학자들 사이에는 일찍부터 騈儷文의 성격을 비판한 이들이 있었다. 王通(왕통, 854~618)은 ≪中說≫에서 騈儷文을 비판하였다.

> 言文而不及理, 是天下無文也, 王道從何而興乎. (≪中說≫ <王道篇>)

문사(文辭)만을 표현하고 이치에 미치지 않는다면, 천하에 문장이 없게 되는 것이다. 왕도가 어디에서 일어나겠는가?

> 文者, 苟作云乎哉. 必也濟乎義. (≪中說≫ <天地篇>)

문장이란 억지로 지어서 되는 것인가? 반드시 의리에 맞아야만 하는 것이다.

이러한 움직임은 특히 中唐에 들어와 韓愈, 柳宗元 등에 의해 본격적인 '古文運動'으로 전개된다. 騈儷文을 반대하고 자유로운 표현과 의미의 명확한 전달을 내세운, 이른바 古文運動이라 부르는 散文 改革運動이 전개됨에 따라 산문의 판도가 바뀌는 계기가 되었다.

2) 古文運動의 인물들

唐代 初期에 騈儷文을 비판하고 새로운 문체를 주장했던 사람들은 歷史家들이었다.[70] 이들 역사가에 의해 선도적으로 제기되었던 문학

---

[70] 그들은 南北朝時代의 歷史를 정리하면서 남북조시대의 유미적이고 화려함을 추구하는 문학 풍조가 정치에 나쁜 영향을 끼쳤다고 비판하고, 文學의 敎化的 機能이 시급히 回復되어야 함을 주장하였다. 이는 물론 당시의 개혁에 대한 시대적 요구를 반영하는 일이기도 했다.

개혁과 騈儷文 개혁에 대한 주장은 이후 학술계와 문단 전반으로 확산하여 古文運動의 분위기가 이미 어느 정도 성숙되었다. 韓愈와 柳宗元 이전의 문인으로서 古文運動에 선도적인 역할을 한 사람으로는 王勃(왕발, 647~679), 陳子昻(진자앙, 661~702), 元結(원결, 723~772), 獨孤及(독고급, 744~796), 柳冕(유면, 730~804) 등을 들 수 있다. 특히 中唐 이전의 고문에 대한 논의를 대표하는 문인으로는 柳冕을 꼽는 것이 보통이다. 그는 문학의 敎化的 기능을 중시했으며 騈儷文의 개혁과 새로운 문체에 대한 주장을 바탕에 두었다. 교화를 문학의 궁극적인 의의로 상정하고 있는 그의 주장은 유가적 문학관의 한 典型이었다. 그의 문학관은 이른바 '載道(재도)의 文學論'으로 이어졌으며, 교화와 道의 표현을 강조한 그의 주장은 이후 韓愈와 柳宗元에 의해 정리되고 발전되어 古文運動의 중추적인 내용을 이루게 되었다.

  이들의 노력은 韓愈와 柳宗元에 의해 수렴되어 古文運動으로 전개되었으며, 이후 공식적이고 의례적인 글들 이외에는 騈儷文의 사용이 눈에 띄게 줄어들었다. 그러나 晩唐에 들어와서는 유미적인 문학풍조가 성행하여 古文은 다시 세력을 잃게 되었으며, 騈儷文이 다시 산문의 주류를 이루게 되었다. 예를 들어 晩唐의 대표적인 시인이었던 李商隱(이상은)은 처음에는 韓愈와 柳宗元의 고문에 대한 논의에 공감하여 고문의 창작에 열중했으나, 나중에는 騈儷文으로 전향하여 騈儷文의 대가로서 이름을 날렸다. 새로운 계층의 정치적 세력이 약화되었던 晩唐에 들어와서는 古文의 세력 또한 약화될 수밖에 없었다.

  晩唐에 들어와 위축되었던 古文運動은 중앙집권체제가 확립되고 도시경제가 본격화되는 宋代에 가서 柳開(유개), 王禹偁(왕우칭), 歐陽脩(구양수) 등에 의해 비로소 확고하게 뿌리를 내리게 된다.

韓愈는 유교 윤리를 바탕으로 하여 形式만을 중시하는 騈儷文을 반대하고 古文을 쓸 것을 주장하였다. 韓愈가 주장하는 古文은 단순히 漢代 이전의 옛 글을 뜻하는 것이 아니라, 儒家的인 道가 담겨 있는 글이다. 그는 옛 성인의 도가 孔子에게서 曾子·子思를 거쳐 孟子에게로 전해지고는 끊어졌다고 주장하면서, 고문과 함께 이 유학의 道統도 다시 부활시키겠다는 의욕을 보였다. 그리고 문장 표현에 있어서 진부한 말을 버리고 자기에게서 나오는 개성적인 표현을 쓸 것을 주장하였다.

書以爲學, 纘言以爲文, 非以誇多而鬪靡也. 蓋學所以爲道, 文所以爲理耳. 苟行事得其宜, 出言適其要, 雖不吾面, 吾將信其富於文學也. (<送陳秀才彤序>)

글을 배우고 말을 엮어서 글을 짓는 것은, 학식이 많은 것을 자랑하고 글의 아름다움을 다투려는 것이 아니다. 학문이란 도를 배우기 위한 것이고, 문장이란 이치를 표현하기 위한 것이다. 진실로 일을 행하는 것이 합당하고 말로 표현하는 것이 이치에 맞는다면, 비록 나는 얼굴을 보지 않았다 하더라도, 그가 학식과 문장이 훌륭하다고 믿을 것이다.

韓愈는 騈儷文의 화려한 수사와 音韻의 諧和 등을 반대하였다. 韓愈가 쓴 글들은 개성적이고도 내용이 구체적이며, 자연스러우면서도 아름답고 생동하는 리듬이 있다. 그래서 후세에 韓愈의 글은 古文의 교본이 되었다.

柳宗元(유종원, 773~819)의 문학론은 韓愈와 기본적으로 일치하여 韓愈와 함께 '韓·柳'라고 불리기도 한다.

始吾幼且少, 爲文章, 以辭爲工. 及長, 乃知文者以明道, 是固不苟爲炳炳烺烺, 務采色, 夸聲音而以爲能也. (<答韋中立論師道書>)

처음 내가 어렸을 적에는, 문장을 짓는 것은 글귀를 멋지게 꾸미는 일이라 생각했습니다. 장성해서야 비로소 글이란 도를 밝히기 위한 것임을 알았지요. 그래서 구차히 화려하고 현란함을 추구하거나 문체에 힘쓰며 음률을 잘 맞추는 것을 능사로 삼지 않지요.

그가 韓愈와 다른 점은 문장의 목적을 '道'에만 두지 않고, '道'와 함께 문장 자체도 중요하다고 생각했다. 글은 내용도 좋아야 하지만 형식과 문사도 훌륭해야만 한다는 것이다. 또한 佛敎에 대한 태도도 韓愈와 달리 철저한 불교 배척의 태도를 취하지 않았을 뿐더러, 불교를 상당히 좋아하였다. 따라서 '道'의 개념도 韓愈가 철저하게 유가 윤리에 입각한 '道'를 뜻한 데 비하여, 柳宗元의 '道'는 보다 폭 넓은 인간이 살아가며 지켜야 할 올바른 길인 當爲의 '道'였던 것이다. 문장에 있어서도 韓愈와 다른 점이 있는데, 韓愈가 웅대하고 奇特(기특)한 느낌을 주는 데 비하여, 柳宗元은 우아하고 깨끗한 느낌을 준다.

34. 唐代 傳奇小說

1) 傳奇의 생성과 사회배경

傳奇(전기)는 唐代에 성행하였던 새로운 형태의 小說이다. 唐代의 裵鉶(배형)이 편찬한 ≪傳奇≫라는 책에서 유래한 호칭으로, 본래는 "기이한 것을 전술한다."는 뜻의 말이었다.

唐代의 '傳奇小說'은 기이한 이야기를 作者의 창의에 의하여 재구성하거나 창작한 것이다. 이야기에 곡절과 변화가 많고 그 속에 作者의 思想이나 인생관이 담겨 있다. 作者의 의식적인 창작형태를 통해 인간의 문제들에 접근했다는 점에서 본격적인 小說의 개념에 훨씬 가까운 것이다.

바로 傳奇小說의 생성은 中國小說 發展의 새로운 단계로의 進入을 뜻하는 것이다.

中唐 이후, 상업이 더욱 발전하여 여러 도시가 번영하고 교통이 발달하였다. 이것이 小說의 주제 확대와 새롭고 풍부한 소재를 제공하는 계기가 되었으며, 傳奇小說을 발전시켰다. 그래서 傳奇小說은 이런 변화에 따른 새로운 사회생활과 사회의식을 반영하고 있다.

白居易・元稹의 새로운 詩歌인 新樂府와 古文運動은 騈文・詞의 발전과도 관계가 있다. 古文運動은 文體와 이야기의 서술방식에서 傳奇의 발전과 관계가 있다. 古文으로 쓰인 傳奇小說에 가까운 傳奇體의 글들[71]을 바탕으로 傳奇小說이 성행하였다고도 할

---

[71] 韓愈의 <오자왕승복전(圬者王承福傳)>과 <모영전(毛穎傳)>, 柳宗元의 <재인전(梓人傳)>과 <종수곽탁타전(種樹郭橐駝傳)> 등이 있다.

수 있고, 반대로 傳奇가 古文의 발전을 뒷받침해왔다고도 할 수 있다.

唐代 科擧制度는 唐代 지식인들에게 중대한 일이었고, 따라서 출세의 방법으로 '溫卷(온권)'72)을 짓다 보니 傳奇小說의 창작이 발전하고 성행하게 되었다.

唐代에는 道敎를 숭상하였고, 中唐 때에는 佛敎도 매우 성행하였다. 이러한 종교는 傳奇小說을 창작하는 데 있어서 풍부한 상상력과 함께 초현실적인 세계에 대한 사상적인 뒷받침이 되어 주었다. 그리고 이들 종교와 관계되는 고사들은 傳奇小說의 題材가 되기도 하였다. 또한 傳奇小說은 古文을 위주로 이야기를 서술하면서, 간혹 '騈儷體(변려체)'의 표현도 섞어 사용하였다.

2) 시기별 傳奇小說

初唐・盛唐 때는 王度(왕도)의 <古鏡記(고경기)>, 작자 불명의 <補江總白猿傳(보강총백원전)>, 張文成(장문성)의 <遊仙窟(유선굴)> 등이 있다.

中唐 때는 陳玄佑(진현우)의 <離魂記(이혼기)>, 沈旣濟(심기제)의 <枕中記(침중기)>, 蔣防(장방)의 <霍小玉傳(곽소옥전)>, 元稹(원진)의 <鶯鶯傳(앵앵전)>, 白行簡(백행간)의 <李娃傳(이와전)>, 李公佐(이공좌)의 <南柯太守傳(남가태수전)>, 陳鴻(진홍)의 <長恨歌傳(장한가전)>, 杜光庭(두광정)의 <虯髥客傳(규염객전)> 등이 있다.

---

72) 당나라 때 고을에서 과거에 추천된 사람은 먼저 당시 유명인의 힘을 빌려 시험관에게 성명을 알린 다음, 자신이 지은 글을 바치고 며칠 지나서 또 바쳤는데 이것을 '온권(溫卷)'이라고 한다.

晚唐 때는 여러 가지 기이한 이야기들을 모아 놓은 傳奇 全集이 나왔는데, 志怪的인 성격에 가깝다. 대표작으로는 牛僧孺(우승유)의 ≪玄怪錄(현괴록)≫, 李復言(이복언)의 ≪續玄怪錄(속현괴록)≫, 薛用弱(설용약)의 ≪集異記(집이기)≫, 裵鉶(배형)의 ≪傳奇(전기)≫, 皇甫枚(황보매)의 ≪三水小牘(삼수소독)≫ 등이 있다.

3) 내용별 傳奇小說

(1) 愛情小說

사람과 선녀(요정·귀신)를 주인공으로 하여 封建主義의 불합리한 속박에서 벗어나려는 욕망과 사람의 선량하면서도 훌륭한 품성을 드러내는 데 중점을 두었다. 李朝威(이조위)의 <柳毅傳(유의전)>, 裵鉶(배형)의 ≪傳奇≫ 가운데 <裵航遇仙(배항우선)>, <孫恪(손각)>, 牛僧孺(우승유)의 ≪玄怪錄(현괴록)≫ 가운데 <崔書生(최서생)>, 沈亞之(심아지)의 <湘中怨辭(상중원사)>, 沈旣濟(심기제)의 <任氏傳(임씨전)>, 陳玄佑(진현우)의 <離魂記(이혼기)>, 李景亮(이경량)의 <李章武傳(이장무전)> 등이 있다.

사람과 기녀를 주인공으로 한 작품으로는 蔣防(장방)의 <霍小玉傳(곽소옥전)>, 白行簡(백행간)의 <李娃傳(이와전)>, 元稹(원진)의 <鶯鶯傳(앵앵전)>, 房千里(방천리)의 <楊娼傳(양창전)>, 孫棨(손계)의 <北里志(북리지)> 등이 있다.[73]

---

73) <湘中怨辭>, <任氏傳>, <離魂記>, <李章武傳>, <霍小玉傳>, <李娃傳>, <鶯鶯傳>, <楊娼傳>은 ≪태평광기(太平廣記)≫에 실려 있다. ≪太平廣記≫는 중국 北宋 태평흥국(太平興國) 2년에 중국 각지에 퍼져 있던 당나라 이전까지의 설화·소설·전기·야사 등을 모두 채집하라는 칙명(勅命)에 의해 엮어진 전 500권의 방대한

<李娃傳(이와전)> 節錄(절록)

有娃方凭一雙鬟靑衣立, 妖姿要妙, 絶代有. 生忽見之, 不覺停驂久之, 徘徊不能去. 乃詐墜鞭于地, 候其從者, 勅取之, 累眄于娃, 娃回眸凝睇, 情甚相慕, 竟不敢措辭而去. 生自爾意若有失.

한쪽 문은 닫혀 있고, 예쁜 여자(娃)가 마침 두 갈래로 쪽을 땋은 하녀에게 기대 서 있었는데, 그렇게 아름다운 자태는 여태껏 본 적이 없었다. 생(生)은 문득 그녀를 보고, 자신도 모르게 타고 가던 말을 멈추고 한참이나 서성거리며 떠나갈 수가 없었다. 그래서 거짓으로 채찍을 땅에 떨어뜨리고, 그의 하인을 기다려 그것을 집어오도록 명했다. 몇 번이고 예쁜 여자(娃)를 곁눈질하니, 예쁜 여자(娃)도 눈동자를 돌려 응시하는 것이, 마음으로 퍽 사모하는 듯했다. 결국은 감히 말을 붙여 보지도 못하고 떠났다. 생(生)은 이때부터 마치 마음을 잃어버린 듯하였다.

<鶯鶯傳(앵앵전)> 節錄(절록)

兄之恩, 活我之家, 厚矣. 是以慈母以弱子幼女見託. 奈何因不令之婢, 致淫逸之詞. 始以護人之亂爲義, 而終掠亂以求之. 是以亂易亂, 其去幾何. 誠欲寢其詞, 則保人之姦, 不義. 明之於母, 則背人之惠, 不祥. 將寄於婢僕, 又懼不得發其眞誠. 是用託短章, 願自陳啓, 猶懼兄之見難. 是用鄙靡之詞, 以求其必至. 非禮之動, 能不愧心. 特願以禮自持, 毋及於亂.

우리 집 식구들을 구해 주신 은혜는 고마웠어요. 그래서 어머니께서도 지난번에 약한 아들과 어린 딸의 힘이 되어 달라고 부탁하셨던 거예요.

전집으로, 중국 설화·소설의 보고라 불린다.

그런데 어째서 천한 시녀에게 음탕한 글을 전하시죠? 처음에는 사람을 난리로부터 보호해 주는 정의의 입장을 취하시더니 결국에 가서는 그 문란한 행동으로써 저를 손에 넣으려 하시는군요. 이것이야말로 부정한 것으로써 부정한 것을 바꾸는 것이지 그 차이가 얼마나 나겠어요. 사실은 전해 주신 말씀을 묵살해 버리려고 하였으나, 그렇게 한다는 것은 사람의 부정을 감추어 주는 것이 되므로 올바른 처사가 못되고, 그렇다고 해서 이것을 어머니께 모조리 말씀드린다는 것은 곧 사람의 은혜에 배반하는 것이 되므로, 좋은 처사는 못 되었어요. 이런 생각을 하녀를 통하여 말을 전하려 했으나, 그렇게 하면 저의 진정한 마음을 전하지 못하게 될까 두려웠고, 이것을 보잘것없는 글귀로써 써 보내고 싶었으나 도리어 잘 알아보지도 못하실까 두려워한 나머지, 천박한 시를 지어 보내드려서 꼭 오시도록 했던 것이에요. 예의에 벗어난 행동을 한 것이 마음에 부끄럽게 생각되지 않으세요? 아무쪼록 예의에 따라 행동을 신중히 하시고 문란한 행동일랑 하지 말아 주세요!

(2) 義俠小說

中唐 이후 晚唐으로 오면서 사회가 더욱 혼란해질수록 義俠小說(의협소설)이 많이 나오게 되었다. 杜光庭(두광정)의 <虬髥客傳(규염객전)>, 袁郊(원교)의 ≪甘澤謠(감택요)≫ 가운데 <紅線傳(홍선전)>, 裴鉶(배형)의 <聶隱娘傳(섭은낭전)>·<崑崙奴(곤륜노)>, 薛調(설조)의 <劉無雙傳(유무쌍전)>, 沈亞之(심아지)의 <馮燕傳(풍연전)> 등이 있다.

중국 義俠小說의 鼻祖(비조)로 평가되는 杜光庭(두광정)의 <虬髥客傳(규염객전)>은 지금까지 그 저자로부터 작중 주인공 虬髥客의 원형 등을 비롯하여 논란이 있어 시선을 끈다. 작품은 역사적으로 일부 실존했던 인물과 사건을 소재로 이야기를 서술하고 있다. 虬髥客은 李世民

이 眞命天子이고, 오로지 그만이 중원을 통치할 수 있는 적임자임을 알게 되자, 재산을 모두 李靖(이정)과 그 부인 紅拂(홍불)에게 주어 이세민을 도우라 하고는 해외로 떠난다는 이야기이다.

(3) 諷刺小說

六朝의 遺風(유풍)을 계승하여 초현실적이고 신령스러운 이야기를 하면서도, 인간과 사회에 대한 諷刺(풍자)의 뜻을 담고 있는 작품들이 있다. 沈旣濟(심기제)의 <枕中記(침중기)>, 李公佐(이공좌)의 <南柯太守傳(남가태수전)>, 沈亞之(심아지)의 <三夢記(삼몽기)>, 王洙(왕수)의 <東陽夜怪錄(동양야괴록)>, 牛僧孺(우승유)의 <元無有(원무유)>·≪玄怪錄(현괴록)≫ 가운데 <張佐(장좌)>, 李復言(이복언)의 ≪續玄怪錄(속현괴록)≫ 가운데 <杜子春(두자춘)> 등이 있다.

<枕中記>와 <南柯太守傳>은 唐代 傳奇 소설 중에서 수작으로 꼽히는 작품에 속한다. 이 두 작품은 꿈을 모티프로 삼아 각각 黃粱之夢(황량지몽)과 南柯一夢(남가일몽)이라는 고사성어의 유래가 되었다. 중국에서는 이보다 앞서 莊周(장주)가 언급한 胡蝶夢(호접몽)[74] 고사가 일반적으로 널리 알려져 있다. <枕中記>의 작가 沈旣濟는 역사를 기록하는 史官이었는데 ≪新唐書≫ 卷132에 그의 傳이 있다. 생졸년이 미상이나 그의 아들인 沈傳師(심전사)가 769년에 태어난 기록이 ≪舊唐書·沈傳師傳≫에 있음으로 미루어 보아 대략 749년 이전에 태어나 800년 전후에 세상을 떠난 것으로 추측된다.

<枕中記(침중기)>에서 작가 沈旣濟(심기제)는 직접 자신의 말을

---

[74] 莊周는 ≪莊子≫ <齊物論> 마지막 부분에서 "꿈에 자신이 나비가 되었는지, 나비가 꿈에 장주가 되었는지 알 수가 없다."라고 하며 인생에 대해 물음을 제기하였다.

하지 않고, 盧生(노생)의 입을 통해 자신의 메시지를 전달하고 있다. 盧生은 욕심 많은 한평생을 보낸 꿈에서 깬 뒤 잠시 멍하니 넋을 잃게 된다. 이러한 盧生에게 도사 呂翁(여옹)은 또다시 인생의 즐거움은 꿈과 같다고 훈계를 해 주게 된다. 비로소 盧生은 인생이 그 자체로 "완벽"하므로 현실에 불평하지 말아야 할 것과 있는 그 자리에서 "마음의 즐거움"을 깨닫게 된다.

<南柯太守傳(남가태수전)>의 작가는 李公佐(이공좌)이다. 李公佐가 지은 전기소설은 <南柯太守傳>을 비롯하여 <廬江馮媼傳(여강풍온전)>, <謝小娥傳(사소아전)>, <古岳瀆經(고악독경)> 등 모두 4편이 전해지고 있어 전기소설을 많이 남긴 작가로도 유명하다. 또한 그는 자신의 소설 안에서 직접 한 명의 인물로 등장하여 소설의 시간과 공간적 배경을 묘사하는 특징을 가진 작가이기도 하다.

<南柯太守傳>은 대략 德宗 貞元 末에 지어진 것으로 보인다. 주인공 순우분(淳于棼)이 꿈속에서 개미왕국에 가 국왕의 부마가 되어 남가군의 태수로 나랏일도 하고 슬하의 여러 자녀와 함께 온갖 영화를 누리며 살다가 전쟁에서의 패배와 공주인 아내의 죽음, 그리고 주위 사람들의 비방 등으로 좌절을 겪다가 원래의 현실 세상으로 돌아온다는 내용이다. 영원할 것 같은 인생도 한바탕 꿈처럼 짧고, 다할 리 없어 보이던 부귀나 명예도 덧없는 것임을 세상의 선비들, 특히 높은 지위의 고관대작들에게 알려줌으로써 경계를 삼게 하고 있다. 또한 淳于棼이 大槐安國(대괴안국)에서 겪는 南柯一夢(남가일몽)의 사건을 통해 재주도 덕망도 없는 자가 처가의 권세를 빌려 높은 지위에 오른 관료들을 풍자하고 있다.

<南柯太守傳>에서 작가가 소설 말미에 직접 자신의 교훈을 서술

하는 것은 당대 전기소설의 특징 중 하나이다. 그의 메시지는 벼슬자리를 도적질하고 貪生(탐생)하는 무리들이 達人(달인)의 눈에는 개미의 무리처럼 보이니 "명성이나 지위가 있다고 교만하지 말기를 바란다."라고 하는 데 있다.

(4) 歷史小說

비교적 사실을 위주로 내용을 전개하고 있어서 후세 歷史小說 발전에 큰 공헌을 하였다. 陳鴻(진홍)의 <長恨歌傳(장한가전)>·<東城老父傳(동성노부전)>, 柳珵(유정)의 <上淸傳(상청전)>, 郭湜(곽식)의 <高力士外傳(고력사외전)>, 羅隱(나은)의 <廣陵妖亂志(광릉요란지)>, 姚汝能(요여능)의 <安祿山事蹟(안녹산사적)> 등이 있다.

陳鴻의 <長恨歌傳>에서, "元和 元年에 仙遊寺(선유사)에 놀러 갔다가 王質夫(왕질부)가 楊貴妃 이야기를 노래로 만들어 보라고 부탁하자 樂天(낙천)이 이에 따라 <長恨歌>를 지었고, ……노래가 완성되자 나에게 傳을 짓게 했다"(元和元年冬十二月, 樂天因爲 ……<長恨歌>, ……歌旣成, 使鴻傳焉.)고 밝혔듯이 그 내용은 <長恨歌>와 큰 차이가 없다. 陳鴻의 <長恨歌傳(장한가전)>에서는 넷째 부분인 선녀가 된 楊貴妃를 方士가 대신하여 만나 玄宗과 楊貴妃 둘만의 비밀을 알려주는 부분이 묘사되었다는 점에서, 白居易의 <長恨歌>와 차이가 있다.

또 楊貴妃가 속세의 일을 생각하는 것으로 인해 더 이상 仙界에 머무르지 못하고, 인간 세계로 내려가 玄宗과 다시 만나게 될 것이며 편안하시기를 바란다는 말을 하는데, 이 대목은 <長恨歌>에서는 찾아볼 수는 없다. <長恨歌傳>의 아쉬운 점은, 작가가 사실에 근거하여 楊貴妃의 일생을 서술하고 있어서, 楊貴妃가 개성이나 생동감이 없는 인물로 묘사되고 있다는 것이다.

<長恨歌傳(장한가전)> 節錄(절록)

昔日寶十載. 侍輦避暑於驪山宮. 秋七月, 牽牛織女相見之夕, 秦人風俗, 是夜張錦繡, 陳飮食, 樹瓜華, 縶香於庭, 號爲乞巧. 宮掖間尤尙之. 是夜始半, 休侍衛於東西廂, 獨侍上. 上憑肩而立, 因仰天感牛女事, 密相誓心, 願世世爲夫婦. 言畢, 執手各嗚咽. 此獨君王知之耳.

옛날 천보(天寶) 10년에 전하를 모시고 여산궁(驪山宮)을 갔었지요. 가을 칠월에 견우와 직녀가 서로 만나는 칠석날 저녁이었지요, 진인(秦人)들은 그날 저녁에 수놓아진 비난 위에 여러 가지 음식과 과일을 차려놓고는 뜰에서 향불을 피우며 제사를 지내는 풍습이 있었는데, 이를 걸교75)라 했지요. 후궁에서는 이것을 아주 중시하였지요. 그날 저녁 밤이 깊었을 때 곁에서 모시던 사람들은 모두 동쪽과 서쪽에서 쉬고 저 혼자만이 전하를 모시고 있었지요. 그때 전하께서 저의 어깨에 기대어 서서 고개를 들어 하늘을 쳐다보며 견우와 직녀의 사랑에 감동되셨지요, 그래서 영원토록 부부가 될 것을 마음으로 맹세하셨지요. 맹세의 말이 끝났을 때, 우리는 손을 잡고 흐느꼈답니다. 이 일은 오직 전하만이 알고 계시지요.

---

75) 걸교(乞巧): 중국의 고대풍속으로, 견우와 직녀가 만난다는 칠월 칠석에 부녀자들이 음식과 과일 등을 차려놓고 향을 사르면서 길쌈과 바느질 솜씨가 늘기를 기원하는 행사를 일컫는다. 또한 작은 거미를 작은 그릇 속에 놓아두기도 하는데, 다음날 거미줄이 둥글고 반듯하게 쳐져 있으면 이것을 득교(得巧)라고 한다.

35 唐代 變文

1) 變文의 개념

唐代에는 민간문학의 일종으로서 '變文(변문)76)'이라는 독특한 문학 형식이 새롭게 등장하여 발전하였다. 變文은 '佛經變相之文(불경변상지문)'이란 뜻으로, '佛曲(불곡)'·'俗文(속문)'·'講唱文(강창문)' 등으로도 불린다.

變文은 주로 敦煌(돈황) 문서 속에서 발견된 새로운 문체의 작품이다. 變文은 그 존재가 드러나지 않았다가 1907년 5월 甘肅省(감숙성)의 敦煌, 千佛洞石室(천불동석실)에서 헝가리인이었으나 영국 국적을 취득한 고고학자인 슈타인이 대량의 문헌자료와 그림을 발견함으로써 세상에 알려지게 되었다.

變文은 불교의 전파와 함께 인도로부터 수입된 양식이다. 승려들은 이해하기 어려운 불교 교리를 전파하기 위하여 불경의 내용을 통속적인 고사로 바꾸는 동시에 음악적인 성분을 가미하여 일반인들이 쉽게 기억할 수 있도록 했는데, 이것을 俗講(속강)이라고 하며 俗講을 문자로 정착시킨 것이 變文이다.

---

76) '變'이란, 만다라(曼荼羅)를 말하고, 變文은 그 그림 설명이다. 그 내용은 불전(佛典)의 故事를 알기 쉽게 해설한 <목련구모(目連救母) 變文> 등이 처음이 되고, 이윽고 중국의 민간전설을 딴 <열국지(列國志) 變文>, <순자지효(舜子至孝) 變文>, <명비(明妃) 變文> 등이 생긴 듯하다. 그 발생과정은 확실치 않으나 佛敎의 布敎를 위해 서민을 대상으로 한 속강(俗講)에서 구연(口演)된 것으로 여겨진다. 같은 講唱이라도 경전(經典)의 한 구절을 중심으로 그것을 부연(敷衍)한 강경문(講經文)이라는 사본이 경(經)·백(白, 대사)·창(唱)의 3단 구성인 것에 대해, 變文은 변(變)·변상(變相)이라는 그림과 함께 '白'과 '唱'으로 講唱된 것이다.

2) 變文의 형식과 내용

變文의 형식은 韻文과 散文이 섞여 있는데, 韻文은 연출자가 노래하던 부분이고 散文은 연출자가 이야기하던 부분이다. 이러한 형식의 演藝(연예)를 講唱(강창)이라고 한다. 즉, 講唱이라는 연예 형식은 唐代의 變文에서 그 연원이 시작되었다고 볼 수 있다.

變文의 講唱 구성 형식은 작품에 따라 약간의 차이가 있다. <降魔變文(항마변문)>·<維摩詰經變文(유마힐경변문)>처럼 먼저 散文으로 講說하고 다시 韻文으로 그것을 歌唱하는 것이 있고, <大目乾連冥間救母變文(대목건련명간구모변문)>처럼 散文은 오직 이야기를 끌어내는 '引子'로만 쓰이고 주요한 부분은 韻文으로 이루어진 것들이 있으며, <伍子胥變文(오자서변문)>처럼 韻文과 散文을 아무런 기준 없이 섞어 쓴 것들도 있다.

變文의 운문은 七言이 대부분인데, 간혹 三言·五言과 六言도 섞여 있다. 그리고 산문 중에는 간혹 '騈儷體'의 글들도 보인다.

變文의 내용은 크게 佛事(불사)에 관한 것과 史事·雜事에 관한 것으로 분류할 수 있다.

처음에는 變文의 특성상 불교와 관련된 이야기가 많았다. 불교 경전에서 제재를 취한 불교설화로서 유명한 작품은 <維摩詰經變文>·<降魔變文>·<大目乾連冥間救母變文> 등이 있다.

후대에는 變文이 민간 이야기꾼에 의해 차츰 佛敎와 관련된 제재를 떠나 민간 기예로 발전하였다. 대체로 역사적인 고사나 민간전설을 근거로 한 것들이 많고, 간혹 그 시대의 사회생활을 주제로 한 것들도 있다. <伍子胥變文(오자서변문)>·<王昭君變文(왕소군변문)>·<孟姜

女變文(맹강녀변문)> 등이 그것이다.

3) 變文의 영향

變文은 최초의 講唱으로서 이후 강창 자체를 발전시켰다는 점에서 큰 의미가 있다. 그리고 變文은 나아가서 후대 講唱文學의 영향을 받아 발전한 小說과 戱曲에도 지대한 영향을 미친 문학 양식이다. 그 구체적인 영향을 정리하면 다음과 같다.

첫째, 說話와 직접 연계되어 宋代 話本小說의 발생에 직접적인 영향을 끼쳤다.

둘째, 講唱文學의 시조로서 鼓子詞(고자사)·諸宮調(제궁조)·彈詞(탄사)·寶卷(보권) 등과 직결되는 강창문학의 계보를 형성시켰다.

셋째, 戱曲에서 '唱'과 '白'을 겸용하는 것은 變文의 영향을 받았다.

넷째, 長篇小說의 중간에 때때로 詩·詞·賦 등을 삽입하는 것도 變文의 영향을 받았다.

<大目乾連莫間救母變文(대목건련명간구모변문)>의 目連救母(목련구모) 故事는 ≪佛說盂蘭盆經(불설우란익경)≫, ≪經律異相(경율상이)≫, ≪百緣經(백연경)≫ 等 여러 經을 합쳐 만든 것이다. 세 편의 目連 故事인 <大目乾連莫間救母變文(대목건련명간구모변문)>, <目連緣起(목련연기)>, <目連變文(목련변문)>는 目連의 孝를 主題로 삼아 構成되어 있으나, 세 편이 각각 內容과 體載上 약간의 차이점이 있다. <大目乾連莫間救母變文>은 세 편 가운데 가장 長篇의 편폭으로, 故事의 중점이 '어떻게 地獄에 이르러 어머니를 救했는가'라는 과정에 있다. 이 構成을

간단히 살펴보면, 발단은 目連의 집안 소개 및 登場人物의 性格 소개, 전개는 地獄遍歷(지옥편력), 절정은 어머니와의 상면 및 구출하는 장면, 대단원은 佛敎의 선전으로 구성되어 있다.

<大目乾連冥間救母變文(대목건련명간구모변문)> 節錄(절록)

目連問曰. 獄中罪人作何罪業当墮此地獄. 獄主報言. 獄中罪人生存在日. 侵損常住游泥伽藍好用常住水果盜常住柴薪. 今日交伊手攀劍樹. 支節節皆零落處.
刀山白骨亂縱橫, 劍樹人頭千万顆.
欲得不攀刀山者, 無過寺家塡好土.
械(栽)接果木入伽藍, 布施種子倍常住.

목련(目連)이 물었다. "이 지옥에 있는 죄인들은 무슨 죄업을 지었기에 이 지옥에 떨어진 것입니까?" 감옥을 지키는 사람이 대답하여 말했다. "이 지옥에 있는 죄인들은 살아 있을 때 사원을 훼손하고 가람(伽藍, 절)을 더럽혔으며 사원의 과일을 함부로 쓰고 사원의 땔감을 훔치길 좋아했지. 오늘은 그 두 손으로 검수(劍樹)77)를 잡고 오르다 마디마디가 모두 끊어져 떨어지는 벌을 받고 있소이다."
도산(刀山)엔 백골이 종횡으로 난무하고,
검수엔 천만 개의 사람 머리가 달렸네.
도산에 오르고 싶지 않은 사람은,
무과사(無過寺)에 좋은 흙을 채우네.
과수를 재배하여 가람으로 들여오고,
종자를 보시하니 상주물(常住物, 절의 재산)이 갑절이 되네.

---

77) 가지, 잎, 꽃, 과실이 모두 칼로 되어 있다는 지옥의 나무.

36. 民間詞와 ≪花間集≫

　　盛唐과 中唐을 지나 晩唐에 이르자 詩歌의 발전은 큰 변화를 보였다. 문학 발전의 규율이 그러하듯이 詩歌 역시 새로운 모습으로 전환이 자연스럽게 진행되었는데, 이것이 바로 民間에서 등장한 詞였다. 詞의 기원에 대해선 詩經 기원설, 古詩 기원설, 唐의 近體詩 기원설 등 여러 가지 설이 있지만, 敦煌文卷(돈황문건) 속에서 수많은 民間詞(민간사)가 발견됨으로써 민간의 가요로부터 발전한 것임이 확인되었다.

　　詞는 넓은 의미로는 詩이다. 그러나 음악과 더 밀접한 관계가 있으며, 음악의 歌詞로써 樂譜에 맞추어 가사를 써넣기 때문에 문구의 길고 짧음이 다르다. 특히 詩와 구별되는 平仄(평측), 音律의 제한이 있었기 때문에 독특한 체제를 갖추게 되었던 것이다. 처음에 詞는 민간에서 만들어져 유행한 민간 가곡의 唱詞였기 때문에 초기에는 문인들의 주의를 끌지 못하였으나, 中唐 이후부터 신선한 충격을 주면서 새로운 문학 형태로의 발판을 마련하였다.

　　唐代 경제의 발전과 문화의 성장은 詞의 발전에 상당히 중요한 작용을 하였다. 민간에서 유행하던 俗曲(속곡)들이 점차 도시로 유입되면서 전문적인 연주와 가창을 하는 樂師(악사), 歌妓(가기) 등과 결합하여 새로운 대중예술로 성장하게 되었다. 이런 현상은 시민의식의 대두와 함께 등장한 傳奇小說(전기소설) 등 대중문학의 발생과 맥을 같이 한다. 오늘날 확인할 수 있는 最古의 民間詞는 敦煌의 曲子詞(곡자사)로, 敦煌에서 발견된 ≪雲謠集雜曲子(운요집잡곡자)≫에 30首의 작품이 있으며, 창작연대는 盛唐 또는 그 이전으로 보고 있다.

敦煌의 民間詞들은 기본적으로 옛 樂府民歌와 같은 풍격의 작품들이다. 형식이 소박하고 표현이 진실하며 통속적인 언어를 사용하면서도 그 시대 사회생활의 여러 가지 모습을 대변하고 있으며, 문인들의 작품보다는 거칠고 유치하게 느껴지는 작품들이 많지만, 어떤 종류의 문학보다도 진실하게 민간 정서를 잘 표현하고 있다.

民間詞의 내용은 전통적인 주제인 從軍(종군)의 괴로움, 남편을 그리는 부인의 한탄, 남녀의 연정, 기녀의 서글픈 신세 등 아주 다양하다. 순박한 여인의 애정을 그린 敦煌曲子詞(돈황곡자사)에 있는 <菩薩蠻(보살만)>도 그 중의 하나이다. <菩薩蠻>은 唐詩의 뒤를 이어 발전한 詞의 곡조 이름이며, 詩題를 붙이는 대신 통상 첫 구를 제목으로 삼는다. 에두르지 않고 감정을 대담하게 표현한 민가의 진솔함이 돋보인다. 이 노래는 주동적으로 애정을 이끌어 가는 화자의 힘이 유감없이 드러나는 듯도 하고, 반대로 상대의 변심을 우려하여 전전긍긍하는 안타까움이 묻어있는 듯도 하다.

<菩薩蠻(보살만)> 枕前發盡千般願(침전발진천반원)

枕前發盡千般願, 要休且待靑山爛.
水面上秤錘浮, 直待黃河徹底枯.
白日參辰現, 北斗回南面,
休卽未能休, 且待三更見日頭.

베갯머리에서 두고두고 소원을 빌었지요,
절 버리시겠다면 청산이 문드러질 때까지 기다리세요.
저울추가 수면 위로 떠오르거나,

황하가 깡그리 마를 때까지 기다리세요.
대낮에 삼성과 진성이 뜨거나,
북두칠성이 남쪽으로 돌아오길 기다리든지.
버리려야 못 버리실 테지만,
절 버리시려면 한밤중에 해 뜨길 기다리세요.

 이러한 民間詞는 晩唐五代에 들어와 文人詞가 성행하기 이전 단계의 詞의 모습을 생생히 보여주고 있다. 民間詞의 신선하고도 생기 있는 내용은 문인들에게 직접적인 영향을 주어 文人詞의 발전에 크게 이바지했다. 민간에서 유행하던 詞의 형식을 본떠서 지식인들이 작품을 짓기 시작한 것은 대체로 隋代부터였던 듯하나, 본격적인 문인들의 詞는 中唐에 시작되었다고 할 수 있다. 中唐에 이르러 민간연예에 관심을 가졌던 白居易(백거이)와 劉禹錫(유우석) 같은 시인들이 민간사의 형식을 본떠 본격적으로 詞를 짓기 시작했다. 이들에 의하여 詞는 마침내 새로운 시가로 등장하게 되는 계기가 되었다. 대체로 中唐 이전의 詞는 맑고 꾸밈없는 통속적인 민간의 정취가 뛰어난 것이 특징이다.
 문인들이 詞를 짓는 풍조는 晩唐으로 오면서 더욱 유행하고, 五代에 이르러는 중국문학사에서 새로운 시가로서 완전한 자리를 차지하게 된다. 晩唐에는 皇甫松(황보송)・司空圖(사공도)・溫庭筠(온정균) 등이 뛰어났으며, 五代에는 수많은 사람이 詞를 본격적으로 지었는데, 그중에서 韋莊(위장)・李璟(이경)・李煜(이욱)・馮延巳(풍연사) 등이 뛰어났다.
 이 시기의 詞를 모은 중국 최초의 詞集으로 後蜀(후촉)의 趙崇祚(조숭조)가 편찬한 ≪花間集(화간집)≫이 있다. ≪花間集≫에는 溫庭筠을 필두로 하여 晚唐과 五代에 활동했던 詞 作家 18인의 500여 작품이 수록되어 있다. 대부분의 작품이 책머리에 수록된 溫庭筠의 감각적이고 화려한 詞風을 따르고 있어 전체적으로 여리고 아름다운 서정적인 분위기를 갖고 있다. 이 때문에 ≪花間集≫에 나오는 작가들을 가리켜 花間派라고 부르는데, 화간파의 대표적인 작가로는 晚唐의 溫庭筠과 五代의 韋莊(위장)을 들 수 있다. 이들 두 사람의 작품은 전체적으로 비슷한 경향을 띠고 있다. 溫庭筠은 곱고 화려한 어휘를 아주 잘 구사하였고, 위장은 비교적 통속적인 어휘 구사를 통해 청신한 격조를 잘 살려 낸 것으로 평가받고 있다. 다음은 溫庭筠의 <菩薩蠻>이다.

<菩薩蠻(보살만)> 小山重疊金明滅(소산중첩금명멸)

小山重疊金明滅, 鬢雲欲度香腮雪.
嬾起畵蛾眉, 弄妝梳洗遲.
照花前後鏡, 花面交相映.
新帖繡羅襦, 雙雙金鷓鴣.

첩첩으로 둘러싼 작은 산들이 금빛처럼 반짝이고,
구름 같은 귀밑머리 눈처럼 흰 뺨을 덮을 듯하네.
잠자리에서 일어나 곱게 눈썹 그리고,
몸치장 하고 천천히 머리 감고 빗질하네.
앞뒤에 놓인 거울에는 꽃이 비쳐,
꽃과 얼굴 서로 마주 보며 비춘다네.
새로 수놓은 비단 저고리에는,
금빛 자고새가 쌍쌍이 날아간다네.

37. 歐陽脩의 詩

宋代 초기에는 晩唐의 감상적이고 유미주의적인 시풍이 그대로 계승된다. 楊億(양억)·錢惟演(전유연)·劉筠(유균) 등 翰林學士(한림학사)를 지낸 사람들이 대표적인 작가인데 이들을 西崑派(서곤파)라 부른다. 당시 대표적인 15명의 작품을 모아 ≪西崑酬唱集(서곤수창집)≫ 2권을 낸 데서 붙여진 이름이다. 宋初에는 특히 만당의 李商隱의 시 풍격을 이어받아 對偶를 중시하고 典故를 많이 쓰며 감상적이고 화려한 시들을 짓기에 힘썼다. 이러한 시풍은 사회의 안정에서 연유하였으며 眞宗으로부터 仁宗에 이르기까지 약 40여 년간 西崑體(서곤체)가 문단에 유행하였으나 楊億보다 뛰어난 시인은 없었으며, 내용이 허망하고 기교만 중시하는 작품이 형성되었다. 즉, 감정이나 개성이 없이, 유창하고 화려한 리듬과 형식이 그 공허한 내용을 장식할 뿐이었다.

이러한 宋初의 유미주의적인 詩風을 새롭게 한 사람이 바로 歐陽脩(구양수)이다. 歐陽脩·梅堯臣(매요신)·蘇舜欽(소순흠)·王安石(왕안석)·蘇軾(소식) 등은 西崑體의 타파를 주장하며 시가의 革新運動을 일으킴으로써, 이제까지의 중국시와는 다른 새로운 풍격의 宋詩를 이룩하게 되었는데, 歐陽脩가 실제적으로 北宋 시문 혁신 운동의 우두머리였다.

歐陽脩의 詩와 散文은 모두 韓愈의 古文運動 정신을 이어받아 "글과 도는 하나로 합쳐져야 한다(文道合一)."고 주장하였다. 그는 <答吳充秀才書(답오충수재서)>에서 "대체로 도가 우월하면, 글은 어려움 없이 스스로 이르게 된다(大抵道勝者, 文不難而自至也)."라고 하였듯이, 내용[道]이 형식[文]을 결정하게 된다고 하였다. 歐陽脩가 강조한 道는 孔子·孟子 등 儒家의 道이면서 현실에 바탕을 둔 道라고 할 수 있으며, 현실 세계에 관심을 두지 않고 지어진 작품에 대해서 그는 반대 입장을 분명히 하였다. 그가 주장한 평이함 역시 작품의 아름다운 수식에 반대한 것이 아니라, 美辭麗句(미사여구)나 군더더기 말을 나열하기보다는 자연스럽고 유창한 서술을 통해 독자들이 쉽게 이해할 수 있도록 명쾌하게 표현되어야 함을 강조한 것으로 풀이된다.

歐陽脩는 특히 韓愈의 '문으로 시를 짓다(以文爲詩)'[78]라고 하는 시의 작법을 따랐기 때문에 議論化, 散文化의 특징을 가지게 되었다. 하지만, 韓愈의 어려운 글귀, 기괴한 시어의 사용은 기피하고, 다만 韓愈의 장점인 웅장한 격조를 본받았기 때문에, 호방하면서도 難澁(난삽)하지 않았고, 平易하고 담백하였다. 따라서 자연히 유미주의적인 西崑體(서곤체)와는 다른 시풍이 생겼으며, 宋詩는 새로운 시풍을 열게 되었다.

아래의 <明妃曲和王介甫作(명비곡화왕개보작)>과 <再和明妃曲>은 歐陽脩가 字가 介甫(개보)인 王安石의 <明妃曲(명비곡)> 2首에 화답하여 지은 작품이다. ≪歐陽文忠公集(구양문충공집)≫ 8권에 실려 있으며, 王昭君(왕소군)[79]이 漢나라 궁궐을 그리워하여 지은 琵琶曲(비

---

78) 文章을 짓는 법으로 詩를 쓰는 것. 宋詩의 특징은 기험(奇險)한 표현의 많은 사용에 따른 낯설고 색다른 정취, 才學의 과시에 따른 현학적(衒學的) 분위기 등 두 가지가 있었다. 이 두 가지 특징은 宋나라의 詩論家인 엄우(嚴羽)가 ≪창랑시화(滄浪詩話)≫에서 宋詩의 특징이라고 지적한 '以文字爲詩' 및 '以才學爲詩'와 대체로 일치한다.
79) 기원전 1세기경의 인물로, 흉노 호한야선우(呼韓邪單于)의 처로 원래는 한나라 원제의 궁녀였다. 정확한 생몰연도는 불확실하다. 다만 호한야 선우와 결혼한 시기 등을 통해 출생 년도를 추정할 뿐이다. 본명은 장(嬙)으로 성과 합쳐 왕장(王嬙)이 본명이지만, 자가 소군(昭君)이기에 흔히 王昭君이라 불린다. 또 호한야선우는 王

파곡)인 <昭君怨(소군원)>을 중심으로 하여 王昭君의 비극을 노래하였다. 王昭君을 노래한 시인으로는 盧照隣(노조린)과 李白, 杜甫 등 여럿이 있지만, 王安石과 歐陽脩는 2首의 明妃曲을 남겼다. 明妃란 漢元帝의 궁녀인 王昭君을 말하는데, 元帝는 그녀를 匈奴單于(흉노선우)에게 시집을 보냈다. 元帝와 明妃에 관한 이 이야기는 후대로 갈수록 약간의 潤色(윤색)이 가해지기도 한다.

<明妃曲和王介甫作(명비곡화왕개보작)>는 표면적으로는 불우한 明妃의 삶을 묘사하고 있지만, 詩의 이면에는 宋 왕조의 우매함을 꾸짖는 질책의 뜻이 담겨 있다. 明妃를 오랑캐 땅에 시집보내 버린 한 왕조의 자세는 바로 契丹(거란)과 西夏(서하)에 대해 늘 굴욕적인 양보만 해온 송나라 왕조의 나약함에서 나온 처사라고 지적하였다. 이는 궁궐 안에서 외부의 실제 사정은 파악하지 않고 임시변통이나 강구하며, 황제의 은총이나 얻고자 하는 조정의 신하들을 가리켜 한 말이라 하겠다. <再和明妃曲>은 王安石의 시에 비해 약간 정치적인 색채를 띠고 있다. 漢나라의 대외 정책뿐만 아니라 元帝의 어리석음까지도 辛辣(신랄)하게 비난하고 있다

歐陽脩는 평생 마음에 든 작품으로 <明妃曲和王介甫作> 시를 꼽았는데, <再和明妃曲>과 더불어 스스로 자평하길 "明妃曲 후편은 李白도 지을 수 없고 오직 杜甫만이 지을 수 있다. 전편은 杜甫 역시 지을 수 없고 오직 나만이 지을 수 있다."라고 하였다. 이를 보면 歐陽脩가 이 詩에 대하여 얼마나 큰 자긍심을 가지고 있었는지 알 수 있다.

昭君을 녕호 연지(寧胡 閼氏)로 봉했다. 훗날 삼국시대 위(魏)나라의 대신 사마소(司馬昭)의 이름인 '소(昭)'를 피휘하여 왕명군(王明君) 혹은 명비(明妃)라 일컬어지기도 했다.

\<明妃曲和王介甫作(명비곡화왕개보작)\>

胡人以鞍馬爲家, 射獵爲俗.
泉甘草美無常處, 鳥驚獸駭爭馳逐.
誰將漢女嫁胡兒, 風沙無情貌如玉.
身行不遇中國人, 馬上自作思歸曲.
推手爲琵却手琶, 胡人共聽亦咨嗟.
玉顔流落死天涯, 琵琶却傳來漢家.
漢宮爭按新聲譜, 遺恨已深聲更苦.
纖纖女手生洞房, 學得琵琶不下堂.
不識黃雲出塞路, 豈知此聲能斷腸.

오랑캐 사람들은 말안장을 집으로 삼고,
활로 사냥하는 것을 풍속으로 삼네.
맛있는 샘물, 좋은 풀 찾아 일정한 거주지 없는데,
날짐승 들짐승 놀라게 하면서 서로 다투듯 쫓아다닌다네.
누가 한나라 여인을 오랑캐에게 시집보내려 하였는가?
바람과 모래 무심한 곳으로 옥같이 아름다운 그녀를!
그 자신 가는 곳에선 중원 사람을 만날 수 없으니,
말 위에서 스스로 고향 그리워하는 노래를 지었네.
손을 움직여 비파를 연주하니,
오랑캐들 함께 들으며 슬퍼했었지.
옥과 같은 왕소군 고향을 떠나 하늘 끝에서 죽었지만,
그의 비파곡은 오히려 한나라 궁궐에 전해졌네.
한나라 궁궐에선 여인들이 다투어 신곡을 배우나,
남아있는 한스러움이 이미 깊어 마음을 아프게 하였네.
섬섬옥수 여인의 고운 손으로 규방에서만 살았으니,

비파는 배웠으나 문밖에는 나가보지 못했네.
황색 먼지 자욱한 변방 길로 나가는 일 어떤 것인지 모르니,
그 소리가 사람의 애간장을 끊게 할 줄을 어찌 알았겠는가?

<再和明妃曲(재화명비곡)>

漢宮有佳人, 天子初未識.
一朝隨漢使, 遠嫁單于國.
絶色天下無, 一失難再得.
誰能殺畫工, 於事竟何益.
耳目所及尙如此, 萬里安能制夷狄.
漢計誠已拙, 女色難自誇.
明妃去時淚, 洒向枝上花.
狂風日暮起, 飄泊落誰家.
紅顔勝人多薄命, 莫怨春風當自嗟.

한나라 궁궐에 예쁜 여인 있었는데,
천자도 처음에 알아보지 못했네.
하루아침에 한나라 사신을 따라나서,
멀리 선우(單于)의 나라로 시집을 갔다네.
천하에 둘도 없는 절색,
한 번 잃으면 다시 얻기 어렵다네.
비록 화공(畫工)을 죽일 수 있다 해도,
일에 결국 무슨 보탬이 있겠는가?
귀로 듣고 눈으로 보는 일조차 처리함이 오히려 이러하거늘,
만리 밖의 오랑캐들을 어찌 제압할 수 있을까?
한나라의 계책은 참으로 졸렬했으니,

여자의 미모를 스스로 자랑삼기는 어려운 것이라네.
명비가 떠날 때 눈물이 흘러,
나뭇가지 위 꽃에 뿌렸다네.
광풍이 해가 저물어 일어나니,
꽃잎들 흩날려 누구의 집에 떨어졌을까?
예쁜 얼굴 남보다 빼어나면 명이 짧은 일이 많아,
봄바람 원망 말고 스스로 탄식해야 할 것을.

   이러한 우수한 작품을 써내며 詩文革新運動을 추진하여 그 당시의 화려하면서 천박한 경향이나 난해하고 乖愎(괴팍)한 경향 등에 대해 논리적으로 비판을 가하여, 당시 문단에 유행하고 있던 실속 없고 난해한 작품들을 완전히 제압하였다. 이러한 공로 외에도 그는 후진 양성에 상당한 열의를 보여, 王安石・曾鞏(증공)・蘇軾 등 유명 문인들을 모두 자기 門下에서 배출함으로써 宋代 詩文革新運動이 완성될 수 있는 바탕을 마련해 주기도 하였다. 歐陽脩는 科擧의 주임 시험관으로 있으며 과거시험 답안을 騈文 대신 散文으로 작성하도록 하였으며, 응시자들 가운데에서 개혁 의지를 지니고 있고 내용이 충실한 문장을 쓰는 문인들을 대거 발탁하였다. 이렇게 하여 그의 주위에는 개혁 성향이 강한 견실한 작가 진용이 갖춰졌으며, 이들이 힘을 모아 北宋의 시문혁신운동을 완성의 경지로 끌어올렸던 것이다.

38 蘇軾의 詩

蘇軾(소식, 1037~1101)은 아버지 洵(순), 아우 轍(철)과 함께 '三蘇'라고 불리며, 모두 唐宋八大家에 속한다. 蘇軾은 詩, 詞, 文, 音樂, 書法 등에 깊은 조예가 있었고, 정치에도 높은 견해를 가지고 있었다. 21세 때 진사가 되어 벼슬길에 들어섰으나, 北宋 때의 격렬한 變法運動과 신구 당쟁의 소용돌이 속에서 몇 차례 좌천당하는 등 정치적으로는 불운을 겪었다.

著作으로는 ≪東坡全集≫, ≪東坡樂府≫, ≪東坡志林≫, ≪仇池筆記(구지필기)≫, ≪艾子雜說(애자잡설)≫ 등이 있다.

≪蘇軾詩集≫에 모두 2,712首가 실려 있는데, 蘇軾은 詩를 글처럼 썼다. 비록 정치적으로는 좌천당하여 주로 지방관을 역임하였으나, 당시의 여러 가지 경험들은 모두 詩의 소재가 되었다. 그렇기 때문에 제재가 넓고 격조가 다채로웠다. 생활을 통하여 얻게 된 인생에 대한 철학적인 이해가 詩에 잘 스며들어 있다. 흔히 宋詩는 '理氣心性論(이기심성론)' 및 '以文爲詩(이문위시)'와 같은 작법의 영향으로 서정적인 唐詩와는 다른 특징을 갖게 되었다고 평한다. 그렇지만 지나치게 '理'를 강조함으로써 메마르고 맛이 없는 결과를 초래했다. 시를 지을 때 형식적 사유의 특징을 소홀히 하고, 일반적인 문장의 사유 방법으로 시작을 하였기 때문이다.

<題西林壁(제서림벽)>은 송나라 때 성리학의 영향으로 유행하였던 說理詩(설리시)의 전형으로 꼽히는 작품이다. 열흘간 廬山(여산)을 유람하고, 마지막으로 西林寺(서림사)에 들러 그간의 감회를 시로 적은 것이다. 시의 표현만으로 보면 廬山에 대한 사실적인 느낌만을 서술하고

있다. 蘇軾은 10일간이나 廬山 유람을 했음에도 廬山의 진면목을 알지 못하겠다고 했다. 이는 廬山이 볼 때마다 어떤 각도에서 보느냐에 따라 매번 다른 모습으로 자신에게 다가왔기 때문이며 더욱이 자신이 廬山 속에 있기 때문에 廬山을 제대로 파악할 수 없었다고 술회하고 있다. 28자로 구성된 짧은 칠언절구에 불과하지만 우주와 인생의 이치를 설파하는 哲理的인 의미가 담겨 있다. 흔히 '숲 안에서는 숲을 제대로 볼 수 없고 숲에서 걸어 나와야 숲 전체를 볼 수 있다'는 말과 일맥상통한다.

<題西林壁(제서림벽)>

橫看成嶺側成峰, 遠近高低各不同.
不識廬山眞面目, 只緣身在此山中.

옆에서 보면 산령, 곁에서 보면 산봉우리,
멀고, 가깝고, 높고, 낮기가 각각 다르구나.
여산의 참모습을 알지 못하는 것은,
바로 이 몸이 산속에 있기 때문이구나.

<和子由澠池懷舊(화자유민지회구)>[80]

人生到處知何似, 應似飛鴻踏雪泥.

---

[80] 이 시는 宋 仁宗 가우(嘉祐) 6년(1061)에 지은 시로 소식(蘇軾)이 봉상부(鳳翔府) 참판(簽判)이 되었을 때, 소철(蘇轍, 子由)이 형 소식에게 "회민지기자첨형(懷澠池寄子瞻兄, 민지의 일을 회상하며 자첨 형에게 보내다)"라는 시를 보냈는데 이 시에 화답하여 蘇軾이 蘇轍에게 보낸 시이다. 가우(嘉祐) 3년(1056) 蘇軾은 蘇轍과 함께 과거시험을 보러가는 도중에 봉현승사(奉賢僧舍)에 머물면서 벽에 같이 시를 적어 놓았었다. 그러나 지금 가서 보니 스님은 죽어 사리탑이 새로 만들어졌고, 같이 써 놓았던 시도 없어졌다고 소철에게 말하는 것이다. 시의 끝머리에 "그때에 말이 이릉에서 죽어 나귀를 타고 민지에 갔다(往歲, 馬死于二陵, 騎驢至澠池.)"라고 주를 달아 함께 힘들었던 옛날을 회상하였다.

泥上偶然留指爪, 飛鴻那復計東西.
老僧已死成新塔, 壞壁無由見舊題.
往日崎嶇還記否, 路長人困蹇驢嘶.

사람 사는 곳곳이 무엇과 같은가?
응당 날아가는 기러기가 눈 덮인 진흙에 있는 것 같다네.
눈 위에 우연히 발자국이 남았더라도,
그 기러기가 동쪽에 갔는지 서쪽에 갔는지 어찌 알리오?
노승은 이미 돌아가 새 사리탑이 세워졌고,
무너진 벽에는 우리가 지었던 옛글을 찾을 수가 없네.
전날 우리가 걸어온 험한 길을 기억하는가?
길은 멀고 사람은 피곤한데 나귀도 절뚝거리며 울었지

<六月二十七日望湖樓醉書(유월이십칠일망호루취서)> 其一 81)

黑雲飜墨未遮山, 白雨跳珠亂入船.
卷地風來忽吹散, 望湖樓下水如天.

먹 쏟은 듯 검은 구름이 산을 채 덮기 전에,
하얀 비가 진주되어 어지러이 배에 떨어지네.
땅을 쓸며 불어온 바람이 갑작스레 날려버리니,
망호루 아래 호수는 하늘처럼 푸르구나.

---

81) 이 시는 蘇軾이 37세 때 항주 통판(杭州通判)으로 있던 1072년 6월 27일에 쓴 시이다. 망호루는 杭州 西湖의 단교(斷橋)가에 있다. 詩는 여름에 西湖에 갑자기 소나기가 퍼붓다가 거센 바람이 불면서 하늘이 개는 과정을 그리고 있다.

39. 黃庭堅과 江西詩派

1) 江西詩派

　南宋 呂本中(여본중)의 ≪江西詩社宗派圖(강서시사종파도)≫에서 黃庭堅(황정견, 1045~1105) 아래 25인의 시인들을 열거했는데, 여기에서 '江西'라는 명칭이 유래되었다. 黃庭堅을 중심으로 하여 陳師道(진사도, 1053~1102), 陳與義(진여의, 1090~1138) 등이 이 유파를 대표한다. 江西詩派(강서시파)는 王安石, 蘇軾에게서 극도로 발전했던 宋詩의 문학적 예술성을 인식하고, 자신의 온 학문과 정력을 기울여 엄숙한 태도로 개성적인 시의 표현을 추구하려던 사람들이다.

2) 黃庭堅

　黃庭堅은 江西詩派의 창시자라 할 수 있다. 일찍이 蘇軾이 그의 詩文을 보고 세상에 다시없을 빼어난 작품이라 칭찬하여 사람들에게 이름이 알려지기 시작했다. 시에 있어서 蘇軾과 이름을 나란히 떨치어 '蘇黃'이라 불리기도 하였다. 정치적으로는 蘇軾과 견해가 비슷하여 벼슬길에 나가지도 못하고 평생을 귀양살이로 옮겨 다녔으나, 詩에 있어서는 일파를 이루었다.

(1) 黃庭堅의 詩作 태도

　宋代는 詩 창작을 사대부적 교양과 관료사회의 필수적 요소로 부각

시켰던 歐陽修, 王安石, 蘇軾으로 문학적 흐름이 이어진다. 이들의 문학적 성취는 정치적 배경, 다양한 현실적 영향력 등의 측면에서 볼 때 宋代 詩의 주류를 형성했지만, 黃庭堅의 詩도 그들 못지않은 커다란 문학사적 의의를 갖는다. 黃庭堅은 상대적으로 詩의 순수 예술적 측면을 중시했던 사람으로서 보다 엄정하고 전문적인 태도로 詩 창작에 임하였다. 詩作의 전통과 규칙들을 정밀하게 검토하고, 새로운 원칙을 모색하기 위해 많은 노력을 기울였다. 그는 詩의 표현과 관계되는 사항들을 정밀하게 따졌으며, 詩作의 규칙을 엄격하게 해석하여 詩語 하나하나를 신중하게 驅使(구사)하였다.

(2) 杜甫의 詩作 태도 계승

그의 詩作 태도는 직접적으로는 杜甫로부터 말미암은 것이었다. 그가 杜甫의 문학적 성취 가운데 받아들이려고 했던 것은 詩 창작의 규율을 중시하는 엄격한 태도, 詩語의 구사에 신중을 기하고 응축시키는 정교한 구성 방식, 글자 하나하나에 많은 의미와 연상의 기능을 부여하는 압축적이고 함축적인 표현법 등이었다.

(3) 黃庭堅의 詩歌 이론

㉠ 點鐵成金(점철성금): 쇳덩이를 다루어 금을 만드는 것으로, 남의 글을 조금 다듬어서 훌륭한 글이 되도록 한다는 것이다. 옛 작가의 말을 운용하는 방법을 배우는 문제를 거론한 點鐵成金은 진부한 말을 가려 새로운 말을 만든다는 의미를 함축하고 있다. 그러나 黃庭堅(황정견)은 옛 작가의 말을 빌려온다는 사실을 지나치게 중시했다. 이를 鍊

丹(연단)과 點鐵成金이란 말로 비유하여 詩法(시법)을 주장한 그의 이론은 '강서시파'를 탄생하게 하였다. 하지만 그의 논리는 고인들의 시구를 지나치게 의존하고 모방하는 폐단을 낳기도 하였다.

點鐵成金과 유사한 시가 창작론은 '以俗爲雅(이속위아)'와 '以故爲新(이고위신)' 이론이다. 사실 이 이론들은 蘇軾이 먼저 주장했는데, 통속적 표현을 시에 살려 우아하게 하고, 옛사람들의 표현을 오늘에 되살린다는 의미로서 후자는 點鐵成金論의 원의와 직접적으로 연결된다. 이같은 논의들은 이미 최고봉에 달한 唐詩를 돌파하려는 宋人들의 노력과 탐색의 과정으로 이해할 수 있다.

ⓒ 換骨奪胎(환골탈태): 선배 시인들이 지은 시구를 자기의 시에 끌어다 쓰는 방법으로, 뜻을 바꾸지 않고 자기 말로 바꾸는 것을 換骨, 그 뜻을 가지고 형용하는 것을 奪胎라 한다. 즉 前者는 詩語를 바꾸는 것이고, 後者는 詩意를 융화·조정하는 것이다.

ⓒ 拗體(요체)의 추구: 拗體란 近体詩의 시율에서 벗어나는, 곧 平仄이 맞지 않는 詩體를 뜻한다. 일정한 平仄의 규칙 곧 2·4부동 2·6대(二四不同二六對)나 1·3·5불론, 2·4·6분명(一三五不論, 二四六分明) 등에 의하지 않은 近體詩로 絶句와 律詩의 變格(변격)이다.

이처럼 정교하고 세련된 표현을 중시함에 따라 그의 시에는 진부하고 속된 표현이 배제되었으며, 학문적 소양을 바탕으로 한 이지적인 士大夫의 풍모가 두드러진다. 그의 詩에 여자에 관한 일이나 연애감정이 주제로서 잘 다루어지지 않은 것은 이러한 詩作 태도에서 기인한 것이다.

<登快閣(등쾌각)>

癡兒了却公家事, 快閣東西倚晚晴.
落木千山天遠大, 澄江一道月分明.
朱弦已爲佳人絶, 靑眼聊因美酒橫.
萬里歸船弄長笛, 此心吾與白鷗盟.

미련한 사람이 관청 일은 물리치고,
쾌각에 올라 동서로 해 기우는 맑은 경치 즐긴다.
낙엽 진 수많은 산마다 하늘은 멀고 크게 보이고,
한 줄기 징강(澄江)에는 달빛 또렷하다.
알아주는 벗 없어 거문고 줄 이미 끊어졌으니,
반가운 눈빛 잠시 좋은 술 위를 흘겨본다.
만 리 길 귀향선에서 긴 피리 소리 들려오는데,
나는 이 마음을 흰 갈매기에게 실어 본다.

<題落星寺(제락성사)> 其四

落星開土深結屋, 龍閣老翁來賦詩.
小雨藏山客坐久, 長江接天帆到遲.
宴寢淸香與世隔, 畫圖妙絶無人知.
蜂房各自開戶牖, 處處煮茶藤一枝.

낙성사 스님은 깊숙한 곳에 절을 지었는데,
용각(龍閣)의 늙은이가 와서 시를 짓게 되었네.
가랑비에 산은 보이지 않고 길손 발도 묶였는데,
장강은 하늘에까지 닿아 돛단배 천천히 떠나네.

잔치 벌인 방 안의 맑은 향기는 이 세상과 다르고,
불화는 절묘한데 아무도 아는 이 없다네.
벌집 같은 승방마다 저절로 문과 창 열려있고,
곳곳에서 차 끓이는데 등나무 가지 태우네.

3) 陳師道

陳師道(진사도)는 뒤늦게 黃庭堅의 詩를 보고 스스로 제자가 되었다. 黃庭堅이 杜甫의 특수한 拗體(요체)같은 것을 배우려 했던 데 비하여 그는 杜甫의 올바른 격식을 제대로 배우려 하였다. 그는 詩律을 제대로 지키면서 힘 있고 빼어난 詩를 지으려 했다. 그 때문에 元代 方回는 ≪瀛奎律髓(영규율수)≫에서 律詩에 있어서는 스승인 黃庭堅보다도 뛰어나다고 했다.

<登快哉亭(등쾌재정)>

城與淸江曲, 泉流亂石間.
夕陽初隱地, 暮靄已依山.
度鳥欲何向, 奔雲亦自閑.
登臨興不盡, 稚子故須還.

맑은 강물은 성을 따라 굽이지고,
샘물은 어지러운 돌 사이를 흐르네.
저녁 해가 땅속으로 숨자마자,
저녁 안개는 이미 산에 기대어 있네.
지나가는 새는 어디로 가려 하나?

바삐 떠가는 구름도 그저 한가로운데.
높은 곳에 올라 흥취 다하지 않았지만,
어린 자식들 때문에 모름지기 돌아가야 하네.

4) 陳與義

陳與義(진여의)는 黃庭堅처럼 빼어나고 특이한 표현만을 추구하지 않고, 자연스럽고도 솔직한 개성적인 시를 써서 江西詩派의 새로운 다른 면모를 발전시켰다. 특히 만년의 비장한 격정이 깃든 작품들이 뛰어나다.

<道中寒食(도중한식)>

斗粟淹吾駕, 浮雲笑此生.
有詩酬歲月, 無夢到功名.
客裏逢歸雁, 愁邊有亂鶯.
楊花不解事, 更作倚風輕.

몇 말의 녹이 내 행동 구속하니,
떠다니는 구름도 내 삶 비웃겠네.
시로 흐르는 세월 벗하면서,
꿈에도 공명은 이루려 하지 않네.
객지에서 돌아가는 기러기 만나기도 하고,
시름 속에 어지러이 우는 꾀꼬리 소리 듣기도 하네.
버들 솜은 남의 속도 모른 채,
바람 타고 더욱 가벼이 떠다니네.

40 唐宋八大家

唐宋八大家(당송팔대가)는 唐나라 때의 文人 韓愈(한유, 768~824) 와 柳宗元(유종원, 773~819), 宋나라 때의 문인 歐陽脩(구양수, 1007~ 1072)와 蘇洵(소순, 1009~1066), 曾鞏(증공, 1019~1083), 王安石(왕안석, 1021~1068), 蘇軾(소식, 1037~1101), 蘇轍(소철, 1039~1112) 여덟 사람이다. 宋나라의 眞西山(진서산)이 <讀書記(독서기)>에서 처음 사용했는데, 明나라의 茅坤(모곤, 1512~1601)이 ≪唐宋八大家文鈔(당송팔대가문초)≫를 편집하고 난 뒤부터 일반화되었다.

이들 여덟 사람은 문학에서 혁신운동을 이끌었을 뿐만 아니라, 알기 쉽고 유창한 문학, 즉 모든 사람이 골고루 접하고 이해할 수 있는 문학을 하려고 노력하였다. 당송 이전의 문장들이 화려하기는 하지만 다소 공허한 성격을 띠고 있었던 것에 비해 이들은 순수문학을 주창하고 나섰던 것이다.

明나라 사람들이 唐宋八大家에 대한 기준을 제시한 이래 古文을 논의할 때면 항상 이들을 으뜸으로 삼아 거론하였다. 淸나라 桐城派(동성파)의 한 사람인 方苞(방포, 1668~1749)는 ≪古文約選(고문약선)≫을 편찬했고, 姚鼐(요내, 1732~1815)는 ≪古文辭類纂(고문사류찬)≫을 편찬했는데, 이 가운데에서 八大家의 古文이 가장 큰 비중을 차지하고 있었다. 儲欣(저흔)은 八大家 외에도 李翶(이고)와 孫樵(손초)를 추가해 十大家를 설정하였다. 愛新覺羅弘歷(애신각라홍력)은 十大家의 文을 뽑아 ≪唐宋文醇(당송문순)≫을 만들었는데, 淸나라 때 御定課本(어정과본)이 되어 영향력이 대단히 컸다.

현재 통용되고 있는 ≪唐宋八大家文鈔(당송팔대가문초)≫ 164卷은

明나라의 萬曆刻本(만력각본)과 淸나라의 書坊刻本(서방각본)이 있다. 淸나라의 魏源(위원, 1794~1857)은 ≪纂評唐宋八大家文讀本(찬평당송팔대가문독본)≫ 8卷을 만들었다.

1) 韓愈

사상적으로는 道家와 佛家를 排斥(배척)하고 儒家를 崇尙(숭상)하여 이를 적극 擁護(옹호)하고 宣揚(선양)했다. 韓愈의 詩는 300여 首가 남아 있는데 독특한 표현을 추구하여 일가를 이루었다. 문장에 있어서 柳宗元과 함께 古文運動을 主導하였고 散文의 새로운 경지를 개척하여 唐宋八大家 가운데 으뜸이었다.

儒家 倫理를 바탕으로 六朝 이래의 수식을 위주로 하던 '騈儷文(변려문)'을 반대하였다. 儒家的인 道가 담겨 있는 '古文' 사용을 주장하며 古文運動을 전개함으로써 산문 발전에 지대한 공헌을 하였으며, '古文'과 함께 儒學의 道統(도통)도 부활시키고자 하였다.

> 愈之爲古文, 豈獨取其句讀不類於今者耶. 思古人而不得見, 學古道則欲兼通其辭. 通其辭者, 本志乎古道者也. (≪昌黎先生集≫ <題歐陽生哀辭後>)

> 내가 고문을 짓는다는 것이 어찌 그 문장이 지금 유행하는 문체(변려문)와 같지 않은 것만을 취하는 것이겠는가? 옛 분들을 생각해도 뵈올 수 없으니, 옛 도를 배워서 곧 그 문장에도 아울러 통하려는 것이다. 그 문장에 통한다는 것은 본시 옛 도에 뜻을 두고 있다는 것이다.

陳腐(진부)한 말을 버리고 자기에게서 나오는 개성적인 표현, 내용이 구체적이며, 웅대하고 기특한 느낌의 문장 쓰기를 주장하였다. 騈儷文의 화려한 修辭와 音韻의 諧和(해화) 등을 반대하였다. 그의 글은 자연스러우면서도 아름답고 생동하는 리듬이 살아있지만, 황제나 고관들에게 올린 글 등에는 阿諂(아첨)이 섞인 글도 있다.

文集으로는 ≪昌黎先生集(창려선생집)≫ 40권·≪外集≫ 10권·≪遺文≫ 1권, 儒家의 道에 관한 글로는 <原道>[82]·<原性>·<原毁(원훼)>가 있고, 理致의 표현에 치중한 글로는 <爭臣論>·<雜說>이 있고, 佛敎를 배척하는 글로는 <諫迎佛骨表(간영불골표)>, 옛 역사에 관한 견해를 쓴 글로는 <讀儀禮(독의례)>·<讀荀子(독순자)>, 문학에 대한 주장으로는 <答李翊書(답이익서)>·<答劉正夫書(답유정부서)>, 문학에 대한 견해 및 짙은 서정이 가미된 글로는 <送孟東野序(송맹동야서)>·<送李願歸盤谷序(송이원귀반곡서)>, 서사적인 글로는 <張中丞傳後敍(장중승전후서)>, 서정적인 글로는 <祭十二郞文(제십이랑문)>, 諷刺하고 擬人化(의인화)한 小說 형식의 글로는 <圬者王承福傳(오자왕승복전)>·<毛穎傳(모영전)>·<師說(사설)> 등이 있다.

<師說(사설)>은 스승을 따라 학문을 닦아야 할 당위성을 역설한 글이다. 먼저 스승의 정의를 제시하고 다음으로 스승의 필요성, 스승 삼는 방법 등을 개진한 뒤에, 당시에 남을 따라 배우기를 꺼리는 잘못된 풍조를 비판하고 있다. 이러한 세태에도 불구하고 李蟠(이반)이 자신에게 가르침을 청한 것을 기회로 이 글을 지어서 주게 되었다고 그 배경을 밝히고 있다.

---

82) <原道>에는 韓愈가 제창한 古文運動의 정수(精髓)를 담고 있다. 고문운동은 사상적으로 유가를 존중하고 道敎와 佛敎를 배격하는 것으로, 특히 堯와 舜에서 孔子와 孟子로 전해 내려오던 유학의 전승을 밝혔다. 이것이 유가의 道統論으로 宋代 性理學 발전에 적지 않은 영향을 미쳤다.

<師說(사설)>

　古之學者, 必有師. 師者, 所以傳道·受業·解惑也. 人非生而知之者, 孰能無惑. 惑而不從師, 其爲惑也, 終不解矣.
　生乎吾前, 其聞道也, 固先乎吾, 吾從而師之. 生乎吾後, 其聞道也, 亦先乎吾, 吾從而師之. 吾師道也, 夫庸知其年之先後生於吾乎. 是故無貴·無賤·無長·無少, 道之所存, 師之所存也.
　嗟乎. 師道之不傳也久矣, 欲人之無惑也難矣. 古之聖人, 其出人也遠矣, 猶且從師而問焉. 今之衆人, 其下聖人也亦遠矣, 而恥學於師. 是故, 聖益聖, 愚益愚. 聖人之所以爲聖, 愚人之所以爲愚, 其皆出於此乎.
　愛其子, 擇師而敎之, 於其身也, 則恥師焉, 惑矣. 彼童子之師, 授之書而習其句讀者也, 非吾所謂傳其道解其惑者也. 句讀之不知, 惑之不解, 或師焉, 或不焉. 小學而大遺, 吾未見其明也.
　巫·醫·樂師·百工之人, 不恥相師. 士大夫之族, 曰師曰弟子之云者, 則群聚而笑之. 問之則曰彼與彼年相若也, 道相似也. 位卑則足羞, 官盛則近諛. 嗚呼. 師道之不復, 可知矣. 巫醫樂師百工之人, 吾子不齒. 今其智乃反不能及. 其可怪也歟.
　聖人無常師. 孔子師郯子·萇弘·師襄·老聃·郯子之徒, 其賢不及孔子. 孔子曰三人行, 必有我師. 是故弟子不必不如師, 師不必賢於弟子. 聞道有先後, 術業有專攻, 如斯而已.
　李氏子蟠, 年十七, 好古文, 六藝經傳, 皆通習之. 不拘於時, 請學於余. 余嘉其能行古道, 作師說以貽之.

　옛날에 공부하던 사람들은 반드시 스승이 있었다. 스승이란 도를 전하고 학업을 가르쳐 주며 의혹을 풀어주는 자이다. 사람이 나면서부터 절로 아는 것은 아닌데 누가 의혹이 없을 수 있겠는가? 의혹이 있으면서 스승을 좇지 않으면 그 의혹은 끝내 풀리지 않을 것이다.

나보다 나이가 많으면서 그가 도를 들은 것이 진실로 나보다 앞선다면 나는 그를 좇아 스승으로 삼을 것이요. 나보다 나이가 적더라도 그가 도를 들은 것이 역시 나보다 앞선다면 나는 그를 좇아 스승으로 삼을 것이다. 나는 도를 스승으로 삼는 것이니, 어찌 그의 나이가 나보다 많거나 적음을 알아야 하랴? 이런 까닭에 귀하다거나 천하다거나 나이가 많거나 적거나 할 것 없이 도가 있는 곳이 스승이 있는 곳이다.

아! 스승의 도가 전하지 않은 지 오래되었으니, 사람들이 의혹이 없기를 바란다는 것이 어려운 일이구나. 옛날의 성인은 보통 사람들보다 훨씬 뛰어났지만, 오히려 스승을 따라 물었는데, 오늘의 많은 사람은 성인보다 훨씬 뒤떨어지지만 스승에게 배우기를 부끄러워한다. 이런 까닭에 성인은 더욱 성인다워지고 어리석은 사람들은 더욱 어리석게 된다. 성인이 현명해지는 까닭과 어리석은 사람이 어리석게 되는 까닭이 모두 여기에 기인하는 도다.

자식을 사랑함에 있어서는 스승을 택하여 가르치면서도 그 자신에 있어서는 스승 섬기는 일을 부끄러워하니, 모를 일이다. 저 어린아이의 스승은 책을 가르쳐주고 읽는 법을 익히게 하는 자이지, 내가 말하는 도를 전하고 모르는 것을 풀어주는 자는 아니다. 책 읽는 법을 모르는 일과 모르는 것을 풀어주는 일에 대하여, 혹은 스승을 삼기도 하고, 혹은 그렇게 하지 않기도 한다. 작은 것은 배우고 큰 것은 버리고 있으니, 나는 그들이 현명한지를 모르겠다.

무당이나 의사, 악사와 각종 직공은 스승 섬기는 일을 부끄러워하지 않는다. 그런데 사대부의 족속들은 스승이니 제자니 하고 말하는 자가 있으면 무리 지어서 그들을 비웃는다. 그 까닭을 물으면 "저 사람과 저 사람은 나이가 서로 같고, 도도 서로 비슷하다. 지위가 낮으니 부끄러운 일이요, 벼슬이 높으니 아첨에 가깝다."고 말한다. 아! 스승의 도가 회복되지 못함을 알 만하구나. 무당이나 의사와 각종 기술자를 군신들이 업신여겼지만, 지금 그들의 지혜는 도리어 미칠 수 없으니, 정말 이상하구나!

성인에게는 일정한 스승이 없다. 공자는, 장홍(萇弘), 사양(師襄), 노담(老聃)에게 배웠으나, 담자(郯子)의 무리는 현명함이 공자에게 미치지 못하였다. 공자는 "세 사람이 길을 가면 그중에 반드시 나의 스승이 있다."라고 하였다. 그러므로 그 제자가 반드시 스승만 못하지도 않고, 스승이 반드시 제자보다 낫지도 않다. 도를 들음에 있어서 선후가 있고, 학문과 기술에 전공이 있어서 이와 같이 하였을 뿐이다.

이씨의 아들 반(蟠)은 나이 17세에 고문을 좋아하여, 육경의 경전을 모두 읽어 통달하였다. 시속에 구애되지 않고 나에게 배우기를 청해 왔기에 나는 그가 옛 도를 행할 수 있음을 갸륵히 여겨 이 글 '사설'을 써서 그에게 주는 바이다.

<雜說(잡설)> 其四

世有伯樂, 然後有千里馬. 千里馬常有, 而伯樂不常有. 故雖有名馬, 祇辱於奴隸人之手, 駢死於槽櫪之間, 不以千里稱也. 馬之千里者, 一食或盡粟一石. 食馬者不知其能千里而食也. 是馬也, 雖有千里之能, 食不飽, 力不足, 才美不外見. 且欲與常馬等不可得. 安求其能千里也. 策之不以其道, 食之不能盡其材. 鳴之不能通其意. 執策而臨之曰天下無良馬. 嗚呼, 其眞無馬耶. 其眞不識馬耶.

세상에 백락(伯樂)이 있은 후에야 천리마(千里馬)가 있게 된다. 천리마는 항상 있지만 백락은 늘 있지 않다. 그래서 비록 명마가 있을지라도 다만 노예의 손에서 욕이나 당하며 마구간에서 보통 말들과 나란히 죽게 되어 천리마로 불리지 못한다. 천리마는 한 끼에 간혹 곡식 한 섬을 먹어 치운다. 말을 먹이는 자는 그 말이 천 리를 달릴 수 있는지도 모르고 먹인다. 이 말은 비록 천 리를 달리는 능력이 있다 하더라도 먹는 것이 배부르지 않아 힘이 부족하여 재능의 훌륭함이 밖으로 드러나지 않고, 또한 보통 말과 같아지려 해도 될 수 없으니 어찌 그 말이 천 리를 달릴 수 있기를 바라겠는가? 채찍질을 함에도 적합한 방법으로 하지 아니하고, 먹여주지만 재능을 다 발휘하게 하지 못하고, 울어도 그 뜻을 알아주지 못하면서 채찍을 쥐고 다가서서 말하기를 천하에 훌륭한 말이 없다고 한다. 아! 정말로 말이 없는 것인가? 아니면 정말로 말을 알아보지 못하는 것인가?

2) 柳宗元

柳宗元은 河東 永濟(영제, 현재 山西省 永濟縣) 사람으로 字는 子厚(자후)이고, 柳河東 또는 柳柳州로도 불린다. 德宗 貞元 9년(793) 進士(진사) 시험에 합격하고, 14년(798) 博學宏詞科(박학굉사과)에 급제했다. 集賢殿正字(집현전정자)로 있다가 藍田尉(남전위)로 옮기고, 監察御史(감찰어사)가 되었다. 王叔文과 가깝게 사귀었다. 王叔文이 정권을 잡자 禮部員外郎(예부원외랑)에 발탁되어 혁신 정치에 참여했다. 관직에 있을 때 韓愈, 劉禹錫(유우석) 등과 친교를 맺었다. 혁신적 진보주의자로 王叔文의 新政(신정)에 참여했지만 실패하여 永州司馬(영주사마)로 貶謫(폄적)되었다. 이런 좌절과 13년간에 걸친 변경에서의 생활이 그의 사상과 문학을 더욱 심화시켰다.

憲宗(헌종) 元和 10년(815) 柳州刺史(유주자사)로 옮겼다. 古文의 대가로 韓愈와 병칭되었지만 사상적 입장에서는 서로 대립되어 그는 합리주의적 입장을 취했다. <天說>과 <非國語>, <封建論> 등이 대표작으로 꼽힌다. 또 寓言 형식을 취한 諷刺文(풍자문)과 산수를 묘사한 산문에도 능했다.

柳宗元은 道와 함께 文辭까지 중시하였기에, '騈儷體(변려체)'를 완전히 버리지 않았고, 현실에 대한 관심을 반영한 <封建論(봉건론)>,

<六逆論(대역론)>, <送薛存義之任序(송설존의지임서)>, <段太尉逸事狀(단태위일사장)>, <種樹郭橐駝傳(종수곽탁타전)>, <捕蛇者說(포사자설)> 등과 같은 글을 남겼다.

柳宗元의 詩는 中唐의 自然詩를 대표하는데, 아름답고 고요한 자연의 묘사 속에 귀양살이로 말미암은 시름과 불행에 대한 분개와 같은 자기감정까지도 깃들어 있다. 柳宗元은 佛敎를 완전히 배척하지 않았고, 그의 '道'는 인간이 살아가며 지켜야 할 올바른 길인 當爲의 '道'였다. ≪易經≫이나 ≪論語≫의 이론 중에는 佛經의 내용과 상통되는 점이 많으므로, 聖人이 다시 태어난다고 하더라도 그런 것은 배척할 수 없으리라 생각하였다.

柳宗元은 文學이란 道를 밝히기 위한 것이지만, '道'와 함께 문장 자체의 形式과 文辭도 훌륭해야 한다고 생각했다.

> 然聖人之言, 期以明道, 學者務求諸道而遺其辭. 辭之傳於世者, 必由於書. 道假辭而明, 辭假書以傳. (≪柳宗元集≫ <報崔黯秀才書論爲文書>)

> 그러나 성인의 말씀은 도를 밝히는 것을 목표로 삼는데, 학자들은 도를 추구하기에만 힘쓰고, 그 문사는 소홀히 하고 있습니다. 문사가 세상에 전해지는 것은, 반드시 글로 말미암아서 되는 것이다. 도는 문사를 빌어서 밝혀지고, 문사는 글을 빌어서 전해지는 것입니다.

작품으로 우아하면서 힘 있고 논리적 특징이 있는 <封建論(봉건론)>·<桐葉封弟辯(동엽봉제변)>·<段太尉逸事狀(단태위일사장)>, 山水遊記文으로 <始得西山宴遊記(시득서산연유기)>·<鈷鉧潭記(고무담기)>·<石渠記(석거기)>·<永州八記(영주팔기)>·<天說(천

설)>·<非國語(비국어)>, 寓言詩(우언시)로는 <跂烏詞(기조사)>·<籠鷹詞(농응사)>·<放鷓鴣詞(방자고사)> 등이 있다. 詩文集으로 ≪柳河東集(유하동집)≫(45권)·≪外集(외집)≫(2권)·≪補遺(보유)≫(1권) 등이 있다.

柳宗元의 산문 <捕蛇者說(포사자설)>은 농사지어 관리들에게 다 뺏기느니 목숨 걸고 독사를 잡아 생계 수단으로 삼겠다는 땅꾼의 말을 통해 봉건 전제체제 아래 민중의 가혹한 삶에 대해 생각하게 한다. 유종원이 永貞 元年(805)으로부터 元和 9년(814)에 이르기까지 永州司馬(영주사마)로 좌천되어 있을 때, 뱀 잡는 사람인 蔣氏(장씨)의 이야기에 기탁하여 정치를 풍자하는 글이다. 안사의 난 이후에 당시 지방의 백성들은 가혹한 세금에 못 이겨 민생의 어려움을 겪고 있었는데, 장씨는 위험을 무릅쓰고 뱀을 잡아 歲貢(세공, 해마다 바치는 곡물)을 충당하는 생활에 만족하고 있었다. 이를 목격한 유종원은 백성들의 비참한 실정과 관리들의 苛斂誅求(가렴주구)에 대한 개선책을 건의하고 싶었지만 좌천된 처지였으므로 이 글로 대신한 것이다.

<捕蛇者說(포사자설)>

永州之野産異蛇, 黑質而白章, 觸草木盡死, 以齧人, 無御之者. 然得而腊之以爲餌, 可以已大風·攣踠·瘻癘, 去死肌, 殺三蟲. 其始太醫以王命聚之, 歲賦其二. 募有能捕之者, 當其租入. 永之人爭奔走焉.

有蔣氏者, 專其利三世矣. 問之, 則曰吾祖死於是, 吾父死於是, 今吾嗣爲之十二年, 幾死者數矣. 言之貌若甚戚者. 余悲之, 且曰若毒之乎. 余將告於莅事者, 更若役, 復若賦, 則如何. 蔣氏大戚, 汪然出涕, 曰君將哀而生之乎. 則吾斯役之不幸, 未若復吾賦不幸之甚也. 嚮吾不爲斯役, 則久已病矣. 自吾氏三世居是鄕, 積於今六十歲矣. 而鄕隣之生日蹙, 殫其地之出, 竭其廬之入. 號呼而轉徙, 餓渴而頓踣. 觸風雨, 犯寒暑, 呼噓毒癘, 往往而死者, 相藉也. 曩與吾祖居者, 今其室十無一焉. 與吾父居者, 今其室十無二三焉. 與吾居十二年者, 今其室十無四五焉. 非死卽徙爾, 而吾以捕蛇獨存. 悍吏之來吾鄕, 叫囂乎東西, 隳突乎南北, 譁然而駭者, 雖雞狗不得寧焉. 吾恂恂而起, 視其缶, 而吾蛇尙存, 則弛然而臥. 謹食之, 時而獻焉. 退而甘食其土之有, 以盡吾齒. 蓋一歲之犯死者二焉, 其餘則熙熙而樂, 豈若吾鄕隣之旦旦有是哉. 今雖死乎此, 比吾鄕隣之死則已後矣, 又安敢毒耶.

　　余聞而愈悲, 孔子曰苛政猛於虎也. 吾嘗疑乎是, 今以蔣氏觀之, 猶信. 嗚呼. 孰知賦斂之毒, 有甚於是蛇者乎. 故爲之說, 以俟夫觀人風者得焉.

　　영주의 들에 특이한 뱀이 나는데 검은색 바탕에 흰무늬가 있었다. 초목에 닿으면 다 죽었고, 사람을 물면 독이 번지는 것을 그치게 할 약이 없었다. 그러나 그것을 잡아 포로 만든 뒤 약으로 쓰면, 중풍이나 구루병과 악성 종양 등을 치료할 수 있고 죽은 피부를 제거하고 삼시충(三尸蟲, 도교에서, 사람의 몸 안에 있으면서 수명, 질병, 욕망 따위를 좌우하는 세 마리의 벌레)을 없앨 수가 있다. 처음에는, 어의(御醫)가 왕명으로 그 뱀을 모아들였는데, 일 년에 두 차례 세금을 바치도록 했다. 그래서 그것을 잘 잡는 사람을 모집하여 조세 내는 것을 충당하게 하니 영주의 사람들이 그 일에 앞 다투어 나서게 되었다.

　　장씨(蔣氏)라는 사람이 그 이익을 독점한 지 3대가 되었다. 그에게 물으니 "내 조부도 뱀 잡는 일 때문에 죽었고 부친도 그 일로 인하여 죽었습니다. 지금 이 일을 계승한 지 12년이 되었는데, 죽을 뻔한 경우가 여러 차례입니다."라고 대답하였다. 그 말을 하는데 모습이 매우 비통해 보였다. 나는 측은한 생각이 들어 "너는 그 일을 고통스럽게 여기는가? 내가 담당하는 관리에게 이야기하여 너의 일을 바꾸고 세금을 회복시켜 주면 어떻겠는가?"라고 하였다. 장씨는 몹시 슬퍼하며 눈물을 글썽이면서 다음과 같이 말하였다. "선생님께서 저를 불쌍히 여겨 살려주시려는 것입니까? 그렇다면 제가 이 일에 종사하는 불행은 저의 세금을 회복시켜 주는 불행처럼 심하지는 않습니다. 지난날 내가 이 일을 하지 않았다면 오래전에 이미 병들었을 것입니다. 우리 집안은 삼대 동안 이 마을에 살아와 지금까지 60년이 되었습니다. 그런데 이웃 사람들의 생활은 날로 궁핍해져 땅의 소출을 다 바치고 집의 수입이 다 고갈되어 울부짖으며 이리저리 떠돌다가 굶주림과 목마름에 쓰러지고, 비바람을 맞으며 추위에 시달리며 독한 기운을 호흡하여 종종 죽은 사람이 서로 깔고 누울 지경입니다. 예전에 나의 조부와 함께 살던 사람들이 지금은 그 집이 열 집에 하나도 남아 있지 않았고 저의 부친과 함께 살던 사람들이 지금은 열 집에 두세 집도 남지 않았습니다. 12년 동안에 저와 함께 살았던 사람들은 지금 열 집에 네다섯도 남지 않았습니다. 이것은 죽지 않으면 이사 간 것입니다. 그러나 저만은 뱀 잡는 일 덕분에 살아남았습니다. 포악한 관리가 우리 마을에 와서 동서로 떠들어대고 남북으로 설쳐대며 소란을 피운다면, 비록 닭이나 개라 할지라도 편안하지 못할 것입니다. 하지만 저는 조심스럽게 일어나 항아리를 보고서 내 뱀이 아직 살아 있으면 안심하고 다시 눕습니다. 또 조심스럽게 그것을 먹이며 때가 되면 그것을 바치고, 돌아와서는 제 땅에서 나는 산물을 편안히 먹으면서 내 수명을 다할 것입니다. 대체로 일 년에 죽을 뻔한 경우가 두 차례고 나머지는 희희낙락합니다. 어찌 이웃 사람들이 매일같이 고통스러움이 있는 것과 같을 수 있겠습니까? 지금 비록 이 일을 하다가 죽더라도 이웃 사람들의 죽음에 비하면 이미 늦은 셈이니 어찌 감히 이 일을 고통스러워하겠습니까?"

나는 이야기를 듣고서 더욱 슬퍼졌다. 공자는 "가혹한 정치는 호랑이보다 무섭다."라고 하였다. 나는 일찍이 이 말을 의심하였는데 지금 장씨의 경우로 보아 오히려 믿게 되었다. 아! 조세를 부과하고 거두는 해독이 이 뱀보다 더욱 심할 줄 누가 알겠는가? 그런 까닭에 이 글을 지어서 저 백성의 풍속을 시찰하는 자가 알게 되기를 기다린다.

<蝜蝂傳(부판전)>[83]

　　蝜蝂者, 善負小蟲也. 行遇物, 輒持取, 卬其首負之. 背愈重, 雖困極不止也. 其背甚澁, 物積因不散. 卒躓仆不能起, 人或憐之, 爲去其負. 苟能行, 又持取如故. 又好上高, 極其力不已, 至墜地死. 今世之嗜取者, 遇貨不避以厚其室. 不知爲己累也, 唯恐其不積. 及其怠而躓也, 黜棄之, 遷徙之, 亦以病矣. 苟能起, 又不艾, 日思高其位大其祿, 而貪取滋甚, 以近於危墜. 觀前之死亡, 不知戒. 雖其形魁然大者也, 其名人也. 而智則小蟲也, 亦足哀夫.

　　부판(蝜蝂)은 짐을 잘 지는 작은 벌레이다. 지나가다 어떤 물건을 보면 그때마다 집어서 머리로 들어 등에 진다. 등에 진 것이 점점 무거워져 극도로 괴로워도 그만두지 않는다. 그 등은 꺼칠꺼칠해서 물건이 쌓일수록 잘 떨어지지 않아서, 마침내 넘어져 엎어지면 일어나지 못한다. 사람이 그것을 불쌍히 여겨서 그 짐을 없애주기도 하지만, 부판(蝜蝂)은 다시 움직일 수 있게 되면 또 전처럼 그 짐을 가져다 진다. 또 높이 올라가기를 좋아해서 힘이 다 빠져도 그만두지 않아 떨어져 죽기에 이른다. 요즘의 모으기 좋아하는 사람들은 재물을 만나면 피하지 않고 그 집에 잔뜩 쌓아놓는다. 그렇게 하는 것이 자신에게 누가 되는 줄을 모르고 오직 재물이 쌓이지 않는 것만 두려워한다. 그가 쇠약해져 넘어져 관직에서 좌천되어야 이를 탓하니 또한 이미 있어 온 병폐이다. 그러나 다시 기용되게 되면 또 전에 하던 일을 그만두지 않고 날마다 지위를 높이고 많은 봉록을 받는 것만 생각한다. 탐내는 것이 점점 심해져 거의 떨어지게 될 위태로운 지경이 되고 자기 앞에서 죽는 사람을 보아도 경계로 삼을 줄을 모른다. 비록 그 형체는 커다랗고 사람이라고 불리지만, 그 지혜는 작은 벌레

---

[83] ≪柳宗元集≫에 부판(蝜蝂)은 '말똥구리'라고도 하나, 고대의 직책명인 '부판(負版)'에 '충(虫)'字를 더한 것으로, 원래 그런 벌레 이름이 있던 것은 아니다. 柳宗元은 탐욕스러운 존재를 뜻하기 위해 '虫'部를 더해 벌레 이름으로 만들었다.

와 같으니 역시 슬퍼할 만하지 않은가!

3) 歐陽脩

歐陽脩는 宋나라 吉州 廬陵(여릉, 江西省 吉安市 永豐縣) 사람이다. 字는 永叔이고, 號는 醉翁(취옹) 또는 六一居士(육일거사)며, 諡號(시호)는 文忠이다. 가난한 집안에서 태어나 4살 때 아버지를 여의고, 어머니 鄭氏에게 글을 배웠다. 文具를 살 돈이 없어서 어머니가 모래 위에 갈대로 글씨를 써서 가르쳤다고 한다. 10살 때 당나라 韓愈의 전집을 읽은 것이 文學의 길로 들어선 계기가 되었다. 仁宗 天聖 8년(1030) 進士가 되어 西京推官(서경추관)을 지냈는데, 尹洙(윤수), 梅堯臣(매요신)과 함께 詩歌를 唱和했다. 景祐(경우) 연간에 館閣校勘(관각교감)이 되어 글을 지어 范仲淹(범중엄)을 변호하다가 夷陵令(이릉령)으로 貶謫(폄적, 벼슬의 등급을 떨어뜨리고 멀리 옮겨 보냄)되었다.

慶曆(경력) 연간에 諫院(간원)을 맡았고, 右正言과 知制誥(지제고)가 되어 新政을 도왔다. 新政이 실패하자 글을 올려 范仲淹(범중엄)을 문책하는 일을 반대했고, 강직한 성격으로 滁州(저주)와 揚州(양주), 潁州(영주)의 知州(지주)로 좌천되어 지방관을 역임했다. 다시 부름을 받아 翰林學士(한림학사)가 되었다. 嘉祐(가우) 2년(1057) 知貢擧(지공거)가 되어 古文을 제창하고 太學體(태학체)를 排斥(배척)하자 文風이 크게 변했다. 가우 5년(1060) 樞密副使(추밀부사)에 올랐고, 다음 해 參知政事(참지정사)가 되었다. 王安石의 新法을 반대하여 벼슬을 사양하고 물러났다.

詩, 詞, 散文 모두 능해서 당시 古文運動의 領袖(영수)가 되었고, 唐宋八大家의 한 사람으로 손꼽힌다. 평생 후진들을 널리 추천해 曾鞏(증공)과 王安石, 蘇洵(소순) 父子가 그의 칭송을 들었다. 宋나라 초기의 美文調 시문인 西崑體(서곤체)를 개혁하고, 唐나라의 韓愈를 모범으로 하는 詩文을 지었다. 특히 宋나라 古文의 위치를 확고부동한 것으로 만들었으며, 史學에도 뛰어났다. 저서에 ≪歐陽文忠公集(구양문충공집)≫ 153卷과 ≪六一詞≫, ≪集古錄≫이 있다. ≪新唐書≫와 ≪五代史記≫의 편자이기도 하고, ≪五代史伶官傳之序(오대사령관전지서)≫를 비롯하여 많은 명문을 남겼다.

<醉翁亭記(취옹정기)>는 歐陽脩가 滁州太守(저주태수)로 좌천되어 폄적 생활을 하고 있던 시기(1046)에 지은 것이다. 이 글이 나오자 견해의 독창성과 문체의 참신성으로 인해서 문인들이 서로 다투어 베꼈다고 한다. 구양수는 滁州(저주)의 太守로 있으면서 瑯琊山(낭야산)의 계곡에 醒心(성심)과 醉翁(취옹)이라는 두 정자를 세웠다고 한다. <醉翁亭記>는 醉翁亭(취옹정)의 유래와 그곳의 경치, 그리고 자신의 생활과 정취를 기술한 것이다. 구양수의 문장은 간결하며 객관적인 묘사에 뛰어나다. 이 글 역시 간결하면서도 생동적인 歐陽脩 특유의 멋이 엿보인다.

<醉翁亭記(취옹정기)>

環滁皆山也. 其西南諸峰, 林壑尤美. 望之蔚然而深秀者, 琅琊也. 山行六七里, 漸聞水聲潺潺, 而瀉出於兩峰之間者, 釀泉也. 峰迴路轉, 有亭翼然臨於泉上者, 醉翁亭也. 作亭者誰. 山之僧智仙也. 名之者誰? 太守自謂也. 太守與客來飮於此, 飮少輒醉, 而年又最高, 故自號曰醉翁也. 醉翁之意不在酒, 在乎山水之間也. 山水之樂, 得之心而寓之酒也.

若夫日出而林霏開, 雲歸而巖穴暝, 晦明變化者, 山間之朝暮也. 野芳發而幽香, 佳木秀而繁陰, 風霜高潔, 水落而石出者, 山間之四時也. 朝而往,暮而歸, 四時之景不同, 而樂亦無窮也.

至於負者歌於途, 行者休於樹, 前者呼, 後者應, 傴僂提攜, 往來而不絶者, 滁人遊也. 臨溪而漁, 溪深而魚肥, 釀泉爲酒, 泉香而酒冽. 山肴野蔌, 雜然而前陳者, 太守宴也. 宴酣之樂, 非絲非竹, 射者中, 弈者勝, 觥籌交錯, 起坐而諠譁者, 衆賓歡也. 蒼顔白髮, 頹然乎其間者, 太守醉也.

已而夕陽在山, 人影散亂, 太守歸而賓客從也. 樹林陰翳, 鳴聲上下, 遊人去而禽鳥樂也. 然而禽鳥知山林之樂, 而不知人之樂. 人知從太守遊而樂, 而不知太守之樂其樂也. 醉能同其樂, 醒能述以文者, 太守也. 太守謂誰. 廬陵歐陽脩也.

저주(滁州)를 둘러싸고 있는 것은 모두 산이다. 그 서남쪽에 있는 여러 산봉우리에는 숲과 골짜기가 더욱 아름다워 바라보니 울창하고 깊고 빼어난 것은 낭야산(瑯琊山)이요, 산길로 6~7리를 감에 점점 들리는 물소리가 잔잔하다가 두 봉우리 사이로 쏟아져 나오는 것은 양천(釀泉)이요, 봉우리를 돌아 길을 바꾸니 정자가 우뚝 솟아 물가에 임해 있는 것은 취옹정(醉翁亭)이다. 정자를 지은 자는 누구인가? 산의 승려인 지선(智仙)이요, 정자의 이름을 지은 자는 누구인가? 태수가 스스로 이름을 붙인 것이다. 태수는 빈객들과 이곳에 와서 술을 마실 적에 술을 조금만 마셔도 곧 취하고 나이가 또 가장 많았다. 그러므로 스스로 호를 취옹이라 하였으니, 취옹의 뜻은 술에 있지 않고 산수지간에 있다. 산수의 즐거움은, 그것을 마음에서 체득하여 그것을 술에 기탁하는 것이다.

해가 뜸에 숲에 안개가 개고 구름이 돌아감에 바위굴이 어두워져 어둠과 밝음이 변화하는 것은 산간의 아침저녁이요, 들꽃이 핌에 그윽한 향기가 풍기고 아름다운 나무가 빼어나 무성한 그늘이 지며, 바람이 높고 서리가 깨끗하고, 수위가 낮아져서 바닥의 돌이 드러나는 것은, 산간의 사시(四時)이다. 아침에 가고 저녁에 돌아옴에 사시의 경치가 같지 않으니, 즐거움 또한 무궁하다.

짐을 진 자가 길에서 노래하고, 길을 가는 자가 나무 그늘에서 쉬며, 앞에서 노래 부르고 뒤에서 호응하며, 노인들이 아이를 데리고 다니며, 왕래가 끊이지 않는 것으로 말하면 저주(滁州) 사람들이 노는 것이요, 시냇가에 임하여 고기를 잡으니, 시내가 깊어 고기가 살찌고, 샘물을 길어 술을 만드니, 샘물이 시원하여 술이 향기롭다. 산의 과일과 들의 나물들을 뒤섞어 앞에 진열한 것은 태수의 잔치이니, 잔치를 베풀어 술 마시며 즐기는 것은 현악기도 아니고 관악기도 아니다. 활을 쏘는 자는 맞히고, 바둑을 두는 자는 이겨서, 벌주를 먹이는 술잔과 술잔을 세는 산대가 이리저리 교차하여 일어났다 앉았다 하며 떠드는 것은 여러 손님이 즐거워하는 것이오. 늙은이의 쇠한 안색과 센 머리털로 그사이에 쓰러져 있는 것은 태수가 취한 것이다.

  이윽고 석양이 산에 있고 사람의 그림자가 산란함은 태수가 돌아감에 빈객(賓客)이 따라감이요, 나무 그늘이 어두워짐에 우는 새소리가 오르내리는 것은 놀던 사람들이 돌아감에 산새가 즐거워하는 것이다. 그러나 새들은 산림의 즐거움은 알지만, 사람의 즐거움은 모른다. 사람들은 태수를 따라 놀며 즐거운 것은 알지만, 태수의 즐거움은 그들의 즐거워하는 모습이라는 것을 모른다. 취해서 그 즐거움을 같이 할 수 있지만, 술이 깨면 문장으로 쓸 수 있는 자는 태수뿐이다. 태수는 누구인가? 여릉 구양수이다.

4) 蘇洵

  蘇洵(소순)은 北宋 眉州(미주) 眉山(미산, 四川省 眉山市) 사람으로, 字는 明允(명윤)이고, 號는 老泉(노천)이다. 젊은 시절에는 협객 노릇을 하다가 27살 때부터 학문에 정력을 쏟았지만 진사시험에 낙방하고, 茂才(무재)로 천거를 받았지만 합격하지 못하자 관리가 되기를 단념하고 독서와 저술에 힘썼다. 仁宗 嘉祐(가우) 원년(1056) 아들 蘇軾(소식)과 蘇轍(소철)을 데리고 京師(경사)로 올라왔다. 날카로운 논법과 정열적인 필치에 의한 평론 22篇을 歐陽脩에게 올려 인정을 받아 유명해졌다.

秘書省校書郞(비서성교서랑)에 올랐으며, 文安縣主簿(문안현주부)로 北宋 建隆(건륭) 이래의 禮에 관한 글을 모은 ≪太常因革禮(태상인혁례)≫ 100卷을 편찬했다. 정치와 역사, 경서 등에 관한 평론도 많이 썼고, 아들 蘇軾, 蘇轍과 함께 '三蘇'라 불렸으며, 唐宋八大家로 칭송되었다. 또한 蘇洵을 老蘇, 蘇軾을 大蘇, 蘇轍을 小蘇라고도 부른다. 저서에 ≪嘉祐集(가우집)≫과 ≪諡法(시법)≫ 4권이 있다.

蘇洵(소순)의 글은 高古하고 簡勁(간경, 간결하고 힘참)하며, 蘇軾·蘇轍이 글을 쓰는데 바탕이 되었다. 남긴 글로는 <心術>·<上歐陽內翰書(상구양내한서)>·<管仲論(관중론)>·<名二子說>·<六國論> 등이 있다.

<名二子說>은 蘇洵이 두 아들에게 '軾(식)'과 '轍(철)' 라는 이름을 지어준 의도를 설명한 글로, 두 아들의 일생을 미리 내다보았다. 당시 蘇洵은 慶歷(경력) 6년(1046년) 진사시험에 낙방하였고 다음 해에 <名二子說>을 지었는데, 당시 蘇軾은 11세, 蘇轍을 8세였다. 그런데 이들의 이름자인 軾(식)이나 轍(철)에는 모두 '車'자가 있으므로 '수레'와 관계가 됨을 알 수 있다. 軾(식)이 수레에서 맡은 역할이 없는 것처럼 보이나 없어서는 아니 되듯이, 蘇軾이 外勢와 타협하지 못하는 성격으로 겉치레에 급급한 세속과의 마찰로 화를 입지 아니할까 두렵다는 뜻이다. 蘇軾은 훗날 王安石의 신법을 비판하다가 마침내 참소를 입어 유배되었다. 蘇洵이 둘째 아들을 轍이라고 이름 지은 것은 일생의 禍를 면

하기를 바라는 마음에서요, 또 설령 화를 만났다 하더라도 면할 것을 헤아린다는 뜻이다. 蘇轍은 형인 蘇軾의 죄로 인하여 한때 유랑생활을 하였으나 곧 관직으로 돌아갔다. 무릇 공명에는 시기와 질투가 있는 법, 이를 어떻게 하느냐에 따라 화도 되고 복도 된다는 암시를 수레로 설명하고 있다.

<名二子說(명이자설)>

輪輻蓋軫, 皆有職乎車, 而軾獨若無所爲者, 雖然去軾, 則吾未見其爲完車也. 軾乎, 吾懼汝之不外飾也. 天下之車, 莫不由轍, 而言車之功. 轍不與焉. 雖然車仆馬斃, 而患不及轍, 是轍者, 善處禍福之間也. 轍乎, 吾知免矣.

수레바퀴와 수레바퀴 살과 수레 덮개와 수레 뒤의 가로나무는 모두 수레에서 맡은 일이 있으나, 수레 앞 가로나무(軾)만은 홀로 하는 일이 없는 것 같다. 그렇더라도 수레 앞 가로나무(軾)를 없애버리면 우리는 그것이 온전한 수레가 된다고는 보지 않는다. 식(軾)아! 나는 네가 겉치레에 급급한 세상에서 홀로 세속에 어울리지 못하고 화를 입을까 걱정이다. 천하의 수레는 수레의 바퀴 자국(轍)을 따라가지 않음이 없으나, 수레의 공로를 말함에 수레의 바퀴 자국은 끼어들지 않는다. 그렇지만 수레가 넘어지고 말이 죽어도 재난이 수레의 바퀴 자국(轍)에는 이르지 않는다. 바퀴 자국은 복을 입는 일도 없지만, 화를 입는 일도 없어, 이 수레의 바퀴 자국(轍)이라는 것은 화와 복의 사이에 있는 것이다. 철(轍)아! 나는 네가 화를 면할 것임을 알겠구나.

5) 曾鞏

曾鞏(증공)은 建昌軍(건창군) 南豊(남풍, 江西省 撫州 南豊縣) 사람

이며, 字는 子固이고, 세칭 南豊先生으로 불린다. 曾易占(증역점)의 아들이며, 唐宋八大家의 한 사람으로, 散文에 뛰어났다. 蘇東坡와 같은 해인 仁宗 嘉祐(가우) 2년(1057) 진사 시험에 합격했는데, 나이 39살이었다. 젊어서부터 文名을 떨쳐 歐陽脩의 인정을 받았으며, 일찍이 王安石과 교유했다. 越州通判(월주통판)에 올랐고, 齊州(제주)와 襄州(양주), 洪州(홍주), 福州(복주)의 知州(지주)를 지냈는데, 가는 곳마다 치적을 쌓았다.

神宗 元豊 3년(1080) 三班院(삼반원)을 관리하면서, 다음 해 史館修撰(사관수천)이 되어 다섯 왕조의 國史를 맡아 편찬했고, 얼마 뒤 中書舍人(중서사인)에 발탁되었다. 일찍이 ≪戰國策(전국책)≫과 ≪說苑(설원)≫, ≪新序(신서)≫, ≪列女傳(열녀전)≫ 등의 전적을 교정했다. 노력형의 사람으로, 문장에서도 끈기 있는 議論이 특색이다. 시호는 文定이다. 저서에 ≪金石錄(금석록)≫ 5백 권과 시문집 ≪元豊類稿(원풍유고)≫가 있다.

儒學을 宣揚하여 韓愈와 歐陽脩의 정통 儒學思想을 계승하였고, 散文에서 孔子와 孟子의 사상을 보이고 있으며, 歐陽脩에게 글을 인정받았다. 曾鞏은 明道를 매우 중요시하여 事理에 합당하고 공정한 聖人의 道를 선양하였다. 文과 道의 관계를 "도덕을 쌓은 다음에야 문장을 잘 지을 수 있다(畜道德而能文章)."(<寄歐陽舍人書(기구양사인서)>)라고 규정하였는데, 이것은 후에 桐城派(동성파)의 文學理論인 義法論의 선구가 되었다.

古文은 표현이 정확하고 논리에 빈틈이 없는 典雅하고 平實한 특징을 지니고 있다. 詩文集으로는 ≪元豊遺藁(원풍유고)≫・≪曾南豊先生文粹(증남풍선생문수)≫ 10卷・≪曾南豊子固先生集(증남풍자고선생집)≫ 34卷・≪曾文定公全集(증문정공전집)≫ 20卷 등이 있는데 모두 후세 사람들이 엮은 것이고, 史書로는 ≪隆平集(융평집)≫, 目錄書로는 ≪新序目錄序≫・≪戰國策目錄序≫・≪先大夫集後序≫가 있고, 시로는 七言詩로 <虞美人草(우미인초)> 등이 있다.

東晉(동진)의 王羲之(왕희지)는 東漢(동한)의 서예가 張芝(장지)의 경지를 따라잡기 위해 붓글씨를 하도 열심히 연습하는 바람에 나중에는 연못의 물이 완전히 먹물 색이 되고 말았다고 하는 일화가 있다. 曾鞏은 王羲之의 일화와 관련이 있는 臨川(임천)의 연못을 방문하여 <墨池記(묵지기)>라는 명문장을 남겼다. 글 속에서 증공은 왕희지가 만년에 이르러서야 서예의 완숙한 경지에 도달한 것을 상기시키면서, 그가 뛰어난 명필이 된 과정에는 타고난 재능보다는 후천적인 노력이 더 큰 역할을 했음을 강조하고 있다.

<墨池記(묵지기)>

臨川之城東, 有地隱然而高, 以臨於溪, 曰新城. 新城之上, 有池洼然而方以長, 曰王羲之之墨池者, 筍伯子≪臨川記≫云也. 羲之嘗慕張芝, 臨池學書, 池水盡黑, 此爲其故迹, 豈信然邪. 方羲之之不可强以仕, 而嘗極東方, 出滄海, 以娛其意於山水之間, 豈其徜徉肆恣, 而又嘗自休於此邪.

羲之之書, 晩乃善. 則其所能, 蓋亦以精力自致者, 非天成也. 然後世未有能及者, 豈其學不如彼邪. 則學固豈可以少哉. 況欲深造道德者邪.

墨池之上, 今爲州學舍. 教授王君盛恐其不章也, 書晉王右軍墨池之六字於楹間以揭之, 又告於鞏曰願有記. 推王君之心, 豈愛人之善, 雖一能不以廢, 而因以及乎其跡邪. 其亦欲推其事以勉學者邪. 夫人之有一能, 而使後人尙之如此, 況仁人莊士之遺風餘思, 被於來世者如何哉.

慶歷八年九月十二日曾鞏記.

임천(臨川)의 성 동쪽에는, 우뚝하게 높이 치솟은 땅이 있는데, 개울에 가까운 곳을 신성(新城)이라고 부른다. 신성의 위에는 움푹 패여 네모진 연못이 있어, 왕희지(王羲之)의 묵지(墨池)라고 하는데, 순백자(荀伯子)가 <임천기(臨川記)>에서 한 말이다. 왕희지는 일찍이 장지(張芝)를 흠모한 나머지 연못가에서 서예를 연습했는데, 연못의 물이 모두 검게 변했다고 한다. 여기가 바로 그 유적이라 하는데, 어찌 믿어야 하는가? 왕희지가 벼슬생활을 할 수 없는 상황이 되자, 일찍이 동쪽 지방을 두루 유람하며, 넓은 바다로 나가 구경도 하며 자기의 심정을 산수에서 즐겼으니, 어찌 마음껏 돌아다니면서 이곳에서 쉬어 간 적이 없었겠는가?

왕희지의 서예는 만년에 비로소 좋아졌다. 그렇다면 그가 지닌 재능은, 대체로 노력하여 스스로 이룬 것이지, 선천적으로 타고난 것이 아니다. 그러나 후세에도 아직 따를 사람이 없다는 것은, 어찌 배우고자 함이 그만 못하기 때문이 아니겠는가? 그렇다면 배움이란 것이 당연히 이런 것인데, 어찌 경시할 수 있겠는가? 하물며 도덕 수양이 깊은 경지에 이르도록 하려면 어떠하겠는가?

묵지의 위쪽에는 지금 무주(撫州) 주학(州學)의 교사(校舍)가 있다. 교수 왕성(王盛)이 묵지의 내력이 드러나지 않을 것을 우려하여 "진왕우군묵지(晉王右軍墨池)"라는 여섯 글자를 써서 기둥 사이에 걸어 게시했다. 또 나에게 일러 "기문(記文) 한 편을 원합니다."라고 말했다. 왕 교수의 마음을 헤아려 보건대, 다른 사람의 장점을 아낀 나머지, 비록 하나의 재능이라도 없애지 않도록 하기 위한 마음이, 그 유적지에까지 미친 것이 아니겠는가? 또한, 그 일을 높이 받들어 배우는 자들에게 학업에 힘쓰게 하고자 함이 아니겠는가? 대저 사람이 특기 하나만을 지니고도, 후인들이 그를 이처럼 숭상하도록 만드는데, 하물며 고상한 덕망을 지닌 사람과 행동이 단정한 사람들이 남긴 훌륭한 풍조와 사상이 후세에 미친 영향은 어떠하겠는가?

송(宋)나라 인종(仁宗) 경력 팔년(1048) 9월 12일 증공 씀.

6) 王安石

王安石(왕안석)은 字가 介甫(개보), 號는 半山(반산)이다. 臨川(임천, 현재의 江西省 撫州(무주) 사람으로 소관료 집안에서 태어났다. 그는 北宋 때의 정치가, 사상가, 문학가로 詩의 혁신운동을 적극적으로 추진하였다. 仁宗 慶歷(경력) 2년(1042) 21살 때에 진사에 올라 熙寧(희녕) 2년(1069)에 參知政事(참지정사)가 되었고, 다음 해 재상이 되었으며, 특히 神宗의 신임을 받아 적극적으로 새로운 변법을 실시하였다.

그러나 反變法派(반변법파)의 맹렬한 공격으로 熙寧(희녕) 7년(1074)에 파직되었다. 다음 해 다시 재상에 복귀하였지만 熙寧 9년(1076)에 또 사직하고 말았다. 그 후 江寧(강녕, 南京)에 은거하며, 오로지 학술 연구와 詩作에 몰두하다가, 神宗 사후 보수당의 司馬光이 집정하면서 변법을 모두 폐지하기에 이르자, 울분을 참지 못하여 病死하였다. 저술로 ≪臨川先生文集≫이 전해지고 있다.

經典의 새로운 해석을 시도하였으며, 詩·賦로 인재를 등용하는 과거제도를 반대했다. 그의 글은 우미하고 개성적이며 기백과 뼈대가 있다. 또한 간결하고도 깨끗하면서 정력적이고 힘 있는 특출한 古文을 이룩하였다.

王安石은 韓愈와 歐陽脩의 영향을 받은 산문적인 표현방법을 쓰면서도, 자기의 독특한 字句와 韻脚(운각) 등을 사용한 古體詩를 썼다. 詩는 晩年의 것들이 대표적이며, 抒情·敍事에 뛰어나고, 상당히 우미한 抒情을 보여주고 있다. 작품으로는 <虎圖行>·<桃源行>·<竹裏>·<桂枝香(계지향)>·<王荊公勸學文(왕형공권학문)> 등이 있다. ≪四家集≫을 저술하였는데, 李白·杜甫·韓愈·歐陽脩 가운데 韓愈의 詩

를 높이며 배우려 하고, 杜甫의 엄정한 詩律과 정교하게 다듬은 표현을 본받으려 하였다. 주요 산문으로 <鯀說(곤설)>, <讀孟嘗君傳(독맹상군전)>, <傷仲永(상중영)> 등이 있다.

송나라 시대 개혁정책을 폈던 王安石은 청년시절에 <傷仲永>(중영이란 사람의 경우를 슬퍼함)이라는 제목의 산문을 남겼다. 傷仲永이란 글에서 王安石은 가르치고 배우는 일의 중요성을 회화적으로 강조하고 있다. 方仲永(방중영)이란 신동이 있었는데 다섯 살 나이에 훌륭한 시를 지어 사람들을 놀라게 했다. 주변에서 잘 가르쳐 다듬으면 큰 재목이 될 것이라고 공부시키기를 권했지만, 그의 아버지는 아들의 천재성을 이용해 돈벌이에 나섰다. 선비들이 모인 곳이나 고관 집을 찾아다니며 아들의 비상한 재주를 보여주고 푼돈을 챙겼다.

<傷仲永(상중영)>

金谿民方仲永, 世隸耕. 仲永生五年, 未嘗識書具, 忽啼求之. 父異焉, 借旁近與之, 卽書詩四句, 幷自爲其名. 其詩以養父母・收族爲意, 傳一鄕秀才觀之. 自是, 指物作詩立就, 其文理皆有可觀者. 邑人奇之, 稍稍賓客其父, 或以錢幣乞之. 父利其然也, 曰扳仲永環謁於邑人, 不使學. 余聞之也久. 明道中, 從先人還家, 於舅家見之, 十二三矣. 令作詩, 不能稱前時之聞. 又七年, 還自楊州, 復到舅家問焉. 曰泯然衆人矣. 王子曰仲永之通悟, 受之天也. 其受之天也, 賢於材人遠矣. 卒之爲衆人, 則其受於人者不至也. 彼其受之天也, 如此其賢也, 不受之人, 且爲衆人. 今夫不受之天, 固衆人, 又不受之人, 得爲衆人而已邪.

금계현 평민 방중영은 대대로 남의 소작농이었다. 태어난 지 다섯 살이 되도록 아직 글 쓰는 도구를 알지 못했는데, 갑자기 울면서 이를 달라고 졸라대니, 중영의 아버지는 이상한 일이라 생각하며 이웃에서 빌려다 주었다. 신기하게 곧 시 네 구절을 쓰고 거기에다 자기 이름까지 썼다. 그 시는 부모를 봉양하고 집안사람들을 도와주는 것을 내용으로 했다. 그 글을 마을의 수재들에게 보여주었다. 이때부터 물건을 지적하여 시를 짓도록 하면 즉시 완성했고, 그 시의 문사나 내용이 모두 훌륭했다. 고을 사람들은 아무것도 모르던 방중영이 훌륭한 시를 짓는 사실을 신기하게 여겨, 점차 그 아버지를 손님으로 대접했으며 어떤 때는 돈이나 비단을 내주기도 하였다. 아버지는 그런 일에 재미를 붙여 날마다 중영을 이끌고 고을 사람들을 두루 찾아다녔으나, 배우게 하지는 않았다. 내가 이 일을 들은 지도 오래되었다. 명도(明道) 연간에 아버지를 따라 내가 고향 집에 돌아왔을 때, 외삼촌 집에서 그를 보았는데, 열 두세 살이었다. 시를 짓게 해보았더니 능히 전에 듣던 것만 못하였다. 7년 뒤 양주에서 돌아와 다시 외삼촌 집에 가서 물어보았더니 "자취가 없어지고 보통 사람이 되어 버렸어!"라고 했다. 나는 말한다. "방중영의 총명은 하늘에서 받은 것이다. 하늘에서 받은 재능은 보통 사람보다 훨씬 뛰어났건만 결국 보통사람이 된 것은, 곧 사람에게 받은 교육이 불충분했기 때문이다. 그가 하늘에서 받은 것이 이처럼 뛰어났건만, 사람에게서 받지 못하였으니 보통 사람이 된 것이다. 이제 무릇 재주를 하늘에서 받지 못한 사람은 진실로 보통 사람인데, 거기에다 사람에게서도 받지 않는다면 보통 사람은커녕 그 이하가 될 것이 아니겠는가?"

7) 蘇軾

蘇軾(소식)은 북송 眉州(미주) 眉山 사람이다. 字는 子瞻(자첨) 또는 和仲(화중)이고, 號는 東坡居士(동파거사), 雪堂(설당), 端明(단명), 眉山謫仙客(미산적선객), 笑髥卿(소염경), 赤壁仙(적벽선) 등을 썼으며,

애칭으로 坡公(파공) 또는 坡仙(파선)을 썼다. 蘇洵(소순)의 아들이고 蘇轍(소철)의 형으로 大蘇라고도 불렸다. 宋나라 최고의 詩人이며, 唐宋八大家의 한 사람이다. 仁宗 嘉祐(가우) 2년(1057) 진사에 급제하고, 다시 制科에 합격했다. 鳳翔府簽書判官(봉상부첨서판관)으로 있다가 史館에 근무하면서 開封府推官(개봉부추관)을 지냈다. 歐陽脩에게 인정을 받아 문단에 등장했다.

대표작 <赤壁賦(적벽부)>는 불후의 명작으로 널리 애창되고 있다. 詩書畵(시서화)에 모두 뛰어났다. 저서에 ≪東坡七集(동파칠집)≫과 ≪東坡志林≫, ≪東坡樂府≫, ≪仇池筆記(구지필기)≫, ≪論語說≫ 등이 있다. 蘇軾은 이전의 大家라면 모두 배우려하였으며, 陶淵明을 특히 좋아하고 숭상하였다.

<前赤壁賦>는 蘇軾이 湖北省 黃州에 유배되어 있던 47살 때에 지은 글로, 황주에 있는 赤壁에서 손님들과 뱃놀이를 하면서 느낀 감회를 서술하였다. 작자가 유배 중에 실의해 있으면서, 세속에 대한 애착을 버리고 莊子的 超越을 추구하고자 하는 飄逸(표일)한 심경을 드러낸 내용이다. 이 글의 중점은 蘇軾이 客에게 말한 부분이다. 하지만 그의 이러한 超越精神은 貶謫(폄적)된 후에도 위축되지 않고 여러 차례의 지방관을 지내면서 백성들에게 봉사할 수 있는 의지를 심어주었다.

<前赤壁賦(전적벽부)>

壬戌之秋, 七月旣望, 蘇子與客泛舟遊於赤壁之下, 淸風徐來, 水波不興. 擧酒屬客, 誦明月之詩, 歌窈窕之章. 少焉, 月出於東山之上, 徘徊於斗牛之間. 白露橫江, 水光接天. 縱一葦之所如, 凌萬頃之茫然. 浩浩乎如馮虛御風, 而不知其所止, 飄飄乎如遺世獨立, 羽化而登仙.

於是飮酒樂甚, 扣舷而歌之. 歌曰"桂櫂兮蘭槳, 擊空明兮泝流光. 渺渺兮予懷, 望美人兮天一方." 客有吹洞簫者, 倚歌而和之, 其聲嗚嗚然. 如怨如慕, 如泣如訴, 餘音嫋嫋, 不絶如縷, 舞幽壑之潛蛟, 泣孤舟之嫠婦. 蘇子愀然, 正襟危坐, 而問客曰"何爲其然也" 客曰"'月明星稀, 烏鵲南飛'此非曹孟德之詩乎. 西望夏口, 東望武昌, 山川相繆, 鬱乎蒼蒼, 此非孟德之困於周郞4)者乎. 方其破荊州, 下江陵, 順流而東也, 舳艫千里, 旌旗蔽空. 釃酒臨江, 橫槊賦詩. 固一世之雄也, 而今安在哉. 況吾與子漁樵於江渚之上, 侶魚鰕而友麋鹿. 駕一葉之扁舟, 擧匏樽以相屬, 寄蜉蝣於天地, 渺滄海之一粟. 哀吾生之須臾, 羨長江之無窮, 挾飛仙以遨遊, 抱明月而長終, 知不可乎驟得, 託遺響於悲風."

　　蘇子曰客亦知夫水與月乎. 逝者如斯, 而未嘗往也, 盈虛者如彼, 而卒莫消長也, 蓋將自其變者而觀之, 則天地曾不能以一瞬, 自其不變者而觀之, 則物與我皆無盡也, 而又何羨乎. 且夫天地之間, 物各有主, 苟非吾之所有, 雖一毫而莫取. 惟江上之淸風, 與山間之明月, 耳得之而爲聲, 目遇之而成色, 取之無禁, 用之不竭. 是造物者之無盡藏也, 而吾與子之所共適.

　　客喜而笑, 洗盞更酌, 肴核旣盡, 杯盤狼藉. 相與枕藉乎舟中, 不知東方之旣白.

　　임술년 가을 7월 16일에 내가 손과 함께 배를 띄워 적벽 아래에서 노는데, 맑은 바람은 서서히 불어오고 파도는 잔잔하였다. 술잔을 들어 손님에게 권하고 명월시를 읊으면서 요조(窈窕)장을 노래하는데, 잠시 후에 달이 동산 위로 솟아 남두성(南斗星)과 견우성(牽牛星)의 사이에서 배회하니, 흰 이슬은 강에 가로질러 있고 물빛은 하늘과 맞닿아 있다. 조각배가 가는 대로 맡겨 만경의 아득한 물결을 타니, 드넓게 허공을 타고 바람을 몰아 그칠 곳을 알지 못하는 듯하고, 너울너울 세상을 버리고 홀로 솟아 날개가 돋아 신선이 되어 오르는 듯하였다.

　　이에 술을 마시고 매우 즐거워져 뱃전을 두드리며 노래를 부르니 노래에 이르기를, "계수나무 노와 목란(木蘭)의 노로, 맑은 달그림자를 치며 흐르는 달빛의 강을 거슬러 올라간다. 아득한 나의 회포여, 아름다운 사람을 바라보니 하늘 한 쪽에 있구나."라고 하였다. 객 가운데 퉁소를 부는 이가 있어 노래에 따라 맞추어 주는데, 그 소리가 오오하면서 원망하는 듯하고 사모하는 듯하며, 우는 듯하고 하소연하는 듯하며, 여운이 가냘프게 이어져 끊이지 않는 것이 실과 같으니, 깊은 강에 잠겨 있는 교룡을 춤추게 하고 외로운 배의 과부를 흐느끼게 하였다.

소(蘇)선생이 슬픈 모습으로 옷깃을 바로하고 반듯하게 앉아 객에게 묻기를, "어찌하여 그 소리가 그러하오?"라고 하자 객이 말하기를, "달이 밝으니 별은 드문데, 까막까치가 남쪽으로 날아간다고 한 것은 조조의 시가 아닙니까. 서쪽으로 하구를 바라보고 동쪽으로 무창을 바라봄에, 산천이 서로 얽혀 무성하고 푸르니 이곳은 조조가 주유에게 곤욕을 당한 곳이 아닙니까. 막 그가 형주를 격파하고 강릉을 점령한 뒤 물결을 따라 동쪽으로 향할 때 배들은 천리를 이었고 깃발은 하늘을 뒤덮었지요. 술을 걸러 강에 다가가 창을 옆으로 놓고 시를 지었으니, 진실로 한때의 영웅이더니 지금은 어디에 있습니까. 하물며 나와 그대는 강가에서 고기 잡고 나무하면서 물고기와 새우를 짝하고 고라니와 사슴을 벗하는 경우이겠습니까. 일엽편주를 타고 술잔을 들어 서로 권하니, 기탁한 것은 천지 사이에 하루살이 신세요 작기는 푸른 바다에 좁쌀 한 알입니다. 우리의 삶이 잠시인 것이 슬프고 장강이 무궁한 것이 부러워, 날아오르는 신선과 나란히 하여 마음껏 노닐고 밝은 달을 안고 오래도록 살려 하나 바로 얻을 수 없음을 알기에 슬픈 바람에 남은 소리를 기탁한 것입니다."

소(蘇)선생이 말하였다. "객도 또한 저 물과 달을 알겠지요. 가는 것이 이 물과 같지만 아직 일찍이 가버린 적이 없고 차고 기욺이 저 달과 같지만 끝내 사라지거나 커진 적이 없습니다. 이는 아마도 그 변한다는 점에서 본다면 천지도 일찍이 한순간도 될 수 없고, 변하지 않는다는 점에서 본다면 상대와 내가 모두 무궁하니, 다시 무엇을 부러워하겠소. 또 저 천지 사이에 물건은 각기 주인이 있으니, 만약 나의 소유가 아니라면 비록 한 터럭이라도 취하지 말 것이지만 오직 강가의 맑은 바람과 산간의 밝은 달은 귀로 들으면 소리가 되고 눈으로 보면 색을 이루어, 취해도 금하는 이가 없고 써도 없어지지 않습니다. 이것은 조물주가 무궁하게 보관해 놓은 것으로 나와 그대가 함께 즐기는 것입니다."

손은 기뻐 웃고 잔을 씻어 교대로 술을 따르니, 안주와 과일이 이미 다하고 술잔과 소반이 어지러웠다. 서로 배 가운데 베고 깔고 누워서 동쪽이 이미 밝았음을 알지 못했다.

8) 蘇轍

蘇轍(소철)은 北宋 眉州 眉山 사람이다. 字는 子由 또는 同叔이고, 號는 欒城(난성), 潁濱遺老(영빈유로)다. 蘇洵의 아들이고, 蘇軾의 동생이다. 仁宗 嘉祐(가우) 2년(1057) 19살 때 형 蘇軾과 함께 진사시험에 급제하고 다시 制科(제과, 唐나라 때 천자가 주관한 임시 과거시험)에도 합격했다. 처음에 商州軍事推官(상주군사추관)이 되었다. 神宗 熙寧(희녕) 연간에 三司條例司 檢詳文字(삼사조례사 검상문자)가 되어 靑苗法(청묘법)을 시행해서는 안 된다고 강력하게 주장하다가 河南推官(하남추관)으로 나갔다. 陳州敎官(진주교관)과 應天府簽書判官(응천부첨서판관) 등을 지냈다. 元豊 중에 형 蘇軾이 시 때문에 죄를 얻자 監筠州鹽酒稅(감균주염주세)로 貶謫(폄적)되었다.

唐宋八大家의 한 사람이며, 詩文 외에 많은 古典의 註釋書(주석서)를 남겼다. 저서에 ≪欒城集(난성집)≫ 4권과 ≪欒城應詔集(난성응조집)≫, ≪詩集傳≫과 ≪春秋集傳≫, ≪論語拾遺≫, ≪孟子解≫, ≪詩經傳≫, ≪道德經解≫, ≪春秋集解≫, ≪古史≫ 등이 있다. 蘇轍의 문장은 법도

있고 빼어난 기상을 가지고 있으며, 古文學者로서 佛敎의 영향이 농후한 작품을 썼다.

<上樞密韓太尉書(상추밀한태위서)>는 蘇轍이 嘉祐(가우) 2년(1057년)에 쓴 것으로, 蘇轍이 進士 시험에 합격한 뒤 당시 樞密使(추밀사)로 있던 韓琦(한기)[84]에게 올린 편지이다. 진사시험에 합격하였지만, 고향으로 돌아가기를 청하였다.

<上樞密韓太尉書(상추밀한태위서)>

太尉執事, 轍生好爲文, 思之至深. 以爲文者, 氣之所形, 然文不可以學而能, 氣可以養而致. 孟子曰我善養吾浩然之氣. 今觀其文章, 寬厚宏博, 充乎天地之間, 稱其氣之小大. 太史公行天下, 周覽四海名山大川, 與燕趙間豪俊交遊, 故其文疏蕩, 頗有奇气. 此二子者, 豈嘗執筆學爲如此之文哉. 其氣充乎其中, 而溢乎其貌, 動乎其言, 而見乎其文, 而不自知也.

轍生年十有九矣. 其居家所與遊者, 不過其鄰里鄉黨之人. 所見不過數百里之間, 無高山大野, 可登覽以自廣. 百氏之書, 雖無所不讀, 然皆古人之陳迹, 不足以激發其志氣. 恐遂汨沒, 故決然捨去, 求天下奇聞壯觀, 以知天地之廣大. 過秦漢之故鄕, 恣觀終南嵩華之高, 北顧黃河之奔流, 慨然想見古之豪傑. 至京師, 仰觀天子宮闕之壯, 與倉廩府庫城池苑囿之富且大也, 而後知天下之巨麗. 見翰林歐陽公, 聽其議論之宏辯, 觀其容貌之秀偉, 與其門人賢士大夫遊, 而後知天下之文章聚乎此也.

---

[84] 한기(韓琦): 北宋의 정치가로 字는 치규(稚圭)이며, 시호는 충헌(忠獻)이다. 젊어서 진사시험에 합격하였으며, 나라의 기율을 바로잡고 추밀부사, 지주안무사(知州按撫使), 절도사 등이 되어 여러 지방을 잘 다스렸다. 四川의 기민(飢民) 190만 명을 구제하고, 西夏의 침입을 격퇴하여 변경 방비에도 역량을 과시함으로써, 30살에 이미 명성을 떨쳐 추밀부사가 되었다. 이후 재상에 올랐으나 王安石과 정면 대립함으로써 관직에서 물러났다.

太尉以才略冠天下, 天下之所恃以無憂, 四夷之所憚以不敢發. 入則周公召公, 出則方叔召虎, 而轍也未之見焉. 且夫人之學也, 不志其大, 雖多而何爲. 轍之來也, 於山見終南嵩華之高, 於水見黃河之大且深, 於人見歐陽公, 而猶以爲未見太尉也. 故願得觀賢人之光耀, 聞一言以自壯, 然後可以盡天下之大觀, 而無憾者矣.

轍年少, 未能通習吏事. 嚮之來, 非有取於斗升之祿. 偶然得之, 非其所樂. 然幸得賜歸待選, 使得優游數年之閒. 將以益治其文, 且學爲政. 太尉苟以爲可教而辱教之, 又幸矣.

태위께, 저는 나면서부터 글쓰기를 좋아하였는데, 그것을 깊이 생각해 보았습니다. 글이란 기가 형성되어 나타나는 것이나, 문장은 배워서 잘할 수 있는 것이 아니고, 기는 길러서 이룰 수 있는 것이라고 여겼습니다. 맹자는 "나는 나의 호연지기를 잘 기른다."라고 말했습니다. 지금 그분의 문장을 보면 관대하고 온후하고 크고 넓어서, 하늘과 땅 사이에 가득 차 있어서, 그분이 지닌 기(氣)의 크기와 잘 어울립니다. 사마천은 천하를 여행하면서, 온 천하의 유명한 산과 큰 강을 두루 유람하고, 연(燕)나라와 조(趙)나라의 호걸영웅들과 교유하였습니다. 그러므로 그의 글은 탁 트이고 거침이 없고 자못 특이한 기운이 있습니다. 이 두 분이 어찌 일찍이 붓을 잡고 배워서 이러한 글을 지었겠습니까? 그들의 기가 그들 속에 가득 차서 그들 몸 밖으로 넘쳐나고, 그 입에서 움직여서 그들의 글에 드러난 것인데, 그들 자신도 알지 못했던 일입니다.

저는 태어난 지가 19년밖에 안 되었습니다. 그래서 집에 있으면서 더불어 교유할 대상은 이웃 마을과 주변 시골 마을의 사람들에 불과합니다. 눈으로 본 것도 수백 리 사이를 넘지 않아서 올라가서 바라보고 자신의 시야를 넓힐 만한 높은 산이나 큰 들도 없었습니다. 제자백가의 글을 비록 읽지 않은 것이 없으나 모두 옛사람들의 묵은 자취라 저의 패기를 격발시키기에 부족하였습니다. 거기에 골몰할까 두려운 까닭에 결연히 시골을 버리고 천하의 기이한 사물과 웅대한 광경을 탐구하여 천지의 광대함을 알려고 하였습니다. 진(秦)나라와 한(漢)나라의 옛 도읍지에 들러서 종남산(終南山)·숭산(嵩山)·화산(華山)의 높고 험준함을 마음껏 감상하고, 북쪽으로 황하의 세찬 흐름을 보고서 감개무량하게 옛날의 호걸들을 상상해보았습니다. 경성(京城)에 이르러 천자께서 거처하시는 궁궐의 장엄함과 양식창고·부고(府庫)·성지(城池)·원유(苑囿)의 풍성하고 거대함을 우러러보고 나서야 천하의 거대하고 화려함을 알았습니다. 그리고 한림학사(翰林學士) 구양공(歐陽公, 歐陽脩)을 뵙고, 그 의론의 굉장한 변설을 듣고 그분의 용모의 수려하고 우람함을 보고 그의 문인 중에 어진 사대부들과 교유해본 뒤에야 천하의 문장이 모두 이곳에 모였다는 것을 알았습니다.

　태위(太尉)께서는 재주와 지략으로 천하에 으뜸이 되셨으니, 천하 사람들은 태위를 믿어 근심 없이 살고 있고, 사방의 이민족들은 태위가 두려워서 감히 행동하지 못합니다. 태위께서는 조정에 들어오면 주공(周公)과 소공(召公) 같이 군주를 보좌하시고, 군대를 이끌고 나가시면 방숙(方叔)과 소호(召虎) 같은 훌륭한 장수이지만 저는 아직 뵙지 못하였습니다. 하물며 사람이 학문을 함에 있어서 큰 것에 뜻을 두지 않는다면 설령 학문이 많은들 어디에 쓰겠습니까? 제가 이곳에 올 때에 산에 있어서는 종남산·숭산·화산과 같은 높고 험준한 산을 보았고, 물에 있어서는 황하와 같은 크고 깊은 물을 보았습니다. 사람에 있어서는 구양공(歐陽公)을 뵈었으나 아직도 태위를 뵙지 못하였습니다! 그래서 원컨대 어진 분의 풍채를 뵙고 한 말씀 들음으로써 장대한 포부를 갖고자 하오며, 그런 연후에야 모든 천하의 장관을 유감없이 다 관찰했다고 할 수 있을 것입니다.

　저는 나이가 어려서 아직 관리의 사무에 통달하지 못하였습니다. 이전에 경성에 와서 시험에 응시한 것은 보잘것없는 봉록을 얻기 위한 것이 아니었습니다. 우연히 봉록을 받게 되었으며 제가 즐거워할 것은 아니었습니다. 그러나 다행히 고향으로 돌아가는 은혜를 베푸시어 후일 관리 선발의 기회를 기다리며 몇 년 동안 한가로이 지낼 수 있게 해 주십시오. 장차 돌아가서 문장을 더욱 다듬고 또 정치하는 방법을 배울 것입니다. 태위께서 만약 저를 가르칠 만하다고 여기어 외람되이 저를 가르쳐주신다면 또한 다행이겠습니다!

41 宋代의 講唱

1) 講唱의 성행

講唱(강창)은 唐代의 變文과 俗講에서 발전한 것으로 唐代에도 상당히 성행했지만, 宋代에 들어와서는 도시가 훨씬 더 발달되고 시민계층의 저변이 확대됨에 따라 다양화되고 또한 성숙되었다. 또한 도시마다 瓦舍(와사) 또는 勾欄(구란)이라 부르던 대중 연예장들이 많이 생겨나 성행하게 되었다.

2) 講唱의 특징

講唱은 어휘 자체가 의미하듯이 복잡한 줄거리를 가진 이야기를 散文과 韻文을 교차시켜가며 청중들에게 일정한 故事를 연출해 들려주던 연예양식을 말하는데, 운문과 산문이 섞여 있는 독특한 형식의 구성방식은 청중의 흥미를 유발하기 위한 데서 비롯되었다.

당시 講唱의 구체적인 내용은 대개 공연하는 사람의 기억에 의존하였고 또 공연장의 분위기에 따라 적절히 가감되었다. 대개 통속적이고 저속한 이야기들이 주류를 이루었기 때문에 오늘날까지 전해지는 대본이나 일차 자료는 그다지 많지 않다.

3) 講唱의 종류

이 시대에 유행했던 講唱으로는 說話(설화)· 鼓子詞(고자사)· 覆賺

(복잠)·轉踏(전답)·諸宮調(제궁조)·涯詞(애사)·陶眞(도진) 등 여러 가지 종류가 있다.

이들 중에서도 특히 본격적인 明淸小說의 길을 열어준 說話의 대본인 話本과 元·明 희곡 발전의 선구가 된 제궁조는 문학사에서 중시하지 않을 수 없는 연예형식이다.

4) 諸宮調의 특징

㉠ 變文을 비롯한 講唱들(說話 제외) 대부분은 講詞가 散文인데 對偶(대우)로 된 글귀이거나 자연스럽지 못한 散文이다. 唱詞인 韻文은 대체로 六字句 또는 七字句를 짝지어 이루어 놓은, 형식도 단조롭고 平仄이나 韻律도 별로 따질 수 없는 성격의 글이다. 諸宮調의 散文은 자연스럽고도 알기 쉬운 매끄러운 글로 이루어져 있고, 韻文은 唐·宋 大曲과 詞調를 唱詞로 활용하고 있다. 隻曲(척곡)을 따로 쓰기도 하지만 같은 宮調의 여러 隻曲을 연합시켜 체계적으로 하나로 엮은 곡인 套數(투수)가 이루어져 많은 변화와 재미를 강구하고 있다.

㉡ 元 雜劇은 노래인 '唱'과 대화인 '白'과 배우들의 동작인 '科'의 삼요소로 이루어지는데, 唱과 白은 이미 諸宮調에서 거의 완성된 형식을 보여 준다.

㉢ 諸宮調의 작품

諸宮調의 주요 작품에는 작자 미상의 ≪劉知遠諸宮調(유지원제궁조)≫와 董解元(동해원)의 ≪西廂記諸宮調(서상기제궁조)≫가 있다. ≪西廂記諸宮調≫는 일명 ≪董西廂(동서상)≫이라고도 한다. 이 작품은 唐代 傳奇 <鶯鶯傳(앵앵전)>의 비극을 희극으로 개편한 것이다. 특히 ≪西廂記諸宮調≫는 元代 王實甫의 雜劇 ≪西廂記≫의 바탕이 되었다. ≪西廂記諸宮調≫ 卷五에서 鶯鶯은 張生이 자신을 저버리지는 않을까 하는 의심 속에서도 張生에 대한 자신의 마음을 솔직하게 표현한다.

【應天長】鶯鶯是閨內的女, 服母訓怎敢如何. 不意哥哥因妾病, 懨懨地染沉疴. 思量都爲我咱呵. 肌膚小瘦, 瘦得渾似削, 百般医療終難可. 鶯鶯不忍, 以此背婆婆.

【응천장】앵앵(鶯鶯)은 규방에서 자라난 소녀로, 어머님의 가르침에 어찌 감히 복종하지 않을 수 있었겠습니까? 뜻하지 않게 오빠께서 소첩으로 인하여 중병을 얻은 것은, 몸이 쇠약하고 고질병에 걸려서입니다. 모두 저와 오빠를 위해 깊이 생각하셔야 합니다! 얼굴이 마른 것이 깎은 것 같으니, 백방으로 치료해도 끝내 받아들이기 어렵습니다. 앵앵(鶯鶯)은 참지 못하고, 이 때문에 어머니를 배반하였습니다.

42. 宋代의 話本小說

중국의 白話小說은 說話의 대본인 話本에서 비롯되었다. 說話는 諸宮調(제궁조)와 함께 宋代를 대표하는 講唱 양식이었다. 說話도 다른 講唱 양식과 마찬가지로 散文과 韻文이 교차되는 구성방식을 취하고 있었지만, 노래로 불리던 韻文인 唱詞보다는 이야기하듯이 말하는 散文인 講詞가 위주가 되는 양식이다. 그래서 話本은 대체로 간간이 詩나 詞가 한두 首씩 끼인 小說의 형태가 되는 것이다.

孟元老(맹원로)의 ≪東京夢華錄(동경몽화록)≫에 의하면 宋代에는 說話를 하던 說話人이 대단히 많았는데, 그들이 전문으로 하던 고사의 성격과 연출 방법에 따라서 다음과 같은 四家가 있었다.

첫째, 小說로 사회의 여러 가지 기괴한 이야기를 다룬 것.

둘째, 談經과 說參請(설참청), 說諢經(설원경)으로 불경을 비롯한 여러 가지 경전과 修道에 관계되는 이야기를 다룬 것.

셋째, 講史書로 역사적인 사건이나 인물의 이야기를 다룬 것.

넷째, 合生으로 胡樂을 바탕으로 한 수수께끼 같은 형식의 놀이를 다룬 것.

어떻든 이 四家 중 문학으로서의 小說과 가장 관계가 깊은 것은 첫째 小說과 셋째 講史書이다. 그뿐 아니라 민중의 환영도 가장 많이 받고 그것을 전문으로 하는 說話人도 가장 많았던 것이 이 두 종류였다. 그리고 뒤에는 궁정과 귀족 집안에서까지도 이 두 종류 說話가 성행되어, 이들의 대본은 문학적으로 다듬어지면서 전해지는 수량도 비교적 많게 되었다.

지금 우리에게 전해지는 宋代 小說은 단편과 장편을 막론하고 모두 이 두 종류의 話本에 속하는 것이다. 다만 확실한 宋代의 작품이 많지 않은 것이 문제이다.

短篇은 모두가 순수한 白話이고, 그 白話文의 운용도 매우 성숙한 단계의 기교를 보여주는 상당히 우수한 작품들이나, 長篇은 대부분이 講史에 속하는 것이고 쉬운 文言文이나 미숙한 白話를 섞어 쓴 문장이어서, 문학적인 면에서 단편보다 훨씬 뒤처진다. 그러나 講史는 내용이나 구성 등 모든 면에서 明·淸 章回小說의 선구가 되었다.

宋代 단편 話本으로서 가장 자료 가치가 높은 것으로는 ≪京本通俗小說(경본통속소설)≫이 있다. 이 밖에 明나라 洪楩(홍편)의 ≪淸平山堂話本(청평산당화본)≫, 馮夢龍(풍몽룡)의 ≪喩世明言(유세명언)≫, ≪警世通言(경세통언)≫, ≪醒世恒言(성세항언)≫ 등에도 宋나라 때의 話本이 상당수 들어있다. 장편으로는 ≪大唐三藏取經詩話(대당삼장취경시화)≫, ≪新編五代史平話(신오대사평화)≫, ≪大宋宣和遺史(대송선화유사)≫가 전하는데 ≪大唐三藏取經詩話≫는 ≪西遊記≫의 모태이며, ≪新編五代史平話≫는 ≪三國志演義≫나 ≪隋唐演義≫의 선구적 작품이다.

지금까지 宋나라 최초의 話本集으로 알려졌던 ≪京本通俗小說(경본통속소설)≫은 최근의 연구 결과에 따르면, 明나라 中葉에 편찬한 話本小說集으로 밝혀졌다. 수록된 작품 중 宋의 話本은 <碾玉觀音(연옥관음)>, <西山一窟鬼(서산일굴귀)>, <拗相公(요상공)>, <菩薩蠻(보살만)>이고, 나머지 <錯斬崔寧(착참최녕)>, <馮玉梅團圓(풍옥매단원)>은 明나라 때의 話本으로 알려졌다. <碾玉觀音>은 ≪寶文堂書目(보문당서목)≫에서는 題名을 <玉觀音(옥관음)>이라고 하였고, ≪警世通言

(경세통언)≫에는 <崔待詔生死冤家(최대조생사원가)>라 하였으나, 제목 밑에 '宋人小說, 題作(제작) <碾玉觀音(연옥관음)>85)'이라고 하였다. 이것은 이른바 煙粉類(연분류)라는 것으로 宋나라 사람의 話本이다. 煙粉類라는 것은 연애의 이야기이면서 일반적으로 女鬼와 관계가 있는 것을 말한다.

---

85) <연옥관음(碾玉觀音)>은 宋代 話本 중 하나로, 원래 ≪京本通俗小說≫에 실려 있다가, 명나라 풍몽룡(馮夢龍)의 ≪경세통언(警世通言)≫에 실렸다. 이야기의 내용은 두 남녀 주인공 사이의 사랑의 조우이다. 여주인공 거수수(璩秀秀)는 원래 화공의 딸이었으나, 몸이 팔려 함안군(咸安郡) 왕부(王府)의 비녀(婢女)가 되었지만, 왕부에서 옥(玉)을 조각하는 장인인 남자주인공 최녕(崔寧)을 사랑하게 된다. 마침 왕부에 불이 난 틈을 타 둘은 도망쳐 담주(潭州)에서 옥을 세공하는 가게를 차리고 생계를 꾸렸다. 두 사람은 한동안 부부의 생활을 하다가, 어느 날 곽립(郭立)과 마주치게 되어 왕부에 알려졌다. 이에 왕부에서는 크게 노하여, 두 사람을 체포하여 집으로 돌아왔다.
  <연옥관음(碾玉觀音)>은 함안군왕(咸安郡王)이 唐나라 황제에 대한 답례로 집안의 장인 최녕(崔寧)에게 명하여 조각한 양지백옥남해관음상(羊脂白玉南海觀音像)이다. 어느 날, 왕야(王爺)는 황제의 하례를 받고 답례하기 위해 고민하던 중 헛간에서 다듬지 않은 옥 덩어리를 찾아낸다. 王爺는 모양이 뾰족하고 둥근 옥 덩어리로 무엇을 만들까 고민하던 중, 옥을 조각하는 장인 崔寧을 불러 의논하였다. 崔寧은 관음상을 만드는 것이 어떻겠냐고 제안했다. 王爺는 바로 그의 제의에 동의하였다. 崔寧이 관음상을 완성한 후, 王爺가 이 관음상을 황제에게 보내자 황제가 크게 기뻐하였다. 王爺는 집으로 돌아온 후, 하녀가 된 璩秀秀를 아내로 맞이할 것을 허락하였다. 관음상을 만들어준 것에 대한 답례였다. 崔寧은 다시 璩秀秀 만나게 되고 두 사람의 애정이 전개된다.

43 宋代의 詞

1) 宋詞의 형성과 유행

(1) 宋詞의 형성

詞는 唐代의 새로운 民間歌謠인 歌詞에서 출발한 시가 양식이다. 詞는 晩唐과 五代를 통해 형태가 다듬어지고 세련되었으며, 民間歌謠의 차원에 머무르지 않고 花間派 詞 작가들에 의해 文人詞로 발전하였다. 詞는 宋代에 들어와 한층 발전하여 모든 계층에게 널리 수용되어 宮中과 士大夫 階層은 물론 시민계층과 기녀, 승려들 사이에서도 널리 유행하였다. 唐과 五代에는 부분적으로만 유행했던 詞가 이처럼 宋代에 들어와서는 계층적 장벽을 뛰어넘어 노래로 부르는 보편적인 문학 양식으로 성장하였다. 이는 시민계층의 성장이라는 역사적 사실 때문에 가능해진 일이었다.

(2) 宋詞의 유행

宋代에 들어와 급속히 성장한 시민계층은 경제적, 시간적 여유를 배경으로 문학 활동에 참여할 수 있는 잠재력을 획득하였다. 하지만 사대부 계층과 달리 고전에 대한 지식이나 시문과 같은 전통적인 문학 양식에 접근할 수 있는 기회가 적었다. 詩文에 대한 소양이나 고전에 대한 지식이 없어도 수용이 가능했던 詞는 그들의 문학 활동에 대한 갈망에 부응할 수 있는 적절한 양식이었다.

(3) 宋詞의 특징

　詞의 무대와 배경은 필연적으로 도시 사회가 중심이 되었다. 宋代에는 상공업의 발전으로 성곽도시의 개념을 벗어난 새로운 도시가 번성하였으며, 도시로 집중된 경제적 여유로 인해 도시사회에는 사치와 오락의 풍조가 성행하였다. 이런 역사적 상황으로 말미암아 詞에는 도시적 향락의 분위기와 감각적 표현의 경향이 풍부하다.

　宋詞의 발달과정과 유행의 배경에서 비롯된 이러한 속성으로 인해 宋詞는 대체적으로 가볍고 서정적이며 감상적인 측면이 두드러진다. 전통적인 문학 양식인 詩文에서는 사대부적인 풍모와 엄숙하고 남성적인 면모가 두드러지는 歐陽脩, 王安石과 같은 사람들의 詞가, 여성적이고 감상적인 느낌을 주는 것은 바로 五代의 婉弱(완약)한 詞風과 형식을 그대로 계승한 詞의 속성 때문이었다.

　오늘날 宋詞는 문자의 기록이라는 형태 외에 다른 방식으로 확인하기가 매우 어렵지만, 宋代의 경우 음악과 항상 직접적으로 연결되어 있었다는 점에 유의할 필요가 있다. 詞라는 명칭 자체가 노래의 가사라는 뜻에서 나왔듯이, 宋詞는 문학 양식이기 이전에 우선 연주되던 음악의 가사였다.

　이 때문에 내용을 요약하거나 분위기를 상징하는 말로 제목을 붙이는 詩와 달리, 詞는 근거가 되는 곡조 즉 사용된 음악을 가리키는 詞牌(사패) 다음에 副題처럼 題目을 달게 된다.

　오늘날 유행하는 노래의 가사와 비교해 볼 때 가사가 갖는 문학적 성격이 훨씬 더 중시되기는 했지만, 宋詞는 대부분 노래의 歌詞였기 때문에 宋詞의 감상과 연구는 악기 반주와 가수의 노래라는 음악적 요소를 항상 고려해야 한다. 오늘날에는 宋詞의 음악이 구체적으로 어떠했는지는 확인할 길이 없기 때문에 그 자취는 詞譜(사보)라고 하는 기록을 통할 수밖에 없다.

2) 宋代 初期의 詞

(1) 宋初의 詞

宋初 詞는 五代의 詞와 분위기가 비슷하다. 晏殊(안수), 歐陽脩(구양수), 張先(장선), 晏幾道(안기도) 등으로 대표되는 宋初의 詞는 감상적이고 여성적인 필치로 도시적인 정서를 노래하는 노래가사의 성격을 띠고 있다. 이러한 風格의 詞 作家들을 婉約派(완약파) 또는 花間派라고 부른다. 감각적 분위기와 진한 색채감, 가벼운 서정 등이 두드러지는 宋初의 詞는 대개 두 부분으로 나누어지는 짤막한 小令(소령)의 형태를 하고 있다. 晏殊의 <淸平樂·金風細細(청평악·금풍세세)>, 歐陽脩의 <生査子·元夕(생사자·원석)>, 晏幾道의 <蝶戀花·醉別西樓醒不記(접련화·취별서루성불기)>를 소개하면 아래와 같다.

<淸平樂·金風細細(청평악·금풍세세)>

金風細細, 葉葉梧桐墜.
綠酒初嘗人易醉, 一枕小窓濃睡.
紫薇朱槿花殘, 斜陽卻照欄杆.
雙燕欲歸時節, 銀屛昨夜微寒.

가을바람 솔솔 불어,
한 잎 한 잎 오동잎이 떨어지네.

새로 담근 맛 좋은 술을 맛보니 쉽게 취하여,
작은 창 아래 누워 깊이 잠들었네.
백일홍과 무궁화 시들고,
석양은 난간에 비치네.
한 쌍의 제비 돌아가려는 시절이라,
간밤엔 은으로 장식한 병풍 아래서 가벼운 한기를 느꼈네.

<生査子·元夕(생사자·원석)>

去年元夜時, 花市燈如晝.
月上柳梢頭, 人約黃昏後.
今年元夜時, 月如燈依舊.
不見去年人, 淚濕春衫袖.

작년 정월 보름 원소절에는,
꽃시장의 등불 밝기가 한낮 같았네.
달이 버드나무 끝에 걸렸을 때,
멋진 사람과 황혼 되면 만나기로 했었지.
올해 정월 보름 원소절에도,
달빛과 등불 빛은 밝기가 여전하네.
하지만 지난해 멋진 사람 보이지 않아,
눈물로 그녀는 봄에 입는 옷소매를 적시네.

<蝶戀花·醉別西樓醒不記(접련화·취별서루성불기)>

醉別西樓醒不記,
春夢秋雲, 聚散眞容易.
斜月半窗還少睡, 畵屛閒展吳山翠.

衣上酒痕詩裏字,
點點行行, 總是淒凉意.
紅燭自憐無好計, 夜寒空替人垂淚.

취하여 서루 연회에서 헤어지고는 깨어나서 기억도 못하니,
봄의 꿈이나 가을의 구름처럼,
모였다 흩어졌다 정말 쉽기도 하네.
기운 달 창 가운데 걸려 있어 잠 제대로 못 이루는데,
부질없이 펴놓은 그림 병풍엔 오산(吳山)만이 푸르네.

옷의 술 자국과 시 속의 글자들,
한 점 한 점 한 줄 한 줄 모두가 쓸쓸한 정 일깨우네.
붉은 촛불도 스스로 좋은 계책 달리 없음을 가엽게 여기는 듯,
밤은 싸늘한데 공연히 나 위해 눈물 흘리네!

(2) 詞風의 변화

　宋初의 詞 작가 가운데 문학사적으로 가장 중시되는 사람은 張先이다. 그는 이전까지 짧은 小令이 중심이 되었던 詞의 형태가 편폭이 현저하게 긴 慢詞(만사)로 발전되는 계기를 이룬 사람이었다. 宋代에 들어와 경제적 여유가 증가하면서 이전의 가볍고 서정적인 小令으로는 도시의 화려하고 향락적인 생활에 대한 묘사가 어려워졌다. 이에 따라 詞는 그런 새로운 대상과 분위기를 표현하기에 적합한 긴 慢詞의 단계로 이행하기에 이르렀다. 그 계기가 되는 첫 단계를 대표하는 詞 작가가 바로 張先이었다. 張先의 慢詞에는 도시의 화려하고 향락적인 분위기가 상세하게 묘사되어 있으며 시민계층의 속된 말과 저

속한 남녀관계, 도시인의 생활 등이 생생하게 묘사된 경우가 많다.

<謝池春慢・玉仙觀道中逢謝媚卿(사지춘만・옥선관도중봉사미경)>

繚牆重院, 時聞有·啼鶯到.
繡被掩餘寒, 畵閣明新曉.
朱檻連空闊, 飛絮知多少.
徑莎平, 池水渺.
日長風靜, 花影閑相照.

塵香拂馬, 逢謝女·城南道.
秀艶過施粉, 多媚生輕笑.
鬪色鮮衣薄, 碾玉雙蟬小.
歡難偶, 春過了.
琵琶流怨, 都入相思調.

담이 둘러 있는 깊은 뜰 안으로,
때때로 꾀꼬리 울음소리 들려온다.
수놓은 이불은 싸늘함 가려주고,
그림 그려진 장막에 새벽빛 밝아온다.
붉은 난간 널찍이 하늘로 이어진 위에,
나르는 버들 솜이 얼마인지 아는가?
길가의 잔디 평평하고,
연못물 질펀하다.
해는 길고 바람 고요한데,
꽃그늘 한가히 비치고 있네.

먼지 향기로운 속에 말 몰다가,

사미경(謝媚卿)을 성남 도중에서 만났다.
어여쁜 빛깔 위에 많은 분 발랐고,
아리따운 얼굴에 가벼운 미소 떠올랐네.
색정 돋우려는 고운 옷은 엷기만 하였고,
옥을 갈아 만든 한 쌍의 작은 매미 붙어 있었지.
기쁜 일은 찾아오지도 않은 채,
봄은 그대로 지나가네.
비파 가락에 원망을 흘리며,
모든 것을 상사(相思)의 가락에 실었네.

3) 詞의 개화기

(1) 柳永과 蘇軾의 詞

柳永(유영)과 蘇軾(소식)은 각기 다른 측면에서 宋詞의 문학적 성취를 대표한다. 唐과 五代를 거치면서 民間歌謠의 歌詞에서 출발하여 점차 文人들의 문학 양식으로 발전해 왔던 詞는 柳永과 蘇軾에 이르러 성대한 개화기를 맞았다. 張先에 의해 본격화한 慢詞(만사)의 틀을 한껏 활용하여 柳永은 宋代 시민계층의 활발한 생활상과 도시적 정서를 생생하게 표현했으며, 여성적이고 감각적인 분위기를 속성으로 하고 있던 詞의 일반적인 틀을 벗어나서 蘇軾은 사대부적 풍류와 남성적 기상이 넘치는 詞를 지어냄으로써 宋詞의 성격을 크게 변화시켰다.

(2) 柳永의 詞

柳永은 일생동안 연예계와 밀접한 관계를 유지했으며 詞의 작가일 뿐 아니라 직접 작곡과 연주도 했을 정도로 音樂과 각종의 기예에 뛰어났다. 그는 도시적 정서, 화려한 상류사회의 이면 등을 자유분방한 필치로 그려냈다. 사대부적인 체면이나 형식적인 윤리 등을 뛰어넘어 솔직하고 적나라하게 감각적으로 묘사하고 있어, 그의 詞는 절대적인 대중의 인기를 누렸다.

柳永의 詞는 宋代에 들어와 급격하게 성장한 시민계층의 자유분방함과 진취적인 성격을 반영하고 있다. 더구나 음악적 측면을 확인하기 어렵게 된 후대에는 문학적 측면에서 주로 詞를 평가했기 때문에 柳永과는 다른 성격의 詞 작가들이 더 중시되었다. 하지만 대중적 인기와 유행이라는 점에서 柳永은 宋代의 어느 詞 작가보다도 뛰어나다.

<雨霖鈴(우림령)>

寒蟬凄切, 對長亭晚, 驟雨初歇.
都門帳飲無緒, 方留戀處, 蘭舟催發.
執手相看淚眼, 竟無語凝噎.
念去去·千里烟波, 暮靄沈沈楚天闊.

多情自古傷離別, 更那堪·冷落清秋節.
今宵酒醒何處, 楊柳岸·曉風殘月.
此去經年, 應是良辰, 好景虛設.
便縱有·千種風情, 更與何人說.

가을 매미 소리 처절하고,
장정에 해 저무는데,

소낙비는 막 멈추었다.
성문 앞 전별연의 이별주로 심란한 마음,
미련 때문에 머뭇거리고 있는데,
님의 배는 떠나자고 재촉하네.
손잡고 서로 쳐다보는 눈물 어린 눈,
끝내 말없이 목이 메네.
떠날 걸 생각하니 천릿길 안개 낀 저 물결,
저녁노을 짙게 깔린 저편 초나라 땅의 하늘만 널따랗다.

다정한 사람들은 예로부터 이별에 마음 아팠거늘,
더욱이 썰렁하게 맑디맑은 이 가을을 어떻게 견디란 말인가?
오늘 밤은 어느 곳에서 술이 깰까?
버드나무 늘어선 강 언덕 새벽바람에 기운 달.
이번에 떠나면 해를 넘길 테니.
응당 좋은 시절 아름다운 경치 헛되이 펼쳐지겠지.
설사 천 갈래 애정이 있다 한들,
다시 누구에게 이야기할까?

(3) 蘇軾의 詞

宋詞는 다시 蘇軾에 이르러 본격적으로 내용상의 변화를 가져온다. 蘇軾은 張先과 柳永을 계승하면서, 더욱이 대문호로서의 사실적인 묘사와 豪放(호방)한 감정을 詞에 담았다. 따라서 이제까지는 여성적이고 감상적이기만 하였던 詞가 여기에선 웅대하고도 풍부한 내용으로 발전한 것이다. 다시 말하면 이제까지는 완약한 서정에만 국한되었던 詞가 蘇軾에 의하여 호방한 감정까지도 노래할 수 있게 된 것이다. 그래서 흔히 蘇軾과 그의 계열에 속하는 작가들을 豪放派(호방파)라 부르며, 이전의 婉約派(완약파)와 대비시킨다. 張先과 柳永이 詞의 형식을 해방시켰다면, 蘇軾은 詞의 내용을 해방시킨 작가라고 할 수 있다.

이러한 詞의 내용의 확대는 한편으로는 詞의 詩化 또는 詞의 個性化 등을 뜻하기도 한다. 그리고 이것은 詞를 노래와 분리시켜 노래의 歌詞가 아닌 읽고 읊는 詞로서의 성격을 짙게 하는 결과를 가져오기도 하였다.

<水調歌頭(수조가두)>

明月幾時有, 把酒問靑天.
不知天上宮闕, 今夕是何年.
我欲乘風歸去, 又恐瓊樓玉宇, 高處不勝寒.
起舞弄淸影, 何似在人間!

轉朱閣, 低綺戶, 照無眠.
不應有恨, 何事長向別時圓.
人有悲歡離合, 月有陰晴圓缺, 此事古難全.
但願人長久, 千里共嬋娟.

밝은 달은 언제부터 있었을까?
술잔 들고 하늘에게 물어본다.
하늘에 있는 궁궐에서는,
오늘 밤이 무슨 날일까?
바람 타고 하늘 궁궐로 돌아가고 싶지만,

옥돌로 만들어진 달에 있는 아름다운 궁전이,
너무 높은 곳에 있어 추울까 봐 두렵다.
달빛을 향해 춤추니 맑은 그림자 나를 따르고,
어찌 인간 세상 같으랴!

달빛이 돌아와 화려한 누각 비추고,
비단 창가에 다가와,
잠 못 이루는 사람 비춘다.
달이 내게 원한이 없으련만,
어이하여 언제나 헤어져 있을 때 둥근 걸까?
인간에게는 슬픔과 기쁨, 만남과 이별이 있고,
달은 흐리고 맑고, 둥글고 이지러질 때가 있으니,
이러한 일은 옛날부터 이랬다고 완벽할 수는 없었지.
다만 원하노니 우리 오래 오래 살면서,
천리 멀리서라도 고운 달을 함께하자꾸나.

<念奴嬌·赤壁懷古(염노교·적벽회고)>

大江東去, 浪淘盡, 千古風流人物.
故壘西邊, 人道是, 三國周郞赤壁.
亂石崩雲, 驚濤裂岸, 捲起千堆雪.
江山如畵, 一時多少豪傑.

遙想公瑾當年, 小喬初嫁了, 雄姿英發.
羽扇綸巾, 談笑間, 强虜灰飛煙滅.
故國神遊, 多情應笑我, 早生華髮.
人生如夢, 一尊還酹江月.

큰 강물 동쪽으로 흘러가는데,
물결과 함께 천고의 멋진 인물들도 가버렸는가!
낡은 보루의 서편이,
삼국시대 주유가 활약했던 적벽이라네.
어지러이 바위들 구름 뚫고 솟아 있고,
놀란 파도는 강 언덕을 무너뜨릴 기세로,
천 무더기의 눈 같은 물너울 말아 올리네.
강산은 그림 같은데,
한때는 얼마나 많은 호걸들이 활약했던가?

아득히 주유의 그때를 생각해 보니,
소교가 막 시집을 왔었고,
씩씩한 모습에 재기를 드러냈지.
깃털 부채에 윤건을 쓰고,
담소하는 사이,
강한 적은 재처럼 날고 연기처럼 사라졌지.
옛 고장서 신선 놀이하니,
다정한 이들 마땅히 나를 비웃어,
벌써 흰머리가 생겼네.
인생은 꿈과 같은 것,
한 잔 술을 강에 비친 달 위에 붓네.

44 格律詞派

1) 詞의 格律化

柳永과 蘇軾을 정점으로 하여 宋詞는 변화와 발전보다는 整理(정리)와 規律化의 단계로 접어들었다. 복잡한 음악적 규칙의 준수, 시를 능가하는 세련된 표현, 우아하고 풍류 넘치는 분위기의 구현 등을 위해, 詞 작가들은 이전의 詞를 면밀히 분석하고 선배 詞 작가들의 장점을 받아들이기 위해 많은 노력을 기울였다. 이에 秦觀(진관)과 賀鑄(하주)가 앞장섰고, 周邦彦(주방언)이 나와 이를 집대성하였으며, 뒤에는 女流詞人 李淸照(이청조)도 나왔다. 이들은 詞의 格律을 중시했다 하여 格律詞派(격율사파)라고도 부른다.

格律詞派에 의해 주도된 이러한 詞 창작 경향은 이후 宋代 문학 전반의 보수화와 궤도를 같이하면서 점차 강화되었다. 이들은 南唐의 風情을 지니면서도 단조롭거나 협소하지 않았고, 張先과 柳永처럼 섬세한 묘사로 염정을 담은 慢詞(만사)도 지었으나 저속하지 않았다. 蘇軾처럼 호방한 정을 살리며 개성적인 작품도 썼지만, 그처럼 奔放(분방)하고 대담하지 않았다. 그래서 흔히 이들을 가장 정통적인 詞의 작가라고 보고 있다.

2) 格律詞派의 작가

(1) 秦觀

秦觀(진관, 1049~1100)은 蘇門四學士 중의 한 사람이지만 詞風은 蘇

軾과 달랐다. 그에게는 ≪淮海詞(회해사)≫, ≪淮海居士長短句(회해거사장단구)≫라 불리는 詞集이 있는데, 蘇軾과 柳永의 장점을 다 취했다고 하나, 柳永쪽에 가까운 느낌을 주는 작품들이 많다.

<滿庭芳(만정방)>

山抹微雲, 天連衰草, 畵角聲斷譙門.
暫停征棹, 聊共引離尊.
多少蓬萊舊事, 空回首煙靄紛紛.
斜陽外, 寒鴉萬點, 流水繞孤村.

銷魂. 當此際, 香囊暗解, 羅帶輕分.
漫贏得靑樓, 薄倖名存.
此去何時見也. 襟袖上空惹啼痕.
傷情處, 高城望斷, 燈火已黃昏.

산에 걸린 엷은 구름,
시든 풀은 하늘 저편까지 펼쳐 있는데,
호각(胡角)소리 망루(望樓)에서 애절히 들려오네.
잠시 떠나갈 배 멈추고,
함께 이별의 술잔 드네.
갖가지 봉래산에서의 옛일 떠올라,
공연히 머리 돌려 바라보니 안개만 자욱하네.
해 기우는 저편에,
싸늘한 까마귀 점점이 있고,
흐르는 물은 외로운 마을 감돌고 있네.

넋을 잃네.
이렇게 되고 보니,
몸 여위어 향주머니 어느새 느슨해지고,
비단 띠 헐거워졌네.
부질없이 기생집만 드나들다가,
매정한 사람이란 이름만 얻게 되었네.
이제 가면 언제 다시 만나려나?
옷자락엔 공연히 눈물 자국만 얼룩졌구나.
가슴 아픈 곳,
높은 성에서도 볼 수 없고,
어느덧 황혼 속에 등불만 깜박이는구나.

(2) 賀鑄

賀鑄(하주, 1052~1125)는 詞集으로 ≪東山詞≫, ≪東山寓聲樂府(동산우성악부)≫를 남겼다. 그의 詞는 秦觀보다도 더욱 周邦彦(주방언)에 가까워져, 詞律이 엄정하고 字句의 표현도 더욱 세련되었다.

<靑玉案(청옥안)>

凌波不過橫塘路. 但目送芳塵去.
琴瑟年華誰與度.
月橋花院, 瑣窗朱戶, 只有春知處.

碧雲冉冉蘅皐暮. 彩筆新題斷腸句.
試問閒愁都幾許.
一川烟草, 滿城風絮, 梅子黃時雨.

미인의 종적이 횡당로(橫塘路)86) 지나가지 않게 되었네.
다만 미인이 걸어가는 것만 눈으로 전송하게 되었네.
한창의 좋은 시절 누구와 더불어 보낸단 말인가?
달뜨는 다리와 꽃피는 화원,
무늬 조각한 창이며 화려한 문의 아름다운 여인,
봄날에야 비로소 그녀가 있는 곳을 알게 되었네.

푸른 구름 향기로운 풀 언덕에 가득 찼네.
나는 붓 들어 새로이 단장(斷腸)의 시구 짓네.
물어보건대 부질없는 시름 모두 얼마나 되는가?
온통 냇가엔 안개가 짙어지고,
성 가득히 버들 솜 바람에 날리는데,
매실 누렇게 익을 즘 내리는 장맛비.

(3) 周邦彦

　周邦彦(주방언, 1056~1121)은 이전 시기의 詞에 대한 풍부한 지식을 바탕으로 詞의 격률을 정리하고 그 틀에 부합하는 표준적인 詞를 지어 후세에 詞 창작의 모범으로 꼽히는 詞를 가장 많이 지은 사람이다. 周邦彦은 오랫동안 지방관을 역임하면서 항상 歌妓와 舞女들과 내왕하였다. 따라서 詞의 내용은 대부분 남녀의 연정, 詠物 등이고 詞風은 柳永의 것과 비슷하다. 내용은 좀 빈약하더라고 음률이 정연하고 기교가 뛰어나다. 본시 그의 詞集은 ≪淸眞詞集≫이라 하였는데, 南宋 陳元龍이 注를 붙여 ≪片玉集≫이라 불렀다.

---

86) 橫塘路는 蘇州의 盤門 남쪽에 있는 제방 윗길인데, 賀鑄는 蘇州의 橫塘 근처에 살았던 적이 있다.

<蘭陵王(난릉왕)>

柳陰直, 煙裏絲絲弄碧.
隋隄上, 曾見幾番, 拂水飄緜送行色.
登臨望故國, 誰識, 京華倦客.
長亭路, 年去歲來, 應折柔條過千尺.

閒尋舊蹤迹.
又酒趁京絃, 燈照離席.
梨花楡火催寒食.
愁一箭風快, 半篙波暖,
回頭迢遞便數驛. 望人在天北.

悽惻, 恨堆積.
漸別浦縈廻, 津堠岑寂. 斜陽冉冉春無極.
念月榭携手, 露橋聞笛.
沈思前事. 似夢裏, 淚暗滴.

버드나무 그늘 곧게 드리우고,
안개 속에 실가지들 푸르름을 희롱한다.
수제(隋隄)87) 위에서,
몇 번이나 보아왔나,
물 위에 가지 스치고 버들 솜 날리며 떠나고 떠나보내는 모습.
산에 올라 옛 강산 바라보니,

---

87) 수제(隋隄): 수 양제(隋煬帝)가 제수(濟水)와 하수(河水)의 지류(支流)를 소통시키기 위하여 양주(揚州)에 쌓은 둑을 말하는데, 거기에 수양버들을 많이 심어 놓아 경치가 좋다.

그 누가 알리요, 서울 번화(繁華)에 싫증난 나그네.
먼 길 떠나는 사람을 전송하던 길, 해마다 가고 해마다 오니,
꺾은 부드러운 가지 길이 천척(千尺)도 넘네.

한가하게 옛 자취 더듬어 보네.
슬픈 가락 따라 이별의 술을 마시고,
등불만이 이별하는 자리 비추네.
배꽃과 느릅나무 꽃은 한식을 재촉하는 듯하네.
부는 바람 화살같이 빠른 것이 걱정되고,
상앗대 잠긴 물은 따스한데,
머리 돌려 바라보니 아득히 어느덧 여러 역(驛)을 지나왔네.
보내는 이는 아직도 하늘 북쪽에 있네.

내가 처량하니,
한만 쌓이네.
잠깐 물가에서 이별하고 휩싸여 빙빙 돌아가니,
나루터 이정표만이 적막히 서 있네.
해는 뉘엿뉘엿 기우는데 봄은 끝이 없는 듯하네.
달 밝은 정자에서 손잡고 노닐고,
이슬 내리는 다리 위에서 피리 소리 듣던 때 그립네.
지난 일 가만히 생각해 보네.
꿈결만 같아서,
저도 모르게 눈물 흐르네.

<蝶戀花・무행(접련화・조행)>

月皎驚烏棲不定,

更漏將闌, 轆轆牽金井.
喚起兩眸淸炯炯,
淚花落枕紅綿冷.

執手霜風吹鬢影,
去意徊徨, 別語愁難聽.
樓上闌干橫闘柄,
露寒人遠鷄相應.

환한 달빛에 놀란 까마귀 깃들어 있지 못하고,
물시계도 그치려 하는데,
삐걱삐걱 우물물 긷는 소리.
불러일으키니 두 눈동자는 초롱초롱,
눈물 꽃송이 떨어진 붉은 비단 베개만 차갑네.

손 맞잡으니 서릿바람 귀밑머리에 불고,
마음은 떠나지만 몸은 배회하니,
수심 어린 이별의 말 차마 듣기 어렵네.
누대 위 경사진 난간에 북두칠성 가로질렀는데,
이슬은 차갑고 사람이 멀어지니 닭이 따라 우네.

(4) 李淸照

　李淸照(이청조, 1081~1141?)는 학자 집안에서 태어나 趙明誠(조명성)이란 명문자제와 결혼하여, 남편과 함께 학술과 문학으로 문화적인 생활을 누렸다. 그러나 金나라 군대가 남침한 뒤로는 피난을 떠나 강남을 전전하여야 했고, 4년 뒤엔 남편마저 죽었다. 그녀의 행복했던 젊은 시절과 괴롭고 외로웠던 후반생의 대조적인 생활이 詞人으로서의 감정을 더욱 함양해 주었을 것이다. 대표적인 詞集으로는 ≪漱玉詞(수옥사)≫가 있다.

<如夢令(여몽령)>

昨夜雨疏風驟, 濃睡不消殘酒.
試問捲簾人, 卻道海棠依舊.
知否. 知否.
應是綠肥紅瘦.

지난밤 성근 비에 사나운 바람 불고,
푹 자고 나도 술기운 가시지 않는다.
발 걷고 있는 아이에게 물어보니,
오히려 해당화는 여전하단다.
아느냐, 모르느냐?
푸르름 더해지고 붉은 꽃은 다 떨어졌는데.

<聲聲慢・秋情(성성만・추정)>

尋尋覓覓, 冷冷淸淸, 悽悽慘慘戚戚.
乍暖還寒時候, 最難將息.
三杯兩盞淡酒, 怎敵他晚來風急.
雁過也, 正傷心, 卻是舊時相識.
滿地黃花堆積, 憔悴損, 如今有誰堪摘.
守著窓兒, 獨自怎生得黑?

梧桐更兼細雨, 到黃昏點點滴滴.
這次第, 怎一個愁字了得.

더듬더듬 뒤적뒤적,
썰렁썰렁 섬뜩섬뜩,
처량하고 비참하고 외로워라.
언뜻 따뜻했다 다시 추워지는 이때,
편안히 쉬기가 가장 어려워요.
두세 잔 약한 술로는,
밤에 불어오는 세찬 바람을 어떻게 견디겠어요.
지나가는 기러기, 가장 내 마음 아프게 하니,
그래도 옛날엔 서로 아는 사이였지요.
땅에 가득 노란 꽃 쌓였는데, 시들어 떨어졌으니,
지금 같으면 그 누가 따주겠어요?
창문을 지키고 있자니,
혼자 이 까만 밤을 어떻게 보낼 수 있겠어요?
오동나무에 가랑비까지 내려,
황혼녘 되니 방울방울 뚝뚝 떨어지네.
이러한 정경 앞에서, 내 마음을 어찌 '수(愁)'자 한 자로 표현할 수 있겠어요?

45 南宋詩 四大家

南宋부터 중국 전통문학의 중심을 이루어온 시는 더 이상 창조적인 작품을 내지 못하여 문학 발전의 방향이 바뀌게 된다. 그러나 陸游(육유, 1125~1210), 楊萬里(양만리, 1124~1206), 范成大(범성대, 1126~1193), 尤袤(우무, 1127~1194) 네 사람이 江西詩派의 詩風을 바탕으로 하여 비교적 개성적인 시를 지었다. 흔히 이들을 南宋四大家라 부른다. 南宋은 宋나라가 金나라에 밀려 남쪽으로 내려가 臨安(임안)을 새로운 도읍으로 정하고 70여 년 동안 유지되었던 나라다. 陸游는 金나라에 저항한 詩人으로, 뜨거운 애국심과 좌절감으로 인한 격정을 시에 담았다. 楊萬里는 자유롭고 활달한 唐代의 詩風을 계승하였다.

范成大는 고위관직을 지낸 뒤 石湖라는 별장에 살면서 자연의 아름다움을 객관적으로 묘사하였다. 尤袤(우무)의 시집은 남아 있지 않고 간혹 몇몇 작품만이 전해진다. 이들은 모두 초기에 형식주의적인 江西詩派의 詩風을 따르다가 나중에는 이를 벗어나 개성적인 作品을 남겼다.

1) 陸游

陸游(육유)는 南宋의 시인 가운데 가장 중시된다. 중국 최대의 多作 시인으로, 1만여 首를 지었다. 그의 詩는 처음엔 江西詩派의 詩風을 공부하였으나, 중년이 된 南宋代에 와서는 우국의 열정으로 격식에 얽매이지 않는 분방한 詩를 썼고, 만년에는 다시 平易하고 質朴한 필치로서 田園의 일상적인 생활을 노래한 시들을 썼다.

陸游의 詩는 詩 자체의 묘미나 세련미보다는 대화에 가까운 산문적인 표현방식과 함께 주제 선택에서 의의가 있다. 그는 중국문학사에서 드물게 보이는 애국시인이라 할 수 있다. 한족 왕족의 멸망이라는 역사적 격동기에 격정적인 애국시를 지었던 陸游 이후로 애국적 경향의 시는 지어지지 않았다.

<雲門獨坐(운문독좌)>

山北山南處處行, 回頭六十七淸明.
如今老去推頹甚, 獨坐焚香聽水聲.

산의 남과 북으로 아니 간 데가 없으니,
되돌아보니 육십칠 청명이 흘러갔네.
지금은 늙고 쇠락해 가나니,
홀로 앉아 향을 피우고 물소리 듣네.

<春夜讀書感懷(춘야독서감회)>

荒林梟獨嘯, 野水鵝羣鳴.
我坐蓬窓下, 答以讀書聲.
悲哉白髮翁, 世事已飽更.
一身不自恤, 憂國涕縱橫.
永懷天寶末, 李郭出治兵, 河北雖未下, 要是復兩京.
三千同德士, 百萬羽林營, 歲周一甲子, 不見胡塵淸.
賊酋實房主, 賊將非人英, 如何失此時, 坐待姦雄生.
我死骨卽朽, 青史亦無名.

此詩倘不作, 丹心尚誰明.

거친 숲에선 올빼미 외로이 울고,
들녘 호수에선 들오리 떼가 우네.
나는 봉창 아래 앉아,
책 읽는 소리로 이에 응답한다.
슬프다, 흰 머리의 늙은이여.
세상일 이미 갖가지로 다 겪었네.
자기 한 몸 스스로 돌볼 줄 모르고,
나라 걱정으로 눈물 줄줄 흘린다.
옛 당나라 천보 말년 생각해 보아도,
이광필(李光弼)과 곽자의(郭子儀)가 군사를 다스리어,
하북(河北) 지방을 다 찾지는 못하였어도,
동경(東京)·서경(西京)은 되찾았네.
삼천의 뜻 같이 하는 지사들 있고,
백만의 금군(禁軍)이 있는데도,
육십 년 세월 흐르도록,
오랑캐들 깨끗이 물리치지 못하고 있네.
적의 두목은 실로 좀스러운 임금이고,
적의 장수는 빼어난 인물도 못 되는데,
어찌하여 이런 때를 놓치고,
앉아서 간사한 영웅이 나오기를 기다리는가?
나 죽으면 뼈까지 썩어버리고,
역사엔 이름도 남지 않네.
이 시조차도 쓰지 않는다면,
붉은 내 마음 그 누가 밝혀주리?

<關山月(관산월)>

和戎詔下十五年, 將軍不戰空臨邊.
朱門沈沈按歌舞, 廐馬肥死弓斷弦.
戍樓刁鬪催落月, 三十從軍今白髮.
笛裏誰知壯士心, 沙頭空照徵人骨.
中原干戈古亦聞, 豈有逆胡傳子孫.
遺民忍死望恢復, 幾處今宵垂淚痕.

북방의 오랑캐와 화의하기로 조서를 내린 지 십오 년,
장군들은 전쟁을 하지 않고 부질없이 변방을 지키고 있네.
호문 귀족들은 깊숙한 곳에서 장단에 맞춰 가무를 즐기고,
마구간의 전마들 너무 살쪄서 죽고 활은 시위가 끊어졌네.
변방의 망루에서는 조두(刁斗)88) 치는 소리 달이 질 때까지 들려오고,
삼십에 종군하여 지금은 백발이 되었네.
피리 소리에서 전해오는 전사들의 심정을 누가 이해하겠나,
전쟁터에는 달빛이 부질없이 전사들의 유골을 비추고 있네.
중원 땅에 전쟁은 옛날에도 있었다는 소문 들었지만,
어찌 오랑캐가 대를 이어가며 자손에게까지 물려주었는가?
유민들은 죽음을 참아가며 회복되기를 바라는데,
얼마나 많은 백성들이 오늘 밤에도 눈물을 흘리고 있을까?

<示兒(시아)>

死去原知萬事空, 但悲不見九州同.
王師北定中原日, 家祭無忘告乃翁.

---

88) 구리로 만든 징의 일종.

죽으면 원래 만사가 헛된 것이라는 것을 알지만,
다만 조국이 통일되는 것을 보지 못함이 슬프다.
송나라의 군사가 북으로 중원을 평정하는 날,
집안 조상에게 제사할 때 잊지 말고 아비에게 알려다오.

<早梅(조매)>

東塢梅初動, 香來托意深.
明知在籬外, 行到卻難尋.

동쪽 언덕에 매화 처음 피어,
풍겨오는 향기 내 뜻에 깊이 스며드네.
분명히 울 밖에 있는 줄은 알았는데,
찾아보니 정작 찾아내기 어렵네.

2) 楊萬里

일부의 시인들은 고통스러운 애국적 정열이 담겨 있어 부담을 주는 애국시보다는, 산수 자연의 아름다움과 한가하고 안정된 생활을 원하는 南宋 士大夫들의 보편적인 정서를 반영하는 시들을 많이 지었다. 그 대표적인 詩人으로는 楊萬里(양만리)와 范成大(범성대)를 들 수 있다.

楊萬里는 한 가지 벼슬을 할 때마다 한 권의 시집을 내어, 9종의 詩集이 있다. 그도 처음엔 江西詩派에서 출발하였으나, 뒤에는 唐詩를 본받아 누구보다도 자유롭고 자연스러운 詩를 썼다. 시는 속어를 섞어 썼으며, 시의 총 편수는 무려 4,000여 편을 헤아린다. 다작으로는 친구인 陸游에 버금가는 양이다.

<秋感(추감)>

舊不感秋只愛秋, 風中吹笛月中樓.
如今秋色渾如舊, 欲不悲秋不自由.

옛날엔 가을의 느낌 없이 그저 가을 좋아하여,
바람 속에 피리 불고 달밤에 누각에 올라 놀았네.
지금도 가을빛은 예전과 같은데,
가을을 슬퍼하지 않으려 해도 뜻대로 되지 않네.

<蝶(접)>

籬落疎疎一徑深, 樹頭先綠未成陰.
兒童急走追黃蝶, 飛入菜花無處尋.

성근 울타리 너머로 오솔길 깊숙이 뻗어 있고,
나무 끝 먼저 푸른데 녹음을 이루지는 못했네.
아이들이 내달리며 노랑나비 뒤쫓자,
채소의 꽃 속으로 날아드니 찾을 곳이 없네.

3) 范成大

范成大(범성대)는 大學士라는 높은 벼슬을 하고 나서는, 石湖 가에 별장을 짓고 詩酒로 自然을 즐기면서 살았다. 그도 처음엔 蘇軾과 黃庭堅의 詩를 공부하였으나, 뒤에는 청신하고 아름다운 陶淵明, 韋應物에 가까운 詩들을 많이 지었다.

<夏日田園雜興(하일전원잡흥)> 其七

晝出耕田夜績麻, 村莊兒女各當家.
童孫未解供耕織, 也傍桑陰學種瓜.

낮에는 들에 나가 밭일하고 밤에는 삼실을 잣고,
시골 마을 아이들 각각 집안일을 맡아 하네.
어린 손자는 아직 김매고 베 짤 줄을 모르지만,
그래도 옆에 있는 뽕나무 그늘에서 오이심기 배우네.

<田家留客行(전가류객행)>

行人莫笑田家小, 門戶雖低堪洒掃.
大兒繫驢桑樹邊, 小兒拂席軟勝氈.
木臼新春雪花白, 急炊香飯來看客.
好人入門百事宜, 今年不憂蠶麥遲.

길손은 농가 작다고 웃지 마시오,
대문 방문 나지막하지만 잘 닦고 있소.
큰 놈은 나귀를 뽕나무 가에 매어놓고,
작은놈이 자리 떨어 까니 담요보다 부드럽소.
나무절구에 신년 눈 같은 흰 쌀 찧어,
급히 향기 나는 밥 지어놓고 와선 손님을 마중하오.
좋은 사람 집안으로 들어오면 모든 일 잘 된다니,
올해엔 누에와 보리 늦될까 걱정 안 해도 되겠소.

4) 尤袤

　　尤袤(우무)는 南宋 常州 無錫(무석) 사람이다. 字는 延之이고, 自號는 遂初居士(수초거사)다. 詩文에 뛰어나 楊萬里, 范成大, 陸游와 함께 '南宋四大家'로 불렸다. 詩의 대부분은 없어졌고, 淸나라 때 후손인 尤侗(우동)이 ≪梁溪遺稿(양계유고)≫를 펴냈다. 그가 만든 ≪遂初堂書目(수초당서목)≫은 중국 최초의 목록학 저작의 하나이다. 市虎(시호)는 文簡이다. 저서에 ≪遂初小稿(수초소고)≫와 ≪內外制≫가 있었지만, 모두 없어졌다.

　　　<落梅(낙매)>

　　　清溪西畔小橋東, 落月紛紛水映紅.
　　　五夜客愁花片裡, 一年春時角聲中.
　　　歌殘玉樹人何在, 舞破山香曲未終.
　　　卻憶孤山醉歸路, 馬蹄香雪襯東風.

　　　푸른 계곡의 서쪽 밭두둑 작은 다리의 동쪽,
　　　떨어지는 달은 연달아 물에 붉게 비추네.
　　　밤새 객의 근심은 꽃 조각 속에 있고,
　　　일 년의 봄날은 피리 소리 가운데 있네.
　　　노래는 <옥수후정화(玉樹後庭花)>로 남아 있는데 사람은 어디에 있는가?
　　　춤이 매화의 향기를 없애도 노래는 끝나지 않네.
　　　아직도 고산(孤山)에서 취해 돌아가던 길을 기억하니,
　　　말발굽에 향기로운 눈은 동풍에 기대고 있네.

46 元代 雜劇

1) 元代의 雜劇

(1) 元代에 발달한 雜劇

　13세기 말엽에 北方의 몽골은 南宋을 멸망시키고 중국을 통일, 元을 건국하였다. 元은 중국을 통일한 이후 점차 경제의 번영을 이룩하였고 도시의 문화생활 역시 풍부하고 다양해졌다. 雜劇(잡극)은 전 시대의 歌舞와 講唱文學의 예술적인 요소들을 융합한 종합예술이라고 할 수 있다. 雜劇은 前期와 後期로 나누어 작품을 살펴볼 수 있다. 前期는 金代 말년부터 元代 大德 연간까지의 약 100년간이며, 後期는 大德 연간부터 元末까지의 약 60년간이다. 前期는 元 雜劇의 흥성기로 雜劇이 北方에서 일어나고 大都가 중심이 되어 발전했기 때문에 北方文學의 특성이 잘 나타나고 있다. 이때의 雜劇은 문장이 소박하고 진솔할 뿐만 아니라 실제 사회생활을 잘 반영하고 있으며, 北方 언어 이외에 몽골어까지 사용하고 있다. 그러나 後期에 이르러 그 중심지가 杭州(항주)로 옮겨지자 잡극 작가 대부분이 남방인이거나 북방에서 이주해 온 사람들이어서 북방 문학적 특징인 현실주의적인 색채는 차츰 퇴색하기 시작했다.

(2) 雜劇의 형식과 체제

　① 雜劇에서 音樂과 '唱'의 기능

　흔히 중국의 극 양식을 구성하는 삼 요소로서 唱, 科, 白을 드는데,

그 가운데 가장 중요한 것은 음악적 요소인 唱이었다. 악기 반주에 따라 노래하는 唱은 劇의 진행을 주도하고 등장인물의 성격을 표현하는 가장 주된 방식이며, 청중에게 제공되는 가장 중요한 오락적 항목으로서 劇의 성공여부를 결정짓는 핵심적인 요소였다. 구체적인 한 곡 한 곡의 唱은 散曲과 기본적으로 같은 구조와 형태를 취하고 있다. 劇作家가 가장 고심하여 짓는 부분이 바로 唱이며 연출과 상연에서 가장 집중적으로 연습하는 부분이기도 하다. 이 때문에 雜劇의 주연배우는 연기자이기 이전에 뛰어난 가수여야 하며, 배우로서 성공하는 데 가장 중요한 재능은 바로 음악적 재능이었다. 雜劇의 구성 또한 기본적으로 문학적 고려보다는 음악적 측면의 고려가 기반이 되어 이루어졌다.

② 雜劇의 結構(결구)

雜劇 한 편의 구성은 통상 4折(절)로 이루어진다는 것이 가장 큰 특징이다. 4折 이상인 작품도 있으나 매우 드물다. 각 절은 음악적으로 하나의 宮調(궁조)에 기반을 둔 한 曲의 套數(투수)이며 음악적 분위기가 바뀜에 따라 折이 바뀌는 형태를 취하고 있는 것이 보통이다. 이야기를 전개함에 있어서 4折로 부족하면 楔子(설자)를 보태는 경우도 있다. 楔子는 극의 첫머리에 놓여 본 내용이 들어가기 전에 극의 줄거리를 간략히 설명하는 것이다. 그러나 折과 折 사이에 놓여 앞뒤 折을 연결해 주기도 한다.

③ 雜劇의 '白', '科'와 배역

雜劇의 대사에 해당하는 것이 白인데, 나중에는 白이 중요한 역할을 하는 극본이 나오기도 했지만, 唱과 비교해 볼 때 그 중요성은 현저하게 낮았다. 극본에 따라서는 白의 기록을 생략하는 경우도 있을 정도로 경시되기도 했다. 科라고 하는 雜劇의 동작은 배우에게 자유롭게 일임되는 것이 아니라 어느 정도 유형화되어 있었다. 雜劇은 또 남자 배역으로 正末(정말), 副末(부말), 外末(외말), 沖末(충말), 小末(소말) 등이 있고, 여자 배역은 正旦(정단), 副旦(부단), 外旦(외단), 貼旦(첩단), 老旦(노단), 小旦(소단), 花旦(화단), 色旦(색단) 등과 같이 유형화 된 각색의 틀을 가지고 있으며, 劇作家는 주어진 각색의 틀에 따라 唱, 科, 白을 배치하였다. 극본에 따라 다소 차이는 있지만 남자 주인공인 正末이나 여자 주인공인 正旦 한 사람만 唱을 하고, 다른 배역들은 科와 白만을 맡는 것이 보통이다. 누가 唱을 하느냐에 따라 雜劇은 末本(말본)과 旦本(단본)으로 나뉘어 불리기도 한다.

④ 題目과 正名

雜劇의 말미에는 8字, 7字 혹은 5字로 이루어진 2句, 4句, 또는 8句의 어구가 짝을 이루어 붙어 있다. 당시 극장 문 앞에 써 붙였던 이 어구들은 바로 雜劇의 題目과 正名이다. 題目과 正名은 극의 전체 내용을 요약하고 있으며 동시에 극에 대한 흥미를 불러일으키기에도 적합하게 붙여져 있다. 오늘날의 연극 제목이라는 뜻에 가장 부합하는 것은 正名이다. 그러나 正名도 사용하기가 불편하기 때문에 그 가운데 몇 글자를 골라 題目으로 삼는 것이 보통이다. 오늘날 통용되는 ≪救風塵(구풍진)≫, ≪漢宮秋(한궁추)≫와 같은 題目은 正名 가운데서 劇을 가장 잘 상징하는 말을 골라 후세에 임의로 붙여 부른 데서 비롯된 이름이다.

2) 元代 前期의 雜劇

이 시기에는 잡극 작가가 많이 배출되었다. 작품도 풍부했고, 현재 작품이 전해지고 있는 작가만도 30여 명이 넘는다. 이 중 關漢卿(관한경, 1229?~1297?), 王實甫(왕실보, 1250?~1337?), 白樸(백박, 1226~1285?), 馬致遠(마치원, 1250?~1321?)이 가장 대표적인 작가이다.

(1) 關漢卿

① 關漢卿 잡극의 특성

關漢卿(관한경)은 13세기 중반에 북방을 중심으로 발전했던 북방적 성격이 강한 잡극의 초기 단계를 대표하는 극작가이자, 동시에 元 雜劇 전반을 통틀어 볼 때도 가장 문학적 업적이 뛰어났던 극작가였다. 그의 잡극은 소박하면서도 힘차며 당시의 현실 문제를 주요 내용으로 했던 점에서 북방 문학적 특성을 잘 보여준다. 물론 元代 초기에도 王實甫 등으로 대표되는 우아하고 심미적이며 현실보다는 환상과 낭만의 세계를 주로 다루었던 잡극도 많았지만, 그런 부류의 잡극에 비해 關漢卿의 현실적인 雜劇들이 문학적 성취도, 대중적 인기도 등에서 훨씬 앞섰다. 關漢卿의 작품은 상대적으로 무대효과와 청중들의 반응을 중시했으며, 등장인물의 성격에 따라 사투리나 속어도 거리낌 없이 구사하였다. 또한 현실적인 사건의 전개 과정에 따라 극이 속도감 있게 진행되고 있다. 사건과 인물을 당시의 시민 계층에서 취했고, 사회의 모순을 해학과 풍자를 통해 표현하는 등 대중적이고 통속적인 성격이 두드러졌다.

② 무대 상연을 전제로 한 雜劇 창작

散曲에 있어서도 대중성과 통속성을 잘 발휘했던 그는, 대중적인 무대예술로서의 雜劇의 장점을 효과적으로 구현해 내었다. 그는 다른 雜劇 작가들과 달리 극작가이면서 동시에 연출가로서 雜劇의 연출에 대해 전문적인 기능과 지식을 갖추고 있었다. 그는 또한 갖가지 歌舞와 연예에 능했으며 평생을 극장가와 연예계 주변에서 보낸 사람이었기 때문에, 무대예술의 속성과 효과에 대해서도 잘 알고 있었다. 그의 이러한 체험과 배우로서의 경험, 연출가로서의 경력은 그의 잡극 창작에 커다란 영향을 끼쳤다. 실제로 그의 작품은 거의 모두가 무대에서 상연하기 위한 대본으로 지은 것이었다. 이 때문에 그의 작품은 생동감과 극 양식 특유의 감흥이 풍부하다.

③ 하층민을 주제로 한 關漢卿 雜劇의 특성

그는 평생을 잡극의 창작과 상연에 주력했던 전문적인 극작가 겸 연출가였기 때문에 지어낸 잡극의 양도 당시의 극작가 가운데 가장 많다. 기록에 의하면 그는 모두 66편의 雜劇을 지었다고 하는데 오늘날 대략 20편 가량이 남아 있으며 나머지는 題目만 확인되고 본문은 전해지지 않는다. 그의 작품은 주제와 소재가 다양한데 특히 하층민인 배우나 극단 주변 사람들의 생활에서 우러나오는 생활감정과 인생에 대한 생각들이 생생하게 반영되어 있는 경우가 많아 현실감이 넘친다. 일반적으로 잡극에서는 남자 배역들의 역할이 주도적이어서 대개 남자 주인공이 唱을 맡는 末本이 많으나 그의 작품 가운데에는 여자 주인공이 唱을 맡는 旦本(단본)이 末本보다 훨씬 많다.

④ ≪救風塵(구풍진)≫과 ≪竇娥寃(두아원)≫

그의 작품 가운데 ≪救風塵≫과 ≪竇娥寃(두아원)≫이 대표작으로 꼽히는데, 두 작품 모두 旦本이며 口語體가 풍부하게 활용되고 있으며, 唱 뿐만 아니라 白도 잘 구사되어 있어서 元 雜劇 전반을 대표하는 작품으로 인정받고 있다. 이 두 작품에는 중국 극 양식 특유의 오락성이 잘 발휘되고 있을 뿐 아니라 사회적인 문제의식도 함께 구현되어 있어 원대 잡극이 이룬 높은 문학적 성취가 뚜렷하게 확인되고 있다. ≪救風塵≫은 安秀實(안수실)이라는 착한 선비를 사랑하는 宋引章(송인장)이란 기생이 돈 많은 건달 周舍(주사)의 유인에 빠져 사랑하는 사람을 포기하고 그에게 시집을 간다. 그 후 심한 학대를 받다가 趙盼儿(조반아)라는 의협심 강한 기생이 나타나 周舍를 농락한 뒤, 宋引章을 구해내서 安秀實과 결합시켜 준다는 줄거리를 갖고 있다. ≪竇娥寃(두아원)≫은 竇娥라는 젊은 과부가 역시 과부인 시어머니와 함께 살다가 떠돌이 건달 張氏 부자를 만나 재혼을 강요당하면서, 결국에는 張氏 아버지를 독살했다는 누명을 쓰고 관가에 잡혀가 억울하게 사형을 당하게 된다는 비극적인 줄거리의 작품이다. 그의 작품들은 대체로 사대부계층의 우아한 서정이나 상류사회의 고급스러운 분위기와는 거리가 멀었으며, 새로 형성되고 있는 시민사회와 도시생활의 이면을 집중적으로 그리고 있다.

⑤ 關漢卿의 雜劇과 유사한 기타 작가의 雜劇

元代 초기에는 關漢卿과 비슷하게 북방적이고 현실적인 분위기의 雜劇을 창작했던 극작가들이 상당히 많이 있었는데, 그 가운데 유명한 사람은 楊顯之(양현지), 高文秀(고문수), 武漢臣(무한신), 鄭廷玉(정정옥),

紀君祥(기군상) 등이다. 그들의 생애는 關漢卿과 마찬가지로 잘 알려져 있지 않으며 대체로 關漢卿이 활동했던 13세기 중반 무렵에 함께 활동했던 것으로 짐작된다. 그들의 작품 가운데, 紀君祥(1260년 전후)의 ≪趙氏孤兒(조씨고아)≫는 春秋時代 晉 靈公(영공) 때 대신이었던 趙盾(조순) 일족이 멸문의 禍(화)를 당하였는데 遺腹子(유복자)만이 기적적으로 살아남았다가 나중에 원수를 갚는다는 역사적 사건을 줄거리로 하였다. 紀君祥의 ≪趙氏孤兒≫는 18세기 초반 프랑스에 번역, 소개되어 유명해진 작품이다. 그들의 작품은 주제와 소재가 關漢卿의 경우와 비슷하게 대부분 현실 생활에 기반을 두고 있었으며 여러 측면에서 서로 공통점이 많아 하나의 유파를 이루고 있다.

⑵ 王實甫

① 王實甫 잡극의 특징

　元 雜劇이 가장 활발하고 역동적인 면모를 보였던 13세기 중반 무렵 關漢卿과 비슷한 시기에 활동했지만 다른 측면에서 높은 문학사적 의의가 인정되는 극작가로는 王實甫(왕실보)가 있다. 王實甫를 필두로 한 일군의 극작가들은 상연 효과보다는 읽는 희곡으로서의 가치에 보다 중점을 두고 잡극을 창작했던 극작가들이었다. 그들은 고전문학에 대한 소양을 바탕으로 우아하고 세련된 문장을 구사하였으며, 또 극의 주제와 소재도 이전 시기의 기록에 나오는 영웅과 제왕, 미인들에 대한 이야기에서 따오는 경우가 많았다. 그들의 작품에 대해 당시 시민계층의 반응은 그다지 높지 않았지만, 후대의 사대부들은 關漢卿의 작품보다도 王實甫의 작품을 더욱 높이 평가하였다. 특히 雜劇의 성행 시기가 지난 뒤, 무대에 상연된 모습보다는 문자로

기록되어 있는 대본을 중심으로 하여 문학적 평가를 하였던 明·淸代의 문인과 비평가들은 대부분 王實甫의 작품을 雜劇의 대표작으로 꼽는 경우가 많았다.

② 王實甫의 작품

王實甫는 10여 편의 작품을 쓴 것으로 전해지는데 그 가운데 특히 ≪西廂記(서상기)≫라는 장편의 작품이 유명하다. 王實甫의 ≪西廂記≫는 金나라 董解元(동해원)이 지은 ≪西廂記諸宮調(서상기제궁조)≫를 雜劇으로 개작한 작품이다. 元代의 雜劇은 한 편이 대개 4折로 이루어지는데 ≪西廂記≫는 다섯 편에 해당하는 방대한 규모로 되어 있다. 원래 元稹의 전기소설인 ≪鶯鶯傳(앵앵전)≫에서 비롯된 鶯鶯(앵앵)과 張生의 사랑이야기는 ≪西廂記諸宮調≫를 거쳐 王實甫의 ≪西廂記≫에 이르러서, 통속적이고 대중적인 雜劇의 틀을 통해 한층 감각적으로 재창조되어 중국을 대표하는 유명한 대중적 연애담으로 자리를 잡았다. ≪西廂記≫는 詩詞를 연상시키는 세련된 어구와 감각적 표현으로 가득 찬 唱이 극의 전개 과정에서 절대적인 역할을 하고 있어서, 關漢卿의 雜劇들과 비교해 볼 때 白의 위치가 상대적으로 빈약하다. 오늘날에는 關漢卿의 작품이 상대적으로 높이 평가되지만 明·淸代까지 雜劇 가운데서는 ≪西廂記≫를 가장 애호했다.

③ 白樸, 馬致遠의 작품과 그 내용

王實甫와 비슷한 성격의 雜劇을 창작했던 극작가 가운데 유명한 사람으로는 白樸(백박)과 馬致遠(마치원)이 있다. 시기상으로도 13세기 중반과 후반 무렵에 함께 활동했던 것으로 짐작되는 그들의 작품에서는 읽는 문학작품으로서의 성격이 한층 더 강하게 느껴진다. 白樸은 唐 玄宗과 楊貴妃의 사랑을 주제로 한 감상적이고 화려한 ≪梧桐雨(오동우)≫로 유명하다. 등장인물이 모두 궁중의 인물들인 ≪梧桐雨≫는 화려하고 환상적인 무대를 배경으로 하여 전개되는 왕과 미인의 사랑을 노래한 감각적이고 애상적인 주옥같은 唱으로 특히 이름이 높다. 馬致遠은 왕의 사랑을 뒤로 하고 흉노 왕에게 시집가야 했던 비련의 미인 王昭君(왕소군)의 널리 알려진 이야기를 잡극으로 엮은 ≪漢宮秋(한궁추)≫라는 작품으로 유명하다. ≪漢宮秋≫는 읽는 문학작품으로서의 성격이 한층 더 강화된 작품으로 고전문학의 세련된 분위기가 짙게 배어 있으며 대중을 위한 雜劇이라기보다 상류계층을 위한 읽는 韻文이라는 성격이 강하다. ≪漢宮秋≫의 唱은 초기 잡극 작가들의 여러 작품과 비교해 볼 때 고전시의 분위기를 강하게 느끼게 한다.

3) 元代 後期의 雜劇

(1) 雜劇의 성격 변화

① 元 雜劇의 성격 변화

14세기로 접어들면서 後期의 元 雜劇은 前期에 비해 현저하게 성격상의 변화를 일으키면서 새로운 방향으로 발전해 나갔다. 元代 後期의 雜劇은 지리적 근거지를 비롯하여 수용계층, 음악 분위기, 주제, 표현과 어휘 등을 통틀어 여러 측면에서 상당히 심하게 변화하였다. 雜劇의 성격 변화는 13세기 말 元이 南宋을 멸망시킨 뒤 元 王朝의 중심지가 점차 남쪽으로 이동함에 따라 일어나기 시작하였다.

② 雜劇의 고급예술화

後期의 雜劇은 前期와 달리 경제적 여유를 바탕으로 보다 서민계층이 잘 형성되었던 남방을 중심으로 성행하여 자연스럽게 南方的 정서가 유입되기 시작하였다. 그리고 남쪽의 극양식과 융합되기 시작하였다. 정치적으로는 북방이 여전히 중심적 역할을 수행하였지만, 성격상 신흥 산업도시를 주요 기반으로 할 수밖에 없었던 민간문학의 극 양식인 雜劇은 필연적으로 풍요로운 남방의 신흥도시를 중심으로 성행하게 되었다. 이러한 상황은 元 왕조의 漢族化, 부유한 일부 시민계층과 관료계층의 보수화 등과 같은 여러 역사적 요인과 결합하여, 雜劇이 점차 우아하고 세련된 상류층의 고급예술로 변화하게 되는 배경을 조성하였다. 이에 따라 후기의 雜劇은 王實甫와 같은 계열의 雜劇 작가들이 주도하여 우아하고 고급스러운 분위기를 계속 추구하는 방향으로 발전하였다. 雜劇의 고급예술화라고 할 수 있는 이러한 발전 방향은 雜劇이 점차 극 양식으로서의 생동감과 대중성을 상실하게 되었음을 가리키기도 한다. 이러한 양면성 때문에 문자로 기록된 형태로 보았을 때는 어느 정도 발전적이라고 평가할 수 있지만, 대체로 元代 후기의 雜劇에 대해서는 높은 문학적 평가가 내려지지 않는다.

③ 音樂的 성격의 변화 – 南方音樂의 영향

元代 後期의 雜劇의 성격 변화를 논의할 때 먼저 지적되어야 할 점은 음악적 성격의 변화이다. 元代 雜劇은 음악적으로 套數(투수)로 이루어져 있으며 北宋의 雜劇, 遼・金(요・금)의 院本(원본)을 통해 계승되고 성숙되어 온 北曲이라고 하는 北方音樂을 바탕으로 형성된 무

대 예술이었다. 한편 원대 전기에 遼·金·元 왕조의 중심지인 북방에서 雜劇이 성행할 때 南宋 왕조가 지배하고 있던 남방에서는 南曲이라고 불리는 남방음악을 바탕으로 발달된 戲文(희문)이라는 극양식이 성행하고 있었다. 元의 南宋 정복은 이러한 상황을 해소시켜 北方의 雜劇이 南方으로 세력을 확대하는 반면 南方의 戲文은 이면으로 잠복하게 만들었다. 元의 南宋 정복으로 인해 표면상으로는 北方의 雜劇이 남방의 戲文을 밀어내고 중국 전역에 유행하는 결과를 낳았으나, 雜劇은 남방 음악과 戲文의 영향으로 인해 심한 성격변화를 일으키게 되었다. 시간이 흐름에 따라 남방음악의 영향은 더욱 커져갔고, 이를 계기로 하여 雜劇의 북방적 성격이 차츰 남방적 요소와 융합되었다.

(2) 元代 後期 雜劇의 主要 作家와 作品

元代 後期의 대표적인 雜劇 作家로는 鄭光祖(정광조, 생졸년 미상), 喬吉(교길, 1280~1345), 宮天廷(궁천정) 등이 꼽힌다. 鄭光祖의 작품은 대부분 널리 알려져 있는 역사 사실을 잡극으로 각색한 것이며, 白이 최소한으로 운용되고 있고 唱이 절대적인 역할을 하고 있다. ≪倩女離魂(천녀이혼)≫, ≪翰林風月(한림풍월)≫ 등이 그의 대표작인데, 두 작품 모두 王實甫의 ≪西廂記≫가 추구했던 것과 비슷하게 浪漫的이고 感傷的인 男女의 戀愛談을 다루고 있다. 그의 작품의 문학적 의의는 줄거리의 전개 과정이나 인물묘사 등에 있는 것이 아니라, 작품을 구성하고 있는 唱의 가사 한 수 한 수가 마치 공들여 지은 詩나 詞처럼 독립적으로 감상될 수 있을 정도로 잘 다듬어져 있다는 데 있다. 그의 雜劇은 마치 서정적이고 감상적인 散曲의 집합체

와 같은 모습을 취하고 있다.

⑶ 元 雜劇의 文學史的 意義

元 雜劇은 중국문학사에서 民間文學이 古典文學 못지않은 영역을 확보하는 결정적인 계기가 되었다. 상시적으로 운영되는 대형 상설무대, 대규모 관중 동원을 전제로 한 무대 설비, 상당히 긴 시간 동안 상연되는 작품의 長篇性, 고도로 훈련된 전문적인 연예인들의 공연 등 여러 면에서 雜劇은 民間文學이 본격적인 궤도에 들어섰음을 보여 준다.

도시사회와 시민계층을 저변으로 하는 民間文學은 古典文學에 비해 훨씬 現實과 관계가 깊으며 大衆的이다. 雜劇은 오락성의 추구를 전제로 하고 있는데, 이러한 娛樂性(오락성)과 遊興性(유흥성)은 雜劇 등의 극양식이 古代의 歌舞戲(가무희)에서 비롯되었다는 발생적 성격에 기인한다. 이는 시민계층이 경제적, 문화적 여유를 획득하게 되자 이전까지는 士大夫들이 즐기던 歌舞戲와 비슷한 오락과 유흥의 한 가지로서 雜劇을 수용했음을 말한다. 그러나 雜劇은 접근이 쉬우며 재미있고 대중적이라는 장점을 갖고 있지만, 오늘날의 문학적 관점에서 볼 때 구성의 치밀성, 인물의 현실성과 생동감, 사건 전개의 합리성, 작가의 개성적 면모 구현 등에서 문제를 안고 있다.

47 元代 散曲

1) 元代 散曲의 등장

散曲은 신흥 詩體이다. 즉 詩나 詞와 마찬가지로 감정을 표현하고 경치를 묘사하며 사건을 서술하기도 하며, 元 雜劇의 주요 구성 성분의 하나이기도 하다. 散曲은 희곡의 3요소(唱, 科, 白)가운데 唱만 있는 형태로서 몽고족의 남하와 함께 북부 중국에 유입되었던 중앙아시아 음악의 영향으로 인해, 중국에 새로운 음악이 형성됨에 따라 이루어진 노래의 歌詞로 출발하였다. 기존 음악이 역사의 흐름과 함께 퇴조하고 대신 그 자리를 메운 새로운 음악에 맞추어 散曲이 등장한 것이다.

(1) 散曲의 체제

元代 散曲의 체제는 小令(소령)과 套數(투수)로 나뉜다. 小令은 형식이 짧고 언어가 정련되어 있으며 詞의 小令과 유사하다. 小令은 한 曲子(하나의 曲牌)가 독립단위가 된다. 小令(소령)은 曲子가 한 단위인데, 小令만으로는 뜻이 전달되지 않을 때는 2, 3曲을 합쳐 帶過曲(대과곡)을 구성하기도 한다. 帶過曲은 小令 체제의 일종으로 3개의 曲牌(곡패)를 초과할 수 없고, 宮調는 반드시 같아야 하며, 音律은 연결되어야 하고, 처음부터 끝까지 같은 韻을 사용해야 한다. 散曲에서 套數는 套曲(투곡) 또는 散套(산투)라고도 하며 동일한 宮調로 된 둘 이상의 曲牌로 이루어지는데, 매 套의 마지막에는 일반적으로 尾聲(미성)이 붙

는다. 전체 套에는 반드시 동일한 韻으로 압운해야 한다.

(2) 元代 前期의 散曲

散曲은 서민사회를 배경으로 출발한 民間歌謠(민간가요)의 歌詞에서 비롯되었지만, 차츰 士大夫 階層을 포함한 모든 계층으로 폭넓게 퍼져나갔다. 散曲의 작가를 보면 기녀, 악사, 부녀자, 사대부, 관리, 왕족 등에 걸쳐 고루 분포되어 있다. 그러나 시간의 흐름에 따라 元 王朝로부터 소외되었던 漢族 士大夫들이 자신들의 처지에 대한 불만을 우회적으로 표현하는 수단으로서 散曲을 짓기 시작하면서 散曲은 점차 士大夫들의 古典文學으로 편입되는 과정을 밟게 되었다.

散曲은 元이 宋을 완전히 멸망시키고 중국을 통일한 1279년을 경계로 하여 전기와 후기로 크게 나누어 생각할 수 있다. 전기는 元과 宋이 대치하는 국면 아래 조성된 긴장감과 왕조 초기의 진취적이고 역동적인 분위기가 두드러지는 시기였다. 전기의 散曲에는 詩나 詞와 같은 전통적인 詩歌와는 다른 몽골족 특유의 현실적이고 소박한 기풍이 느껴지며, 지리적으로도 북부 중국을 중심으로 유행하였듯이 전체적으로 北方文學의 요소가 강하게 작용하고 있음을 볼 수 있다. 후기와 비교해 볼 때 전기의 散曲은 소박하고 솔직하며 口語的 표현이 풍부하다. 후기의 散曲은 상대적으로 文人詩歌의 성격이 강하며 우아하고 형태적으로 세련되어 있다. 전기의 散曲은 주제와 소재의 측면에서 볼 때 당시의 현실적인 문제와 생활감정을 다루는 경우가 많았으며 음악과의 관계가 밀접한 것도 큰 특징이다. 크게 보아 전기의 散曲은 세련미와 세부적 완성도에서는 후기의 散曲보다 떨어지나 생동감과 음악적 감흥의 측면에서는 훨씬 앞선다고 할 수 있다. 關漢卿(관한경), 白樸(백박), 馬致遠

(마치원) 등은 전기의 散曲을 대표하는 작가들이다.

(3) 關漢卿

현실적이고 생동감 넘치는 元 前期 散曲의 특징을 가장 잘 발휘한 散曲 작가 關漢卿은 宋詞의 柳永을 방불케 하는 당시 대중적 인기가 가장 높았던 作家였다. 그의 행적은 명확하게 전해지지 않지만 갖가지 기예에 능통했던 사람으로서, 도시의 활기찬 분위기와 통속적이고 향락적인 당시의 대중문화를 잘 반영하였다. 그는 小令과 套數에 모두 뛰어났는데, 小令 가운데에는 民間 가요의 리듬으로 남녀의 낭만적이고 통속적인 연애감정을 가볍게 그려낸 경우가 많았다. 套數에서는 길고 다듬어진 보다 세련된 표현 방식으로 도시적 정서를 구어적 어휘에 담아 표현한 경우가 많다.

<沉醉東風(침취동풍)>

咫尺的天南地北,
霎時間月缺花飛.
手執着餞行杯,
眼閣着別離淚.
剛道得聲保重將息,
痛煞煞敎人舍不得.
好去者望前程萬里.

지척이 천리되니,
삽시에 달은 이즈러지고 꽃잎도 흩날리며 떨어지네.

손에는 전별의 술잔 들고,
눈에는 이별의 눈물 흘리네.
다만 몸 보전하고 잘 쉬라 말만 하고,
아픔에 겨워 떠나보내지를 못하네.
떠나는 사람 위로하며 만리 앞길을 바라보고 있네.

(4) 白樸

白樸은 關漢卿과 대조적으로 士大夫的 풍류와 세련된 묘사가 두드러지는 散曲을 남겼다. 白樸의 아버지는 金나라의 고관이었고 그 스스로도 金나라에서 관직을 역임했다. 아버지와 친밀했던 元好問의 가르침을 받기도 했던 白樸은 元의 점령 이후 관직을 사양하고 향리에 은퇴하여 조용히 살았다. 그의 散曲은 솔직하고 서정적이며 자연스러운 民歌 특유의 분위기를 느끼게 하지만 關漢卿과 같이 통속적이고 노골적인 면은 거의 없다.

<陽春曲·知幾(양춘곡·지기)>

不因酒困因詩困,
常被吟魂惱醉魂.
四時風月一閑身.
無用人, 詩酒樂天眞.
張良辭漢全身計,
范蠡歸湖遠害機.
樂山樂水總相宜.
君細推,

今古幾人知.

술 때문에 고달픈 것이 아니라 시 때문에 고달프고,
항상 읊고자 하는 혼에, 취한 혼 괴롭네.
사시의 풍월은 이 한가로운 몸에 있네.
쓸모없는 사람, 시와 술로 천성을 즐겨보네.
장량(張良)은 한나라에서 물러 나와 몸을 보전할 것을 꾀하였고,
범려(范蠡)는 강호로 돌아와 해를 입을 기미를 멀리하였으니,
산 좋아하고 물 좋아하는 것 모두 마땅한 것이네.
그대 잘 헤아려보게나.
고금에 몇 명이나 이 이치를 알았는가?

(5) 馬致遠

馬致遠은 白樸보다 한 세대 뒤의 散曲作家로서 士大夫的 풍모가 전면에 부각되는 散曲을 많이 남겼다. 馬致遠의 散曲은 우아하고 士大夫的이라는 점에서는 白樸의 散曲과 비슷하나 비장함이 감돌고 철학적 분위기가 가미되어 있다는 점에서 차이가 두드러진다. 그의 散曲에는 유서 깊은 가문에서 태어났음에도 불구하고, 하급관직을 전전해야 했던 그의 인생역정에 대한 불만과 회한이 비분강개한 어조로 표현되어 있다. 또 詩나 詞에서는 다루었지만 散曲에서는 거의 다루지 않았던, 세상에 대한 철학적 견해와 歷史에 대한 평가와 같은 문제를 주제와 소재로서 광범위하게 다루었다는 점도 그의 散曲이 갖는 특징이다. 晩年의 散曲은 울분이나 비장은 거의 정리되고 대신 현실에 초연한 관조와 한적한 은거 생활의 즐거움을 담담하게 노래한 경우가 대부분을 차지한다.

　　　　<壽陽曲・遠浦帆歸(수양곡・원포범귀)>

　　　夕陽下, 酒旆閑,
　　　兩三航未曾着岸.
　　　落花水香茅舍晚,
　　　斷橋頭賣魚人散.

　　　석양 아래 주막집 깃발 바람에 흔들흔들,
　　　두세 척의 배는 아직 강가에 닿지 않았네.
　　　꽃잎 져서 물에서 향내가 풍기는 초가의 저녁,
　　　끊어진 다리목에서 생선장수들이 흩어지네.

(6) 기타 散曲 작가

이 밖에도 金・元代의 古典文學을 대표하는 元好問, 우아하고 세련된 雜劇의 作家로 유명한 王實甫 등도 좋은 散曲 作品을 남겼다. 대체로 後期에 비해 前期의 散曲은 民間歌謠의 리듬이 살아 있으며 抒情的이고 구어적인 느낌을 준다.

2) 元代 後期의 散曲

散曲은 元代 後期에 주요 무대를 南方으로 옮겨 한층 세련되고 우아한 방향으로 발전하였다. 元代 後期로 접어들면서 南北의 대치상태가 해소되었고, 이후 元 王朝 자체가 점차 漢族化되어 갔다. 그와 발맞추어 漢族과 元 王朝 사이의 민족주의적 긴장과 갈등도 점차 완화되어 감에 따라, 사회적 긴장 상태가 해소되고 시민사회가 안정되는 등 元代는 새로운 국면으로 접어들었다.

(1) 音樂의 變化와 後期 散曲

後期의 散曲 音樂의 變化는 南宋 정복으로 인해 元 王朝의 중심지가 南方으로 이동하게 된 지리적 변화에 기인하였다. 遼(요)·金·元으로 이어지는 北方의 音樂을 바탕으로 하여 형성된 散曲은, 음악적 측면에서 南方과 판이하게 다를 수밖에 없었다. 전기에 비해 세부적으로 잘 다듬어져 있으며 주제와 소재가 보다 지식인 취향으로 전환되었다. 나중에는 曲律이라고 하는 散曲 창작에 대한 규칙을 세밀하게 검토하면서 散曲을 짓는 데에까지 이르렀다. 貫雲石(관운석, 1286~1324), 喬吉(교길, 1280~1345), 張可久(장가구, 1280?~1348?) 등은 元代 후기의 대표적인 散曲 작가이다.

貫雲石의 【雙調(쌍조)·淸江引(청강인)】 <詠梅(영매)>는 의인의 수법을 사용했다. '嬌欲說(교욕설)'이라는 세 글자는 그 의미가 무궁무진하고 매화의 감동적인 표정을 다 자아낸다. 작가는 경치를 쓰면서 동시에 서정적이다. 생동감 넘치는 글쓰기와 함께 섬세하게 자신의 미묘한 감정을 토로하여 독자의 공감을 자아낸다. 貫雲石은 현실적이고 남성적인 散曲을 많이 지었으나, 후기 散曲은 우아하고 脫俗的이며 超然하게 人生을 觀照하는 시각을 보여준다.

【雙調(쌍조)·淸江引(청강인)】 <詠梅(영매)> 其二

芳心對人嬌欲說, 不忍輕輕折.
溪橋淡淡煙, 茅舍澄澄月.

包藏幾多春意也.

달밤 매화꽃 방심은 사람들에게 무언가를 털어놓는 듯 사랑스러워,
따기조차 차마 할 수 없네.
먼 냇가 다리에는 아득한 연기와,
초가에는 밝은 달빛이 감돌고 있네.
이런 경치에는 얼마나 많은 봄기운이 담겨 있을까?

喬吉의 散曲은 詩나 詞의 고전적이고 세련된 분위기에 거의 근접하면서, 세부적인 표현이 매우 잘 다듬어져 있어 민간문학보다는 고전 문학의 범주로 유입된 모습을 보인다. 아래 曲은 喬吉이 명성과 이익을 추구하는 사람들을 냉소적으로 표현한 것이다. 백성을 갉아먹고 돈을 물 쓰듯하여 민중의 분노를 산 죄인이 되었다. 그러나 이들은 죽어도 뉘우치지 않는다고 그들의 집요한 본성을 날카롭게 풍자한다.

<山坡羊・冬日寫懷(산파양・동일사회)> (一)

朝三暮四, 昨非今是,
痴兒不解榮枯事.
儹家私, 寵花枝,
黃金壯起荒淫志.
千百錠買張招狀紙.
身, 已至此,
心, 猶未死.

세상이 변덕스러워 어제 다르고 오늘 다르건만,

어리석은 자들은 흥망성쇠를 모르네.
　　재산을 쌓아두고 여색에 빠져 지내는데,
　　황금은 음탕한 마음을 왕성하게 생겨나게 하고,
　　천백 금의 돈은 범인 자백서를 쓸 한 장 종이 사는 돈이라네.
　　몸은, 이미 이에 이르렀지만,
　　마음은, 오히려 사라지지 않았구나.

　張可久(장가구)는 元代 후기 散曲을 대표하는 작가로 ≪小山樂府≫에 실려 있는 그의 散曲은, 음악과 밀접하게 연결되어 민간가요의 가사라기보다 詩나 詞와 같은 독립적인 운문 양식의 성격이 강하다.
　元 王朝의 정치·사회적 안정과 긴장 상태의 이완을 반영하는 이런 현상은, 필연적으로 散曲의 사대부 문학화 경향을 초래하였다. 이전까지 서민계층 위주의 민간문학 차원에 있던 散曲은 점차 우아하고 세련된 상류계층의 문학으로 변화하기 시작하였다. 貫雲石은 이와 같은 散曲의 성격 변화가 일어나는 첫 단계를 대표하는 산곡 작가이다.

(2) 元代 後期 民間의 散曲

　元代 後期에 들어와 散曲은 급속도로 士大夫들의 문학 양식으로 성격이 변화하여, 散曲을 민간문학 양식이라 말하기 어려울 정도에까지 이르렀다. 이런 가운데 양은 적지만 民間歌謠的 성격의 散曲도 계속 나왔다. 대부분 작가가 알려지지 않은 民間의 散曲은, 동원된 소재와 어휘가 상식적이고 표현도 통속적이며 솔직하다. 民間 散曲의 주제와 소재는 다양한데, 현실 생활과 밀접한 관계가 느껴진다. 특히 元 王朝에 대한 불만과 사회의 부패상을 폭로하고 풍자한 작품도 상당수 있다.

48. 明代 前七子, 後七子

朱元璋(주원장, 1328~1398)이 몽고의 元나라를 멸하고 漢族 王朝인 明나라를 세우면서 元나라 지배 아래 蔓延(만연)된 여러 가지 몽고풍의 제도와 풍습을 없애고 漢族 문화 재건을 위해 힘썼다. 이로써 明代에 復古主義(복고주의)와 擬古主義(의고주의)가 만연하게 되었다. 또한 朱子學(주자학)을 바탕으로 전통적 학문 부흥에 노력하였다.

前七子의 활동은 1488년에서 1521년에 이르는 시기로 이때 前七子에 속했던 사람들은 李夢陽(이몽양, 1472~1529), 何景明(하경명, 1483~1521), 王九思(왕구사, 1468~1551), 王廷相(왕정상, 1474~1544), 康海(강해, 1475~1540), 邊貢(변공, 1476~1532), 徐禎卿(서정경, 1479~1511) 등이다. 後七子는 1520년대 후반부터 1569년대 전반기까지 활동했는데, 여기에 속하는 사람으로는 李攀龍(이반룡, 1514~1570), 王世貞(왕세정, 1526~1590), 宗臣(종신, 1525~1560), 謝榛(사진, 1495~1575), 徐中行(서중행, 1517~1578), 梁有譽(양유예, 1521~1556), 吳國倫(오국륜, 1524~1593) 등이 있다.

前後七子는 李東陽(이동양, 1447~1516)의 복고적·보수적 경향을 더욱 심화시킨 문인들로서, 이후 明代 詩文의 성격 형성을 주도한 사람들이다. 이들은 현실적 감각을 중시하는 개성적 시인들이 출현한 당대의 상황 속에서 "문장은 반드시 진·한의 것을 따라야 하고, 시는 반드시 성당의 것을 따라야 한다(文必秦漢, 詩必盛唐)."는 復古主義的 文學觀을 제시하였다. 이는 宋代로부터 내려온 문학 자체에 대한 覺醒(각성)과 함께 정치적으로 안정기에 들면서, 시문에 진취적인 氣像(기상)이 사라지고 화려하고 수사적인 것을 구가했던 당시의 시대

상황적 요인에 의한 것이었다.

이들의 복고적 주장은 明代 初期 문단을 지배하고 있던 臺閣體(대각체)89)와 修辭主義的(수사주의적) 文學觀을 침체시키고, 唐宋의 古文運動을 계승함으로써 전통적인 內容重視的 文學觀을 정착시켰다는 데 의의가 있다. 그러나 復古的 文學觀은 당시 현실을 직시하지 않고 과거의 문학에 안주하면서 고전의 세계로 도피하려는 소극적이며 退嬰的(퇴영적)인 의식에 불과했다. 이렇듯 擬古의 경향으로 흐름에 따라 모방과 표절을 일삼는 등 창작성이나 개성 같은 것은 찾아볼 수 없게 되었다.

　　文必秦漢, 詩必盛唐, 非是者弗道. 與何景明·徐禎卿·邊貢·朱應登·顧璘·陳沂·鄭善夫·康海·王九思等號十才子. 又與景明·禎卿·邊貢·康海·九思·王廷相號七才子. …… 迨嘉靖朝, 李攀龍·王世貞出, 復奉爲宗. 天下推李·何·王·李爲四大家, 無不爭效其體. (≪明史≫<李夢陽傳>)

　　문장은 반드시 진·한, 시는 반드시 성당을 본받아야 하며, 여기에서 어긋나는 것은 올바른 도가 아니라 주장하였다. 하경명·서정경·변공·주응등·고린·진기·정선부·강해·왕구사 등과 함께 '십재자'라 불렸다. 또 하경명·서정경·변공·강해·왕구사·왕정상 등과 함께 '칠재자'라 불렸다. …… 가정 연간에 와서는 이반룡·왕세정이 나와서 다시 우두머리로 받들어졌다. 온 천하가 이몽양·하경명·왕세정·이반룡을 '사대가'라 부르며, 다투어 그들의 문체를 본받지 않는 이가 없었다.

---

89) 明나라 永樂으로부터 成化 사이(1403~1487)의 정치적인 안정과 경제적인 번영으로 인해, 臺閣體의 시가가 출현하였다. 楊士奇, 楊榮, 양부(楊溥)를 세상 사람들은 '三楊'이라고 일컬었는데, '臺閣體'라는 말은 이들이 모두가 조정의 총애를 받는 높은 벼슬아치들이었기 때문에 얻은 이름이었다. 이들의 시가는 聖祖의 덕을 노래하거나 아니면 교유 화답의 것이었기 때문에, 전아하고 화려한 반면 내용은 공허하였다.

49 明代 長篇小說 四大奇書(《三國志演義》,《水滸傳》,《西遊記》,《金甁梅》)

明代에는 詩, 詞, 古文 등의 正統文學의 발전이 不振한 반면 宋·元代에서 기반을 다진 通俗文學인 小說과 戲曲이 최고의 성취를 이루었다. 특히 小說은 다른 정통문학과 대등한 지위를 확보하여 戲曲과 더불어 明代를 대표하는 문학 양식으로 자리매김하였다. 明代의 小說은 白話로 쓴 章回體(장회체) 長篇小說이 주류를 이루고 있다.

明代 주요 白話長篇小說에는 歷史小說로 대표되는 《三國志演義(삼국지연의)》, 英雄小說로 대표되는 《水滸傳(수호전)》, 神魔小說로 대표되는 《西遊記(서유기)》, 人情小說로 대표되는 《金甁梅(금병매)》가 있다. 이를 일컬어 '四大奇書(사대기서)'라 한다.

《三國志演義》는 陳壽(진수)가 지은 正史 《三國志》와 裴松之(배송지)의 注를 바탕으로 하고, 唐代의 變文, 宋代의 話本, 元代 雜劇 등 세 시대에 걸쳐 형성된 것으로, 직접적인 모태가 된 것은 元 至治年間(1321~1323)에 建安의 虞氏(우씨)가 간행한 《全相三國志平話(전상삼국지평화)》 3卷이다. 最古本은 弘治 甲寅年(갑인년, 1494)에 간행된 24卷 240則(또는 節) 구성의 弘治本(홍치본)이며, 현재 우리가 보는 것은 淸代 毛宗崗(모종강)이 비평·개작한 120回의 毛本이다. 따라서 일반적으로 羅貫中(나관중)이 作家라고 알려져 있으나, 그는 단지 그 전에 說話와 雜劇으로 이루어진 이야기를 재정리하고 각색했을 것으로 추정된다.

《三國志演義》는 魏(위)·蜀(촉)·吳(오) 3國이 분열하여 패권을 다투던 시기(221~265)의 사건을 근간으로 한 歷史小說로, 전반에선 劉備

(유비), 關羽(관우), 張飛(장비) 세 사람이 의형제를 맺고, 諸葛亮(제갈량)이 가담하면서 이들을 중심으로 사건이 전개된다. 劉備와 孫權(손권)의 연합군이 曹操(조조)의 대군을 격퇴하는 赤壁大戰(적벽대전)이 가장 절정 부분이며, 후반은 關羽, 劉備, 張飛가 잇따라 죽고 諸葛亮의 천하가 된다. 그는 여섯 차례에 걸친 北征(북정) 끝에 병사한다. 이 소설은 통속성과 대중성이 뛰어나지만 民間文學的 성격은 약하다. 그러나 생동감 넘치는 묘사와 흥미진진한 소설적 구성방식, 개성적인 인물의 전형 창출로 인해 이후의 白話 長篇小說의 모태가 되었다.

≪水滸傳≫은 ≪三國志演義≫와 마찬가지로 實在했던 역사적 사건에 근거한 작품이다. 다만 ≪三國志演義≫가 7할이 사실이고 3할이 허구인 역사소설이라면, ≪水滸傳≫은 사실에서 기원하나 대부분의 내용이 허구라는 차이가 있다. 오랜 기간 민간에서 전설, 강창, 희곡 등의 형태로 傳承(전승)된 작품들은 대개 대중의 소망이 반영되어 있기 마련이다. 역사적 사실을 그대로 서술하기보다는 영웅적 인물의 활약상에 비중을 둘 때 더욱 흥미를 유발시키는 측면이 있기 때문이다. ≪水滸傳≫은 민중들의 念願(염원)을 적극적으로 반영하여 작품 속에서 실현했다는 점에서 ≪三國志演義≫보다 창작의 자유를 누린 작품이다.

≪水滸傳≫은 宋江을 비롯한 36명이 北宋 말 山東 지방에서 반란을 일으켜 官軍을 괴롭혔다는 ≪宋史≫의 기록을 근거로 하였다. 이에 관한 英雄說話가 民間에 퍼져 傳說化되고, 다양한 民間文學 樣式을 통해 作品化되다가 元末·明初에 ≪水滸傳≫으로 정착되었다. 직접적인 모태가 된 것은 宋末·元初에 나온 것으로 추정되는 話本 ≪大宋宣和遺事(대송선화유사)≫이며, 저자에 대해서는 異說이 많으나 施耐庵(시내암)이 지었다는 것이 通說이다. ≪水滸傳≫의 판본은 여러 종류가 있는데,

지금 볼 수 있는 최고의 板本은 嘉靖年間(가정년간, 1522~1566)의 武定侯(무정후) 郭勛(곽훈, 1475~1542)의 집에서 나온 100회본(郭本)으로, 宋江 등이 조정에 불려 들어간 후 遼(요)와 方臘(방랍)을 정벌하는 것으로 끝을 맺고 있다.

전체적인 줄거리와 주제를 보면, 전반은 108명의 영웅들이 梁山泊(양산박)으로 모여들어 벌어지는 기묘한 이야기이며, 貪官汚吏(탐관오리)와 사회의 불의에 대한 反抗이 주제이다. 후반은 양산박의 영웅들이 宋나라에 歸順하여 황제의 명에 따라 遼나라와 싸우고 반란을 평정한다는 이야기이며, 조정에 귀순하는 忠義가 주제이다. 소설 전후반의 주제가 반항과 귀순이라는 모순이 있기는 하지만, 梁山泊(양산박)의 호한들은 민중을 대표하는 존재로서 '官逼民反(관핍민반, 관이 핍박하면 백성은 반항한다)'이라는 민중의 의지와 희망이 성공적으로 반영되어 있다고 볼 수 있다. 아울러 긴박감 넘치는 구성과 중요 인물들의 성격, 사회적 신분, 의식 등이 선명하게 묘사되어 있고, 세련된 白話文을 운용함으로 ≪水滸傳≫은 높은 문학적 가치를 인정받고 있다.

≪西遊記≫는 初唐의 高僧 玄奘(현장)이 인도로 佛經을 가지러 가는 도중 겪는 갖가지 고난을 기록한 ≪大慈思三藏法師傳(대자사삼장법사전)≫과 현장 자신이 지은 ≪大唐西域記(대당서역기)≫를 바탕으로 '西天取經(서천취경)' 고사를 새롭게 개편해 창작한 것이다. 孫悟空(손오공)이 등장하는 것은 宋代 話本 ≪大唐三藏取經詩話(대당삼장취경시화)≫부터이다. 1~8회는 孫悟空의 탄생과 天宮에서의 난동, 9회는 玄奘의 등장, 10~12회는 唐 太宗의 지옥 탐방, 13~100회는 여행 도중 요괴들과 싸우는 81難으로 나뉜다.

≪西遊記≫에서 삼장법사 일행의 여행 목적은 서천 서역국으로 가서

중생을 구제할 大乘(대승) 불법의 경전을 구해 오는 것, 곧 '取經(취경)'이다. 삼장법사는 중생을 救濟(구제)하려는 일념을 지닌 채 온갖 고행을 무릅쓰고 西天竺國(서천축국)으로 나아간다. 그의 앞길을 가로막는 것은 험난한 天山의 고산병도 아니요, 물 한 방울 구하기 어려운 타클라마칸의 땡볕 더위도 아니다. 오랜 수련 끝에 우주의 도를 얻었다고 믿어지는 高僧(고승)의 살점을 얻기 위해 온갖 마귀와 요괴들이 떼지어 몰려든다. ≪西遊記≫는 우리가 몸을 담고 있는 현실의 질서로는 도저히 파악되지 않는 혼돈의 세계를 그려낸다. 仙人과 부처가 어깨를 겨루고, 관음보살은 요괴들을 부려 修行者를 시험한다.

≪西遊記≫는 기이한 환상과 풍부한 상상력으로 낭만주의 예술 특색을 최대한 발휘한 神魔小說로 등장인물의 개성이 뚜렷하다. 散文과 韻文 및 民間의 方言과 口語를 적절히 사용하였으며, 이야기의 구성과 인물 배치가 치밀하다는 특징이 있다.

≪金甁梅≫는 작자 미상이나 蘭陵(난릉)의 笑笑生(소소생)이 지었다는 설이 있다. ≪水滸傳≫ 23~27회의 潘金蓮(반금련)이 西門慶(서문경)과 정을 통하고 남편인 武大를 독살하자, 동생인 武松이 이들을 살해하는 장면을 100회의 장편으로 확대한 것이다. ≪金甁梅≫가 나오던 당시에 明 王朝는 권력투쟁, 내부분열, 무능과 비효율 등으로 서서히 瓦解(와해)되는 상황이었다. 특히 강남 지방의 신흥 상공업 도시의 시민사회에 대한 묘사를 통해 명대 말엽의 시대상을 그려내고 있다. 소설 속 西門慶과 그의 첩들은 당시 신흥도시에서 흔히 볼 수 있는 탐욕스럽고 부도덕한 인물들을 대변한다. 여인들의 질투심·음욕·잔인성 등이 點綴(점철)되어 당시 사회현실에 실제로 존재하던 속물적 인간들이 그려져 있다. ≪金甁梅≫는 다른 소설들이 민간 설화에서 비롯된 것과 달

리 당시 현실과 직접적인 관계가 있어, 흔히 사회소설 또는 人情小說이라고 한다.

≪金瓶梅≫라고 하는 이름은 潘金蓮(반금련)의 '金', 李瓶兒(이병아)의 '瓶', 春梅(춘매)의 '梅'자를 조합한 것이다. 西門慶은 본래 破落戶(파락호, 재산이나 세력이 있는 집안의 자손으로서 집안의 재산을 몽땅 털어먹는 난봉꾼)로 生藥材商(생약재상)을 경영하는 소상인이었으나, 관리들과 결탁하여 公事를 관장하고, 고리대금업을 하여 차츰 돈을 벌게 됨에 따라 첩을 두게 되었다. 그뿐만 아니라 돈으로 벼슬도 샀다. 벼슬을 얻게 되던 날, 第六房의 첩인 李瓶兒가 아들 官哥(관가)를 낳게 되어 기쁨을 더하였다. 그래서 그의 영광이 극치에 이르게 되지만, 제5방의 첩 潘金蓮이 李瓶兒를 질투한 나머지 官哥의 살해를 기도하게 되고, 李瓶兒는 억울하게 죽게 된다. 西門慶도 음탕한 생활을 지나치게 즐기다가 병사한다. 그렇게 西門慶이 죽자마자 그의 첩들은 재물을 도둑질하여 다시 妓院(기원)으로 돌아가거나, 다른 사람의 첩이 되는 등 뿔뿔이 흩어지고, 본처인 吳月娘(오월랑)만 남는다. 그러다가 金나라가 침략하자 그녀는 유복자인 孝哥(효가)를 데리고 피난 가는 도중 중을 만나, 孝哥가 因果를 깨닫고 출가하는 것으로 이야기가 끝난다.

≪金瓶梅≫는 인물의 성격묘사와 전형성이 뛰어나고, 일상의 언어를 잘 운용하여 생동감이 넘치며, 현실을 폭로한 비판 정신이 잘 담겨 있다. 대담한 색정 묘사를 통하여 예술적 성공을 거둔 것도 중요한 특징이다. ≪金瓶梅≫는 이제까지의 역사·영웅 고사나 환상의 세계를 벗어나 현실 사회를 반영해내어, 中國通俗小說史에 새로운 장을 열었다는 데 그 의의가 있다.

50. 明代 短篇小說(≪三言≫, ≪二拍≫, ≪今古奇觀≫)

明代에 들어와 宋·元代에 성행한 說話의 대본인 話本이 점차 읽는 양식으로 변화되면서 단편 소설의 형태를 갖추게 되었다. 이때 話本을 모방하여 창작한 擬話本(의화본) 小說이 성행하게 되었다. 이 시기의 단편소설은 대부분 의화본 소설로 ≪三言(삼언)≫, ≪二拍(이박)≫, ≪今古奇觀(금고기관)≫이 대표한다.

≪三言≫은 馮夢龍(풍몽룡, 1574~1646)이 通俗文學의 수집과 정리, 창작에 몰두해 펴낸 ≪喩世明言(유세명언)≫(≪古今小說≫이라고도 함), ≪警世通言(경세통언)≫, ≪醒世恒言(성세항언)≫이란 세 권의 小說集을 합쳐 부르는 이름이다. 각 권 40편 씩 총 120편의 단편소설을 수록하고 있다. ≪三言≫ 가운데에는 이전까지 전해오던 話本을 潤色(윤색)한 作品들이 많은데, 명대 당시의 사건을 다룬 것은 그의 창작으로 짐작된다. 그는 ≪喩世明言≫의 序文에서 소설의 敎化 작용을 강조하고 작품집을 엮어낸 의도와 작품 창작의 의도를 밝혔다. 제목을 통해서도 ≪三言≫이 백성 교화의 유익한 방편임을 밝히고 있다. ≪喩世明言≫은 세상을 일깨우는 밝은 이야기, ≪警世通言≫은 세상을 警戒(경계)시키면서도 일반 대중에게 통할 수 있는 이야기, ≪醒世恒言≫은 세상을 깨우치는 항상 있는 이야기이다. 권선징악을 주제로 한 것도 있는데, 요괴·기녀·도적 등의 잡다한 이야기가 많은 것으로 보아, 當時 소설을 멸시하고 금기시했던 사대부 사회의 고정관념과 충돌을 피하고 그들의 반발을 撫摩(무마)하려는 의도도 있었을 것으로 추정된다.

六經語孟, 譚者紛如, 歸於令人爲忠臣, 爲孝子, 爲賢牧, 爲良友, 爲義夫, 爲節婦, 爲樹德之士, 爲積善之家, 如是而已矣.(≪警世通言≫<序>)

≪육경≫, ≪논어≫, ≪맹자≫에서 이야기한 것은 뒤섞여서 어지러우나, (그 주된 목적은) 사람들이 충신이 되게 하고, 효자가 되게 하고, 현명한 목민관이 되게 하고, 좋은 친구가 되게 하고, 의리 있는 사나이가 되게 하고, 정조를 지키는 부인이 되게 하고, 덕을 심는 선비가 되게 하고, 선을 쌓는 집안이 되게 함이, 이와 같을 뿐이다.

≪三言≫에 이어, 凌濛初(능몽초, 1580~1644)가 ≪初刻拍案驚奇(초각박안경기)≫, ≪二刻拍案驚奇(이각박안경기)≫를 간행했는데 이를 ≪二拍≫이라고 부른다. 제목에서 알 수 있듯이 기이한 것에 중점을 두고 있으며, 이전의 話本을 윤색한 것과 凌濛初 자신이 창작한 작품, ≪古今小說≫에서 취재한 것 등이 실려 있다. 凌濛初는 소설과 民間文學의 지위를 향상케 하려는 다양한 노력을 전개하여, 馮夢龍과 함께 通俗文學의 발전에 큰 공헌을 하였다.

≪三言≫과 ≪二拍≫에 수록된 作品은 歷史小說, 才子佳人의 연애담, 因果應報 등 다양한 내용을 담고 있으며, 주제 역시 봉건적 예교사상을 강조하거나 관료의 악덕을 풍자한 것, 애정을 묘사한 것 등 다양하다. 전체적으로 볼 때 明代 시민사회의 분위기와 서민들의 생생한 생활감정을 잘 반영하고 있다.

명대 말기에 抱瓮老人(포옹노인)이란 가명의 작가 겸 편집인이 나와 ≪三言≫에서 29篇과 ≪二拍≫에서 10篇을 精選(정선)하고, 1篇을 첨가하여 총 40篇의 話本選集인 ≪今古奇觀≫을 간행하였다. ≪今古奇觀≫이 ≪三言≫과 ≪二拍≫보다 더 유행하여, ≪三言≫과 ≪二拍≫은 읽히지 않게 되면서 그 판본이 사라졌었으나, 이후 학자들의 발굴 노력 덕에 다시 빛을 보게 되었다.

馮夢龍의 소설 중 <杜十娘怒沈百寶箱>(두십낭노침백보상, 두십낭이 보물상자를 강물에 던지다)'란 작품이 있다. ≪警世通言(경세통언)≫ 第 32卷에 실려 있는데, 1906년 '대한매일신보'에 한글 신소설 <靑樓義女傳(청루의녀전)>으로 번안돼 국내에도 소개됐다. 紹興(소흥)의 李甲(이갑)과 燕京(연경)의 杜十娘(두십낭)의 이야기이다. 杜十娘은 후에 이갑이 자기를 배신했다는 것을 알고 애써 모은 보물들을 강에 던지고 자기의 몸도 던진다는 슬픈 이야기이다. 明代 일반 민간인들에게 퍼져 있던 이야기를 소설화한 것이다. <杜十娘怒沈百寶箱>에서 杜十娘에 대한 묘사를 살펴보겠다.

<杜十娘怒沈百寶箱>(두십낭노침백보상)

那名姬姓杜名媺, 排行第十, 院中都稱爲杜十娘, 生得渾身雅艶, 遍体嬌香, 兩彎眉畵遠山靑, 一對眼明秋水潤. 臉如蓮萼, 分明卓氏文君, 唇似櫻桃, 何減白家樊素.

그 유명한 여자는 성은 두(杜)이며 명은 미(媺)이었다. 그 기원(妓院)에서 나이로 열 번째가 되어서 다들 그녀를 두십낭이라고 불렀다. 두십낭은 너무 잘생겼다. 그녀의 전신(全身)을 보니까 아담함과 염려(艶麗)함을 같이 지니고 온몸은 향기가 퍼져 있었다. 두 눈썹은 멀리 있는 청산처럼 수려하고 두 눈은 가을의 시냇물과 같이 맑으며 투명하였다. 얼굴이 연화(蓮花)와 같이 예쁘고, 한나라 미녀 탁문군(卓文君) 못지않게 잘생겼다. 입술은 앵두와 같이 작으며 빨갛고, 당나라 미녀 백번소(白樊素) 못지않게 아름다웠다.

다음은 杜十娘이 李甲을 따라서 기원에서 나와 배를 타고 李甲의 집으로 돌아가는 도중에 흥미를 돋우려고 노래를 불렀던 장면이다. 杜十娘은 기녀 신분으로서 천하지만 마음은 大家閨秀(대가규수)의 성품 못지않게 우수한 여성이었다. 그녀는 詩도 잘 알고 노래도 잘 부른다.

　　十娘興亦勃發, 遂開喉頓嗓, 取扇按拍, 嗚嗚咽咽, 歌出元人施君美≪拜月亭≫雜劇上"狀元執盞與嬋娟"一曲, 名<小桃紅>.

　　… (중략) … 두십낭도 흥미가 진진하여 목이 다 풀려서 부채를 흔들며 박자를 맞춰 노래하였다. 흥얼거리면서 원나라 때 시군미(施君美)의 ≪배월정(拜月亭)≫ 속에 있는 '장원집잔여선연(狀元執盞與嬋娟)'이라는 곡(曲)의 <소도홍(小桃紅)>을 노래로 불렀다.

杜十娘의 지혜로운 대책을 보여주는 장면이다. 杜十娘은 기생 어미의 말만 따라 행동하지 않았다. 실은 杜十娘은 삼 일 안에 돈을 다 마련할 수가 있지만, 일부러 시간을 뒤로 미루어서 돈을 구하기도 어렵다는 불쌍한 자기를 기생 어미에게 보여주고 기생 어미의 自負心(자부심)을 이용하였다. 杜十娘의 총명함과 영리함은 이 작은 계략에서 충분히 볼 수 있다고 생각한다. 이뿐만 아니라 杜十娘은 기생 어미가 오리발을 내밀까 봐 교묘하게 처리를 하였고 기생 어미가 약속을 지키지 않으면 다음 생에는 돼지나 개가 될 거라는 맹세도 스스로 자기의 말로 하도록 하였다.

　　十娘道: "公子雖在客邊乏鈔, 諒三百金還措辦得來. 只是三日忒近, 限他十日便好." 媽媽想道: "這窮漢一雙双手, 便限他一百日, 他那裏來銀子. 沒有銀子, 便鐵皮包臉, 料也無顏上門. 那時重整家風, 嫩兒也沒得話講." 答應道: "看你面, 便寬到十日. 第十日沒有銀子, 不干老娘之事." 十娘道: "若十日內無銀, 料他也無顏再見了. 只怕有了三百兩銀子, 媽媽又翻悔起來." 媽媽道: "老身年五十一歲了, 又奉十齋, 怎敢說謊?"

두십낭이 말하였다. "공자님이 여기서 돈이 모자라지만 삼백 냥을 마련할 수가 있을 거예요. 그러나 삼일 동안 마련하는 건 좀 급해서 십일을 주시면 되겠는데요." 기생 어미가 마음속으로 생각하였다. "이런 사람은 백 일을 줘도 소용없으니 그때가 되면 돈이 없어서 다시 안 오겠지? 그때야 다시 가풍(家風)을 정돈하면 두십낭도 할 말이 없겠다." 이렇게 생각을 해서 다시 말하였다. "너의 체면을 봐서 십 일까지 해야겠다. 그러나 십 일 이후 돈이 없다면 나와 상관없는 일이다." 두십낭은 대답하였다. "네, 십일 안에 그가 돈을 안 가져오면 나도 그 남자를 만나지 않을 거예요. 그렇지만 삼백 냥이 있더라도 어머니가 후회하는 건 무섭네요." 기생 어미가 말하였다. "내가 올해 오십일 세가 되었는데 부처를 공양하는 사람인데 거짓말을 하겠니?"

51. 公安派와 竟陵派

明代에 前後七子의 復古主義에 반대하며 개성적인 문학창작을 주장하는 작가들이 나타나기 시작했는데, 이는 泰州學派(태주학파)90)의 자유주의적인 학문 방법의 주장으로 말미암은 변화라고 볼 수도 있다. 王陽明(왕양명, 1472~1529)에 의해 제창된 陽明學은 추상적 사고보다는 결단에 바탕을 둔 현실적인 행동을 중시하고, 文獻 연구나 관념적 원칙보다 주관적 판단을 중시했다. 사상적으로 자유주의와 유물론적 성향이 강했던 陽明學은 관료로 진출하지 못한 在野 士大夫들과 정치 경제적 권력에 도전할 만큼 성장한 시민계층의 이해관계와 세계관을 반영하고 있었다. 陽明學 左派라 불리는 泰州學派는 인간의 본능적 욕구를 긍정하고 유가적 禮敎에 반대하였다. 徐渭(서위), 李贄(이지), 焦竑(초굉), 湯顯祖(탕현조) 등이 여기에 속한다. 李贄는 어린아이의 마음과 같은 인간 본연의 진실한 감정 표현을 중시한 <童心說>을 내세워 小說, 戲曲의 문학적인 가치를 중시하고 擬古主義를 반대하며 개성적인 문학창작을 주장하였다.

> 夫童心者, 眞心也. …… 失却童心, 便失却眞心, 失却眞心, 便失却眞人. ……天下之至文, 未有不出于童心焉者也..……無時不文, 無人不文, 無一樣創制體格文字而非文者. 詩何必古選. 文何必先秦. (≪焚書≫(3) <童心說>)

---

90) 명나라 말기에, 왕간(王艮)을 시조로 하여 만들어진 양명학 좌파. 서민 출신의 사상가 집단으로, 서원에서의 강학 활동을 통해 서민층에까지 확대되었다. 이 학파의 욕망 긍정론은 이지(李贄)에 의해 극단까지 발전하였는데, 이는 당시 상업의 발달과 그에 따른 계층 간의 상향 이동을 반영한 것이었다.

동심이라는 것은 진심이다. …… 동심을 잃어버리면 진심을 잃게 되고, 진심을 잃게 되면 참 사람됨을 잃게 된다. …… 천하의 훌륭한 문학은 동심에서 나오지 않은 것이 없다. …… 문장을 이루지 않는 시대란 없고, 문장을 이루지 않는 사람이란 없으며, 일정한 격식의 글을 창작하였을 때 문장이 안 되는 것도 없다. 시는 어찌 옛것을 본받아야만 하겠는가? 글은 어찌 반드시 선진의 것이어야만 하겠는가?

焦竑(초굉, 1540~1620)은 "시란 다름이 아니라, 사람의 성령을 기탁하는 것이다(詩非他, 人之性靈之所寄也)."(《雅娛閣集序(아오각집서)》)라고 선언하여 문학론으로서 중국문학사에서 처음 '性靈(성령)'을 제시하였다. 이들의 이러한 주장은 公安派에 의해 계승, 발전된다. 焦竑이 주장하는 '性靈'은 '성'과 '령'의 융합으로 공안파의 '성령'과 구분된다. 따라서 焦竑이 公安派의 '性靈說'에 영향을 주었다고 할 수는 있으나 公安派에 속한다고 보기는 어렵다. 또 焦竑은 다른 유파의 폐단을 보완할 만한 詩觀을 지니고 있었고, 실제로 焦竑의 학문적 견해가 주변 문인들에게 많은 영향을 미쳤다.

公安派는 袁宗道(원종도, 1560~1600), 袁宏道(원굉도, 1568~1610), 袁中道(원중도, 1570~1623) 삼 형제로 대표되며, 이들은 擬古主義的인 당시의 문학 풍조를 비판하고 개성적인 문학창작을 주장하였다. 이들의 문학은 시대에 따라 변화하고 시대마다 독특한 특징을 지니고 있다 하여 文學의 時代的인 進化를 중시하였고, 이러한 시대적인 진화의 인식을 바탕으로 復古나 擬古를 반대하였다.[91] "홀로 '성령'을 펴내며, 격

---

91) "문장은 秦·漢을 표준으로 삼는다고 하나 진·한 사람들이 언제 글자마다 六經을 본받은 일이 있었는가? 시는 盛唐을 표준으로 삼는다고 하나 성당 사람들이 언제 글자마다 漢·魏를 본받은 일이 있었는가? 진·한대에 육경을 본받았다면 어찌 또 진·한의 글이 있겠으며, 성당이 한·위를 본받았다면 어찌 또 성당의 시가 있겠는

식에 구애받지 않는다(獨抒性靈, 不拘格套)."92)는 주장을 내세우기도 하였다. 公安派는 小說과 戱曲의 문학적인 가치를 중시93)하고 民間의 歌曲 역시 중시하였다.94) 그러나 이들이 제시한 방향은 추상적이고 관념적이어서 明代 文學의 보수성을 타파하기엔 역부족이었다.

　公安派는 散文에 있어서 자신의 감정과 개성을 실어 明末 小品文95)의 출현과 번영을 가져왔고, 性靈說은 淸代의 문학창작과 문예이론에 지대한 영향을 미쳤다. 그러나 점차 현실 사회와 동떨어진 주제와 소재의 詩를 짓고 취미 본위의 한담과 독특한 향락의 추구로 흘렀다.

　　가? (曾不知文准秦漢矣, 秦漢人曷嘗字字學六經歟. 詩准盛唐矣, 盛唐人曷嘗字字學漢魏歟. 秦漢而學六經, 豈夏有秦漢之文. 盛唐而學漢魏,, 豈夏有盛唐之詩.)" (袁宏道, ≪袁中郞全集≫ 文鈔 <叙小修詩>)
　　　"옛날에는 옛날의 시대가 있었고, 지금은 지금의 시대가 있다. 옛사람들 언어의 발자취를 답습하면서 옛것이라 한다면, 그것은 엄동에 여름 베옷을 입는 것과 같다.(夫古有古之時, 今有今之時, 襲古人語言之迹, 而冒以爲古, 是處嚴冬而襲夏之葛也.)" (袁宏道, ≪雪濤閣集序≫)
92) 袁宏道, ≪袁中郞全集≫ 文鈔 <叙小修詩>.
93) "사에는 유영·신기질 등이 있고, 희곡에는 동해원·왕실보·마치원·고명 등이 있으며, 소설에는 ≪수호전≫·≪금병매≫ 등 뛰어난 작품이 있다.(詩餘則柳舍人·辛稼軒等, 樂府則董解元·王實甫·馬東籬·高則誠等, 傳奇則水滸傳·金甁梅等爲逸典.)" (袁宏道, ≪袁中郞全集≫ 隨筆 <觴政>)
94) "지금의 시·문은 전해지지 않을 것이다. 그중 만에 하나 전해지는 게 있다면 아마도 민간의 부녀자들이 부르는<벽파옥(劈破玉)>·<타초간(打草竿)>같은 종류일 것이다. 그것은 들은 것도 없고 아는 것도 없는 진인(眞人)이 지은 것이기 때문에 진성(眞聲)이 많은 것이다.(今之詩文不傳矣. 其万一傳者, 或今閭閻婦人孺子所唱劈破玉·打草竿之類, 猶是無聞無識眞人所作, 故多眞聲.)"(≪袁中郞全集≫ 文鈔<叙小修詩>)
95) 明末 公安派와 竟陵派의 반복고적인 움직임에 의해 등장하였으며, 개인적인 주제를 다룬 서정적 산문과 담백하고 산뜻한 기행문이 많다. 서위(徐渭), 원굉도(袁宏道), 종성(鐘惺) 등이 선도하였으며, 장대(張岱)에 의해 문학성이 제고되었다. 張岱의 문장은 진실한 감정과 개성이 뚜렷하며 자연스럽고 淸麗(청려)하여 명대 소품문(小品文)의 대가로 꼽힌다.

鐘惺(종성, 1574~1624)과 譚元春(담원춘, 1586~1637)으로 대표되는 竟陵派(경릉파)는 公安派의 아류가 지나친 개성 표현으로 천박함으로 흐르자 이를 개선하고자 하였으나, 이들의 문학이론은 公安派와 별 차이가 없었다.

결과적으로 明末 公安派와 竟陵派에 의한 반복고주의 문학운동은 문학창작에 있어 자유로운 입장에서 개성과 창의를 발휘하려 했다는 점에서는 높이 평가될 수 있을 것이다. 그러나 현실을 외면한 유유자적한 태도는 곧 그들 문학의 한계를 보여주기에 충분하다. 公安派를 대표하는 袁宏道의 글들을 소개하면 다음과 같다.

<竹枝詞(죽지사)> 其三

賈客相逢倍惘然, 梗楠杞梓下西川.
靑天處處橫瑠虎, 鬻女陪男償稅錢.

장사치들 서로 만나면 멍한 마음 배가 되고,
편·남·기·재나무 서쪽 사천(四川)에서 내려오네.
푸른 하늘 아래 도처에서 환관들 날뛰니,
딸 팔고 아들 보태 세금 낸다네.

<王子聲(왕자성)>

弟屈指平生別苦, 惟少時江上別一女郞, 去年湖上別一長老, 合今而三耳. 女郞以情, 長老以病, 此別非病非情, 亦復壎鷹之甚, 卽弟亦不知所以也. …… 讀扇頭詩, 字字涕淚. 再見何期. 令人腸痛. (袁宏道, ≪袁中郞全集≫ 卷之二十一)

제가 평생에 겪은 뼈아픈 이별을 손꼽아 헤어 보니, 오직 소싯적에 강가에서 한 아가씨와 이별하던 일과, 작년에 호수 가에서 한 노인과 이별하던 일, 지금을 합쳐 세 번입니다. 아가씨는 정 때문이었고, 노인장은 병 때문이었는데, 이번 이별은 병도 아니고 정도 아닌데, 역시 가슴이 꽉 미어지고 있으니, 저로서도 그 까닭을 알지 못하겠습니다. …… 부채 머리에 적어놓은 시를 읽어보니 한 자 한 자 모두 눈물을 흘리게 합니다. 다시 만날 날 언제일는지? 사람의 애간장 끊어지게 합니다.

<晚遊六橋待月記(만유육교대월기)>는 袁宏道가 지은 여행기다. 글의 첫머리는 西湖의 가장 아름다운 경치를 총체적으로 소개한다. 일 년 중 봄과 달밤이 가장 아름다우며, 하루 중 가장 아름다운 것은 일출 전과 일몰 후의 안개이다. 그리고 西湖의 봄 풍경을 자세히 묘사하면서 절친한 친구 石簣(석궤)가 매화를 보러 다른 곳으로 가자고 재촉하지만 작가는 떠나기가 아깝다. 마지막 부분에서 작가는 세상 사람들이 대부분 속물이라고 개탄한다. 낮에 서호를 구경하러 올 줄만 알고, 정작 아름다운 경치가 봄과 달밤의 서호라는 사실을 알지 못하는 사실을 통해, 知音의 결핍으로 인해 생겨난 쓸쓸한 감정을 표현한다. 全文의 글이 간결하고 감정이 자연스럽다.

<晚遊六橋待月記(만유육교대월기)>

西湖最盛, 爲春爲月. 一日之盛, 爲朝烟, 爲夕嵐. 今歲春雪甚盛, 梅花爲寒所勒, 與杏桃相次開發, 尤爲奇觀. 石簣數爲余言傅金吾園中梅, 張功甫家故物也, 急往觀之. 余時爲桃花所戀, 竟不忍去湖上. 湖上由斷橋至蘇堤一帶, 綠烟紅霧, 彌漫二十餘里. 歌吹爲風, 粉汗爲雨, 羅紈之盛, 多于堤畔之草, 艶冶極矣. 然杭人遊湖, 止午未申三時. 其實湖光染翠之工, 山嵐設色之

妙, 皆在朝日始出, 夕春未下, 始極其濃媚. 月景尤不可言, 花態柳情, 山容水意, 別是一種趣味. 此樂留與山僧遊客受用, 安可爲俗士道哉.

　서호(西湖)가 가장 아름다운 것은 봄날 달 뜰 때이다. 하루 가운데 아름다운 것은 아침 안개와 저녁 산 기운이다. 올해는 춘설이 아주 많이 와서 매화가 추위 때문에 늦게 피는 바람에, 살구꽃·복사꽃과 함께 차례로 개화하여 특히 장관이었다. 친구 석궤(石簣)가 나에게 여러 차례 말하길 "부금오(傅金吾)의 정원에 있는 매화는 장공보(張功甫)의 옥조당에 있던 옛 물건이니 빨리 보러 가세."라고 했다. 나는 그때 복사꽃에 끌려서 결국 차마 호숫가를 떠나지 못했다. 호숫가의 단교(斷橋)로부터 소제(蘇堤)에 이르는 일대는 초록 안개와 붉은 연무가 20여 리나 가득 차 있었다. 노랫소리는 바람이 부는 듯했고, 분(粉)에 젖은 땀은 비가 오는 듯했는데, 화려하게 차려입은 부녀자들이 제방가의 풀밭에 많이 있어서 너무나도 곱고 아름다웠다. 그러나 항주(杭州) 사람들이 서호로 놀러 나오는 것은 오시(午時)·미시(未時)·신시(申時) 세 때뿐이다. 사실 호수 빛이 비취색으로 물드는 아름다움이나, 산 기운이 색을 칠하는 오묘함은, 모두 아침 해가 막 뜰 때나 석양이 아직 지기 전에야, 비로소 그 아름다움이 극에 이른다. 달 뜬 풍경은 더욱 말할 수 없을 정도이고, 꽃의 자태와 버들의 정, 산의 얼굴과 물의 뜻은, 또 다른 일종의 멋과 맛이다. 이 즐거움을 남겨두어 산의 스님과 놀러 나온 객과 함께 받아 즐기니, 어찌 속된 선비라고 말할 수 있겠는가!

52. 明代 傳奇

明代의 傳奇는 宋代의 南戱(남희)에서 발전된 것으로 북방에서 발전되어 온 雜劇과 그 성격을 달리하여 明代의 새로운 형태의 戱曲文學으로 발전하였으며, 南曲·明曲·南戱라고도 부른다. 그러나 南戱가 극본이면서 공연 위주였던 것과는 달리 傳奇는 문인들이 즐겨 쓰게 되면서, 읽는 문학으로 그 성격이 변화되었다.

傳奇는 宋代에 생겨났으나 元 雜劇에 눌려 명맥만 유지하였다. 明代에 들어와서는 南戱가 잡극의 장점을 흡수하면서 크게 진보하였다. 그리고 군주와 귀족들이 이를 즐기고 직접 짓기도 하는 등 문인들이 참여하게 되면서, 희곡의 문학성이 提高되고 예술성이 높아져 明代에 흥성할 수 있었다.

明나라 초기 傳奇 작품으로는 ≪琵琶記(비파기)≫, ≪殺狗記(살구기)≫, ≪白兎記(백토기)≫, ≪拜月亭(배월정)≫, ≪荊釵記(형차기)≫가 있는데, 이를 일컬어 "五大傳奇(오대전기)"라 한다.

≪殺狗記≫는 蕭德祥(소덕상)의 元 雜劇 ≪殺狗勸夫(살구권부)≫를 개편한 것이다. 동생을 학대하고 나쁜 친구들과 어울려 주색으로 소일하는 형을 그의 부인이 교묘한 계책을 써서 마음을 바로잡게 만든다는 내용이다. 모두 36齣(척, 희곡의 한 단락)으로 되어있으며, 작자 미상으로 민간에서 나온 작품이다. 曲辭(곡사)가 비속하다고는 하나 무대예술의 통속성이 잘 고려되어 있다.

≪白兎記≫는 全篇 32척으로, 정식 명칭은 ≪劉智遠白兎記(유지원백토기)≫이며, 작자 미상이다. 五代 後漢의 高祖 劉知遠은 본래 유랑하

던 고아였다. 그는 微賤했을 때 지주의 딸 李三娘과 결혼했으나, 큰 뜻을 품고 太原으로 떠났다. 홀로 남겨진 이삼랑은 맏동서의 학대를 견디면서 아들 咬臍(교제)를 낳는다. 그러나 咬臍도 안전할 수 없었기 때문에, 이웃 사람의 도움으로 劉知遠에게로 보내어 거기에서 성장한다.

그 후 16년의 세월이 흐른 어느 날, 咬臍가 사냥하다가 흰 토끼를 쫓은 끝에 어머니를 만나게 되었으며, 마침내 부모와 자식이 한자리에 모여 대단원이 된다. 이 이야기는 일찍이 宋代의 ≪五代史平話≫에서 발단하여, 金代의 ≪劉知遠諸宮調≫를 거쳐서 이 작품이 된 것이다. 이름 없는 고아의 출세 이야기와 糟糠之妻(조강지처)가 겪는 쓰라린 이야기는 서민이 좋아하는 소재이다.

≪拜月亭≫은 전편 40척으로 ≪幽閨記(유규기)≫라고도 하며, 민간에서 나온 작품으로 추정된다. 元代 關漢卿의 작품 ≪閨怨佳人拜月亭(규원가인배월정)≫을 개작한 것으로, 두 쌍의 젊은 남녀가 어지러운 시대를 만나 갖은 고초를 겪은 끝에 두 쌍의 부부로 결합한다는 이야기이다. 등장인물의 신분에 맞는 어투를 사용해 생동감이 넘친다.

≪荊釵記(형차기)≫는 朱權(주권, 1378~1448)의 작품이며, 전편 48척이고, 어려움 끝에 사랑을 성취하는 두 연인의 이야기로, 曲辭가 청신하고 비애감이 뛰어나다.

≪琵琶記≫는 元末 明初 작가 高明(고명, 1305~1371))이 지은 것으로 전편 42척으로, 蔡邕(채옹)을 주인공으로 그의 처 趙五娘(조오랑)과의 悲歡離合(비환이합)을 그린 것이다. 이는 宋代 戱文 ≪趙貞女蔡二郞(조정녀채이랑)≫을 개작한 것으로, 원작에서 처와 부모를 버린 蔡邕이 긍정적인 인물로 등장한다. 이 작품은 절묘한 曲辭와 극중 인물의 뚜렷한 개성 표현, 생동감 넘치는 대화 등으로 극의 예술성이 높아 五大傳

奇 중에서 가장 뛰어난 작품으로 평가된다. 高明은 지나친 형식미를 지양하고, 윤리·도덕과 사회문제를 중시하며, 戱曲의 가치와 공용성을 인식하여 戱曲을 교화의 공구로 삼고자 했는데, 이러한 그의 창작 태도와 작품은 후세 전기 작품에 많은 영향을 주었다.

문학과 사상의 통제로 인해 창작의 자유가 제한되고, 수도를 北京으로 옮기면서 雜劇이 흥성함에 따라 五大傳奇 출현 이후 傳奇는 약 50년간 침체기를 맞게 된다. 그러다 16세기 초에 들어와 崑腔(곤강)이 나오게 되면서 傳奇는 다시 활발히 창작된다. 崑腔은 崑山의 음악가 魏良甫(위량보)가 여러 腔調(강조, 노래의 곡조)의 장점을 취해 崑山腔을 개량하여 만든 것으로, 다른 지방의 곡조를 압도하며 유행하게 된다. 崑腔을 채용하여 창작된 이후의 傳奇를 가리켜 崑曲이라 불러, 이전 시기의 傳奇와 구분 짓는다.

梁辰魚(양신어, 1521?~1594?)의 ≪浣紗記(완사기)≫는 최초로 崑腔을 사용하여 창작된 극본으로, 崑腔이 다른 腔調를 압도하고 널리 유행하게 되는 계기를 만든 것에 의의가 있다. 이 작품은 45척으로 西施(서시)와 范蠡(범려)를 주인공으로 하여, 吳越의 흥망을 이야기한 것이다. ≪琵琶記≫가 체제상의 혁신을 가져왔다면, ≪浣紗記≫는 곡조상의 혁신을 일으킨 작품이라 할 수 있다.

明代 말기에 들어와 전기는 曲律(곡률), 宮調(궁조), 曲詞(곡사), 唱法(창법) 등에 치중하고 극의 구성이나 내용, 대사 등은 소홀히 하였다. 이에 희곡이 格律과 文辭 방면으로 발전하면서 민중의 오락물에서 문인의 감상 작품으로 변하였다. 이 시기의 대표적 유파로는 格律派와 文辭派가 있다.

格律派는 吳江派(오강파)라고도 하는데, 沈璟(심경)을 중심으로 呂

天成(여천성), 卜世臣(복세신), 王驥德(왕기덕) 등이 속한다. 沈璟은 음악적 측면을 중시하여 曲辭와 曲律의 합치를 주장하였으며, 작품으로는 ≪屬玉堂傳奇(속옥당전기)≫ 17종 가운데 ≪義俠記(의협기)≫가 유명하다.

文辭派는 臨川派(임천파), 玉茗堂派(옥명당파)라고도 하는데, 湯顯祖(탕현조)를 중심으로 阮大鋮(완대성), 吳炳(오병), 李玉(이옥) 등이 이 파에 속한다. 湯顯祖는 곡률보다는 곡사를 중시하여 희곡의 주된 가치는 주제, 줄거리, 언어표현과 같은 문학적 요소에 있다고 하였다. 대표작으로는 '玉茗堂四夢'이라고 하는 ≪還魂記(환혼기)≫, ≪紫釵記(자차기)≫, ≪南柯記(남가기)≫, ≪邯鄲記(한단기)≫가 있는데, 그 중 ≪還魂記≫가 중국 희곡을 대표하는 명작으로 꼽히고 있다.

≪還魂記≫는 55척으로 되어있으며, ≪牡丹亭(모란정)≫이라고도 한다. 세련되고 참신한 언어표현을 통해 애절한 사랑의 감정을 잘 묘사하였다. 柳夢梅(유몽매)와 杜麗娘(두여랑)이라는 두 젊은 사대부 계층 남녀의 사랑을 중심으로, 當時의 禮敎主義 사회가 얼마나 비정하며 인간성을 질식시키는 것인가 하는 문제를 제기하는 등 현실에 대한 예리한 문제의식이 잘 나타나 있다. 환상과 몽환, 신화와 현실, 의식의 세계와 냉혹한 객관 세계 등이 기묘하게 섞인 구성방식은 이후 중국의 희곡과 공연예술 전반에 상당한 영향을 끼치게 된다.

湯顯祖 생전의 사회 분위기상 여성은, 특히 상류층 여성은 가장의 통제를 받으며 살아야 했고 함부로 연애는 물론 외출도 할 수 없었는데, ≪還魂記≫의 杜麗娘은 이러한 봉건적 여성상을 답답하게 여기며 자신의 의지로 산책을 하고, 죽어서 혼이 되면서까지 자신이 정한 연애 상대와 사랑을 나누며, 그러면서도 일편단심의 사랑을 고수한다. 이러한

진보적이고도 열정적인 여성상은 당대에 큰 충격을 주었고 이 때문에 ≪還魂記≫는 여성에게 특히 인기가 많았다.

沈璟의 악곡과 湯顯祖의 문사를 결합한 李玉과 같은 극작가가 나와 활발하게 활동하기도 했지만, 명 왕조의 몰락과 함께 明代 傳奇의 시대는 마감되었다.

雜劇과 傳奇의 차이점으로는, 雜劇은 북방에서 발전한 것으로 北曲을 사용하지만, 傳奇는 남방에서 발전하여 南曲을 사용한다. 雜劇은 1本 4折의 구성으로 이루어져 있고, 襯字(친자)96) 등을 덧붙였는데, 傳奇에 와서 折은 齣으로 되고, 척수의 제한이 없었으며, 40~50척의 장편이 보통이었다. 雜劇은 한 절에 한 가지 宮調를 사용하고 한 韻을 끝까지 사용했지만, 傳奇는 한 척에 정해진 宮調가 없었으며, 韻도 바꿀 수 있었다. 雜劇에선 正末(정말, 남자주인공) 또는 正旦(정단, 여자주인공)이 배역과 관계없이 一人獨唱하였지만, 傳奇에서는 등장인물 전체가 번갈아 가며 獨, 合, 輪唱을 했다. 문체를 보면 雜劇은 대화가 순수한 口語體가 많은데, 傳奇는 文言文을 사용하고 騈麗體 문장까지도 사용하고 있어 문장이 雜劇보다 훨씬 읽기 어려웠다.

---

96) 운율(韻律)상 규정된 字數 이외에 歌詞 또는 歌唱의 필요에 의해서 덧붙이는 글자. 예를 들면, 백모녀(白毛女)의 '北風(那个)吹, 雪花(那个)飄'에서 '那个'가 바로 '襯字'에 해당된다.

53. 淸代의 戲曲(≪長生殿≫, ≪桃花扇≫)

　淸代는 文學 장르 중 小說이 가장 성행했던 시기로, 戲曲은 淸朝의 강력한 문화적 통제로 인해 小說만큼 성행하지 못했다. 그러다 보니 淸代의 戲曲은 현실적 문제보다는 주로 과거의 歷史와 古代의 典籍(전적)에서 소재를 취하였고, 읽는 양식을 선호하는 경향이 보편화 되었다. 淸代 前期의 대표작은 洪昇(홍승)의 ≪長生殿(장생전)≫과 孔尙任(공상임)의 ≪桃花扇(도화선)≫을 들 수 있다. 이 두 作品은 다른 희곡들이 격률, 문사, 주제 등에 치우쳐 복고와 보수의 틀을 벗어나지 못했던 것과 달리 무대예술이 갖는 생동감과 대중성을 잘 발휘하여 淸代 戲曲의 걸작으로 뽑힌다. 洪昇과 孔尙任을 아울러 '南洪北孔(남홍북공)'[97] 이라고도 한다.

　洪昇(홍승, 1645~1704)은 字가 昉思(방사), 號는 稗畦(패휴)이며 ≪長生殿≫은 10년에 걸쳐 완성된 작품으로 모두 50척으로 이루어진 崑曲(곤곡)이다. 白居易의 ≪長恨歌≫와 陳鴻의 ≪長恨歌傳≫을 근거로 한 唐나라 玄宗과 楊貴妃의 애달픈 사랑 이야기를 담고 있다. ≪長生殿≫은 널리 알려진 이야기를 무대에 올려놓고 淸代의 현실에 맞게 표현하는 데 성공하였다. 치밀한 구성과 무대 연출의 실제 효과를 고려하여 생동감 넘치는 표현을 하는 등 예술성이 뛰어난 작품이라 할 수 있다.

　≪長生殿≫은 당 현종이 楊貴妃를 사랑하여 그의 오빠인 楊國忠을 재상으로 삼고 정치가 갈수록 부패해가는 것을 그리고 있다. 安祿山은 장안을 공격하여 玄宗이 도망가면서 '馬嵬坡(마외파, 마외산 고개)'를 넘

---

[97] 주이백(周貽白)의 ≪중국희극사(中國戲劇史)≫에서 두 사람을 淸代의 희극작가 중에서 양대 산맥으로 칭하면서 "南洪北孔"이라는 용어를 만들었다.

으면서 병사들의 성화에 못 이겨 楊國忠을 죽이고 楊貴妃는 목매달아 자살하게끔 만든다. 후반부에 가서는 唐 玄宗은 楊貴妃를 그리워하는 마음을 누르지 못하는데, 여러 형식으로 하늘에서의 만남을 그려낸다.

楊貴妃의 이야기는 唐代 白居易의 <長恨歌>와 陳鴻의 <長恨歌傳>에 바탕을 둔 것이지만, 이 극은 楊貴妃와 唐 玄宗을 모두 동등한 지위에 두어 두 사람의 사랑이 매우 애절하였음을 드러냈다. 이전의 작품들에서 楊貴妃의 존재가 나라를 기울게 하는 아름다운 妖女(요녀)로 비쳤다면, 이 극에서는 唐 玄宗의 진실한 마음을 보여주는 데 힘썼다.

다음은 馬嵬坡에서 楊貴妃가 목숨을 끊으러 가기 바로 전의 25번째 장면이다.

(旦朝上拜介) 萬歲! (作哭倒介)
(丑向內介) 衆軍聽着, 万歲爺已有旨, 賜楊娘娘自盡了。
(衆內呼介) 萬歲, 萬歲, 萬萬歲!
(丑扶旦起介) 娘娘, 請到後邊去。
(扶旦行介) (旦哭介)
[哭相思] 百年離別在須臾, 一代紅顔爲君盡!

　　(양귀비가 임금에게 절을 하는 행동을 하며) 만세! (울면서 엎어지는 행동을 한다.)
　　(축이 안으로 들어가는 행동을 한다.) 그대들은 들으시오, 임금의 뜻이 내려왔으니, 양귀비는 스스로 목숨을 끊을 것이요.
　　(대중이 소리를 지른다.) 만세, 만세, 만만세!
　　(축이 양귀비를 부축하며 일으키는 행동을 한다.) 폐하, 뒤로 가시지요.
　　(양귀비를 부축하며 가는 행동을 한다.) (양귀비가 운다.)

[곡상사] 백년 이별이 한순간이로구나, 일세의 아름다운 이내 몸은 그대를 위해 죽습니다!

孔尙任(공상임, 1648~1718)은 字가 季重(계중), 號가 東塘(동당) 또는 雲亭山人(운정산인)으로 ≪桃花扇≫과 ≪小忽雷(소홀뢰)≫의 두 가지 傳奇를 지었는데, 그 중 ≪桃花扇≫이 淸代의 대표작으로 꼽힌다. 이 作品은 明末 公子인 侯方域(후방역)과 기생 李香君(이향군)의 사랑의 파란을 줄거리로 하고, 거기에 明 왕조 멸망의 역사가 생생하게 묘사되어 있다. 孔尙任은 ≪桃花扇≫ 줄거리 구상을 위해 明末 淸初의 기록을 상세히 살피고, 무대가 되는 강남 지방을 두루 돌아다니며 當時의 상황을 조사하였다. 이렇듯 작가의 치밀한 구상과 考證(고증)에 의해 완성된 ≪桃花扇≫은 연애 이야기의 수준에서 그치는 것이 아니라, 젊은이의 연애 이야기가 줄거리를 이루면서도 명말 부패한 정치 현상과 나라를 그르치는 간신들의 행동이 낱낱이 드러나 있다. 작품의 등장인물이나 사건은 모두 실제로 있었던 역사적인 인물들을 근거로 하고 있다. 그리고 아름다운 문장 가운데 인생의 부귀는 뜬구름 같은 것이라는 애수가 숨겨져 있다. 그래서 현실적 상황과 역사적 문제의식, 민족주의적 정서 등이 ≪長生殿≫보다 훨씬 직접적으로 그려져 있다.

54 彈詞와 鼓詞

彈詞(탄사)와 鼓詞(고사)는 唐·宋의 講唱에서 발전한 민간 연예로, 明·淸代를 통하여 민간에 크게 유행하였다. 彈詞는 주로 南方에서 講唱者가 반주 악기로 琵琶를 사용했고, 鼓詞는 주로 北方에서 북을 사용하였다. 또는 彈詞와 鼓詞는 각각 南方과 北方에서 유행했으며, 講唱者가 반주악기로 琵琶와 북을 사용했다.

彈詞와 鼓詞의 대본은 주로 通俗小說의 성격을 띠고 있는데, 간혹 唱詞만으로 이루어진 대본도 있기는 하나 극히 예외에 속한다. 이들은 唱이나 白을 막론하고 모두 민중들이 듣고 이해할 수 있는 통속적이고 평이한 표현들로 이루어져 있다. 그리고 긴 이야기를 한 사람의 입으로 전해주는 것이기에 청중들의 지루함을 막기 위하여 보통 소설보다 구성에 변화와 곡절이 많다.

明代의 彈詞 作品으로는 楊愼(양신, 1488~1559)이 썼다는 <二十一史彈詞> 하나가 전해지며, 淸代의 작품도 乾隆(건륭) 이전의 것은 매우 드물다. 鼓詞는 明末의 <大唐秦王詞話> 정도가 지금 전해지는 가장 오래된 작품이다. 彈詞와 鼓詞의 대체적인 특징은 다음과 같다.

1) 彈詞

㉠ 역사와 남녀의 사랑을 주제로 한 作品이 대부분이다.
㉡ 長篇이 많다.
㉢ 표준어인 國音으로 쓴 것과 각 地方의 土音으로 쓴 것이 있다.[98]

㉣ 한가한 閨中(규중)의 여자들이 즐겼을 뿐만 아니라, 많은 作品이 여인들의 손에 의하여 이루어져서99) 감각이 섬세하고 짜임새가 빈틈이 없다.

㉤ 韻文과 散文을 혼용했는데, 唱詞는 7言의 韻文이 기본이며, 설명은 일반 소설의 서술과 비슷하다.

2) 鼓詞(고사)

㉠ 전쟁과 국가의 흥망에 관한 이야기가 많다.

㉡ 長篇이 많다.100)

㉢ 淸代 中葉 이후 長篇의 鼓詞 가운데서 精彩 있는 부분만을 골라 講唱하는 摘唱(적창)이 유행했다.

㉣ 滿洲 八旗子弟(팔기자제, 청대 만주 귀족의 자제)들에게는 그들의 鼓詞라고 할 수 있는 子弟書가 유행하였는데, 漢人들의 鼓詞와는 많은 차이가 있다.

㉤ 7言句 또는 10言句 韻文 위주이고, 그 사이에 4言이나 5言 또는 白話로 된 구절도 삽입되어 있다.

---

98) 國音으로 쓰인 彈詞가 가장 일반적이며 체제도 전형적이다. 장편으로는 ≪安邦志≫, ≪定國志≫, ≪鳳凰山≫, ≪天雨花≫, ≪筆生花≫, ≪鳳雙飛≫ 등이 있다. 土音의 彈詞로는 吳音의 것이 가장 유행하였는데 ≪三笑因緣≫, ≪옥청정(玉蜻蜓)≫, ≪珍珠塔≫ 등이 있다.

99) ≪天雨花≫를 지은 도정회(陶貞懷), ≪再生緣≫을 지은 진단생(陳端生), ≪筆生花≫를 지은 구여심(邱心如), ≪夢影緣≫을 지은 정담약(鄭澹若)과 수많은 彈詞들을 개정한 후향엽(侯香葉) 등이 彈詞의 작자로 알려진 여인들이다.

100) ≪三國志演義≫, ≪水滸傳≫, ≪西遊記≫, ≪封神演義≫ 등의 장편소설과 ≪西廂記≫, ≪白兎記≫ 등의 雜劇이나 傳奇를 개편한 것이 대부분이다.

55. 桐城派

桐城派(동성파)는 淸代의 산문 유파로 창시자는 方苞(방포, 1668~1749)이다. 계승자로 많은 사람이 있지만, 영향력으로 볼 때 劉大櫆(유대괴, 1698~1779)와 姚鼐(요내, 1732~1815)를 들 수 있다. 이들 세 사람은 모두 安徽省 桐城 사람이다.

方苞는 號가 靈皐(영고)이며 康熙 때 진사가 되었고, 벼슬은 禮部侍郞(예부시랑)에 이르렀다. 그는 경학 연구와 古文 창작에 전념하였는데, 저작에 ≪周官集註(주관집주)≫, ≪禮記析疑(예기석의)≫, ≪望溪文集(망계문집)≫이 있다. 그의 문장론의 내용은 몇 가지로 요약된다.

첫째, 창작의 가장 중요한 목적은 '通經明道(통경명도, 經典을 이해하고 道를 밝히는 것)'에 있다. 물론, 唐宋八大家의 문장이 훌륭하지만, 六經에 대한 바탕이 두텁지 못하기 때문에 '明道'가 부족하다. 따라서 그들의 古文은 최고의 경지에 이르지 못하였으므로 문장을 창작할 때 반드시 '義法'101)에 따라 그 근원을 찾지 않으면 안 된다. 즉 문장을 지을 때는 반드시 '義理'를 중요시해야 하며 孔孟과 程朱(정주)의 道統을 계승해야 한다. 그래서 方苞는 글과 道, 또는 文人과 聖人의 일체화를 이상으로 받들었다.

둘째, 그의 문장은 ≪六經≫, ≪論語≫, ≪孟子≫를 비롯한 ≪左傳≫, ≪史記≫, 唐宋八大家, 明代의 歸有光에 근원을 두고 있다. 道는 문장을

---

101) 義法은 桐城派의 散文論에서 핵심을 이루는 개념이다. '義'는 산문의 내용·주제·사상에 해당하는 것으로 儒學, 특히 정호(程顥)·정이(程頤)·주희(朱熹)가 제기한 性理學의 사상을 가리킨다. '法'은 산문의 형태와 구성 및 표현의 원칙을 뜻하는 것으로, 秦漢의 산문과 韓愈·柳宗元을 필두로 한 唐宋八大家의 산문의 격식을 가리킨다.

통해 나타나기 때문에 훌륭한 문장을 짓기 위해서는 古文의 법칙을 배워야 한다. 그래서 道統과 文統의 결합이 古文의 최고 표준이 된다.

셋째, 그는 小說과 戱曲을 매우 경시하여 아예 文學의 범주에서 제외하였다. 詩·詞·賦는 道를 밝힐 수 없기에 古文과 분리하여 취급한 것이다.

이상에서 논한 것들은 方苞 文學 思想의 중심 내용일 뿐만 아니라 桐城派의 문학 이론이다.

劉大櫆는 字가 才甫(재보), 號는 海峯(해봉)이다. 평생 동안 벼슬길이 여의치 못하여 공명을 얻지 못하였고 가난도 면하지 못하였다. 그는 方苞의 문하생이며 姚鼐의 스승으로 古文에 뛰어났다. 문집으로 ≪海峰集≫이 있다. 그만의 독특한 산문 이론이 있는 것이 아니라 스승인 方苞의 문학 이론을 그대로 계승하여 발전시켰다. 方苞에 비하여 '義法'에 구속받지 않았고, '神氣'와 '抑揚(억양)'을 강조하였다. 그는 同鄕人인 方苞의 古文의 法을 계승하였으나, ≪莊子≫와 ≪楚辭≫를 좋아하여 '神氣音節'[102)]을 주장하였다. 神은 정신으로서 氣의 주인이며, 氣는 神의 작용인데, 그것이 문장의 음절 속에 살아있어야 한다는 문학적인 미를 추구했다.

姚鼐는 字가 姬傳(희전), 堂號(당호)는 惜抱軒(석포헌)이며, 세칭 惜抱先生이라고 하였다. 그는 劉大櫆의 제자로, 方苞와 劉大櫆의 文學 理論을 계승하였으며, 그가 편찬한 ≪古文辭類纂(고문사류찬)≫[103)]은 桐

---

102) 신기(神氣)는 작가의 높은 정신적 경지를 말하며, 음절(音節)은 표현된 문자가 잘 조화를 이룬 상태를 말한다.
103) 74권이며, 先秦으로부터 저자와 거의 같은 시대인 방포(方苞)·유대괴(劉大櫆)에 이르는 고전 산문에서 엄선하여, 논변(論辯)·서발(序跋)·주의(奏議)·서설(書說)·증서(贈序)·조령(詔令)·전장(傳狀)·비지(碑誌)·잡기(雜記)·잠명(箴銘)·송찬(頌讚)·사부(辭賦)·애제(哀祭) 등 13가지로 분류하고, 각 문체에 대해 源流의 고찰을 붙

城派 文學 理論을 널리 선전하였음은 물론, 후세에 古文을 공부하는 사람들에게까지도 많은 영향을 끼쳤다.

姚鼐의 散文은 짜임새 있고 언어가 다듬어졌으며, 자연에 대한 묘사에 있어서 색채가 곱고 맑아 생동감이 넘쳤다. 姚鼐는 만년에 주로 鍾山書院에서 많은 제자를 가르쳤다. 그리하여 그의 作文 理論은 전국으로 퍼져 나갔고, '桐城派'는 당시 문단의 주류를 이루었다. 제자 중에는 管同(관동), 梅曾亮(매증량), 方東樹(방동수), 姚瑩(요형) 등이 있다. 桐城派의 글은 속어나 화려한 수사를 배제하고, 質實(질실, 꾸밈이 없고 진실함)하고, 枯淡(고담, 속되지 않고 은근한 멋이 있음)하며 간결하여 격조가 있다. 그 주장과 실제의 유용성이 당시 선비들의 환영을 받았다. 姚鼐 이후 梅曾亮, 曾國藩 등과 같은 유력한 후계자가 잇따랐으며, 中華民國에 이르기까지 글이라면 桐城派의 것을 가리킬 정도였다.

여 편집한 것이다. 그 뒤 선정범위가 좁다는 비판을 받았으나, 그것에 관한 한 거의 타당한 선택이며, 문장을 작성하는 데 널리 참고가 되었다. 또 그 분류방법도 그 뒤의 고전산문 분류의 기준이 되었다. 1880년대에 이르러 왕선겸(王先謙)과 여서창(黎庶昌)이 그 속편을 편집하였는데, 乾隆 이후의 것과 널리 經書·史傳·諸子의 문장도 수록하였다.

56 清代의 文言小說

清代는 長篇小說의 황금시대였다. 小說의 양도 많고 내용도 다양했다. 이는 金聖嘆(김성탄, 1608~1661), 李漁(이어, 1611~1679), 蒲松齡(포송령, 1640~1715), 袁枚(원매, 1716~1797), 紀昀(기윤, 1724~1805) 등의 문인들이 소설의 가치를 높이 宣揚(선양)했기 때문이다. 특히 金聖嘆은 ≪水滸傳≫과 ≪西廂記≫를 ≪離騷≫, ≪莊子≫, ≪史記≫, ≪杜詩≫와 함께 '六才子書(육재자서)'라 하여 小說을 正統文學과 동렬에 놓았다. 그러나 무엇보다도 가장 큰 이유는 통속적인 小說들이 폭넓은 민중들의 환영을 받았다는 데 있을 것이다. 더욱이 淸代에 이르면서 일반 민중 가운데 小說을 감상할만한 소양과 여유를 갖춘 사람들이 많아진 데다가, 소설을 값싸게 널리 보급할 수 있는 인쇄 기술과 제지술도 발전하였다. 또 淸代는 滿洲族이 지배하던 시대여서 불우한 나날을 보내던 漢族 知識人들에게 소설의 창작이나 감상은, 자기의 憤懣(분만)을 잊을 수 있는 가장 좋은 방법이었다. 방대한 편폭의 소설들이 나왔던 것도 지식인들이 그런 여건에서 長篇 대작에 전념할 수 있었기 때문이었다.

淸代는 白話 長篇小說과 함께 文言小說이 찬란하게 꽃핀 시대이다. 淸代 文言小說의 대표적인 작품으로는 ≪聊齋志異(요재지이)≫와 ≪閱微草堂筆記(열미초당필기)≫를 들 수 있다.

1) 蒲松齡의 ≪聊齋志異≫

蒲松齡(포송령)의 ≪聊齋志異≫는 明·淸代 文言小說을 대표하는

作品으로서 모두 500篇에 가까운 文言 短篇小說(통행본에는 431篇)이 있다. 그는 일생 동안 수많은 詩·詞·賦·曲을 지었지만, 그의 이름을 날리게 한 것은 ≪聊齋志異≫이다. 그는 농촌에서 청빈한 생활을 하면서 젊은 시절부터 창작을 시작하여 晩年에 이르기까지 부단한 수정을 거듭하여 필생의 사업으로 이 책을 편찬했다.

≪聊齋志異≫에 수록된 短篇들은 짧으면 수백 자, 길어도 수천 자에 불과한 短篇小說이지만 내용은 매우 다양하며 대부분 완벽한 구성을 갖춘 小說이다. 作品의 소재에는 민간전설에서부터 前代의 野史, 또는 작자 자신의 견문이나 상상을 통한 허구적 창작 등이 모두 포함되어 있다. 작자는 주로 六朝時代의 志怪小說과 唐代 傳奇小說의 영향을 받아 作品을 창작했고, 묘사대상은 대부분 여우와 귀신, 요정과 신선 등으로 되어 있다. 每 작품마다 말미에는 '異史氏曰(이사씨왈)'이라는 이름으로 작자 자신의 評語를 붙였다.

사상적으로 ≪聊齋志異≫는 매우 강력한 비판 정신을 드러내고 있다. 비판의 화살은 당시 봉건 통치자의 부정부패와 어두운 사회로 향하고 있다. 作品 속에는 탐관오리와 지방 토호들의 추악한 모습이 낱낱이 묘사되어 있으며 일반 백성이 받는 혹독한 압박의 현실이 그대로 반영되어 있다. 당시 과거제도의 불합리성에 대한 폭로와 비판도 나타나 있는데, <于去惡(우거악)> 같은 작품에는 뛰어난 학문도 없으면서 사사로운 부정행위를 저지르고 있는 科擧 試驗官의 무능함에 대한 풍자가 그려지고 있다.

문학적 성과에서 ≪聊齋志異≫는 文言小說로서는 드물게 상당한 수준에까지 오른 것으로 평가되고 있다. 이 소설이 비록 귀신과 여우를 등장시켜 환상적인 초현실의 세계를 그려내어 낭만성이 매우 농후하지만, 여기에 나오는 초현실의 세계는 곧 현실 세계를 그대로 반영하고 있다는 점에서, 귀신이나 여우의 이야기도 그대로 인간의 이야기로 독자들의 심금을 울리는 감동을 전달하고 있다. 그러므로 때로는 현실 세계의 이야기보다도 더한 풍자로 깊은 인상을 심어주고 있다. 등장인물의 형상화에서도 작자는 성격과 심리묘사에 세심한 주의를 기울였으며, 인간이 아닌 주인공의 묘사에서도 호흡이 통하고 피가 흐르는 듯한 살아있는 인물로 만들어 예술형상을 더욱 높였다. 특히 여성인물의 묘사에서 뛰어난 기교를 발휘하여 嬰寧(영녕)·靑鳳(청봉)·小翠(소취)·紅玉(홍옥)·綠衣女(녹의녀) 등과 같은 中國小說史에서 독보적인 존재로 남을 불후의 인물들을 만들었다. 小說 언어에서도 文言小說로서의 장점을 최대한 살려 우아하고 절제된 언어를 적절하게 구성하였고, 동시에 생동감 있는 구어와 속담을 활용하여 살아있는 언어로 만들었다.

다시 말해 ≪聊齋志異≫는 唐代 傳奇의 수법을 借用(차용)하여 탄탄한 구성력, 풍부한 상상력, 정련된 언어, 치밀한 묘사, 뛰어난 창작성으로 中國 文言短篇小說의 최고봉에 올랐다고 평가할 수 있다.

2) 紀昀의 ≪閱微草堂筆記≫

紀昀(기윤)의 ≪閱微草堂筆記(열미초당필기)≫는 ≪聊齋志異≫가 유행한 이후 나타난 독창적 특색을 가진 필기체의 志怪小說集이다. 그러나 문학성은 ≪聊齋志異≫에 뒤떨어지는 것으로 평가된다. ≪閱微草堂筆記≫는 紀昀의 만년 作品으로, 1789년에서 1798년 사이의 10년간에 걸쳐 기록한 총 1,100여 條의 文言短篇이 실려 있는 志怪小說集이다. 이 소설집은 ≪灤陽消夏錄(난양소하록)≫ 6卷, ≪如是我聞(여시아

문)≫ 4卷, ≪槐西雜志(괴서잡지)≫ 4卷, ≪姑妄聽之(고망청지)≫ 4卷, ≪灤陽續錄(난양속록)≫ 6卷 등 24卷으로 구성되었다.

≪閱微草堂筆記≫의 창작 목적은 귀신을 빌려 인과응보를 설명하고 봉건 도덕을 선양함으로써 세상을 교화하는데 두었으며, 형식상으로는 唐代 傳奇의 화려함을 반대하고 六朝 志怪의 질박함을 추구하여 문장이 담백하고 청신하다. 이러한 특징은 세밀한 묘사와 화려한 문장으로 쓰인 ≪聊齋志異≫와 그 풍격상 서로 대조가 된다. 내용상으로도 당시의 부패하고 어두운 현실에 대해서는 과감한 비판을 유보하고 있어, 蒲松齡의 경우와 좋은 대조를 이룬다. 그러나 다른 한편으로 보면 당시 엄격한 봉건사회에서 최고 文人으로서 여전히 강직한 성품을 고수하며, 小說을 통한 당시 사회의 불합리한 예법이나 황당무계한 미신적 습관을 사실적으로 기록하여, 결과적으로 비판적 입장을 드러냈음은 그나마 상당한 기백과 용기를 가진 문인이 아니면 불가능했던 일이라고 할 수 있을 것이다. 즉, 청나라 당시에까지 막대한 폐단이 되고 있던 宋明理學의 보수적 사고방식과 도학자들의 고루하고 허위적인 행위에 대해, 사실적인 묘사를 통해 비판적 입장을 드러낸 것은 ≪閱微草堂筆記≫의 주요 내용이라고 할 수 있다.

그 밖에 袁枚(원매)의 ≪新齊諧(신제해)≫[일명 ≪子不語(자불어)≫], 沈起鳳(심기봉)의 ≪諧鐸(해탁)≫, 浩歌子(호가자)의 ≪螢窓異草(형창이초)≫ 등도 淸代 文言小說의 주요 作品으로 꼽힌다.

57 淸代의 白話小說(≪紅樓夢≫, ≪儒林外史≫)

長篇小說은 明나라 때의 章回小說을 이어받아 발전하였는데, 理學과 考證學이 성행하던 당시의 경직된 사상적인 기풍 아래에서도 큰 성과를 거두었다. 가장 대표적인 작품으로 曹雪芹(조설근, 1715~1763)의 ≪紅樓夢(홍루몽)≫과 吳敬梓(오경재, 1701~1754)의 ≪儒林外史(유림외사)≫를 들 수 있다. 이밖에 文康(문강, 생졸년 미상)의 ≪兒女英雄傳(아녀영웅전)≫, 石玉昆(석옥곤, 생졸년 미상)의 ≪삼협오의(三俠五義)≫, 蒲松齡(포송령)의 ≪醒世姻緣傳(성세인연전)≫, 李汝珍(이여진, 1763~1830)의 ≪鏡花緣(경화연)≫, 李漁(이어)의 ≪十二樓(십이루)≫ 등도 당시의 훌륭한 作品이다.

1) ≪紅樓夢≫

人情小說[104]은 魯迅(노신)이 ≪中國小說史略(중국소설사략)≫에서 '明代의 人情小說'과 '淸代의 人情小說'이라는 이름으로 분류하고, <中國小說的歷史的變遷(중국소설의 역사적 변천)>에서 '人情派'를 淸代의 4대 소설유파 중의 하나로 중요하게 다루면서 '人情小說'이라는 명칭이

---

[104] 인정소설이란 가정생활 및 애정 혼인문제를 제재로 하여 현실사회를 반영한 중·장편소설로서, 明·淸代를 걸쳐 성행하였다. 淸代의 인정소설은 明末의 ≪金甁梅≫를 필두로 하는 明代의 人情小說 전통을 계승하여 발전하였으나, 급격한 사회적 변화를 거치면서 내용과 형식면에서 明代의 인정소설과는 확연히 구별되는 특징적인 면모를 보인다. 그러한 새로운 면모는 淸朝의 정치 사회적 변화 및 사상적 흐름과 궤를 같이하면서, 淸初의 발전기, 淸 중엽의 고조기, 淸末의 쇠퇴기를 형성하며 다양한 양상으로 나타나고 있다.

널리 쓰이게 된다. 그러나 동일 유파에 속하는 작품들을 '佳話', '才子佳人小說', '言情小說', '風情小說', '世情書', '世情小說' 등의 명칭으로 부르기도 한다. 그 내용이 모두 현실사회 속에 존재하는 사람들 사이의 실질적인 人情世態를 반영한다는 점에서, 人情小說이라는 명칭이 가장 포괄적으로 사용되고 있다.

　　清 王朝는 康熙(강희)·雍正(옹정)·乾隆(건륭) 때에 이르러 고도의 중앙집권적 통치를 통해 통치역량이 최고조에 달하면서, 소위 '康乾盛世'를 맞이한다. 그러나 성세의 이면에는 쇠퇴의 조짐이 매복되어 있었으니, 비록 표면화되지는 않았으나 통치 집단 내부의 갈등, 계층 간의 갈등, 사상 간의 갈등이 점차 심화하고 있었다. 이러한 상황에서 당시 통치자들의 사상적 통제가 역사상 보기 드물게 행해졌다. 그들은 지식인을 통제할 때 탄압과 회유라는 양면 정책을 썼다. 清 王朝는 당시 程朱理學(정주이학)을 통치이념으로 받들면서 이에 위배되는 기타의 사상은 엄금하였다. 그러나 雍正 이후 反理學의 기운이 조성되자, 통치자들은 程朱를 비방했다는 죄목으로 대대적인 탄압을 감행하였으니, 그것이 文字獄(문자옥)105)이다. 이렇듯 통치가 삼엄했던 시대적 환경 속에서 人情小說의 창작은 양극으로 빠르게 분화되었다. 즉 작가적 양심과 예술가적 용기가 있는 작가들은 人情世態를 묘사하면서 당시의 사회현실을 광범위하게 비판하고 있으나, 그렇지 못한 작가들은 風情逸事(풍정일사)의 묘사에만 주력하며 스스로 마음을 달랬다.

　　이러한 人情小說 가운데 가장 대표되는 作品이 바로 ≪紅樓夢≫이다. 清 王朝가 가장 안정되었던 18세기 중반에 나온 曹雪芹의 ≪紅樓

---

105) 문자옥이란 清代의 정치를 반대하는 글을 쓰거나 공격을 하는 사람, 혹은 그러한 문장을 읽고서 유포시킨 사람들을 처벌하기 위해 만든 제도이다. 이는 清代의 知識人에 대한 강경책이라 할 수 있다.

夢≫은 淸代뿐 아니라 중국 고대소설 장르를 대표하는 작품으로 꼽힌다. 원래 ≪石頭記≫라는 제목으로 발표되었던 ≪紅樓夢≫은 120회로 이루어진 大河小說로, 120회 가운데 80회만 曹雪芹이 직접 쓴 것이며, 뒤 40회는 曹雪芹 사후 그의 초고와 비망록을 근거로 하여 高顎(고악, 1758~1815)이 이어서 쓴 것이라고 전해지나 확실하지는 않다.106) 曹雪芹의 본명은 曹霑(조점)이며, 그의 집안은 명문 사대부 가문이었다고 한다. 그의 조부 曹寅(조인)은 康熙帝의 두터운 신임을 받아 江蘇省 北部의 소금 전매 사업 감독관에 임명되었을 뿐 아니라, 江寧織造107)라는 직책을 세습 직위로 하사받아 막대한 부를 축적하였다. 康熙帝는 江南 지방을 巡視(순시)할 때 曹寅의 집을 네 번이나 임시 왕궁으로 사용할 정도로 曹寅을 각별하게 신임했던 것으로 전해진다. 曹雪芹이 어렸을 때는 부귀하고 호화로운 가정에서 귀여움을 받으며 자랐으나, 康熙 末 擁正 初에 황실 내부의 軋轢(알력)으로, 擁正 5년 曹氏 일족은 織造署(직조서)의 자금을 탕진했다는 죄명으로 가산을 몰수당했다. 그 이후 가족을 따라 北京으로 이주하였지만, 貧窮(빈궁)한 생활을 벗어나지 못하였다. 결국, 가난과 실의 속에서 자신의 화려했던 지난날을 회상하면

---

106) 曹雪芹은 비록 ≪紅樓夢≫을 다 완성하지 못한 채 세상을 떠났지만, 다행히도 자신이 본래 구상했던 後 40回의 내용을 前 80回 속에 은해해 두었으니, 그것이 바로 第五回의 ≪紅樓夢≫ '十二支曲'이다. ≪紅樓夢≫은 구성방식이 독특하여, 여타 소설과 구별되는 여러 가지 특징을 가지고 있는데, 그중 하나가 바로 선예시후전개식(先豫示後展開式)으로 구성되어 있다는 점이다. 즉 ≪紅樓夢≫은 前五回에서 全書의 주제 및 줄거리의 대강을 事前 暗示한 연후, 그 豫示 내용을 근간으로 하여, 第六回부터 본격적인 줄거리가 전개되고 있는데, 특히 第五回 ≪紅樓夢≫ '十二支曲'의 豫示 내용은 대부분 後 40回와 관련된 것이라고 한다.
107) 강녕직조(江寧織造)라는 직책을 조설근 집안이 3代 4人에 걸쳐 담당하였다고 한다. 이 직책은 황실에서 사용하는 각종 사직품(絲織品)과 생활용품을 구입하여 제공하거나, 江南 일대의 社會動向을 살펴서 그때그때 皇帝에게 告하는 일이었다. 이러한 특수한 사명 때문에 曹氏 집안은 康熙帝 때 부귀영화를 누릴 수 있었다.

서 ≪紅樓夢≫을 집필하게 되었다. 집필 과정에서 아들이 病死하였는데, 아들의 죽음에 크게 상심한 나머지 曹雪芹은 ≪紅樓夢≫을 다 쓰지 못한 채, 자신도 병을 얻어 죽었다고 한다.

　≪紅樓夢≫은 '紅樓의 허망한 꿈'을 그린 小說이다. 紅樓는 부귀영화와 溫柔敦厚(온유돈후)의 이상세계를 상징한다. 현실적으로는 여자들이 거처하는 집을 지칭하지만, 그 아름다운 세계에서 펼쳐지는 수많은 사연과 애틋한 사랑 이야기도, 결국은 한바탕의 허망한 꿈에 불과하여 물거품과 같이 사라져가고 만다는 사실을 제목 속에서 드러내고 있다. 小說의 첫머리는 ≪山海經≫의 女媧神話를 인용한 '石頭記'의 이야기에서 시작되고 있다. 이는 하늘에서 내버려진 石頭가 적막함과 무료함을 못 견디고 인간 세상으로 내려가 賈寶玉(가보옥)으로 환생하였다가, 다시 돌아가 자신이 겪은 세상사를 적어둔다는 이야기이다. 또한 甄士隱(견사은)과 賈雨村(가우촌)의 만남과 이별을 통해, 진짜와 가짜, 유와 무의 분별이 어려우며 가짜와 진짜가 맞물려 돌아가는 ≪紅樓夢≫의 구조를 보여주기도 한다. 2회 이후로는 賈寶玉의 탄생과 성장, 그리고 林黛玉(임대옥)과 薛寶釵(설보채)라는 여주인공의 등장 및 이들의 사랑과 이별을 그리고 있는데, 할머니 史太君의 꾀에 속아 賈寶玉이 마음에 없는 薛寶釵와 결혼하던 날, 林黛玉은 숨을 거두는 것으로 나온다. 이에 스스로 인간사의 비정함과 허망함을 깨달아 賈寶玉이 19년간의 인간 생활을 버리고, 원래의 石頭로서 자신이 떠나온 大荒山(대황산) 아래에 있는 無稽崖(무계애)로 돌아간다는 것이 주요 내용이다. 돌이 놓여 있는 '大荒山 無稽崖'라는 지점은 '황당무계'한, '터무니없음'이라는 소설의 허구적 특징을 상징한다.

　賈寶玉은 賈氏 집안의 유일한 계승자로서, 봉건적 전통의 길을 걸어야 하지만, 오히려 봉건적 전통에 대항하는 반항적인 사상을 소유하여 관직, 부귀, 尊卑思想(존비사상) 등에 비판적이며 자유로운 영혼을 가졌다. 그래서 賈母·賈政·王夫人·薛寶釵 등의 봉건 옹호자와 갈등 관계에 놓이고, 결국 연인 林黛玉(임대옥)은 夭折(요절)한다. 소설 중에서 賈寶玉은 전형적 귀족 집안의 환경 속에서 이에 반항하며 새로운 사상을 대표하지만, 결국 애정과 혼인의 실패를 통해 봉건 귀족가정의 몰락 과정과 함께한다. 작가는 ≪紅樓夢≫ 第 3回에서 <西江月>이란 시를 이용하여 賈寶玉을 다음과 같이 묘사하였다.

無故尋愁覓恨, 有時似傻如狂.
潦倒不通世務, 愚頑怕讀文章.
縱然生得好皮囊, 腹內原來草莽.
行爲偏僻性乖張, 那管世人誹謗.

까닭 없이 근심 걱정 찾아다니니, 때로는 바보처럼 때로는 미친 듯이.
세상만사 살아갈 줄 전혀 모르고, 둔하고 어리석어 공부 싫어하였네.
생김새 꼴 하나는 번듯하지만, 뱃속엔 원래부터 잡초 덩어리.
언행은 괴벽하고 성질은 고약하니, 세상 사람 비난에 상관인들 하리오!

富貴不知樂業, 貧窮難耐凄涼.
天下無能第一, 古今不肖無雙.
可憐辜負好時光, 於國於家無望.
寄言紈袴與膏粱, 莫效此兒形狀.

부귀 속에 본업을 지키지 못하고, 빈궁하니 처량함을 견디지 못하네.
천하에 무능하기가 세상 첫째고, 고금에 불초함은 짝이 없어라.

황금 세월 허송함이 가련하구나, 나라에도 가문에도 소용없는 일.
부잣집 귀족 자제 내 말 들으소, 행여나 이런 아이 닮지를 마소!

林黛玉은 林如海와 賈敏의 딸로 賈寶玉의 고종사촌 누이인데 조실부모하여 賈氏 집안에 기거한다. 賈母의 외손녀로 賈母의 총애를 받아 賈寶玉과 만나게 된다. 봉건전통에 반항적 사상을 소유하여 "無才가 여인의 덕"이라는 관념에 저항하며, 자신의 재능을 발휘한다. 賈寶玉과 사랑하지만 薛寶釵의 등장으로 寶玉을 오해하며 눈물로 지새는 일이 많다. 병약하다는 이유로 賈母로부터 끝내 후원을 받지 못하고, 傻大姐(사대저)로부터 寶玉과 薛寶釵의 혼인 사실을 전해 듣고 절망하여, 詩를 적은 원고를 태우고 피를 토하며 절명한다.

薛寶釵는 薛姨母의 딸이며 賈寶玉의 이종사촌누이이다. 황실 상인 집안의 부유한 환경에서 자랐으며, 원만하고 합리적인 성격으로 모든 이의 환영을 받는다. 王熙鳳(왕희봉)의 계략과 賈母와 王夫人의 허락으로 賈寶玉과 결혼을 하지만 사랑을 받지 못하고, 賈寶玉이 출가한 이후엔 王夫人을 모시고 쓸쓸히 지내다 후에 유복자를 낳는 것으로 되어있다. 그녀의 불행한 결혼과 인생은 봉건 가정의 또 다른 희생물이라 볼 수 있다.

王熙鳳은 王夫人의 친정 조카딸이자, 賈璉(가련)의 아내이며 金陵十二釵(금릉십이채)의 한 사람으로, 才談을 잘하고 통솔력이 뛰어나 賈母와 王夫人의 신임을 얻는다. 이에 賈氏 집안 전체의 살림과 대사를 맡아보며 실권을 행사한다. 그러나 지나치게 이기적이고 표독스러워 남편인 賈璉이 尤二姐(우이저)를 첩으로 삼자, 간계를 꾸며 그녀를 죽게 하고, 林黛玉을 제치고 薛寶釵와 賈寶玉을 결혼하게끔 하는 등 온갖 권모술수를 다 부린다. 그녀의 일생이 賈氏 집안의 흥망성쇠와 맞물려 전개되면서 淸代 統治階級의 모든 속성이 그녀를 통해 집약적으로 묘사되고 있다.

≪紅樓夢≫은 위의 주요 인물들 외에 400여 명이 넘는 인물들을 등장시키면서, 賈寶玉과 林黛玉의 애정 비극과 賈寶玉과 薛寶釵의 결혼 비극을 중심으로 賈氏 집안의 복잡한 생활사의 모순 관계를 묘사함으로써, 봉건사회 말기의 암흑을 그렸다. 이는 曹雪芹의 생활 시기였던 盛世인 乾隆時期의 外面을 묘사하면서, 동시에 그 내면적 통치계급과 봉건사회 전반에 대한 비판을 통해, 궁극적으로 봉건사회 말기 귀족 집안인 賈氏 집안의 몰락 과정 속에서 봉건사상의 몰락을 그려내고 있다.

2) ≪儒林外史≫

中國小說史에서 諷刺小說108)이라는 문장 갈래는 魯迅이 ≪中國小說史略≫에서 처음으로 언급하였다. 諷刺란 본래 인류가 자신이 생존하고 있는 사회나 집단 혹은 특정인이나 특정 집단의 인간관계와 풍속, 습관, 행동, 자세에 대해서 불만을 품게 되면서 생겨나는 것으로서, 이러한 불만을 직접 교정하거나 단번에 개선할 능력이 없을 때, 적절한 표현 수단으로 불합리한 실상을 들추어내거나 부각함으로써 현실 속에 존재하는 모순과 부조리를 대중에 인식시켜 사회를 개혁하고 선도하려는 목적을 달성하려는 창작활동이다. 이러한 諷刺小說이 본격적으로 발전하기 시작한 것은 宋·元代부터 민간에서 흥성하기 시작한 白話小

---

108) 魯迅이 ≪中國小說史略≫에서 처음으로 '풍자소설'을 언급하였다. 魯迅은 간략한 비평을 통해 諷刺小說이 갖추어야 할 풍자 태도, 풍자대상, 풍자기교의 특성 등 구비조건을 밝히면서, 이러한 조건을 완비한 ≪儒林外史≫를 이상적인 諷刺小說이라고 극찬하였다.

說이 등장한 이후라고 할 수 있다. 白話小說이 대량으로 창작된 明代에 이르러서는 작가의 사회비판의식109)이 점차 강화되었고 作品 중에 사용된 풍자기법도 갈수록 성숙해지며, 淸代에 이르러 諷刺小說110)이라는 하나의 小說 갈래로 성장하게 된다. 그 대표작이 바로 吳敬梓의 ≪儒林外史≫이다.

吳敬梓는 字가 敏軒(민헌), 만년에 文木老人이라고 칭했으며 安徽省 全椒(전초) 사람이다. 그는 부유하고 명망 있는 집안에 태어나 학문을 넓게 닦고 충분한 문장 실력을 갖추었다. 그러나 이러한 우수한 재능을 지녔음에도 불구하고, 고위층의 배경이 없어 과거시험에 합격하지 못하고 평생을 貧寒한 하층 사대부로 지낸 자신의 쓰라린 인생을 ≪儒林外史≫를 통해 그려냈다.

≪儒林外史≫가 제시하고 있는 주제를 살펴보면, 첫째 科擧制度의 병폐에 대한 비판이다. 봉건 통치를 공고하기 위한 수단으로서 淸初부터 실시한 八股取士(팔고취사)111)의 科擧制度는 知識人層의 無知를 조장하였다. ≪儒林外史≫는 이 과거제도를 통하여 官吏가 된 者들의 횡

---

109) 明末 淸初에 극심한 사회 혼란으로 인한 도덕적 타락과 사회의 부조리가 심각한 상태에 이르게 된다. 그리고 만주족 지배와 경직된 사회구조 아래에서 일반 백성들의 합리적인 재산축적이 어려우며, 권력과 결탁한 각종 비리가 만연하고, 금전만능주의가 보편화 된다. 이러한 가운데, 시민자산계급이 성장하면서 봉건사회의 부패한 지도세력에 대해 비판하게 된다. 특히 淸初에 고염무(顧炎武), 왕부지(王夫之), 황종희(黃宗羲) 등의 진보적 사상가들이 등장한다.
110) 淸代의 諷刺小說은 작품의 題材에 따라 두 가지 형식으로 분류할 수 있다. 사실수법을 사용한 사실 풍자소설과 우언 수법을 사용한 우언 풍자소설이다. 전자의 대표적인 예가 바로 ≪儒林外史≫이고 후자의 예가 ≪경화연(鏡花緣)≫이다.
111) 淸代에는 과거시험으로 주로 八股文을 보았는데, 八股文은 대체로 宋代의 '經義'를 본뜬 것이지만 詩文의 語句 배치인 조사(措辭)는 옛날 사람의 말투만 사용해야만 하였다. 짜임새는 일정한 法式이 있고 字數에도 일정한 제한이 있었으며, 句法은 배우(排偶)가 요구되었으므로, '八比文'·'詩文'·'詩藝'·'制藝'라고 부르기도 하였다. 즉 八股文은 형식주의가 만연된 문체라고 할 수 있다.

포에 대해 고발하고 있다. 즉 淸代의 과거제도는 부귀공명과 직접적으로 연결되어 있기에, 지식인들은 八股文만을 신봉하여 사상의 획일화를 초래했다. 지식과 실천이 분리된 채 단지 개인의 利慾에만 관심을 가져, 점점 도덕성을 잃어가는 행태에 대하여 깊이 비판하고 있다. 둘째, 악덕 지주 및 鹽商(염상)과 高利貸商의 경제독점과 당시 사회의 정치독점으로 인해, 제멋대로 권력을 휘두르고 있는 처참하고 부패한 사회의 병폐를 날카로운 필치로 비판하고 있다. 셋째, 진보적인 사상의 수용을 주장하고 있다. 허위적인 封建 禮敎가 얼마나 인성을 파괴하는지 고발하는 동시에, 상당히 진보적인 태도로 자유와 평등의 새로운 관념을 불어넣어 주었고, 또한 女權 伸長에 대한 강한 의식을 나타내고 있다. 넷째, 부조리한 현실을 비판하는 동시에 이상적인 인물상[112]을 통해 작가의 理想을 제시함으로써 현실에 대한 개선 방안과 비전을 제시하고 사회를 敎化하고자 했다. 즉 立身處世의 원칙으로 '文·行·出·處'[113]를 강조했으며, 전통 도덕의 회복을 주장하였다. 부귀공명을 탐하지 않고 자기 힘으로 생활해 가는 市井奇人[114]을 통해 자신의 이

---

[112] ≪儒林外史≫ 31회부터 현실 세계와 대립하면서 강한 반항 정신을 지닌 두소경(杜少卿)이라는 인물을 출현시켜 작자가 지향하는 이상세계를 그려내고자 했다.

[113] 吳敬梓가 讀書人의 행동지표로 제시하는 준칙으로서, '文'은 책에서 배운 지식이며, '行'은 도덕적 품행으로서 실천학문이며, '出'은 好官(높고 중요한 벼슬자리)·功業(큰 공로)을 세움이며, '處'는 在野·在家 생활을 일컫는다. '文·行·出·處'는 지식인들에게 학문뿐만 아니라 인격 수양을 요구하고 있다. 그러므로 작자는 문인들은 '文·行·出·處'를 강구해야만 부귀공명의 유혹에서 벗어날 수 있고, 으뜸가는 품성을 가질 수 있으며 전통 도덕의 회복을 강조하고 있다. 작자는 대담하게 각 방면의 부패한 현상을 폭로하고 전통 예교와 풍속 습관 등을 지키지 않는 사람들을 비판하는 동시에 전통 도덕의 회복을 주장하고, 여러 名士들을 통해 정치 이상을 드러내고 있다. 대표되는 인물이 바로 ≪儒林外史≫의 첫머리에 등장하는 왕면(王冕)이다.

[114] 吳敬梓는 당시 빈부 차의 현상을 보면서 사회의 경제 불균형에 불만을 나타내어 각자 자급자족하는 합리적인 생활을 동경하였다. 55회에 自食其力(자신의 힘으로

상세계를 나타내고자 했다.

≪儒林外史≫115)는 作品의 구성면에서 독특한 형식을 취하고 있다. 다른 章回小說과 달리 주인공이 없을 뿐만 아니라 일관된 줄거리도 없다. 각각의 이야기는 그것에 관련되는 인물이 등장하면서 전개되고 또 관련 인물이 사라지면서 이야기도 끝을 맺는다. 長篇小說이기는 하지만 실제로는 많은 短篇小說을 엮어 놓은 것과 같은 형태를 취하고 있다. 이렇게 수많은 短篇을 결합하여 이루어진 穿珠型構造(천주형구조)116)와 같은 구조적 특색을 통해 吳敬梓는 풍자효과를 극대화하여 작품의 주제를 분명하게 전달하고자 하였다. ≪儒林外史≫는 공간적으로 여러 고장의 각기 다른 유림에 속하는 인물들을 등장시키지만, 作品의 서술 구조상 앞뒤에 한 회씩 楔子(설자)와 結尾(결미)를 갖추고 있어, 처음과 끝이 서로 호응하므로 내재적인 연계가 이루어지고 있다. 楔子에서는 王冕(왕면)을 등장시켜 이상적인 文人象을 제시하면서 작품 전체의 大義를 제시해 주고 있으며, 結尾에 4명의 市井奇人을 통해 작자의 이상세계를 제시하며 상호 호응관계를 이루게 된다. 그리고 작품의 본론에 해당하는 제2회부터 54회에 이르는 본문에서는 富貴功名

생활하다)의 시정기인(市井奇人)인 이가년(李假年), 왕태(王太), 개관(蓋寬), 형원(荊元)을 등장시킨다.

115) ≪儒林外史≫의 간략한 작품의 뼈대를 살펴보면, 【설자(楔子)】 1회에서는 현실과 대비되는 이상적인 인간상을 제시하였으며, 【正文】 2~17회에서는 과거 시험과 관련된 여러 인간 군상들(대비되는 인물들을 통해 당시 지식인들의 부패하고 타락한 모습과 사회 부조리의 모순점을 보여줌)을 보여주고 있고, 17~30회에서는 저속한 名士들, 31~43회에서는 이상적인 유형의 인물들과 그들의 좌절, 44~54회에서는 부패한 사회의 암울함, 【결미(結尾)】 55회에서는 4명의 기인을 통해 이상적인 사회를 묘사하고 있다.

116) 실에 줄줄이 꿰어놓은 듯한 구조로써, 중심인물이나 중심 줄거리를 설정하지 않고 전체적으로 유기적 연관이 있는 짤막한 삽화들을 파노라마처럼 연결해 놓은 방식이다.

의 노예가 되어 자신의 욕망을 이루기 위해 발버둥 치는 수많은 인물을 白話로 묘사하여, 작품 전후에 등장하는 理想人物과 대비함으로써, 당시 지식인들의 부패와 타락, 사회의 부조리와 모순을 선명하게 부각하고, 작가의 이상과 인생관, 사회관을 살림으로써 소설로서 크게 성공하게 된다.

≪儒林外史≫는 허위와 위선에 가득 찬 당시 상층 사대부의 전형을, 銳利(예리)한 풍자와 거리를 유지한 諧謔(해학)을 통해, 정확하고 생생하면서도 다각적으로 묘사하고 있다. 따라서 ≪儒林外史≫는 중국 고전 諷刺小說의 기초를 닦아 놓았을 뿐만 아니라 후세 諷刺小說의 발전에 직접적인 영향을 주었다.

李漁의 ≪十二樓≫도 白話 短篇小說集이다. 李漁는 희곡작가로 유명하지만, 소설도 써서 소설집으로 엮었다. 12篇 모두가 '樓'자를 넣어 이름을 지었기 때문에 ≪十二樓≫라 하였지만, 내용이 꼭 '樓'와 관계가 있는 것은 아니다. 이 小說은 詩, 詞, 古文, 成語, 俗語 등을 활용하여 매우 통속적으로 독특한 형식을 갖추고 있다.

蒲松齡은 보통 ≪聊齋志異≫의 작가로 알려졌지만, 오히려 그의 代表作이라 할 수 있고 淸代 文學史에서 그의 위치를 확인해주는 것은 長篇小說인 ≪醒世姻緣傳(성세인연전)≫을 꼽을 수 있다. ≪醒世姻緣傳≫은 前生과 今生의 兩世에 걸친 인간들의 인연으로 말미암은 인과응보를 주제로 한 대규모의 小說이다. 내용은 비교적 간단하다. 晁源(조원)이라는 사람이 전생에서 저지른 살생과 본처 학대 등의 죄악으로 말미암아 현세에서 그 業報를 당한다. 그 까닭을 모르다가 마침 胡無翳(호무예)라는 高僧이 이를 알려줘서 그 까닭을 알게 된다. 또 고승의 지시로 ≪金剛經≫을 일만 번 읽고 나서야 비로소 업보에서 벗어났다고 하는 줄거리이다. 이 小說은 자연스럽고 매끄러운 白話로 쓰여 있다. 그리고 인물의 성격이나 감정이 뚜렷이 묘사되어 있어, 이 소설에 등장하는 인물들은 제각기 개성을 가지고 각자의 역할을 하고 있다. 이런 점에서 ≪醒世姻緣傳≫은 성공작이라 할 수 있다.

≪儒林外史≫를 발단으로 하여 ≪孼海花(얼해화)≫, ≪二十年目睹之怪現狀(이십년목도지괴현상)≫, ≪官場現形記(관장현형기)≫ 등과 같은 대량의 譴責小說(견책소설)이 나타났다. 이 작품들은 봉건사회를 비판하는 경향을 형성하였고, 이것은 줄곧 5·4運動 이후의 新文學에도 영향을 끼치게 된다.

58 清末 四大 譴責小說

≪儒林外史≫와 ≪鏡花緣≫117)이 보여준 사회적 관심과 小說로서의 수법은 淸末에 이르러 이른바 譴責小說(견책소설, 허물이나 잘못을 꾸짖고 나무라다)로 계승되어 꽃 피운다.

淸末에는 특히 무수한 소설들이 쏟아져 나왔다. 그것도 대부분이 사회나 官界의 병폐를 폭로하고 비판한 내용이어서, 魯迅은 ≪中國小說史略≫에서 이것들을 譴責小說이라 부르고 있다. 그 대표적인 것으로는 李寶嘉(이보가, 1867~1906)의 ≪官場現形記(관장현형기)≫, 吳沃堯(오옥요, 1866~1910)의 ≪二十年目睹之怪現狀(이십년목도지괴현상)≫, 劉鶚(유악, 1857~1909)의 ≪老殘遊記(노잔유기)≫, 曾樸(증박, 1872~1935)의 ≪孽海花(얼해화)≫가 있다.

李寶嘉의 ≪官場現形記≫는 관리들의 온갖 추태를 ≪儒林外史≫의

---

117) 경화수월(鏡花水月)에서 따온 ≪鏡花緣≫이란 현실에서는 실현될 수 없는 작자가 꿈꾸는 이상세계를 상징하고 있다. 이여진(李汝珍)은 사회의 어두운 면과 정치 부패, 그리고 백성들이 겪는 고통을 목도하고, 현실에 대한 자신의 울분을 표출하고자 하는 강렬한 의식을 품고서, 1817년 전후 100회본 장편소설을 세상에 내놓았다. 그는 당오(唐敖) 및 임지양(林之洋), 다구공(多九公)이 君子國·大人國·兩面國·女兒國 등 40여 개 해외 이국을 지나며 기이한 풍속과 사건에 접하고 갖가지 모습의 사람과 괴상한 동식물을 보며 겪은 내용 그리고 당오의 딸 소산이 여성 고시에 합격한 후, 100명의 才女와 함께 경축연에 참가하여 거문고를 타고, 시를 짓고, 학예를 논설하는 등 그 재능을 과시하는 내용으로 엮었다. 이러한 내용은 '才學小說'이라는 평가를 받기도 했지만, 해외 국가를 통해 통치계급 및 현실 사회에 대한 풍자는 물론 이상사회의 동경을 표현함으로써, 유희를 도구로 하여 현실을 풍자하고 그의 이상세계가 실현되기를 바랐던 풍자소설이다. 기이한 해외세계를 환상적으로 묘사한 것은 당시 현실 사회의 변형된 모습의 축소판이자 이상사회를 나타낸 것으로, 스위프트가 ≪걸리버 여행기≫에서 당시 영국 사회현실에 대해 비판하고 이상사회를 꿈꾸었던 것과 유사하다.

풍자 수법으로 폭로, 비판하고 있다. 너무나 냉정한 필치로 관료사회의 추태를 풍자하고 있어서, 이 소설을 읽고 난 뒤의 淸代 관리들에 대한 인상은 잡귀신 "牛鬼蛇神(우귀사신)"118)을 연상할 정도로 독자들에게 큰 영향을 주었다.

관료체제의 腐敗(부패)와 淸 왕조의 무능을 痛感하였던 李寶嘉는 義和團 사건 이후, 上海에서 근대적인 신문과 잡지를 발간하면서 국민계몽과 정치개혁 운동을 전개하였다. 그는 1903년 上海에서 ≪繡像小說(수상소설)≫이라는 근대적인 소설 전문잡지를 간행하여 중국소설의 발전에 크게 기여하였다. 1901~1905년에 쓰인 ≪官場現形記≫는 모두 62回로서 淸末 譴責小說 가운데 대표적인 작품이다. 주제는 淸 朝廷의 부패와 사회현실에 대한 토로와 비판이다. 또한, 여러 독립적인 短篇이 이어진 작품으로 ≪儒林外史≫와 그 형식이 유사하다.

吳沃堯의 ≪二十年目睹之怪現狀≫은 사회 윤리 관념의 붕괴, 부패한 사회의 종말적인 현상들을 폭로하고 있다. 한편, 서양 숭배 사상도 비판하고 있으며, 反滿 정신이 깔려있어 현대 중국 역사 발전에 적지 않은 영향을 주었다. 戊戌變法(무술변법)이 실패하고 일본에 망명 중이던 梁啓超(양계초)가 일본에서 발간한 개척 성향의 근대적인 문학잡지인 ≪新小說≫ 창간 당시부터 吳沃堯는 장편소설을 투고하였다. 이후 그는 정력적으로 譴責小說을 비롯한 30여 종의 소설을 창작하였다.

≪二十年目睹之怪現狀≫은 약 200개의 작은 이야기를 연이어 놓은 작품으로 많은 사람의 怪現狀을 다루었다. 주인공 '九死一生'이 20년간 직접 보고 들은 추악하고 험한 일을 통하여 사회의 흑암을 드러냈다. 예를 들

---

118) 소의 머리에 뱀의 몸을 가진 요괴로 사회상의 온갖 추악한 사람을 말한다. 우귀(牛鬼)는 소의 머리를 한 귀신, 사신(蛇神)은 사람 얼굴에 뱀의 몸을 한 귀신을 가리킨다.

면 구사일생인 '나'가 자신의 큰아버지를 만나는 이야기 안에 관료의 부패, 매관, 사기, 아편, 매음, 위선 등의 사회적 병폐 등의 내부 이야기가 들어 있다. 즉 주인공 구사일생이 '나'로 등장해 20년간 목격하고 겪는 각종 정치, 경제, 사회, 문화 방면에서의 부패한 모습들이 내부 이야기로 淸末 사회의 부패한 현상인 외부 이야기 속에 들어 있다는 것이다.

譴責小說의 최고의 작품으로 꼽히는 것은 劉鶚의 ≪老殘遊記(노잔유기)≫이다. 1903년부터 ≪繡像小說(수상소설)≫에 連載되었던 ≪老殘遊記≫는 당시에도 상당히 호평을 받았다. 주제, 구성방식, 세부처리 등에 있어서도 뛰어나 譴責小說 가운데 문학적 성취가 가장 높은 작품으로 꼽힌다. 老殘이라는 주인공이 각지를 여행하면서 보고 느낀 바를 적은 기행문이나 견문록의 형태를 취하고 있는 ≪老殘遊記≫는 서구 제국주의 열강의 침입으로 인해 풍전등화의 위기에 직면해 있는 중국 사회의 재건 방책에 대한 모색을 핵심적인 내용으로 삼고 있다. 총 20回로 1903~1906년에 쓰였다.

劉鶚의 ≪老殘遊記≫에서 작자는 주인공 老殘을 통하여 淸末의 종말적인 사회의 부조리한 현상, 사람들이 겪는 고통을 목격하고 울지 않을 수 없었는데, 그 울음이 이 소설의 주요 내용이다. 주인공 老殘의 행적을 따라가며, 淸末 山東 일대 사회생활의 면면을 그림처럼 서술하고 있다. 劉鶚은 관료이자 학자로서 甲骨文 책을 내기도 했고 수학, 의학, 수리학 등 서구의 신학문도 깊이 연구하였던 當時로서는 진취적인 관료 사대부였다.

曾樸의 ≪孽海花(얼해화)≫에서 인물들은 대부분이 사대부 관료계층으로 이들의 구태의연한 생활과 사상을 비판하고 있다. '孽海'는 '죄악의 세계', '숱한 죄업' 등으로 해석될 수 있는 단어인데, 작가는 작품의 제1회에서 '孽海'를 '노예들의 낙원'이 위치한 '바다'로 설정함으로써, 낙후한 중국의 현실을 반영하겠다는 창작 의도를 표명했다. 이 소설은 '소설계 혁명'을 제창해 온 이래 큰 성과를 거두고 있는 작품으로 평가받고 있다. 金松岑(김송잠, 1874~1947)이 전반을 시작하였고, 이어서 曾樸이 완성하였다. 주인공 金雯靑(김문청)과 기녀 傅彩雲(부채운)의 연애담을 줄거리로 舊社會의 귀족, 관료, 名士들의 遺聞軼事(유문일사)를 드러내면서 淸末 정치, 외교 및 사회 각 방면을 묘사하여 淸末 약 30년간의 역사를 돌아보게 한다.

四大 譴責小說은 예외 없이 사회의 病弊와 관리들의 貪汚를 날카롭게 비판하였다. 이것은 무너져 가는 祖國을 걱정하는 지식인들의 분노에 대한 표현이라 보아도 좋을 것이다. 이처럼 작가들이 성난 듯이 꾸짖는 태도로 작품을 쓰고 있기에 魯迅은 그것을 譴責이라 표현한 것이다. 이들은 ≪儒林外史≫의 영향을 크게 받고 있다고는 하지만, 소설로서는 ≪儒林外史≫와 같은 냉정한 풍자를 통한 이야기의 전개를 하지 못하고 있는 점이 아쉽다.

이 밖에도 淸末 20년 사이에 이러한 소설들이 수백 종 나왔다. 阿英(1900~1977)은 ≪晩淸小說史≫에서 이 시기에 소설이 이처럼 쏟아져 나왔던 이유로 다음 세 가지를 들고 있다. 첫째, 인쇄술의 발달로 책의 발행과 보급이 쉬워졌고, 신문이 늘어나 연재할 소설들이 많이 필요하게 되었다. 둘째, 그때의 지식인들은 서양문화의 영향으로 말미암아 사회적인 의의에서 小說의 중요성을 인식하게 되었다. 셋째, 淸나라 조정은 여러 번 외국의 침략 앞에 무릎을 꿇었고 內政도 말이 아니었다. 따라서 사람들은 소설을 씀으로써 사회와 정치를 비판하여 유신과 애국을 고취해야 한다고 생각했다.

◈ 중국문학개설 ◈

中國文學은 漢民族을 중심으로 구축된 긴 歷史를 가지고 있으며, 중국문학의 언어인 漢字는 表音文字로 발달하지 못한 채, 表意文字로서 복잡하고 다양한 구조를 가지게 되었다. 이와 같은 언어문자의 특성이 결국은 중국문학의 특성을 규정하게 되었다. 修辭에서 對句를 존중하는 것도 그 하나이며, 이 對句의 技巧는 唐代 律詩의 중심적 요소가 되기도 한다. 그것이 문장에서 가장 극단적으로 발휘된 것이 四六騈儷文(사륙변려문)이며, 對句를 존중하는 문장이 성행하여 언제나 하나의 흐름을 이루었다.

이 같은 흐름에서, 고대 문장의 자연스럽고 소박한 양식을 존중하는 古文은 唐·宋代 이후 주류를 이루었다. 對句나 典故는 주로 貴族과 士大夫의 文學에서 존중되었는데, 詩와 文의 장르에서 주로 사용되었다. 士大夫 중심의 雅文學은 文言을 주로 했으며, 서민 중심의 俗文學은 白話를 중심으로 했는데, 俗文學은 宋代부터 눈부신 발전을 이룩하였다. 문학의 밑바탕을 이루는 思想面에서, 孔子와 孟子를 중심으로 한 중국 고유의 儒家思想과, 老子와 莊子에서 유래한 道家思想이 주류를 이루어 왔으며, 외래사상으로서 큰 영향을 준 것은 後漢 때 전래한 佛敎思想이다.

고대문학사는 일반적으로 여덟 개의 단계로 나눌 수 있다. 上古時代에서 春秋戰國時代까지의 문학인 先秦文學, 秦·漢文學, 魏·晉·南北朝文學, 隋·唐·五代文學, 宋代文學, 元代文學, 明代文學, 淸代文學이다.

고대문학에는 每 단계마다 다량의 작가와 작품이 출현했고, 각각 뛰어난 성과와 특징이 있다. 예를 들면 先秦散文, 楚辭, 漢賦, 唐詩, 宋詞, 元曲, 明·淸小說 등이 있다. 이러한 구분은 고대 각 시기 문학의 성과와 특징을 가장 잘 나타낸 것이라고 볼 수 있다. 중국 고대문학의 가장 뛰어난 성과를 역사적 순서에 따라 간단히 소개하여 중국 고대문학 전체를 개괄해 보고자 한다.

1) ≪詩經≫, ≪楚辭≫, 諸子百家

최초의 문학은 神話에 관한 이야기이다. 그러나 그 시기에는 문자 기록이 없었기 때문에 전해 내려오던 것이 매우 적었다. 先秦時代(선진시대)의 대표작은 ≪詩經≫과 ≪楚辭≫이다. ≪詩經≫은 現實主義 문학에서 詩의 經典이고 ≪楚辭≫는 浪漫主義 문학의 근원으로 두 저작은 중국문학사에서 높은 지위를 차지하고 있다.

≪詩經≫은 春秋時期에 편집된 중국 최초의 詩歌集이다. 이 詩歌集에는 西周 초기에서 春秋 중기에 이르기까지 약 500년간의 작품 305편 수록되어 있다. 그 대부분은 고대 북방가요의 모습을 전하며, 사랑·결혼·전쟁·宴遊(연유)·王朝(왕조) 讚歌(찬가) 등 그 題材는 각양각색이며, 대부분 작자는 분명치 않다.

≪楚辭≫ 가운데 <離騷(이소)>는 위대한 시인 屈原이 창작한 長篇 詩이다. <離騷>는 楚나라에서 추방된 屈原이 江南의 광야를 헤매면서 노래한 격정의 문학이며, 작자의 개성이 뚜렷이 드러나 있다. 그 밖에 <九歌>, <九章>, <天問> 등이 있다. 屈原(BC 343?~BC 278?)은 전국시대의 楚나라 사람으로 귀족 집안에서 태어나 깊은 문화수양을 갖추었고 큰 정치적 포부가 있었다. 후에 배척당하여 楚나라 懷王(회왕)에

게 추방당했고, 극도로 슬프고 분한 나머지 汨羅江(멱라강)에 몸을 던졌다. 그렇다면 굴원은 왜 멱라강에 몸을 던졌을까? 秦나라와 열강이 패권을 다투던 어지러운 시절, 온갖 협잡이 난무하는 정치 현실에서 배척당한 굴원은 <漁父辭(어부사)>에서 "온 세상이 혼탁하나 나 홀로 깨끗하고, 모든 사람이 다 취해 있으나 나 홀로 깨어 있었다. 이런 까닭에 내가 추방당했다."고 탄식하면서 세상과의 타협을 거부했다. <離騷>의 '離'는 '불행을 만나다', '멀리 떨어진다'는 뜻이고 '騷'는 '만족스럽지 못하다', '울분에 차 있다'는 뜻이다. <離騷>에서 屈原은 조국에 대한 충정을 격정적으로 표현하였는데, 시인의 인격과 진리를 추구하는 굴하지 않는 정신을 반영하였다.

이 무렵에 여러 제후국의 자유로운 토론과 연구 풍조에 기인하여 諸子百家가 등장하였으며, 思想家들의 散文이 꽃을 피웠다. '諸子'란 여러 학자라는 뜻이고, '百家'란 수많은 학파를 의미한다. 곧 수많은 학파와 학자들이 자유롭게 자신의 사상과 학문을 펼쳤던 것을 나타낸다. 이들은 다양한 입장에서 다양한 견해를 제시했지만, 그중 가장 중요한 관심사항은 바로 혼란스러웠던 당시 제후국을 안정시키는 것이었다. 그리고 이러한 안전화와 더불어 분리되었던 중국을 '통일국가'로 만드는 방법을 모색했다. 따라서 諸家의 주장에는 相異한 측면 이외에 공통으로 지향했던 사상적인 특색을 볼 수 있다. ≪漢書≫의 <藝文志>에서는 제자백가를 儒家・道家・陰陽家・法家・名家(명가, 논리학파)・墨家・縱橫家(종횡가, 외교술파)・雜家・農家 등 9류에 小說家를 부록으로 한 것으로 분류하였다.

2) ≪史記≫, 建安文學, 陶淵明

　秦나라는 천하를 통일하였으나 곧 멸망하였다. 이어 일어난 한나라는 점차 문물제도를 정비해나감으로써 빛나는 문화를 이룩하였다. 漢代에는 賦와 散文, 樂府民歌도 발달했으며, '五言詩'도 이때 興起하였다. 문학에서는 賦가 성행하였다. 이는 ≪楚辭≫ 계통에 속하는 것으로 서정시에서 서사시로 성격을 바꾸고, 궁전의 장려함과 도시의 번영을 노래하였다. 武帝는 궁중에 樂府를 설치하고 각 지방의 민요를 모아 연주케 하였다. 악부란 원래 음악을 관장하는 관청의 이름인데, 거기서 불리는 가요도 악부라 하였으며, 시가 발전에 새바람을 불어넣었다. 한편 ≪詩經≫에는 四言이 가장 많은데, 漢代에는 五言의 詩型이 생겼다. '古詩十九首'는 後漢의 작품으로 여겨지며, 無常感이 짙은 것은 이 시대의 불교사상이 배경을 이루었기 때문일 것이다. 이 시대에는 처음으로 체계적인 역사서 ≪史記≫가 만들어졌는데, 司馬遷(사마천)이 평생을 바친 저술답게, 역사의 기록인 동시에 문장도 뛰어나 역사산문으로서 높이 평가된다. ≪史記≫는 上古의 黃帝로부터 前漢의 武帝까지 2천 수백 년에 걸친 通史이다.

　司馬遷(BC 145~BC 86?)은 중국 漢代의 유명한 역사가이자 문학가이다. 그는 11년의 기간 동안 거작인 ≪史記≫를 완성했다. ≪史記≫는 <本紀>, <表>, <書>, <世家>, <列傳>을 포함하고 있으며 모두 130편이다. 특히 <本紀>, <世家>, <列傳>은 역사상의 인물을 기록한 것이지만, 그 내용과 표현이 소설 속의 인물과 같이 개성이 있고 생동적이다. 이익을 추구하는 인간의 본성에 대하여 司馬遷은 <貨殖列傳(화식열전)>에서 이렇게 설파한다.

잘 살려고 하는 것은 배우지 않아도 깨우치게 되는, 인간의 타고난 본성이다. 병사들이 앞다투어 성(城)을 공격하거나 적진으로 뛰어들어 적장의 목을 베고 군기(軍旗)를 뺏으면서 날아드는 화살과 불덩이를 용감히 뚫는 이유는 푸짐한 상금을 받기 위해서다. 동네 건달들이 행인을 습격하여 암매장을 서슴지 않고 백성을 협박하여 온갖 악행을 저지르며, 남의 묘지를 파헤치고 위조지폐를 찍어 내거나 불법으로 남의 재산을 가로채는가 하면, 의리랍시고 친구를 위해 복수하고 으슥한 곳에서 남의 재물을 빼앗고 법을 무시하면서 부나방처럼 죽음도 불사하는 것도 실은 알고 보면 모두가 재물을 얻기 위해서다.

인간의 본성이 이러한데도 중국의 지배층이나 지식인들은 겉으로 고고한 척하면서 일반 백성들에게는 예의와 염치를 강조하였다. 이에 대해 사마천은, "伯夷(백이)와 叔齊(숙제)처럼 고매한 인격을 堅持(견지)하다가 가난해졌다면 혹시 모르겠다. 그렇지도 못한 사람이 부모와 처자식을 굶주리고, 때맞춰 조상께 제사 지낼 형편도 못 되는 주제에 입으로만 윤리 도덕을 외친다면 정말 부끄러운 일이다."라고 비판한다.
漢代가 끝나고 魏晉南北朝 시기의 중국은 분열되어 어지럽고 불안한 상황에 처해 있었다. 문학에서는 '三曹'라고 부르는 曹操, 曹丕, 曹植 三父子를 대표로 하는 '建安文學'이 출현했는데, 그들의 詩歌는 悲憤慷慨(비분강개)의 색채가 짙다. 魏나라(220~265)부터 晉나라까지는 淸談이 유행하였다. 魏나라의 阮籍(완적) 등 七賢이 竹林에 숨어서 세속을 떠난 이야기로 지냈다는 것은 老莊思想에 따른 閑適(한적)의 문학이라고도 할 수 있으나, 사실은 변화하는 시대에 처하여 새로운 윤리를 확립할 수 없었던 지식인들의 고뇌를 상징하는 행동이었다고도 할 수 있다. 晉末 陶淵明(도연명)의 田園詩는 밝고 건강하며, 謝靈運(사령운)의

山水詩도 특색이 있다. 또한 晉初의 陸機·陸雲 형제는 賦의 기교를 써서 騈儷文을 만들어 명성을 얻었다.

陶淵明의 시는 주로 田園生活의 체험을 표현했으며, 세속으로부터 멀리 떨어져 자연에서의 悠悠自適(유유자적)한 그만의 독특한 경지와 정서를 창조하였다. 그래서 陶淵明은 중국 제일의 '田園詩人'으로 불린다. 陶淵明의 산문인 <桃花源記>는 '武陵桃源'의 장면을 묘사하였는데, 우리가 삶에서 추구하는 理想鄕의 세계를 그리고 있다.

<桃花源記>는 동양적 理想鄕을 보여주는 문장으로 유명하며, 서양적 이상향을 보여주는 토머스 모어(Thomas More)의 ≪유토피아≫와 비교해 볼 때 한 가지 선명한 특징을 지니고 있다. 그것은 서양의 이상향이 '어느 곳에도 없는 곳'이라는 뜻을 지닌 '유토피아'라는 말에서 나타나듯 실존하기 불가능한 완벽한 곳임에 비해, 동양의 이상향은 지금도 중국 어디에 있을 것만 같은 아주 소박한 곳이라는 점이다. <桃花源記>의 배경에는 秦人洞이라는 실향민 부락의 전설이 담겨 있으며, 陶淵明이 老子의 小國寡民(소국과민) 사상을 流麗(유려)하고 격조 높은 문장으로 그린 것이다.

이 무렵의 소설인 干寶(간보)의 ≪搜神記(수신기)≫는 鬼神·怪異의 세계를 그려서 신비주의의 경향이 짙었다. 南朝의 宋·齊·梁·陳은 東晉을 이어 南京에 도읍을 두었으며, 江南의 화려한 풍토문물을 반영하여 艶麗(염려)한 시문을 낳았고, 그 작품이 唐初로 이어졌다. 文藝를 애호하는 이 시대의 풍조에 따라 梁나라(6세기)의 昭明太子가 그때까지의 시문 중 가작을 모아 ≪文選≫을 엮었는데, 널리 애독되었다. 이 무렵에는 시문의 평론서로서 劉勰(유협)의 ≪文心雕龍(문심조룡)≫과 鍾嶸(종영)의 ≪詩品≫이 나오는 등 문학 감상의 수준이 보다 향상되었고,

인도의 音韻學의 영향을 받아 시가의 音律에 관한 자각이 깊어져 深約(심약)의 '四聲八病說' 등 시의 리듬에 관한 이론도 생겨났으며, 격식을 갖춘 唐代의 近體詩가 성립하는 기초를 다졌다. 격식에 구애되지 않는 唐 이전의 시를 古詩라 한다.

3) 唐詩

唐代에는 五言과 七言의 시 형식을 완성하였으며, 律詩(대구를 중심으로 하는 長詩)와 絶句(4구의 短詩)로 발전하였다.

唐代를 初唐·盛唐·中唐·晩唐의 4기로 나눈다면, 초당은 전대의 餘風을 받으면서 율시의 완성에 주력한 준비기에 해당하며, 성당은 그러한 기초 위에서 유감없이 실력을 발휘한 李白·杜甫가 대표하는 황금시대였다. 王維의 자연 觀照 시는 특색이 있고, 岑參(잠참)·王之渙(왕지환)의 邊塞詩(변새시)에는 비장감이 감도는데, 唐代 국가경영의 규모를 짐작게 한다. 중당의 으뜸가는 시인은 白居易이며, 시에 의한 감성의 陶冶(도야)와 평화의 확립을 꾀했는데, 그의 平易한 표현과 풍자적 수법은 순식간에 一世를 풍미하였다. ≪白氏文集≫과 <長恨歌> 등을 남겼다.

원래 한자는 한 문자가 한 단어 한 개념을 표현하며, 단음절인 언어구조는 詩的 凝集(응집)을 가져오는 데 알맞고, 또 대구를 만드는 데 용이하다. 唐詩의 응집된 표현미와 대구의 기교는 두드러진 특색을 이룬다.

唐詩는 '詩歌' 부분에서 찬란한 성과를 얻어 역사상 최고봉에 올랐다. 이 시기에 출현한 유명한 시인과 작품은 셀 수 없을 정도이다. 현존하는 ≪全唐詩≫는 청대에 편찬된 당시 전집으로 900권이며, 2,200

여 명에 이르는 작자의 작품 4만 8,900여 수를 수록하고 있다. 唐代를 대표하는 걸출한 시인은 李白, 杜甫, 白居易 등이 있다.

李白(701~762)의 자는 太白이다. 어려서부터 문학, 유람, 검술을 좋아해서 일생동안 수많은 名山大川을 유람하였는데, 그 지역이 거의 중국의 절반에 이른다. 李白은 屈原 이후 중국의 대표적인 낭만주의 시인이다. 李白은 일생을 유람으로 지내면서 시를 지었는데, 그의 시는 지금까지 9백여 수가 전한다. 李白은 중국 고대 시인 중 가장 뛰어난 인물 중의 한 사람이다. 그의 시가는 중국 시가창작에 큰 영향을 끼쳤다.

杜甫(712~770)는 李白과 동시대 사람이었으나, 그 시기의 唐나라는 번영에서 쇠락으로 치닫고 있던 시기였다. 杜甫 詩歌의 최대 성과와 특징은 現實主義이다. 杜甫의 시는 직접 체험한 사회생활에서 題材를 취하고 있다. 나라와 백성을 걱정하는 정서는 객관적, 구체적 묘사로 나타났으며, 높은 현실성과 정치성을 지니고 있다. 杜甫의 시가는 周代의 民歌와 漢代 樂府民歌 전통을 계승하였다. 그의 시는 강렬하게 현실 사회를 반영하여 '詩史'로 불린다.

白居易(백거이, 772~846)는 杜甫 이후의 뛰어난 現實主義 시인이다. 唐代 시인 중에서 그가 창작한 시가의 수량이 가장 많았는데 모두 1400여 수가 있다. 白居易는 자기의 詩歌를 '諷諭詩(풍유시)', '閑適詩(한적시)', '感傷詩(감상시)', '雜律詩(잡률시)'의 네 가지로 나누었다. 그중에 가장 가치가 있고 현실주의 색채가 짙은 것은 '諷諭詩'로서 모두 170여 수가 있다. 내용은 통치자의 腐敗(부패)와 橫暴(횡포)를 폭로하거나, 逼迫(핍박)받는 백성에 대한 동정과 연민을 나타냈다. 白居易는 詩歌의 사회 작용을 강조하여 정치와 현실 생활을 밀접하게 결합하였으며, 내용을 위해 형식을 쓸 것을 주장하였다. 이러한 주장은 영향력이 매우 커서 문학사상 '新樂府運動'으로 불린다.

李白, 杜甫, 白居易 이외에 中國 唐代의 유명한 시인으로는 陳子昂(진자앙), 王維(왕유), 孟浩然(맹호연), 王昌齡(왕창령), 崔顥(최호), 岑參(잠참), 高適(고적), 孟郊(맹교), 賈島(가도), 李賀(이하), 盧仝(노동), 韓愈(한유), 柳宗元(유종원), 李商隱(이상은), 杜牧(두목) 등이 있다.

4) 宋詞

宋代(960~1279)에는 文人 중심의 문학이 되어, 唐代의 詩에 비해 표현기법도 더욱 섬세해졌다. 身邊의 일상생활을 노래하는 사람들이 많아졌으며, 11세기의 歐陽脩·蘇軾, 12세기의 陸游(육유)·范成大(범성대) 등이 대표자이다. 한편, 詩의 발전으로서 詞라고 하는 새로운 문학 형식이 盛唐 때부터 생겨났으며, 뒤얽힌 長短句의 형식에 가냘픈 詩情을 실었다. 詞는 五代(907~960)의 李顥(이경)·李煜(이욱) 등이 문학적 위치를 확립했으며, 宋나라의 柳永이 새 形式을 시도하여 그 작품이 방방곡곡에서 불리었다. 이러한 가곡의 유행은 歌劇의 성립을 촉구했다.

'詞'라는 것은 고대 시가의 일종으로 원래 노래로 부르던 가사였다. '詞'의 특징은 句의 長短이 일정하지 않고, 음의 위치와 聲調가 樂譜에 따라 변화하는 점이다. 詞는 唐代에 시가 형식으로 형성되었고, 宋代에 이르러서는 고도로 발전하여 中國文學史에서 독립적인 지위를 확보하였다.

柳永(987?~1053?)은 宋代 제일의 전문적인 詞 작가이다. 그의 詞는 200 首가 있는데, 시민계층의 사상과 생활 정서를 농후하게 표현하였다. 특히 남녀의 사랑과 離別의 情緖를 표현하였는데, 멋들어지고 함축적인 품격을 지녀서 '婉約詞派'로 불린다. 이러한 詞가 辛棄疾과 蘇軾에 이르러서는 더욱 발전되어, 그들은 豪放한 정서와 애국하는 삶을 표현한 '豪放詞派'를 창조했다.

蘇軾(1037~1101)은 北宋 시기에 살았는데 어려서부터 원대한 포부를 가지고 있었다. 박식한 역사, 문화 지식을 가지고 있었으며 다방면의 예술적 재능도 지니고 있었다. 그러나 일생동안 정치에서 뜻을 펴지 못했다. 조국의 웅대한 자연과 역사의 영웅적인 인물을 대상으로 한 많은 詩歌, 詞, 散文을 창작했다. 유명한 작품으로 <赤壁賦(적벽부)>, <念奴嬌·赤壁懷古(염노교·적벽회고)> 등이 있다. 그는 詞 부분에서 많은 공헌을 하였다. 첫 번째는 題材의 선택이 늘어났다. 그는 詞로 모든 것을 표현하였는데, 詞가 가지던 樂曲歌詞의 형식을 탈피하여 독창적인 新體詩를 형성하였다. 두 번째는 이전 詞人의 완곡하고 함축적인 詞風을 변화시켜 豪放한 詞風을 창조했다.

辛棄疾(신기질, 1140~1207)은 宋代를 대표하는 愛國詞人이다. 그는 金나라에 항거하여 의병에 참가해 투쟁한 적이 있고, 地方官을 지낸 적도 있었다. 이후로도 金나라에 항거하기를 적극적으로 주장했고 항복을 반대했다. 그의 詞는 600여 수가 현존한다. 대부분 내용은 국가의 영토를 회복하고자 하는 정서를 토로했고, 愛國熱情으로 충만해 있으나 원대한 포부가 실현되지 않아 鬱憤(울분)에 차 있다. 조국의 자연을 노래하고 농촌 생활을 반영한 작품도 있다. 그의 詞風은 蘇軾과 같이 豪放한 특징이 있고, 강한 정서와 당당한 기백이 있으며 감정은 悲憤慷慨하다. 豪放派로 일컬어진 南宋의 詞人이자 정치가로 "千古江山 英雄無覓(천고강산 영웅무멱, 산하는 영원히 있으나, 영웅은 얻을 수 없다.)" 등 慷慨無量(감개무량)한 구절을 남겼다.

陸游(1125~1210)는 호가 放翁(방옹)이며, 詞人으로서 145수의 작품을 남겼다. 중국에서 가장 많은 시를 남긴 詩人인 것에 비해, 詞의 수는 145수로 매우 적은 편이다. 陸游가 활동하였던 宋代에는, 詞가 이전에 비해 文雅함을 중시하였지만, 여전히 통속적인 내용에서 크게 벗어나지 못했다. 그저 유희성과 오락성에 집중했던 사대부들과 달리, 陸游는 현실적인 고민까지도 고려했다. 일반적인 詞에서 주로 나타나는 통속적인 주제나 道家的인 지향에 대한 詞를 쓰면서도, 시대 의식을 담은 詞를 씀으로써 본인이 세속적으로 변하는 것을 경계하였다. 陸游가 썼던 詞의 주제로는 전원의 한적함을 노래한 詞, 남녀 간의 사랑을 노래한 詞, 交遊詞, 憂國詞, 遊仙詞, 관리들을 비판하는 내용을 담고 있는 詞 등이 있다. 陸游는 애국시인이라 불릴 만큼 조국에 관한 詩를 많이 썼지만, 詞에서는 憂國詞보다 다른 주제의 詞를 더 많이 썼다.

5) 元曲

元代文學에서 가장 성과가 큰 것은 元曲이다. 元曲은 元代(1271~1368)에 '雜劇'이라는 가극 형태에 따라 만들어진 희곡 문학이다. 元曲은 唱(창, 노래)·科(과, 동작)·白(백, 대사)를 결합하여 새로운 예술형식을 형성하였다. 작가와 극본, 음악 반주와 연극인의 연기가 결합하여 전체의 이야기를 표현하였는데, 현재의 오페라에 해당한다. 이민족의 지배하에서 뜻을 펴지 못하는 문인들이 불타는 정열로 많은 걸작을 남겼다. 특히 關漢卿(관한경)의 ≪竇娥冤(두아원)≫, 馬致遠(마치원)의 ≪漢宮秋(한궁추)≫, 白樸(백박)의 ≪梧桐雨(오동우)≫, 王實甫(왕실보)의 ≪西廂記(서상기)≫ 등이 유명하다. 通俗文學으로서는 唐代에 佛

敎를 배경으로 한 野談 같은 것이 있었는데, 宋代가 되자 인쇄술의 발달과 서민문화의 홍성 등과 발맞추어 通俗小說이 성행하게 되었다. 본래는 번화가의 野談家가 하던 野談·軍談에서 발전한 것인 만큼 口演의 흔적을 남긴 것도 적지 않았으나, 차차 짜임새를 가다듬고 수준 높은 기법을 구사하게 되었다.

元代는 雜劇의 황금시대였다. 당시에 명성을 떨친 희곡작가는 80여 명으로, 책에 기록된 작품만도 500여 종에 이른다. 元 雜劇의 대표 작가로는 關漢卿(1220?~1307?)이 있다. 그는 중국에서 가장 위대한 극작가로 '중국의 셰익스피어'라 불리며, 元代 사회의 어두운 면을 적나라하게 보여주는 사회성이 짙은 작품을 썼다.

關漢卿은 일생동안 60여 부의 雜劇을 썼으며 현존하는 것은 17부가 있다. 주요 내용은 세 가지 부분을 포함한다. 첫 번째, 백성의 반항과 투쟁을 서술하였고, 사회의 어두운 면을 폭로하였으며, 당시의 첨예한 계급적 모순을 반영하였다. 두 번째, 학대받고 빈곤한 하층 여성들의 생활과 저항을 묘사하여, 그들의 용기와 기질을 잘 나타냈다. 세 번째, 역사상의 영웅에 대한 내용을 소재로 하였다. 유명한 작품으로 ≪竇娥冤(두아원)≫, ≪救風塵(구풍진)≫, ≪蝴蝶夢(호접몽)≫, ≪魯齋郎(노재랑)≫, ≪望江亭(망강정)≫, ≪單刀會(단도회)≫, ≪金線池(금선지)≫ 등이 있다.

馬致遠(?~?)은 특히 散曲을 잘 지었는데, 120여 편에 달하는 작품이 남아 있다. 대표작으로 小令으로 <天淨沙(천정사)·秋思>와 套曲으로 <雙調夜行船(쌍조야행선)·秋思>가 전하며, 雜劇은 <漢宮秋>가 가장 유명하다. 白樸(1226~?)은 남녀 간의 애정 문제를 잘 묘사했으며, ≪梧桐雨≫와 ≪墻頭馬上(장두마상)≫ 등이 전해진다. 鄭光祖(?~?)는 후기 잡극 작가 가운데 가장 큰 명성을 얻었는데, 鍾嗣成(종사성, 1279 ~1360)은 ≪錄鬼簿(녹귀부)≫에서 "이름은 천하에 알려졌고, 명성은 규방과 누각을 진동했다.(名聞天下, 聲徹閨閣)"고 했다. 애정극 ≪倩女離魂(천녀이혼)≫이 뛰어나며, 모두 18편의 작품을 남겼다.

元曲의 이러한 前代未聞의 경향은, 중국 문학과 예술의 발전에 새로운 가능성을 보여주었고, 후대 중국의 戲劇과 小說 및 각종 문학과 예술에 지대한 영향을 미쳤다.

6) 明淸小說

중국 문학은 明淸時代에 이르러 소설 창작이 번성하여 뛰어난 작품들이 많이 나왔다. 그래서 明淸時代를 '소설의 시대'라 부른다.

고대소설의 기원은 비교적 이른 편인데, 晉代와 南北朝時期에 志怪小說과 軼事小說(일사소설)119)이 있었고, 唐宋時期에는 傳奇小說이 있었다. 그러나 明淸小說에 직접적인 영향을 준 것은 宋元의 話本小說이라고 할 수 있다.

明代의 長篇小說은 모두 100여 종이 있는데 가장 유명한 것은 羅貫

---

119) 일사소설(軼事小說): 魏·晋時代에 유행한, 인물과 얽힌 숨겨진 이야기나 자잘한 사건들을 기술한 소설의 일종. 당시의 사대부 문인들은 청담(淸談)을 숭상했고, 사회적으로도 인물을 품평하고 명사들의 언행을 기록하는 풍토가 성행하였다. 魯迅(1881~1936)은 ≪中國小說史略≫에서 "한나라 말기의 선비들은 이미 품평과 지목받는 일을 중시하면서 명성에 훼손이 가해졌으면 몇 마디 간단한 말로 결정을 내렸다. 魏·晋時代 이래로 더욱 말로 표시하고 격에 맞추는 일을 서로 숭상하였다……이로 인해 찬집이 나오게 되었는데, 어떤 이는 지난날 들은 일을 주워 모으고, 어떤 이는 근래의 사건을 기술하기도 하였다.(漢末士流 已重品目 聲名成毀 決于片言 魏晋以來 乃彌以標格語言相尙……因有撰集 或者掇拾舊聞 或者記述近事)"고 말했다.

中의 ≪三國志演義≫, 施耐庵(시내암)의 ≪水滸傳(수호전)≫, 吳承恩의 ≪西遊記≫, 笑笑生의 ≪金甁梅≫인데, 이들을 '四大奇書'라고 부른다.
　≪三國志演義≫는 '演義小說'이다. 三國時代의 魏, 蜀, 吳 세 나라의 복잡한 전쟁에 관해 쓰고 있다. 소설 속에 묘사된 인물은 400여 명으로 대다수 인물의 성격이 선명하게 그려져 있어 생동감이 넘친다. 예를 들어 劉備, 關羽, 張飛, 諸葛亮, 曹操, 趙雲 등은 중국인들이 모두 아는 이름이 되었다. ≪水滸傳≫은 농민 봉기를 소재로 한 장편소설이다. 이 소설은 梁山泊(양산박)에서 蜂起(봉기)한 108명의 영웅 인물을 줄거리로 생동감 있는 이야기를 묘사했다. ≪西遊記≫는 낭만주의 색채로 충만한 神魔小說(신마소설)이다. 주요 줄거리는 孫悟空(손오공)이 唐나라 스님을 모시고 西天에 가서 佛經을 구하는 이야기이다. ≪金甁梅≫는 가정생활을 소재로 한 중국의 장편소설로 ≪水滸傳≫의 '武松殺嫂(무송살수)' 이야기를 확대한 것이다.
　고전소설은 淸代(1636~1912)에 이르러서 최고의 작품들이 나타난다. 그중에 가장 대표적인 작품으로는 蒲松齡(포송령)의 ≪聊齋志異(요재지이)≫, 吳敬梓(오경재)의 ≪儒林外史≫, 曹雪芹(조설근)의 ≪紅樓夢≫ 등이 있다.
　明代 瞿佑(구우, 15세기)의 ≪剪燈新話(전등신화)≫는 文語로 된 소설이며, 이를 잇는 淸代 17세기의 蒲松齡의 ≪聊齋志異≫로 文言小說의 특색을 발휘하였다. 唐代 傳奇小說 이래의 文言小說의 역사는 이때에 이르러 완성되었다고 할 수 있다. ≪聊齋志異≫는 淸代 초기에 출현한 단편 문언 소설집으로 500개에 달하는 이야기로 이루어져 있다. 내용은 모두 요상한 귀신 이야기인데, 사회생활의 다방면을 간접적으로 표현했다.

吳敬梓의 ≪儒林外史≫는 문인 관리들의 생활을 중심으로 허위에 찬 현실을 비판한 諷刺小說이다. 중심 내용은 중국의 부패한 과거제도를 비판하고, 각종 추악한 지식인들의 욕망에 대해 구체적인 묘사와 날카로운 비판을 가했다.

曹雪芹의 ≪紅樓夢≫은 귀족 생활의 頹廢相(퇴폐상)을 내면에서 그리고 고발적 의도를 담은 자전적 소설인데, 모두 작자의 개성이 뚜렷이 나타나 있는 동시에, 작품구성에 고심한 흔적이 역력하다. ≪紅樓夢≫의 내용은 賈寶玉(가보옥)과 林黛玉(임대옥)의 비극적인 애정을 주요 줄거리로 삼았고, 賈氏·王氏·史氏·薛氏 네 가족의 흥망성쇠를 이야기했다. 특히 賈府(가부)의 흥망성쇠를 중심으로 봉건사회의 겉과 속이 다른 시대적 특징을 반영하였다.

明·淸小說은 중국의 문학과 문화의 역사에 있어서 중요한 위치를 차지하고 있을 뿐 아니라, 후대의 문학에도 큰 영향을 미쳤고 세계문학과 역사에 있어서도 중요한 위치를 차지한다.

1840년 '阿片戰爭'이 일어난 후에 중국은 근대 시기로 들어섰다. 사회는 거대한 변화가 일어났고 문학에도 새로운 변화가 일어났다. 중국 近代文學의 특징은 다음과 같다. 첫 번째, 사상에 있어서 反帝·愛國을 주요 내용으로 하여 정치성이 강했다. 두 번째, 형식상의 혁신이 일어났다. 낡은 형식과 오래된 품격을 타파하고 통속화를 추구하였다. 이 시기에는 '譴責小說(견책소설)'인 ≪官場現形記(관장현형기)≫, ≪二十年目睹之怪現狀(이십년목도지괴현상)≫, 黃遵憲(황준헌)의 <己亥雜詩(기해잡시)> 315首와 외국에서 들어온 연극 등 비교적 좋은 작품이 나왔지만, 성과는 뛰어나지 못했다. 그러므로 중국 문학이 참신한 번영의 단계에 들어선 것은 1919년 5·4 文學革命 이후부터라고 할 수 있다.

1919년 5·4運動은 중국이 완전히 反帝, 反封建의 단계에 들어섰다는 것을 나타낸다. 정치 운동과 사회 변혁에 의해서, 이 기간에는 사상·문화 혁명인 5·4 新文化運動과 文學革命이 발생하였다. 반제·반봉건, 과학과 민주의 정치적 역량 아래 구 도덕에 반대하고 신 도덕을 제창하였으며, 舊文學을 반대하고 新文學을 창조하였다.

◈ 참고문헌 ◈

C.A.C. Williams, 이용찬 외 공역, ≪중국문화, 중국정신≫, 대원사, 1989.
Pierre Do-Dinh, 김경애 역, ≪공자≫, 한길사, 1998.
葛兆光, 심규호 역, ≪도교와 중국문화≫, 동문선, 1993.
강태권 외, ≪동양의 고전을 읽는다(4)≫(문학 下), 휴머니스트, 2006.
김동욱, ≪중국문화답사기 2≫, 다락원, 2004.
김장환 외, ≪동양의 고전을 읽는다(3)≫(문학 上), 휴머니스트, 2006.
권호종, ≪歐陽脩詩選≫, 문이재, 2002.
고진아 외 35인, ≪낯선 문학 가깝게 보기 : 중국문학≫, NAVER 인문과교양, 2013.
김교빈·이효걸·홍원식, ≪중국의 종교와 사상≫, 한국방송통신대학교출판부, 2002.
김 근 역, ≪呂氏春秋≫, 민음사, 1993.
김민나, ≪西崑體詩選≫, 문이재, 2002.
김민나 외, ≪동양의 고전을 읽는다(4)≫(문학 下), 휴머니스트, 2006.
김시준 역, ≪楚辭≫, 탐구당, 1985.
김영구, ≪중국문학사강의≫, 한국방송통신대학교출판부, 2005.
김영덕, ≪中國歷史와 文學(上, 下)≫, 학문사, 1996.
김영식 역, ≪마음을 열면 내일이 열린다 —열자≫, 홍익출판사, 1997.
김원중, ≪당시감상대관≫, 까치, 1993.
김원중, ≪송시감상대관≫, 까치, 1995.

김장환, ≪간추린 중국문학사≫, 학고방, 2001.
김장환, ≪중국문학입문≫, 학고방, 2006.
김장환, ≪중국의 명문장 감상≫, 학술정보, 2011.
김　택, ≪당시신평≫, 선, 1996.
김학주 역, ≪논어≫, 서울대학교출판부, 1985.
김학주 역, ≪서경≫, 명지대학교출판부, 1985.
김학주 역, ≪시경≫, 명문당, 1971.
김학주 역, ≪신완역 고문진보≫(전집, 후집), 명문당, 2005.
김학주, ≪공자의 생애와 사상≫, 명문당, 1997.
김학주, ≪악부시≫, 민음사, 1976.
김학주, ≪중국고대문학사≫, 민음사, 1991
김학주, ≪중국문학사≫, 신아사, 2007.
金學主, ≪中國文學槪論≫, 新雅社, 1977.
김학주, ≪중국문학서설≫, 신아사, 1990.
김학주, ≪중국문학의 이해≫, 신아사, 2005.
김학주, ≪한대시연구≫, 광문출판사, 1974.
김학주, ≪한대의 문인과 시≫, 신아사, 1999.
김학주 외, ≪중국고전문학의 전통≫, 한국방송통신대학교출판부, 2002.
金學主·李東鄕, ≪中國文學史(Ⅰ·Ⅱ)≫, 韓國放送通信大學出版部, 1989.
김학주·이영주·안병국·김성곤 공저, ≪중국명시감상≫, 한국방송대학교출판부, 2004.
金學主·李永朱 共著, ≪中國歷代詩歌講讀≫, 한국방송대학교출판부, 1987.
김해명, ≪중국문학산책≫, 백산서당, 1996.

김해명, ≪중문학 어떻게 공부할까≫, 실천문학사, 1994.
류성준 주해, ≪당시선주해≫, 푸른사상, 2001.
류성준, ≪楚辭選註≫, 형설출판사, 1989.
류제헌, ≪중국역사지리≫, 문학과지성사, 1999.
류종목·송용준 역, ≪송시선≫, 서울대학교출판부, 2001.
박경희 역해, ≪노자 도덕경≫, 청도관, 2001.
박문현·이준녕 해역, ≪묵자≫, 자유문고, 1995.
박이문, ≪노장사상≫, 문학과지성사, 1990.
박종숙, ≪중국문학사의 한국적 고찰≫, 지문사, 2003.
빙심·동내빈·전리군 저, 김태만·하영삼·김창경·장호득 역, ≪그림으로 읽는 중국문학 오천년≫, 예담, 2004.
서경호, ≪중국 문학의 발생과 그 변화의 궤적≫, 문학과지성사, 2003.
서정기 역주, ≪춘추≫, 살림터, 1997.
성동호·한비·송지영 역해, ≪한비자 신역≫, 홍신문화사, 1989.
성백효 역주, ≪논어집주≫, 전통문화연구회, 1997.
성백효 역주, ≪맹자집주≫, 전통문화연구회, 1997.
송영배 편저, ≪제자백가의 사상≫, 현암사, 1994.
송용준 편저 ≪蘇荀欽詩選≫, 문이재, 2002.
송철규, ≪중국 고전 이야기(1, 2)≫, 소나무, 2000.
신진호, ≪중국문학사의 이해≫, 지영사 1998.
안병국 편저, ≪唐詩槪論≫, 청년사, 1996.
梁啓超, 이계주 역, ≪중국고전학입문≫, 형성사, 1991.
양회석, ≪중국희곡≫ 대우학술총서 인문사회과학74, 민음사, 1994.
연세중국문학연구모임, ≪중국문학의 주제 탐구≫, 한국문화사, 2004.

오오하마 아키라大濱晧, 임헌규 역, ≪노자의 철학≫, 인간사랑, 1993.
오태석, ≪중국문학의 인식과 지평≫, 역락, 2001.
오태석, ≪황정견시연구≫, 경북대출판부, 2001.
王夢鷗, 이장우 역, ≪중국문학의 종합적 이해≫, 태양문화사, 1978.
王夢鷗, 이장우 역, ≪중국인이 쓴 문학개론≫, 명문당 1992.
유병례, ≪송사 30수≫, 아이필드, 2004.
劉若愚, 이장우 역, ≪중국시학≫, 범학도서, 1976.
劉若愚, 이장우 역, ≪중국의 문학이론≫, 명문당, 1994.
윤사순 외, ≪공자사상의 발견≫, 민음사, 1992.
윤정현 엮음, ≪중국역대 명시감상≫, 문음사, 2001.
윤지중 편, ≪당시해석과 감상≫, 글벗사, 1985.
이강수, ≪노자와 장자≫, 길, 1997.
이국희, ≪도표로 이해하는 중국문학개론≫, 현학사, 2005.
이명식 편주, ≪한 권으로 보는 제자백가≫, 큰방, 2001.
이민수 역, ≪제자백가 신역≫, 홍신문화사, 1996.
이병주, ≪두보: 시와 삶≫, 민음사, 1993.
이병한 역, ≪송시≫, 탐구당, 1988.
이병한·이영주 역해, ≪당시선≫, 서울대학교출판부, 1998.
이병한 편저, ≪중국고전시학의 이해≫, 문학과지성사, 1993.
이상옥 역, ≪전국책 신역≫, 명문당, 2000.
이상진 역, ≪서경≫, 자유문고, 1992.
이수웅, ≪역사따라 배우는 중국문학사≫, 다락원, 2001.
이수웅, ≪중국문학개론≫, 대한교과서주식회사, 1993.
이수웅·김경일, ≪중국문학사≫, 대한교과서주식회사, 1994.

이원섭 역, ≪두보시선≫, 정음사, 1976.
이장우, ≪중국문학을 찾아서≫, 영남대학교출판부, 1994.
이장우·노장시, ≪중국문화통론≫, 중문출판사, 1993.
이종한 역주, ≪두보시선≫, 계명대학교출판부, 2000.
이한조 편역, ≪두보시선≫, 중앙일보사, 1980.
임동석 역, ≪시품≫, 학고방, 2003.
임종삼 편, ≪장자의 우화≫, 문지사, 1999.
임종욱, ≪동양문학비평용어사전 -중국편≫, 범우사, 1997.
임종욱, ≪중국문학에서의 문장체제 인물 유파 풍격≫, 이회문화사, 2001.
임종욱, ≪중국역대인명사전≫, 이회문화사, 2010.
임종욱, ≪중국의 문예인식≫, 이회문화사, 2001.
임창순, ≪당시정해≫, 소나무, 1999.
장기근, ≪두보≫, 태종출판사, 1975.
前野直彬, 김양수·최순미 역, ≪중국문학서설≫, 토마토, 1996.
전인초·김장환 선주, ≪중국문언단편소설선≫, 학고방, 2001.
錢鍾書 著, 李鴻鎭 譯, ≪宋詩選註≫, 형설출판사, 1989.
정범진, ≪중국문학사≫, 학연사, 1992.
정범진 외, ≪중국문학입문≫, 성균관대학교출판부, 1981.
丁範鎭·河正玉, ≪中國文學史≫, 學硏社, 1984.
정재서, ≪도교와 문학 그리고 상상력≫, 푸른숲, 2000.
조민환, ≪중국 철학과 예술정신≫, 예문서원, 1997.
주훈초 외, 중국학연구회 고대문학분과 역, ≪중국문학비평사≫, 이론과실천, 1992.

중국문학이론연구회 편, ≪중국시와 시론≫, 현암사, 1993.
중국소설연구회, ≪중국소설사의 이해≫, 학고방, 1994.
지세화, ≪이야기 중국문학사(상, 하)≫, 일빛, 2002.
차상원 역, ≪서경≫, 명문당 1990.
차상원, ≪중국고전문학평론사≫, 범학도서, 1975.
차주환, ≪중국문학의 향연≫, 서울대학교출판부, 1996.
차주환, ≪중국시론≫, 서울대학교출판부, 1989.
차주환·이장우, ≪중국문화개관≫, 한국방송통신대학교출판부, 1990.
채인후, 천병돈 역, ≪공자의 철학≫, 문서원, 2000.
채인후, 천병돈 역, ≪맹자의 철학≫, 예문서원, 2000.
채인후, 천병돈 역, ≪순자의 철학≫, 예문서원, 2000.
채지충, 김성원 역, ≪노장의 사상≫, 명문당, 1992.
최동호 역, ≪문심조룡≫, 민음사, 1994.
최봉원, ≪중국 고전산문 선독≫, 다락원, 2001.
허세욱, ≪중국고대문학사≫, 법문사, 1986.
허세욱, ≪중국근대문학사≫, 법문사, 1996.
허세욱, ≪중국문화개설≫, 법문사, 1987.
화탁수, 전인경 옮김, ≪한권으로 읽는 중국명저≫, 생각하는 백성, 2006.
황 견 엮음, 이장우·우재호·장세후 역, ≪고문진보≫(전집·후집), 을유문화사, 2007.

주제별 중국문학

인 쇄 | 2022년 10월 5일
발 행 | 2022년 10월 5일

지은이 | 허 근 배
발행인 | 박 상 규
발행처 | **도서출판 보성**

주 소 | 대전광역시 동구 태전로126번길 6
전 화 | (042) 673-1511
팩 스 | (042) 635-1511
E-mail | bspco@hanmail.net
등록번호 | 61호
ISBN 978-89-6236-224-4 93820

정가 20,000원